Franz/Mattes · Das Wichtigste zu Standardprogrammen unter MS-DOS 3.3

Dietrich Franz
Rüdiger Mattes

Das Wichtigste zu Standardprogrammen unter MS-DOS 3.3:

- WORD 4.0

- LOTUS 1-2-3 2.0

- MULTIPLAN 3.0

- dBASE III+ 3.0

GABLER

CIP-Titelaufnahme der Deutschen Bibliothek

Franz, Dietrich :
Das Wichtigste zu Standardprogrammen unter MS-DOS :
WORD, LOTUS 1-2-3, MULTIPLAN, dBASE III+/
Dietrich Franz ; Rüdiger Mattes. -
Wiesbaden : Gabler, 1990

NE: Mattes, Rüdiger :

Der Gabler Verlag ist ein Unternehmen der Verlagsgruppe Bertelsmann International.

© Betriebswirtschaftlicher Verlag Dr. Th. Gabler GmbH, Wiesbaden 1990
Lektorat: Brigitte Stolz-Dacol

ISBN-13:978-3-409-19724-3   e-ISBN-13:978-3-322-83674-8
DOI: 10.1007/978-3-322-83674-8

Vorwort

Die Autoren des vorliegenden Buches sind seit vielen Jahren in der kaufmännischen Berufsausbildung von Erwachsenen tätig. Das Buch ist das Produkt der dabei gewonnenen Erfahrungen. Die Auswahl der Standardprogramme und die zu vermittelnden Lerninhalte orientieren sich sowohl an den Anforderungen der Praxis als auch an den Lehrplänen des kaufmännischen Berufsfelds.

Abschnitt 1 Grundlagen der EDV: Vermittelt die notwendigen Kenntnisse der Hard- und Software, insbesondere des Personalcomputers.

Abschnitt 2 PC-Betriebssystem MS-DOS: Vermittelt das erforderliche Grundwissen und die wichtigsten Befehle mit Anwendungsbeispielen. Der Lernende erfährt, wie Unterverzeichnisse angelegt und verwaltet werden. Den Abschnitt runden Informationen über die Einrichtung eines PC ab.

Abschnitt 3 Textverarbeitung MS-WORD: Neben Grundfunktionen der Textgestaltung und -überarbeitung werden erweiterte Anwendungsmöglichkeiten bis hin zum Arbeiten mit Textbausteinen, Serientexten und Druckformatvorlagen behandelt.

Abschnitt 4 Tabellenkalkulation und Grafik mit Lotus 1-2-3: Hier lernt der Anwender, eine Arbeitstabelle mit Formeln anzulegen, zu gestalten und zu drucken. Aufbauend auf den Grundkenntnissen werden anhand von praktischen Beispielen erweiterte Anwendungsmöglichkeiten bis hin zu Makros vermittelt. Einen besonderen Stellenwert nimmt Gestaltung und Druck von Grafiken ein.

Abschnitt 5 Tabellenkalkulation mit Multiplan: Mit Ausnahme der Grafik werden hier dieselben Lerninhalte wie bei Lotus 1-2-3 behandelt. Hinzu kommt die Verknüpfung mehrerer Tabellen.

Abschnitt 6 Datenbanksystem dBASE III+ : Anhand von Beispielen aus der kaufmännischen Praxis werden Dateien entworfen und verwaltet. Die Abschnitte über verschiedene Zugriffsformen und Auswertungsmöglichkeiten bauen darauf auf. Einen Schwerpunkt bildet die Entwicklung von Programmen mit Auswahl- und Wiederholungsstrukturen bis hin zur Menütechnik.

Abschnitt 7 Rechnerkonfigurationen: Dieser Abschnitt gibt einen Überblick über Einplatzsysteme, Mehrplatzsysteme und lokale Netzwerke.

Abschnitt 8 Organisationsformen der Datenverarbeitung: Betriebs- und Verarbeitungsarten der Datenverarbeitung und ihre Anwendungsmöglichkeiten werden hier vorgestellt. Informationen über die modernen Formen der Telekommunikation und die Methoden der Datenerfassung schließen den Abschnitt ab.

Abschnitt 9 Datenschutz und Datensicherung: Das notwendige Wissen über Datenschutz und Datensicherung ist Gegenstand dieses Kapitels.

Heidelberg, Februar 1990

Dietrich Franz
Rüdiger Mattes

Das Wichtigste zu Standardprogrammen unter MS-DOS

- WORD
- Lotus 1-2-3
- Multiplan
- dBASE III+

1 Grundlagen der EDV

1.1 Einführung

Der in die Industriegesellschaft hineingeborene Mensch wird heutzutage im Laufe seines Lebens immer wieder mit der elektronischen Datenverarbeitung (EDV) konfrontiert. Ob er nun einen Scheck ausstellt, in ein Parkhaus einfährt oder eine Urlaubsreise bucht. Ein Elektronenrechner liest Belege, berechnet Zeiten, verbucht oder verarbeitet auf andere Weise Informationen.

Kaufleute, Ingenieure oder Naturwissenschaftler zum Beispiel kommen heute ohne den Computer nicht mehr aus. Ein Blick in Offerten großer Tageszeitungen zeigt, daß in diesen Berufen Kenntnisse und Fertigkeiten in EDV vorausgesetzt werden. War EDV-Wissen bis in die 70er Jahre in der Regel den EDV-Spezialisten wie Programmierern, Systemprogrammierern und Systemanalytikern vorbehalten, müssen sich infolge der weiten Verbreitung von Kleinrechnern nun auch andere Berufsgruppen mit der Datenverarbeitung befassen. Der Computer steht nicht mehr nur in einem Rechenzentrum, zu dem nur ausgewählte Spezialisten Zutritt haben, er steht auf dem Schreibtisch der Sekretärin, des Sachbearbeiters, des Abteilungsleiters und des Assistenten der Geschäftsleitung.

Computer (Rechner, Datenverarbeitungsanlagen) sind Maschinen, die Informationen verarbeiten. Informationsverarbeitung kann sehr unterschiedliche Erscheinungsformen aufweisen. Folgende Beispiele mögen das verdeutlichen:

- Berechnen mathematischer Aufgabenstellungen
- Aufbauen und Auswerten von Datensammlungen über Fachwissen
- Ordnen von Informationen zu Berichten
- Steuern von Fertigungsmaschinen
- Präzise Zeitmessungen im Sport

Vom Computer verarbeitete Informationen ändern sich immer in ihrer Gestalt oder ihrem Inhalt. Aus einer Vielzahl von Zahlen kann er eine Information filtern, aus einem fließend eingegebenen Text einen gedruckten Bericht machen oder mittels vorgegebener Zahlen die Bewegungen eines Fertigungsautomaten veranlassen. Man sagt, der Computer formt Ausgangsinformationen in Zielinformationen um.

1.1.1 Informationen und Daten

Die Begriffe Information und Datum beschreiben im Grunde den gleichen Sachverhalt. Man versteht unter Daten **Angaben**, die sich auf **Dinge, Lebewesen** oder **Sachverhalte** beziehen.

Der Preis für ein Investitionsgut, der Inhalt der Personalakte oder ein Werbeschreiben sind Daten.

> Im Sprachgebrauch der EDV benutzt man den Begriff **Daten** für Informationen, die in Form von **Zeichen** dargestellt sind.

Zeichen sind in der EDV

- Ziffern (0-9)
- Buchstaben (A bis Z)
- Sonderzeichen (,.!?&"=+-% usw.).

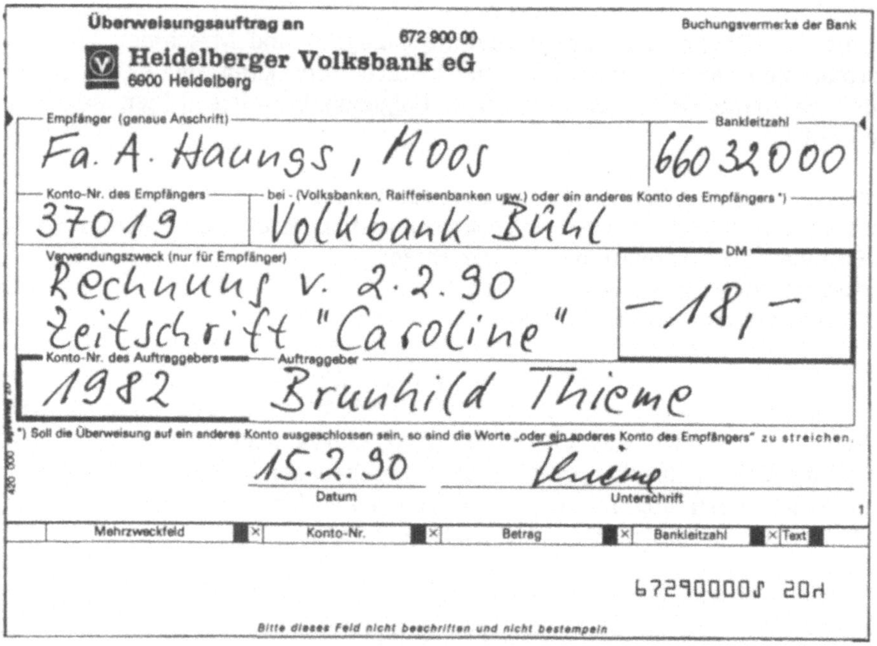

Überweisungsauftrag an 672 900 00
Heidelberger Volksbank eG
6900 Heidelberg
Buchungsvermerke der Bank

Empfänger (genaue Anschrift): Fa. A. Haungs, Moos
Bankleitzahl: 660 320 00
Konto-Nr. des Empfängers: 37019
bei - (Volksbanken, Raiffeisenbanken usw.) oder ein anderes Konto des Empfängers *): Volkbank Bühl
Verwendungszweck (nur für Empfänger): Rechnung v. 2.2.90 Zeitschrift "Caroline"
DM: -18,-
Konto-Nr. des Auftraggebers: 1982
Auftraggeber: Brunhild Thieme

*) Soll die Überweisung auf ein anderes Konto ausgeschlossen sein, so sind die Worte „oder ein anderes Konto des Empfängers" zu streichen.

Datum: 15.2.90
Unterschrift: Thieme

Mehrzweckfeld | Konto-Nr. | Betrag | Bankleitzahl | Text

67290000 20

Bitte dieses Feld nicht beschriften und nicht bestempeln

Abb. 1: Überweisungsauftrag

> Daten sind mit Hilfe von Zeichen dargestellte Informationen über Personen, Sachen und Sachverhalte.

Alle kaufmännischen Belege enthalten eine Vielzahl von unterschiedlichen Daten. Ein Überweisungsauftrag (Abb.1) weist die Daten Empfänger, Kontonummern, Bankleitzahlen, Kreditinstitut und Auftraggeber auf. Zum Teil sind die Daten in einer speziellen Schrift gedruckt, die eine Datenverarbeitungsanlage (DVA) erkennen kann. Wird der Überweisungsauftrag durch entsprechende Angaben im Mehrzweckfeld und im Betragsfeld ergänzt, so läßt er sich vollautomatisch maschinell lesen.

Man unterscheidet zwei grundlegende Typen von Daten, die **numerischen** und die **alphanumerischen** Daten. Numerische Daten oder Zahldaten sind Daten, mit denen Rechenvorgänge ausgeführt werden können. Sie bestehen ausschließlich aus **Ziffern** und können Vorzeichen (+-) und Dezimalkomma (Dezimalpunkt) besitzen.

Beispiele für **numerische** Daten:

```
Preis:              264,50
Menge:              12
Rabattsatz:         33
```

Mit alphanumerischen Daten oder Textdaten wird niemals gerechnet. Sie können sich aus **Buchstaben, Ziffern** und **Sonderzeichen** zusammensetzen.

Beispiele für **alphanumerische** Daten:

```
Name:               Isolde Haungs
Ort:                6900 Heidelberg-Weststadt
Bezeichnung:        Tennisschuhe Größe 37
```

Daten aus Buchstaben und Sonderzeichen sind immer alphanumerisch. Das ist bei Daten, die nur aus Ziffern bestehen, anders. Man hat die Wahl, sie als numerische oder als alphanumerische Daten zu verwenden.

Beispiele für **alphanumerische** Daten aus **Ziffern**:

```
Artikelnummer:      800345
Kontonummer  :      1976982
Postleitzahl :      6901
```

Niemand wird auf die Idee kommen, mit einer Postleitzahl oder einer Kontonummer Rechenoperationen anzustellen. Zur Vermeidung von Fehlern durch Verwechslung ist es guter Brauch, Daten, die nie zum Rechnen im mathematischen Sinne gebraucht werden, zu alphanumerischen Daten zu erklären. Das bedeutet, man teilt dem verwendeten Programmsystem mit, sie seien alphanumerisch. Daraufhin wird sich das System weigern, mit den alphanumerischen Werten zu rechnen. In den Kapiteln über Tabellenkalkulation und Datenbanken stoßen Sie wieder auf die Unterscheidung der Datentypen.

> Numerische Daten sind immer Zahlenwerte, alphanumerische Daten können aus Buchstaben, Ziffern und Sonderzeichen bestehen.

1.1.2 Datenverarbeitung

Datenverarbeitung ist ein **Prozeß**, in welchem gewünschte Daten (Zielinformationen) aus anderen Daten (Ausgangsinformationen) gewonnen werden. Unter Datenverarbeitung versteht man Vorgänge wie Rechnen, Vergleichen, Sortieren, Aufbereiten von Text für den Druck.

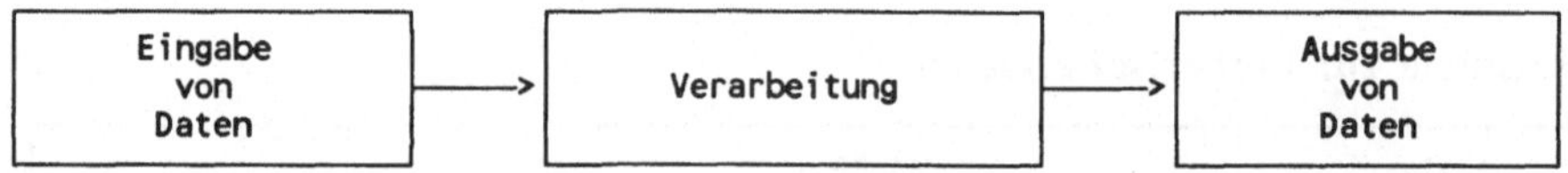

Hier zeigt sich das **Grundprinzip** der Datenverarbeitung, das **EVA-Prinzip** (Eingabe-Verarbeitung-Ausgabe). Es zeichnet jede Art von Datenverarbeitung aus, nicht nur die maschinelle, sondern auch die menschliche bzw. manuelle Datenverarbeitung.

Nehmen wir das Beispiel einer Erlösberechnung. Aus der verkauften Menge einer Ware und dem Einzelpreis wird der Verkaufserlös ermittelt.

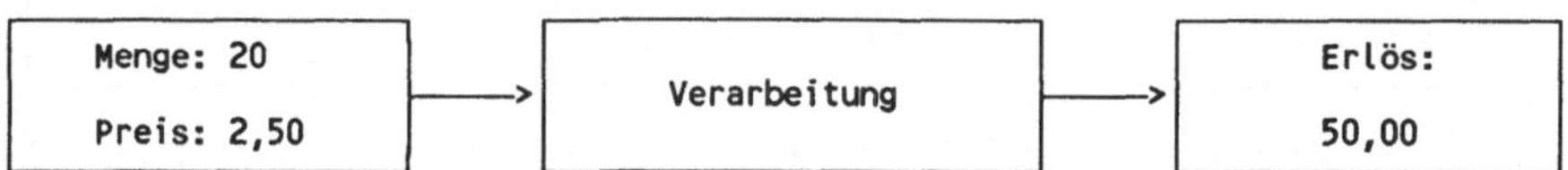

Die Frage "Wer oder was leistet die Verarbeitung?" kann für die menschliche Datenverarbeitung die folgende Abbildung veranschaulichen.

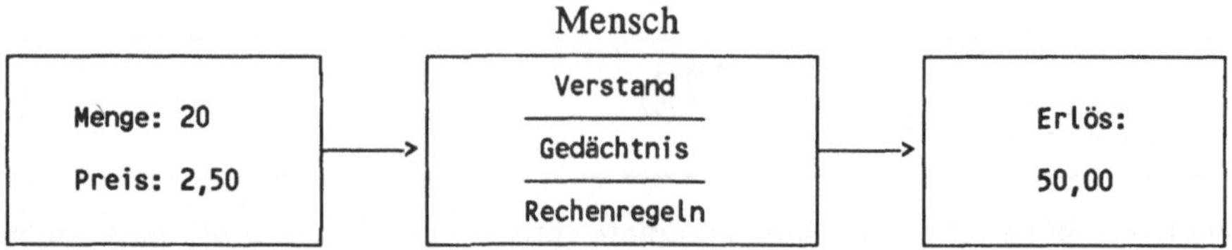

Der Mensch braucht seinen gesunden Verstand, um das Problem zu erkennen und um Rechenregeln richtig anzuwenden. Im Gedächtnis hat er die gerade gelesenen Werte für Menge und Preis. Nun kann er mit Hilfe der Rechenregel für die Multiplikation die Verarbeitung der Daten beginnen. Bei der maschinellen Datenverarbeitung übernehmen der Computer bzw. dessen Bauteile die gleiche Arbeit.

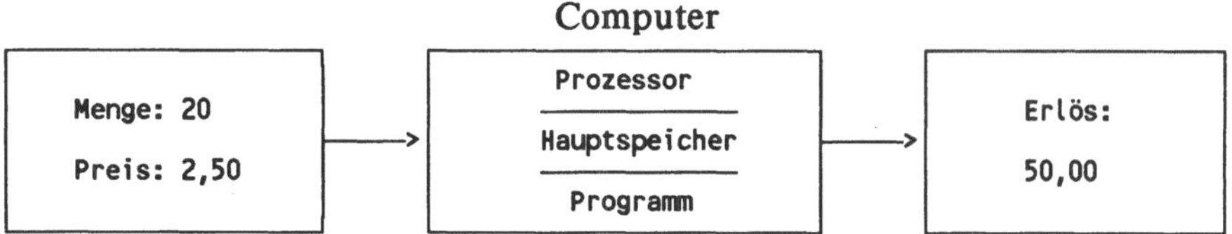

Der Prozessor legt die Werte für Menge und Preis vorübergehend im Hauptspeicher ab. Das Programm enthält die Rechenregeln. Der Prozessor liest das Programm und erfährt so, wie das Ergebnis zu ermitteln ist.

Im Gegensatz zur menschlichen Datenverarbeitung unterlaufen dem Computer keine Fehler. Auf Berechnungen des Computers kann man sich in aller Regel verlassen. Außerdem wickelt der Computer Routinearbeiten erheblich schneller ab als der Mensch. Neben Kostenerwägungen sind dies die wichtigsten Gründe für die rasche Verbreitung von EDV-Anlagen.

> Der Prozeß der Datenverarbeitung durchläuft die Stationen Eingabe, Verarbeitung und Ausgabe. Man nennt deshalb das EVA-Prinzip das Grundprinzip der Datenverarbeitung.

1.2 Geräte der EDV

Die Geräte der elektronischen Datenverarbeitung faßt man unter dem Begriff **Hardware** (harte Ware, Eisenwaren) zusammen. Eine ganz bestimmte Zusammenstellung von Hardware zu einer EDV-Anlage nennt man **Konfiguration**.

Die einfachste denkbare EDV-Anlage (EDVA) bietet, dem EVA-Prinzip entsprechend, die Möglichkeiten Daten einzugeben, sie zu verarbeiten und sie auszugeben (Abb. 2).

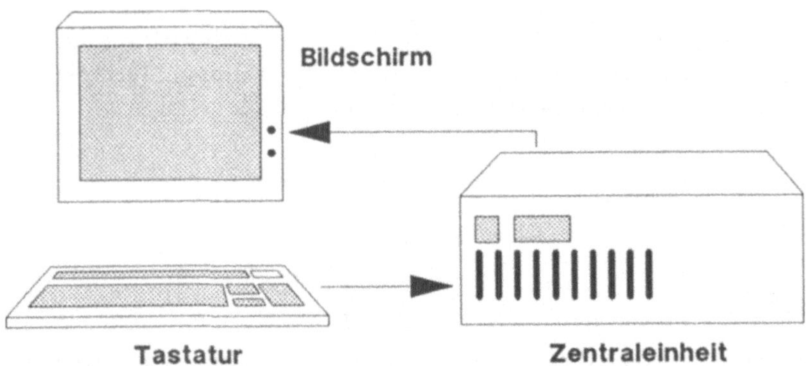

Abb. 2: Einfachste Mikrocomputeranlage

Die Pfeile zeigen den Datenfluß. Daten werden über die **Tastatur** einge-
geben. Die **Zentraleinheit**, die zentrale Verarbeitungseinheit, sorgt für die
Verarbeitung der Daten und der **Bildschirm** für deren sichtbare Ausgabe.
Eine solche EDVA hat etwas mit einem Taschenrechner gemeinsam. Die
Anlage speichert Daten nur so lange, wie der Strom eingeschaltet ist.
Einen Speicher, der Daten permanent für eine spätere Wiederverwendung
aufbewahrt, besitzt diese EDVA nicht. Auch die Ausgabedaten auf dem
Bildschirm sind flüchtig. Man kann sie nicht dauerhaft verfügbar ma-
chen, wie etwa ein Schriftstück.

Für eine kommerzielle Verwendung eignet sich eine EDVA in dieser
Konfiguration nicht. In einem Unternehmen müssen große Datenmengen
für Buchhaltung, Einkauf, Lager, Fertigung, Verkauf und Personalver-
waltung ständig bereitstehen und abrufbar sein. Schnelle Drucker werden
eingesetzt, um Rechnungen, Gehaltsnachweise, Angebote und Listen für
jeden Zweck zu erstellen.

Eine praxisgerechte Mindestkonfiguration (Abb. 3) erfordert zusätzliche
Geräte. Große Datenbestände bewahrt man auf magnetischen Datenträgern auf, von denen die Daten von der EDVA jederzeit schnell
wieder abgelesen, man sagt "eingelesen" (von **eingeben** und **lesen**) werden
können. Solche Datenträger funktionieren ähnlich wie eine Musikkassette
oder eine Scheckkarte. Durch Magnetisierung mittels unterschiedlicher
elektrischer Impulse schreibt eine elektronische Einrichtung Daten in
Spuren. Dieselbe Einrichtung kann die Daten auch wieder ablesen, indem
sie die geschriebenen Magnetfelder in elektrische Impulse rückübersetzt.

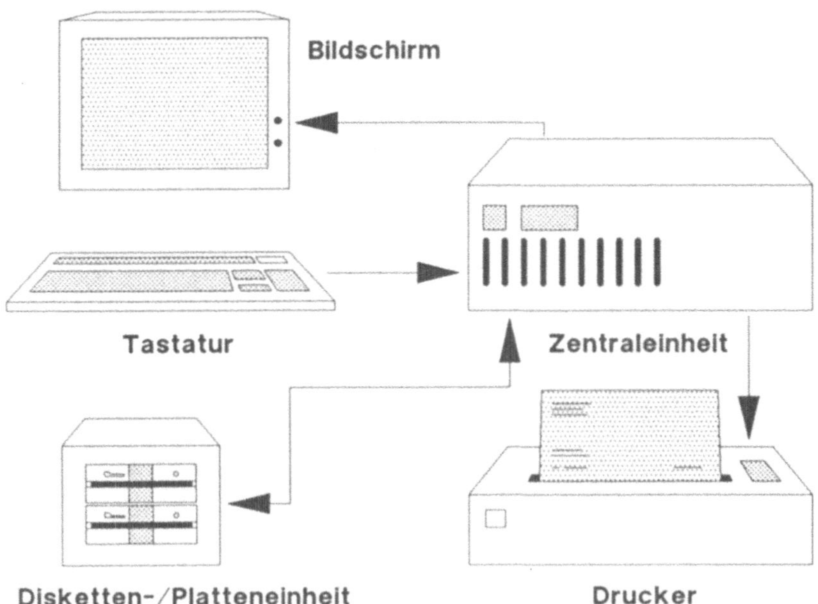

Abb. 3: Mindestkonfiguration für professionelle Anwendungen

Magnetische Datenträger sind mit magnetisierbarem Material beschichtete Plastikscheiben (**Disketten**), Metallscheiben (**Magnetplatten**) oder Plastikbänder (**Magnetbänder**). Die Datenträger werden von Geräten beschrieben und gelesen, die man **Disketteneinheiten**, **Magnetplatteneinheiten** und **Magnetbandeinheiten** nennt. Ein **Drucker** zum Bedrucken von Endlospapier oder Einzelblättern ergänzt die Mindestkonfiguration.

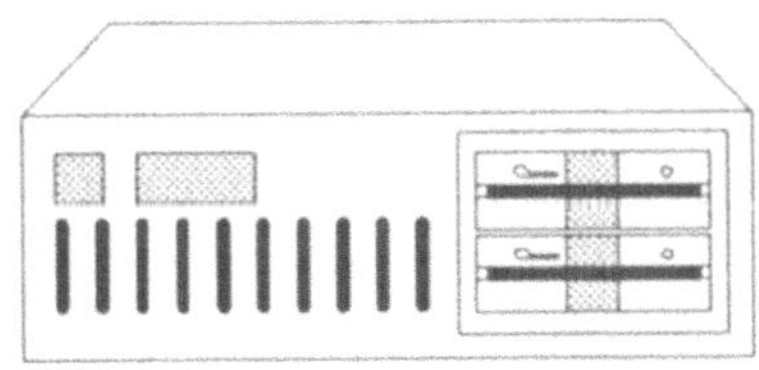

Abb. 4: Zentraleinheit und 2 Disketteneinheiten im gleichen Gehäuse

Bei Kleinrechnern bildet die Disketten- oder Magnetplatteneinheit meist kein separat in Erscheinung tretendes Gerät. Sie ist dann im gleichen Ge-

häuse wie die Zentraleinheit untergebracht (Abb. 4). Dennoch betrachtet
man sie als eigenständige Einheit.

1.2.1 Zentraleinheit

Die **Zentraleinheit** führt die eigentlichen Verarbeitungsvorgänge durch.
Sie besteht aus den Baugruppen **Prozessor, Hauptspeicher, Ein-
/Ausgabewerke** und **Bussystem.** Diese Teile der Zentraleinheit sind
hinsichtlich Leistungsfähigkeit, Kapazität und Geschwindigkeit eng
aufeinander abgestimmt.

1.2.1.1 Prozessor

Der Prozessor besteht funktional aus **Rechenwerk** und **Steuerwerk.**

Das **Rechenwerk** (engl. arithmetic logic unit oder ALU) führt Berechnungen aus. Insofern gleicht seine Funktion ein wenig dem Taschenrechner. Es wird aber auch gebraucht, um zu runden oder zwei Werte zu
vergleichen.

Nehmen wir an, eine Rechnung ist zu schreiben. Dann erledigt das
Rechenwerk alle notwendigen Additionen, Subtraktionen, Multiplikatio-
nen und Divisionen. Falls der Kunde ab einem bestimmten Warenwert
Rabatt erhalten soll, muß verglichen werden, ob der errechnete Warenwert den rabattfähigen Betrag erreicht oder überschritten hat. Auch diesen Vergleich stellt das Rechenwerk an.

Das **Steuerwerk** (Leitwerk, engl. control unit) regelt und überwacht alle
Vorgänge in einer Zentraleinheit. Ob gerechnet, verglichen, ausgegeben
oder gespeichert werden soll, all das veranlaßt das Steuerwerk. Obwohl
das Steuerwerk alle Prozesse leitet, ist es ein unselbständiges Ma-
schinenteil ohne eigene Intelligenz im menschlichen Sinne. Das Steuerwerk reagiert lediglich auf ein **Programm,** das zuvor in den Hauptspeicher geladen wurde. Das Programm bildet die **Arbeitsvorschrift** für
das Steuerwerk. Es liest diese Arbeitsvorschrift jedesmal, bevor es einen
weiteren Arbeitsschritt unternimmt. Ohne Arbeitsvorschrift, d.h. ohne
Programm, ist das Steuerwerk nicht in der Lage, einen Arbeitsschritt zu
tun.

> Der Prozessor steuert die Funktionen einer EDVA nach vorgegebenen
> Programmen und führt Berechnungen sowie Vergleiche durch.

1.2.1.2 Zentralspeicher

Der **Zentralspeicher** hält alle Daten bereit, die im Augenblick ihrer Verarbeitung gebraucht werden, die gerade eingegeben wurden oder ausgegeben werden sollen. Auch die dazu notwendigen Programme müssen im Zentralspeicher liegen, um für das Steuerwerk jederzeit verfügbar zu sein. Beim Zentralspeicher drängt sich der Vergleich zum menschlichen Gedächtnis auf. Alle Informationen, die der Mensch für seine Arbeit braucht, muß er sich beschaffen und zunächst in seinem Gedächtnis speichern. Im Englischen heißt Zentralspeicher infolgedessen auch "memory". Doch die Funktionsweisen von Zentralspeicher und Gedächtnis unterscheiden sich beträchtlich.

Der Zentralspeicher wird auch **interner** Speicher genannt, weil er seinen Platz in der Zentraleinheit hat. Disketten, Magnetplatten, Magnetbänder und andere Speichermedien faßt man unter dem Begriff **externe** Speicher zusammen. Der größte Teil des Zentralspeichers ist als sog. **RAM** (random access memory, d.h. Speicher für wahlfreien Zugriff) angelegt. Ein RAM ist in der Lage, Daten auf beliebigen (wahlfreien) Stellen zu speichern. Danach können diese Daten jederzeit gelesen oder durch Überschreiben wieder gelöscht werden. Der RAM läßt sich vereinfacht mit dem menschlichen Kurzzeitgedächtnis vergleichen. Das Kurzzeitgedächtnis muß immer neue Eindrücke aufnehmen. Um eine Arbeit zu erledigen, ruft man sich Daten und Vorgehensweisen ins Kurzzeitgedächtnis zurück. Ist die Arbeit getan, treten neue Informationen an ihre Stelle.

Programme und Daten stehen während der Verarbeitung im RAM. Man bezeichnet ihn auch als **Schreib-/Lesespeicher** oder, weil der Benutzer diesen Speicher als seinen **Arbeitsbereich** benutzt, als Arbeitsspeicher. Wird der Strom abgeschaltet, verschwinden die Informationen im Arbeitsspeicher. Aus diesem Grund speichert man die Daten im Arbeitsspeicher vorher auf externen Datenträgern (Diskette, Magnetplatte, Magnetband).

Ein weiterer Teil des Zentralspeichers ist der **ROM**. Im Gegensatz zum RAM ist der ROM ein Nur-Lese-Speicher (<u>r</u>ead <u>o</u>nly <u>m</u>emory). ROM's sind integrierte Schaltkreise (IC), die ihre Information dauerhaft speichern. Einige wenige Programme braucht der Prozessor direkt nach dem Einschalten, um die EDVA für die beginnende Arbeit bereitzumachen. Weil es sich dabei immer um die gleichen Programme handelt, speichert man solche und andere stets gleichbleibende Programme herstellerseitig **fest** in einen ROM ein. Darum ist auch der Begriff **Festspeicher** geläufig.

Es ist nicht möglich, in einen Festspeicher Daten zu schreiben. Der Inhalt eines Festspeichers bleibt unabhängig von der gerade laufenden Verarbeitung immer gleich. Der Inhalt des Festspeichers mag in seiner Funktion mit den Programmen des menschlichen Kleinhirns verglichen werden. Mit den wichtigsten lebenserhaltenden Programmen für Atmen, Herzschlag, Verdauung und Stoffwechsel kommen wir zur Welt und behalten sie unser Leben lang.

Die Fähigkeit, Daten zu speichern, verdankt der Zentralspeicher einer Vielzahl von Transistoren, die elementare Informationen festhalten können. Je 8 Transistoren bilden **einen Speicherplatz** für ein einzelnes Zeichen (Ziffern, Buchstaben, Sonderzeichen). Jeder Speicherplatz ist von 0 bis N durchnumeriert, wie z.B. die Postfächer in einem Postamt oder die Häuser einer Straße. Deshalb spricht man auch von Adressen bzw. **Hauptspeicheradressen.**

Beispiel:

Am Beginn des Hauptspeichers soll der Name ISOLDE gespeichert werden. Nach dem Speichervorgang ergibt sich folgender Zustand.

```
Speicherplätze  :   | I | S | O | L | D | E |   |   |   |   |   |   |
Speicheradressen:     0  1  2  3  4  5  6  7  8  9 . . . . .
```

Soll der Computer diesen Vornamen benutzen, etwa zum Drucken einer Postanschrift, so muß der Prozessor durch Anweisungen eines Programms erfahren, auf welchen Speicheradressen die Buchstaben stehen, damit er sie an den Drucker weitergeben kann. Bevor eine zweite Anschrift gedruckt werden kann, ist der gespeicherte Vorname durch den Vornamen aus der zweiten Anschrift zu ersetzen. Der Prozessor überschreibt dann die Speicherstellen.

```
Speicherplätze  :   | B | R | U | N | H | I | L | D | E |   |   |   |
Speicheradressen:     0  1  2  3  4  5  6  7  8  9 . . . . .
```

Zentralspeicher moderner Kleinrechner können heute bereits bis zu mehreren Millionen Zeichen aufnehmen. Bei Großanlagen sind es unter Umständen Milliarden.

> **Der Zentralspeicher hält Programme und Daten für die aktuellen Verarbeitungsprozesse bereit.**

1.2.1.3 Ein-/Ausgabewerke

Ein-/Ausgabewerke sind Funktionseinheiten, die das Übertragen von Daten aus Eingabegeräten und externen Speichern in den Zentralspeicher oder vom Zentralspeicher auf Ausgabegeräte und externe Speicher steuern.

Ein-/Ausgabewerke bilden Bindeglieder zwischen externen Einheiten und dem Zentralspeicher. Jedes an einen Computer angeschlossene Gerät braucht ein entsprechendes E/A-Werk. Beispiele für E/A-Werke in Mikrocomputern sind der **Videocontroller** (für die Bildschirmsteuerung), das **Druckerinterface** und der **Plattencontroller**. Der Videocontroller sorgt dafür, daß auszugebende Daten in Form von Zeichen auf dem Bildschirm sichtbar werden. Das Druckerinterface bereitet die Daten für den Drucker auf und der Plattencontroller steuert Disketten- und Festplattenlaufwerke an.

> Ein-/Ausgabewerke übertragen Daten von externen Einheiten in den Arbeitsspeicher und vom Arbeitsspeicher auf externe Geräte.

1.2.1.4 Bussystem

Das **Bussystem** (Abb. 5) ist das Nervensystem einer EDVA. Alle Funktionseinheiten der Zentraleinheit tauschen über das Bussystem Informationen miteinander aus. Busse sind elektrische Leitungen, die Adressen, Steuerimpulse und Daten transportieren.

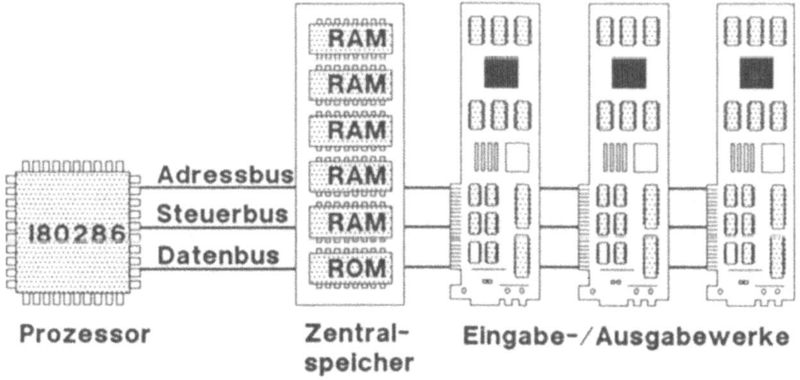

Abb. 5: Die Busse der Zentraleinheit verbinden die Funktionseinheiten

Über den **Adressbus** wählt der Prozessor aus, von oder zu welcher Speicherstelle oder Einheit des Systems eine Datenübertragung erfolgen soll. Mit dem **Steuerbus** teilt der Prozessor der Einheit mit, ob er in sie schreiben oder aus ihr lesen möchte. Auf dem Wege über den **Datenbus** fließen dann die Daten vom Prozessor zur entsprechenden Einheit (Schreiben) oder von dieser zum Prozessor (Lesen).

Beispiel:

Der Prozessor liest einen Befehl aus dem RAM:

1.   Der Prozessor schaltet den Steuerbus auf "Lesen".
2.   Der Prozessor schickt die RAM-Adresse, auf welcher der nächste Befehl liegt, über den Adressbus ab.
3.   Der RAM überträgt diesen Befehl über den Datenbus an den Prozessor.

Busse sind elektrische Leitungen für die Übertragung von Daten, Adressen und Steuerinformationen zwischen Einheiten. Die Funktionseinheiten der Zentraleinheit tauschen Informationen nur über Busse aus.

1.2.2 Periphere Einheiten

Um zu kommunizieren und um Daten langfristig zu speichern, braucht die Zentraleinheit **Eingabe-, Ausgabe-** und **Speichergeräte.** Aus diesen Geräten besteht die Umgebung einer Zentraleinheit, die **"Peripherie".** Die Peripherie ist mit der Zentraleinheit durch Datenleitungen **"online"** geschaltet, d.h. während der Verarbeitung dauernd verbunden.

Die Peripherie einer EDVA ist hinsichtlich Art und Anzahl der Geräte variabel und wird immer den Erfordernissen ihres Betreibers angepaßt. Zusammen mit der Zentraleinheit bildet die Peripherie eine Konfiguration, eine spezifische Hardwarezusammenstellung.

1.2.2.1 Eingabegeräte

Daten können erst dann zur Verarbeitung kommen, wenn sie im Arbeitsspeicher stehen. Dorthin gelangen sie durch Geräte, die in der Lage sind, Daten über eine Tastatur aufzunehmen oder auf andere Weise einzulesen.

Eingabegeräte halten Daten nicht selbst fest, sie geben sie sofort an die Zentraleinheit weiter.

Neben der am häufigsten gebrauchten **Tastatur** sind heute Eingabegeräte für die unterschiedlichsten Einsatzgebiete in Gebrauch. Während man früher Daten fast ausschließlich mit **Lochkartenlesern** eingeben mußte, hat man nun **Belegleser**, die Markierungen, Maschinenschrift und Handschrift erkennen. **Scanner** übertragen Bilder und Grafiken an die Zentraleinheit. **Strichcodeleser** sind im Handel, **Magnetstreifenleser** an den Nachtkassen der Banken zu finden. Neuerdings macht die Entwicklung der **Spracheingabegeräte** große Fortschritte.

1.2.2.2 Ausgabegeräte

Um Daten nach ihrer Verarbeitung wahrnehmbar zu machen, benutzt man **Ausgabegeräte**. Datenausgabe kann auf einem Bildschirm, auf Papier oder durch einen Lautsprecher erfolgen. Als gebräuchlichste Ausgabegeräte kennt man **Bildschirm** und **Drucker**. **Plotter** zeichnen Grafiken, und **Mikrofilmausgabegeräte** lagern Daten auf Mikrofilm aus.

1.2.2.3 Dialoggeräte

Dialoggeräte bestehen aus Tastatur und Bildschirm (**Datensichtgerät, Bildschirmterminal**) oder seltener aus Tastatur und Druckwerk (**Fernschreiber, Blattschreiberterminal**).

Sie sind Einheiten, die dem Benutzer die Möglichkeit bieten, einen Dialog mit der Zentraleinheit einer EDVA zu führen. Einfache Dialoggeräte besitzen weder Prozessor noch Arbeitsspeicher wie ein Mikrocomputer, obwohl sie diesem oft sehr ähnlich sehen. Ihre Funktion ist es, Daten ein- und auszugeben. In einer Einheit vereinigen sie Ein- und Ausgabegerät.

Bei mittleren und großen EDVA kommen Dialoggeräte zum Einsatz. In diesen Fällen steht die Zentraleinheit meist in einem Rechenzentrum. Die Dialogstationen stehen verstreut an verschiedenen Orten. Über Leitungen werden die Daten zum bzw. vom Rechenzentrum übertragen.

1.2.2.4 Speichergeräte

Programme und die Ergebnisse der Datenverarbeitung müssen dauerhaft aufbewahrt werden, um sie bei Bedarf jederzeit wieder nutzbar machen zu können. Speichereinheiten bringen aus dem Arbeitsspeicher stammende Daten auf Datenträger (Schreiben, Ausgabe) und leiten sie bei Bedarf wieder an den Arbeitsspeicher zurück (Lesen, Eingabe).

Man nennt sie **externe** Speicher, im Gegensatz zum Arbeitsspeicher, dem **internen** Speicher. Während der Inhalt des Arbeitsspeichers nach dem Abschalten der Zentraleinheit verloren geht, bleiben Daten auf externen Datenträgern jahrelang in deren magnetisierbarer Beschichtung erhalten.

Die meistgebrauchten Speichereinheiten sind **Magnetplatten-** und **Diskettenlaufwerke** sowie **Magnetband-** und **Magnetbandkassetteneinheiten**.

> Die Peripherie einer EDVA besteht aus Eingabe- und Ausgabegeräten, Dialoggeräten und Speichergeräten, deren Art und Anzahl den Anforderungen des Betreibers entspricht.

1.3 Programme der EDV

Programme sind **Arbeitsanweisungen**, die in einer dem Computer verständlichen Sprache verfaßt wurden. Sie dienen der **Kommunikation** zwischen Mensch und Maschine. Die Gesamtheit der Programme, die man zum Betreiben einer EDVA braucht, wird als **Software** bezeichnet. Die Hardware einer EDVA und ihre Software faßt man unter dem Begriff **EDV-System (EDVS)** zusammen.

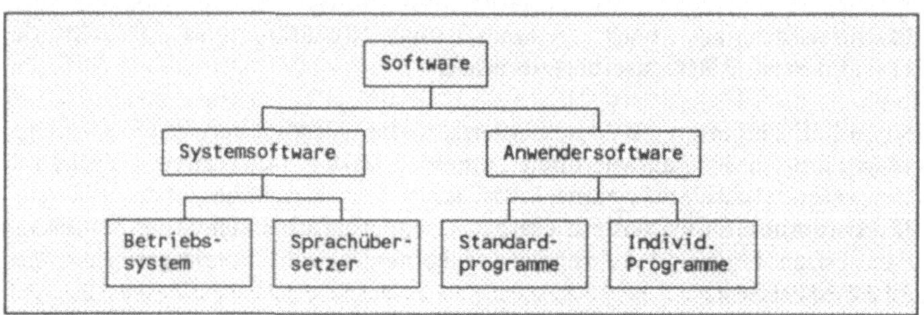

Computer können aufgrund ihrer technischen Eigenschaften ihre Arbeit nur in sehr kleinen einfachen Schritten ausführen. Menschen dagegen verlangen von Computern komplizierte Arbeitsvorgänge. Deshalb muß es zwischen Mensch und Maschine einen Kommunikationsmittler geben, der die komplexen Anforderungen in kleine Arbeitsschritte zerlegt, die der Computer erledigen kann. Diese Mittlerfunktion übernehmen Programme. Sie sind Sammlungen von Anweisungen für den Computer zur Bewältigung einer bestimmten Aufgabe.

Computer sind nicht intelligent im menschlichen Sinne. Man spricht zwar auch bei einem Computer von Intelligenz, meint damit aber die Vielfalt der Funktionen, die ein Computersystem ausüben kann. Wenn Computer komplizierte Aufgaben lösen, zeigen sie damit lediglich Reaktionen auf Programme und Daten. Die Intelligenz eines Computersystems hängt vorwiegend von seiner sinnvollen Programmierung ab.

1.3.1 Systemsoftware

Die **Systemsoftware** besteht aus **Betriebssystem** und **Sprachübersetzer**. Das Betriebssystem (operating system) ist eine Sammlung von grundlegenden Programmen, die den Computer in die Lage versetzen, einen Dialog mit dem Benutzer aufzunehmen. Doch verkehrt nicht nur der Benutzer mit der EDVA über das Betriebssystem. Auch alle Programme, die der Benutzer startet, laufen unter der Steuerung und Überwachung des Betriebssystems. Das Betriebssystem "betreibt" die gesamte EDVA. Die EDVA bildet erst mit einem Betriebssystem zusammen ein funktionsfähiges EDVS. Deshalb werden Betriebssysteme in der Regel vom Hersteller einer EDVA mitgeliefert.

Ein Betriebssystem übernimmt folgende Funktionen:

- Es stellt Möglichkeiten für die Behandlung von Datensammlungen (Dateien) zur Verfügung.
- Es weist Programmen und Daten automatisch Speicherplätze im Arbeitsspeicher zu und organisiert den Programmablauf.
- Es steuert die Ein- und Ausgabefunktionen.
- Nutzen mehrere Benutzer ein EDVS, so teilt es die Nutzung der Geräte einer EDVA zwischen ihnen ökonomisch auf.

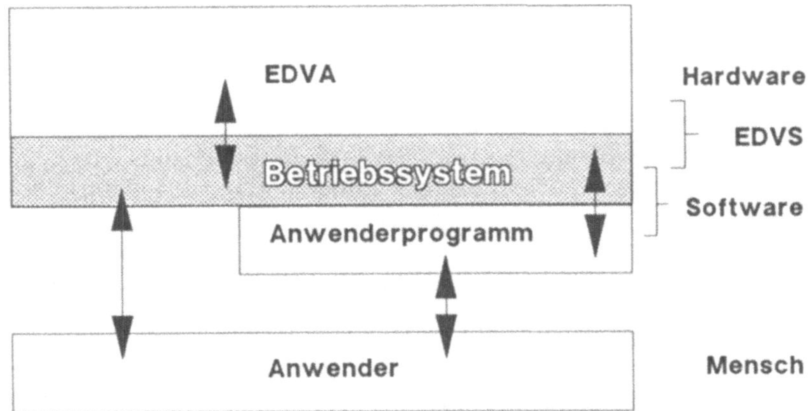

Abb. 6: Die Stellung des Betriebssystems im EDV-System

Sprachübersetzer tun, was ihr Name sagt: Sie übersetzen die in einer Programmiersprache geschriebenen Programme in die Maschinensprache des betreffenden Computers. Programmierer verfassen ihre Programme meist in Programmiersprachen, die komplexe Arbeitsvorgänge mit verhältnismäßig wenigen kompakten Anweisungen beschreiben. Der Programmierer schreibt das **Quellprogramm**. Vor der Ausführung durch den Computer müssen diese Anweisungen in sehr kleine Arbeitsschritte zerlegt und in Befehle übersetzt werden, die der Computer beherrscht. Dies bewerkstelligt ein Sprachübersetzer. Das Ergebnis des Übersetzungsvorgangs ist das **Objektprogramm** in Maschinensprache (Objektcode).

Compiler sind Übersetzer, die ein Programm vor der Ausführung komplett übersetzen. **Interpreter** übersetzen stets eine Programmanweisung und führen sie dann aus, bevor die nächste Programmanweisung übersetzt und wiederum ausgeführt wird. Dieser Wechsel dauert an bis das Programm endet. Compiler und Interpreter sind Übersetzungprogramme für weitgehend maschinenunabhängige Programmiersprachen.

Assembler heißen die maschinennahen, speziell auf einen bestimmten Prozessortyp zugeschnittenen Programmiersprachen. Assembler nennt man auch die entsprechenden dazugehörenden Übersetzungsprogramme.

> Unter Betriebssystem versteht man alle Programme, die den Betrieb einer EDVA ermöglichen, ohne auf einen bestimmten Anwendungsfall gerichtet zu sein.

1.3.2 Anwendersoftware

Programme für die Lösung von **benutzerspezifischen** Problemstellungen heißen Anwenderprogramme. Während das Betriebssystem unabhängig von den Aufgaben ist, für die der Computer eingesetzt wird, braucht man für unterschiedliche Aufgabenstellungen die dafür erstellten Programme. Anwenderprogramme brauchen das Betriebssystem, weil das Betriebssystem den Ablauf aller Programme organisiert.

1.3.2.1 Standardsoftware

Die Bezeichnung **Standardsoftware** versteht sich für Programme, die Bedürfnisse eines großen Kreises von Anwendern befriedigen. Infolge ihrer Beliebtheit und des daraus resultierenden hohen Absatzes bleibt der Preis für Standardprogramme niedrig im Verhältnis zu ihrem ursprünglichen Herstellungsaufwand.

Typische Standardanwendungen sind **Textverarbeitung, Tabellenkalkulation, Grafik** und **Datenbankverwaltung.** Programme für diese Anwendungen lassen sich in fast jedem Betrieb einsetzen. Dieses Buch führt in Standardprogramme der Textverarbeitung, der Tabellenkalkulation und der Datenbankverwaltung ein.

> Standardsoftware nennt man Programme, die für viele Fälle täglicher Büroarbeit einsetzbar und weit verbreitet sind.

1.3.2.2 Individuelle Software

Der Begriff **individuelle Software** umfaßt Programme für die Bearbeitung besonderer Problemstellungen. Individuelle Software wird oft in Auftragsarbeit für einen ganz speziellen Einsatzzweck hergestellt. Daneben gibt es in größeren Stückzahlen produzierte branchenspezifische Programme.

Beispiele für individuelle Software sind Programme für die Steuerung eines Atomreaktors, den Autopilot eines Flugzeugs, die Hochrechnung von Wahlergebnissen, die Buchführung der Kreditinstitute, die Heiz- und Nebenkostenabrechnung der Hausverwaltungen.

> Individuelle Software sind für spezielle Aufgaben der Anwender entwickelte Programme.

1.4 Zeichendarstellung

Aus dem täglichen Leben kennen wir einige Signalsysteme, die Informationen mit Hilfe von 2 Zuständen weitergeben. Es sind meist Lampen: Parkhausampeln und Zugsignale (grün, rot) oder die Ölkontrolle im Auto (genügend, zuwenig Öl). Auch das Morsealphabet kommt mit 2 Signalen (kurzes und langes Signal) aus. Doch um mehr als das ganze Alphabet und die Ziffern darzustellen, benutzt es dazu bis zu 6 Signale nacheinander (A = .-, 9 = -----., Punkt = .-.-.-).

Zur Speicherung von Informationen im Arbeitsspeicher verwendet man heute Transistoren, die sich auch nur in 2 verschiedenen Zuständen befinden können: **ein**geschaltet und **aus**geschaltet. Solche Speicherelemente können zwei verschiedene Informationen speichern: **ein** und **aus** oder, in Ziffern ausgedrückt, **1** und **0**.

1.4.1 Bit und Byte

Ein Speicherelement des Zentralspeichers vermag die Werte 0 oder 1 zu
speichern. Von allen Dingen, die die Werte 0 oder 1 annehmen können,
sagt man, sie seien **binär**, d.h. zweiwertig. Eine binäre Speicherstelle
(**bi**nary dig**it**) heißt **Bit**.

Das Beispiel des Morsealphabets zeigt: Um beliebig viele Zeichen zu verschlüsseln (codieren), braucht man nur genügend binäre Signale bzw.
Speicherelemente. In der EDV wendet man das **duale** Zahlensystem an,
um Zeichen mittels binärer Speicher darzustellen. Damit kann man nicht
nur alle Zeichen mit Hilfe zweier Zustände verschlüsseln, man kann
damit auch Rechenoperationen durchführen.

Um die dezimalen Ziffern 0 - 9 dual anzuschreiben, braucht man 4
binäre Stellen:

Dezimal	Dual
0	0000
1	0001
2	0010
3	0011
4	0100
5	0101
6	0110
7	0111
8	1000
9	1001

Beispiele für Rechenoperationen mit dualen Zahlen:

```
Addition ohne Stellenübertrag:        3        0011
                                     +4        0100
                                     --        ----
                                      7        0111

Addition mit Stellenübertrag:         4        0100
                                     +5        0101
                                     --        ----
                                      9        1001
```

Vier binäre Stellen reichen zur Darstellung von

$$2^4 = 16$$

Zeichen aus. Die elektronische Datenverarbeitung nimmt 8 Bits, um alle
notwendigen Zeichen zu speichern. Acht binäre Stellen lassen

$$2^8 = 256$$

Möglichkeiten, also 256 verschiedene Zeichen zu. Der Zeichenvorrat umfaßt Ziffern, kleine und große Buchstaben, Sonderzeichen und Steuerzeichen für externe Einheiten. Eine Gruppe von 8 binären Stellen heißt **Byte**. Ein Byte ist in der Lage, ein Zeichen zu speichern. Das Byte ist die kleinste adressierbare Einheit im Zentralspeicher, d.h., Programme lesen und schreiben immer ganze Bytes, niemals einzelne Bits.

Die Aufnahmefähigkeit (Kapazität) von Speichern und Datenträgern mißt man in Byte.

1 Byte	= 8 Bit ($\triangleq$ 1 Zeichen)
1 KB	= 1 Kilobyte ($\triangleq$ 1024 Zeichen, ca. 1 Tausend Zeichen)
1 MB	= 1 Megabyte ($\triangleq$ 1024^2 Zeichen, ca. 1 Million Zeichen)
1 GB	= 1 Gigabyte ($\triangleq$ 1024^3 Zeichen, ca. 1 Milliarde Zeichen)

1.4.2 Gebräuchliche Codes

Die am weitesten verbreiteten 8-Bit-Codes sind die folgenden:

- ASCII (American Standard Code for Information Interchange)
- EBCDIC (Extended Binary Coded Decimal Interchange Code)

Personalcomputer arbeiten mit dem ASCII. Er wird ebenfalls für die Datenübertragung eingesetzt. Einen besonderen Standard hat die Firma IBM mit ihrem ASCII-Zeichensatz für Personalcomputer gesetzt. Er ist heute auf den meisten Personalcomputern zu finden (s. Anhang). Der EDCDIC wurde ursprünglich von IBM entwickelt und ist vorwiegend im Großrechnerbereich verbreitet. Die unterschiedlichen Codes führen dazu, daß bei der Verarbeitung von Großrechnerdaten durch Personalcomputer und umgekehrt Codeumsetzungen notwendig werden.

> Jedes Zeichen wird durch 8 binäre Speicherelemente (Bit) gespeichert. Eine Gruppe von 8 Bit heißt Byte. Der bei Personalcomputern verbreitetste Zeichensatz ist der von IBM entwickelte ASCII-Zeichensatz.

Das Wichtigste
zu Standardprogrammen
unter MS-DOS

- WORD
- Lotus 1-2-3
- Multiplan
- dBASE III+

2 PC-Betriebssystem MS-DOS

Betriebssystem nennt man eine Sammlung von grundlegenden Programmen, die den Betrieb eines Computers ermöglichen. Es regelt das Zusammenspiel der einzelnen Komponenten der Zentraleinheit und der angeschlossenen Peripherie. Der Betrieb eines Computers ohne Betriebssystem ist bei der Komplexität moderner EDVA nicht mehr denkbar. Das Betriebssystem ist Mittler zwischen der Hardware eines Computers und dem Benutzer bzw. seinem Anwendungsprogramm. Um einen PC mit vertretbarem Aufwand zu betreiben, ist das zum eingebauten Prozessor passende Betriebssystem für den Benutzer unbedingt erforderlich.

DOS ist die Abkürzung für "disk operating system". Das besagt, es handelt sich um ein Betriebssystem, das für den Betrieb mit Plattenlaufwerken als externe Speicher geeignet ist. IBM vertreibt für seine PC's das Betriebssystem **PC-DOS** (Personalcomputer-DOS). Alle Firmen, die IBM-kompatible (kompatibel = vergleichbar) PC's anbieten, liefern **MS-DOS** (Microsoft-DOS). Die beiden Betriebssysteme PC-DOS und MS-DOS stammen vom gleichen Hersteller, von der Fa. Microsoft, und unterscheiden sich für den Benutzer nicht voneinander.

2.1 Komponenten von MS-DOS

Ein Betriebssystem besteht im allgemeinen aus 2 Gruppen von Programmen: den **Steuerprogrammen** und den **Dienst- bzw. Arbeitsprogrammen**. Während der Benutzer Steuerprogramme nicht direkt aufrufen kann - sie verrichten in aller Stille und fast unbemerkt ihre Arbeit - sind die Dienstprogramme für ihn zugänglich.

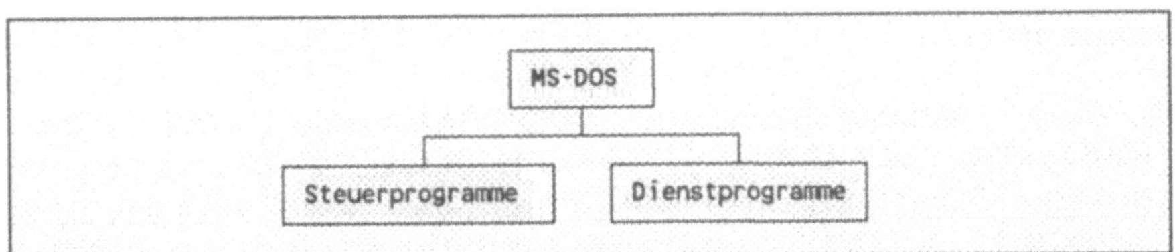

2.1.1 Steuerprogramme

Die Steuerprogramme regeln und überwachen die Funktionen der Komponenten des Computers. Sie steuern den Datenfluß zwischen den einzelnen Teilen der PC-Anlage und den Teilen der Systemeinheit.

Die Dateien, die Steuerprogramme enthalten, befinden sich auf jeder ladbaren (boot-fähigen) Systemdiskette unter den Namen **IO.SYS** (im PC-DOS = IBMBIO.COM) und **MSDOS.SYS** (im PCDOS = IBMDOS.COM).

Die Datei IO.SYS (IO = Input/Output) erledigt zusammen mit den im ROM befindlichen Programmen die Kommunikation zwischen der Zentraleinheit und den angeschlossenen Geräten. Die Datei MSDOS.SYS nennt man den Systemkern, das eigentliche DOS. Der Systemkern enthält Funktionen, die von Anwender- und Dienstprogrammen verwendet werden.

Weitere Steuerprogramme liegen auf dem ROM, dem Festwertspeicher. Dort stehen z.B. die Programme, die nach dem Einschalten des PC eine Überprüfung des Arbeitsspeichers und der Peripherie durchführen und schließlich den ersten Datensatz von der Systemdiskette/-platte (sog. Urlader) in den Arbeitsspeicher lesen.

2.1.2 Dienstprogramme

Die Dienstprogramme des Betriebssystems erledigen für den Benutzer ganz allgemeine Aufgaben, wie sie durch den Betrieb einer EDVA unabhängig von spezifischen Anwendungen regelmäßig anfallen. Solche Aufgaben können beispielsweise bestehen im Prüfen von Datenbeständen auf einer Diskette/Platte, Kopieren, Sichern, Löschen, Ordnen, Anzeigen, Ändern, Drucken von Datenbeständen usw.

Ein Teil der DOS-Dienstprogramme ist - wie die Steuerprogramme - im Zentralspeicher immer resident (ständig geladen). Diese Dienstprogramme werden durch die Datei COMMAND.COM ausgeführt und beim Programmstart resident in den Zentralspeicher geladen. Alle Dienstprogramme, welche die Datei COMMAND.COM ausführen kann, nennt man **interne** Befehle. Weitere Dienstprogramme erscheinen gesondert im Inhaltsverzeichnis der DOS-Diskette mit ihren Namen. Das sind die sog. **externen** Befehle.

Die drei Betriebssystemdateien **COMMAND.COM**, **IO.SYS** (bzw. IBMBIO.COM) und **MSDOS.SYS** (bzw. IBMDOS.COM) sind für den Betrieb eines PC unbedingt notwendige Programmdateien. Sie werden beim Starten des PC in den Arbeitsspeicher geladen und bleiben dort während sämtlicher Verarbeitungsvorgänge "gegenwärtig" (Fachausdruck: resident).

Alle Anwendungsprogramme, wie z.B. Programme für die Finanzbuchhaltung, für die Statistik oder für die Datenbankverwaltung, benutzen die Programme des Betriebssystems. Daraus erklärt sich, daß Anwendungsprogramme immer zum Betriebssystem passen müssen. Man muß sich also beim Kauf von Programmen immer auch für ein Betriebssystem entscheiden.

> Das Betriebssystem MS-DOS besteht aus Steuer- und Dienstprogrammen. Für Anwender sind nur die Dienstprogramme direkt nutzbar.

2.2 Dateien im MS-DOS

Eine **Datei** ist eine Sammlung von **sachlich zusammengehörenden Informationen**. So ist z.B. die Personaldatei eine Sammlung betriebsnotwendiger Informationen über das Personal, die Artikeldatei enthält wichtige Informationen über alle Artikel des Sortiments. Aber auch Informationen, die der Computer zur Steuerung seiner Verarbeitungsvorgänge braucht, werden in Dateien zusammengefaßt, diese Dateien nennt man auch Programmdateien oder Programme.

Man unterteilt Dateien **nach der Art der Informationen**, die sie enthalten. Informationen über Personen, Sachen oder Sachverhalte (z.B. Personaldaten, Artikeldaten, Texte) sind **Nutzdaten**. Dateien mit solchen Daten nennt man **Nutzdateien**. Dateien, die **Steueranweisungen** für die Arbeit des Computers beinhalten, heißen **Programmdateien**.

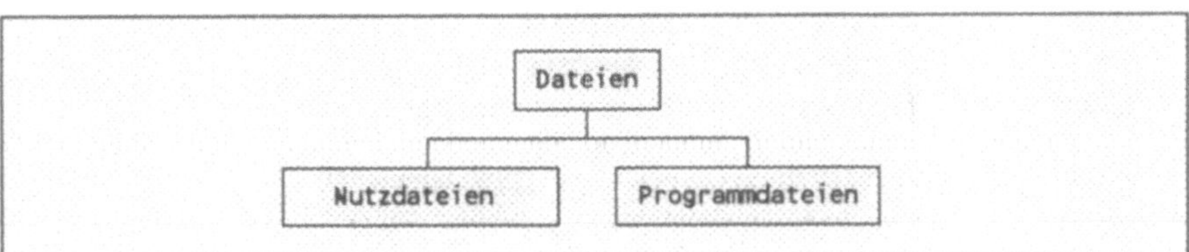

Man sieht es einer Datei an ihrer Benennung an, ob es sich um eine Nutzdatei oder eine Programmdatei handelt. Dateien müssen Benennungen erhalten, damit der Computer sie auf der Platte/Diskette wieder auffinden kann. Auf jeder Platte befindet sich ein **Verzeichnis** (engl. directory) der Dateien, aus welchem ersichtlich ist, welche Dateien auf der Platte stehen. Es gibt bestimmte Regeln, nach denen Dateibenennungen gebildet werden dürfen. Jeder Benutzer von DOS muß diese Regeln strikt befolgen.

Eine **Dateibenennung** besteht aus dem **Dateinamen** und eventuell - das ist nicht zwingend - einer **Erweiterung**.

Beispiel:

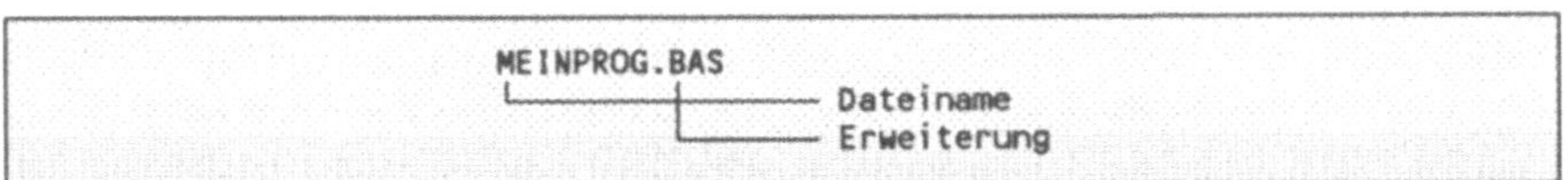

Der Dateiname lautet MEINPROG, die Erweiterung BAS. Ein Punkt trennt Name und Erweiterung.

Der **Dateiname** darf zwischen 1 und 8 Zeichen lang sein. Er kann frei erfunden sein und darf sogar Ziffern und die Sonderzeichen $ # @ ! & % ( ) ' - _ { } enthalten. Die **Erweiterung** darf 1 bis 3 Zeichen lang sein. Auch für die Erweiterung dürfen Ziffern und Sonderzeichen, wie für den Namen, verwendet werden. Aber im Gegensatz zu den Namen, die jeder nach Geschmack beliebig bilden kann, gibt es **reservierte Erweiterungen**, welche für ganz bestimmte Dateien vorgeschrieben sind. Andere Erweiterungen werden immer von gewissen Programmsystemen erzeugt. Diese Erweiterungen sollten Sie für Ihre Nutzdateien vermeiden. Es sind vor allem die folgenden:

Erweiterung	Bedeutung
.ASM	Quelldatei in Assemblersprache
.BAK	Sicherungsdatei des Editors EDLIN
.BAS	BASIC - Programmdatei
.BAT	Stapelprogrammdatei (batch)
.COM	Programm in Maschinensprache
.EXE	Programm in Maschinensprache
.OBJ	Objektdatei in Assemblersprache
.SYS	Vom Betriebssystem genutzte Datei
.$$$	Arbeitsdatei des DOS - Editors EDLIN

Beim Umgang mit Dateien werden Sie bald feststellen, wie nützlich es ist, Namen so zu wählen, daß auf ihren Inhalt geschlossen werden kann.

Beispiele:

ABRECH89	Eine Abrechnung für 1989
KUNDEN.ADR	Kundenanschriften
EST3D_89.EST	Anlage EST3D zur Einkommen- steuererklärung 1989

Eine Dateibenennung besteht aus einem Dateinamen, dem eine Erweiterung folgen kann. Dateien mit der Erweiterung EXE, COM oder BAT sind Programmdateien.

2.3 Der Systemstart

Um einen PC zu starten (engl. to boot), brauchen Sie eine **ladefähige Systemdiskette** (Bootdiskette). Das ist eine Diskette, auf der sich mindestens die drei im Abschnitt 2.1 beschriebenen Betriebssystemdateien befinden. Personalcomputer mit Magnetplatte besitzen diese Dateien dort.

2.3.1 Kaltstart

Der Kaltstart beginnt mit dem Einschalten des PC. Zunächst prüfen Programme des ROM einige Systemkomponenten wie Zentralspeicher, Tastatur und Laufwerke auf Funktionstüchtigkeit. Das ist der **Selbsttest**, er findet noch vor dem Laden des Betriebssystems statt.

Ist der PC für den Start richtig vorbereitet und die Systemdiskette ins Laufwerk A: eingelegt, holt sich ein "Startprogramm" die für den laufenden Betrieb notwendigen Steuerprogramme und einige Dienstprogramme in den Zentralspeicher. Beim PC mit Festplatte ist für den Start keine Diskette notwendig.

Nach erfolgreichem Ladevorgang erscheinen 2 Zeichen am Bildschirm, die wir das "Bereitzeichen" oder englisch den **Prompt** nennen wollen. Beim Start mit einer Diskette in Laufwerk A lautet der Prompt:

     A>

Damit zeigt der PC an, daß er nun betriebsbereit ist.

2.3.2 Warmstart

Wurde der PC einmal eingeschaltet, dann läßt sich ein neuerlicher Systemstart durch gleichzeitiges Drücken der 3 Tasten

     Ctrl-Alt-Del (Strg-Alt-Lösch oder Entf)

durchführen. Das Betriebssystem wird dann neu geladen. Gegenüber dem Kaltstart ergibt sich beim Warmstart ein Zeitvorteil, weil hier der Selbsttest entfällt. Warmstarts werden notwendig, wenn der PC infolge von Programmfehlern "abstürzt", d.h. nicht mehr weiterarbeitet.

> Wenn der PC eingeschaltet wird, erfolgt ein Kaltstart mit Selbsttest.
> Ein Warmstart mit den Tasten Ctrl-Alt-Del kann nach einem
> "Systemabsturz" notwendig werden.

2.3.3 Systemprompt

Die Plattenlaufwerke (Diskette u. Festplatte) sind die externen Daten-
speicher des PC. Sie werden mit Buchstaben gekennzeichnet. Die Diskettenlaufwerke haben die Bezeichnungen **A** und **B**, eine Festplatte die Bezeichnung **C**.

Das Bereit-Zeichen **A>** nach dem Start weist darauf hin, daß das
Betriebssystem auf das Laufwerk **A** eingestellt ist. Man bezeichnet das
eingestellte Laufwerk als **aktuelles Laufwerk**. Das Betriebssystem nimmt
immer an, daß Dateien, die zu verarbeiten sind, im aktuellen Laufwerk
liegen.

Die ursprüngliche Voreinstellung können Sie durch Eingabe der
Laufwerksbezeichnung gefolgt von einem Doppelpunkt, z.B. b: oder B:,
ändern. Sie müssen die Eingabe mit der **Return-Taste** (Enter-Taste, Eingabetaste) abschließen.

Beispiel:

```
A>B: [Return-Taste]        (hinter dem Prompt wurde B: eingegeben)
B>                         (der PC antwortet mit der neuen Einstellung)

Jetzt sucht das Betriebssystem alle Dateien im Laufwerk B.
```

Beim Festplatten-PC lautet die Voreinstellung nach dem Start **C>**. Der
Festplatten-PC sucht folglich Dateien normalerweise auf der Festplatte.
Natürlich können Sie diese Voreinstellung auf die gleiche Weise ändern
wie oben beschrieben.

Beispiel:

```
C>a: [Return-Taste]        (Auf die Eingabe von a: antwortet der PC
A>                         mit dem Prompt A>)
```

> Der Systemprompt zeigt an, daß der PC bereit ist, Befehle
> entgegenzunehmen. Er weist immer auf das aktuelle Laufwerk hin.

2.4 Tastaturbelegung unter MS-DOS

Für Personalcomputer gibt es verschiedene ans deutsche Alphabet und die
DIN-Norm angepaßte Tastaturen. Bei einigen sind die Funktionstasten
deutsch, bei anderen englisch beschriftet. Trotzdem dienen die Tasten bei
den verschiedenen Fabrikaten weitgehend den gleichen Funktionen.

Solange sich der Personalcomputer unter der Steuerung des Betriebssystems befindet, sieht man einen waagerechten Strich auf dem Bildschirm blinken, den **Cursor** (dtsch. Schreibmarke). Er zeigt die Stelle an,
wo der PC das nächste Zeichen an den Bildschirm schreiben wird.

2.4.1 Steuertasten

Die Steuertasten dienen ganz unterschiedlichen Funktionen. Sie werden
teils alleine, teils in Kombination mit anderen Tasten verwendet.

Eingabetaste (Return, Enter):

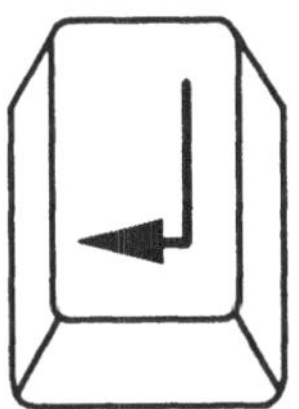

Ein Druck auf die Eingabetaste schließt jede Eingabe ab. Die eingegebene Zeile wird dadurch an das System gesendet.

Eingabe abbrechen (Esc, Eing.Lösch):

Die Taste **Esc** (Escape=Flucht) - sie trägt auf der AT-Tastatur die Bezeichnung **Eing.Lösch** - bricht die Eingabe ab und setzt den Cursor in
die nächste Zeile.

Die folgenden Tastenkombinationen benutzen die Tasten **Ctrl** (Strg)
(Control=Steuerung), Alt (Alternativ) und die **Umschalttaste** (Shift) in

Verbindung mit anderen Tasten. Halten Sie dabei immer zuerst die in den Abbildungen linke Taste gedrückt, bevor Sie die 2. Taste tippen.

Programmabbruch:

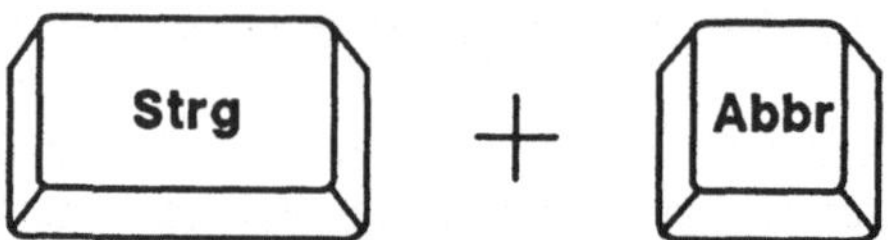

Statt der Taste **Abbr** können Sie auch die Taste **C** (engl. cancel) verwenden. Das laufende Programm wird abgebrochen. Der Systemprompt erscheint wieder.

Programmstop:

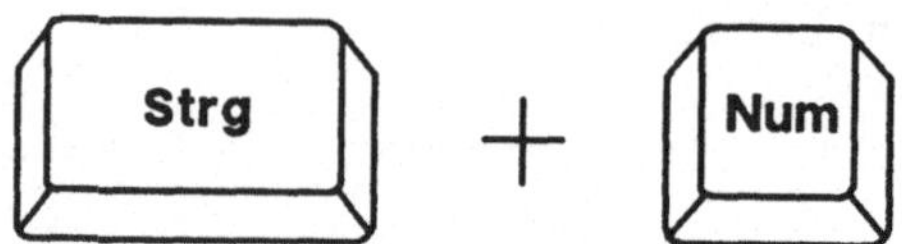

Hierbei darf die Taste S (stop) die Taste **Num** ersetzen. Der Programmablauf wird gestoppt. Nach Betätigen einer beliebigen Taste setzt das Programm seine Arbeit fort.

Protokoll:

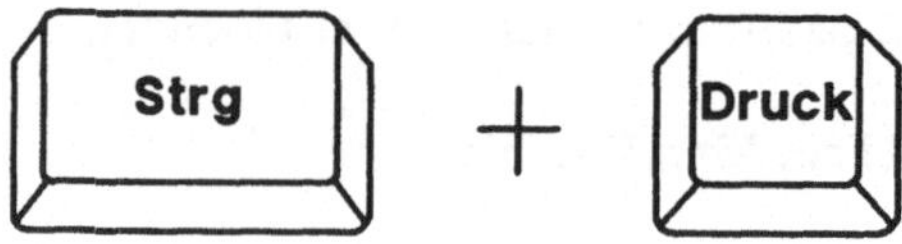

Der Drucker protokolliert anschließend alle Bildschirmausgaben solange mit, bis diese Tasten ein zweites Mal gedrückt werden.

Hardcopy:

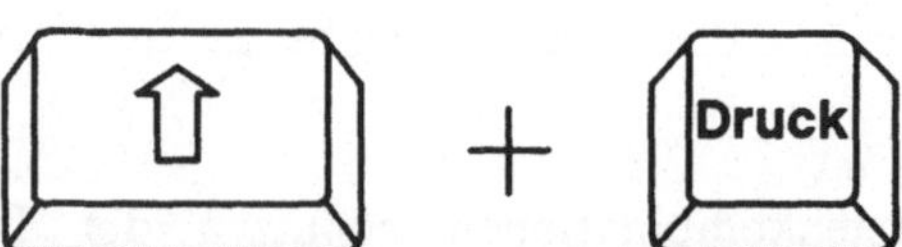

Umschalttaste (Shift) und Drucktaste bewirken den Abdruck des momentanen Bildschirminhalts auf dem Drucker. Das Ergebnis nennt man **Hardcopy**.

Sonderzeichen:

Um den **vollen Zeichensatz** des PC ausschöpfen zu können, benutzen Sie die Alternativtaste in Kombination mit den Zifferntasten des **Dezimaltastenblocks.** Auf diese Weise können Sie auch mathematische Zeichen, Grafikzeichen usw. einsetzen.

Halten Sie die Alt-Taste gedrückt. Danach tippen Sie nacheinander die einzelnen Ziffern des Dezimalwertes für das entsprechende Zeichen im PC-ASCII-Zeichensatz (s. Tabelle im Anhang).

Nehmen Sie an, Sie brauchen das Zeichen ½ (einhalb), Dezimalwert 171:

2.4.2 Korrekturtasten

Mit zwei Korrekturtasten lassen sich nach Eingabefehlern einzelne Zeichen löschen und korrigieren.

Rücksetzen und Zeichen löschen:

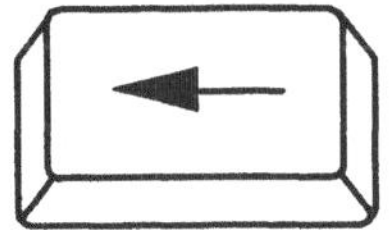

Der Cursor rückt um eine Stelle nach links. Das Zeichen links vom Cursor wird dabei gelöscht.

Zeichen löschen (Del, Lösch, Entf):

Die Taste **Del** kann auch mit **Lösch** oder **Entf** bezeichnet sein. Jeder Tastenanschlag löscht das Zeichen, auf dem der Cursor steht. Die Del-Taste können Sie nutzen, wenn Sie mit den sog. Editiertasten (F1-F5) vertraut sind (s. Editor EDLIN.COM, Abschn. 2.8) oder wenn Sie Anwendungprogramme fahren.

Zeichen einfügen (Ins, Einfg):

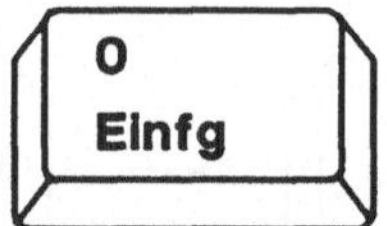

Die Taste **Ins** oder **Einfg** gestattet es, Zeichen in bereits eingegebene Zeichenketten einzufügen. Auch diese Taste verwenden Sie in Verbindung mit den Editiertasten oder mit Anwendungsprogrammen.

2.5 Grundlegende DOS-Befehle

Das Betriebssystem ist dazu da, eine Kommunikationsebene zwischen dem Computer und seinem Benutzer zu schaffen. Der Benutzer verkehrt mit dem Betriebssystem durch **Befehle**. Der Computer führt die Befehle aus oder macht den Benutzer auf Eingabefehler aufmerksam. Zwischen Benutzer und Betriebssystem entwickelt sich ein **Dialog**.

DOS-Befehle rufen Dienstprogramme des Betriebssystems auf. Es kann sich dabei um **interne** (residente) oder **externe** (transiente) Befehle handeln. Interne Befehle lädt das Betriebssystem beim Systemstart automatisch in den Zentralspeicher, während externe Befehle für den jeweiligen Gebrauch immer von der Platte abgerufen werden.

<u>Hinweise:</u>
- In den folgenden Befehlsbeispielen gehen die Autoren von einem PC mit zwei Diskettenlaufwerken (A: und B:) und einem Festplattenlaufwerk (C:) aus. Sie setzen voraus, daß die ersten Übungen mit einer

DOS-Systemdiskette mit vollem Befehlsumfang durchgeführt werden. Ist Ihr PC mit nur einem Diskettenlaufwerk A: und einer Festplatte C: ausgestattet, müssen Sie in einigen der Beispiele das Laufwerk B: durch C: ersetzen.
- Bei der Eingabe von Befehlen macht DOS keinen Unterschied zwischen Klein- und Großbuchstaben. Einige Befehle fordern zusätzliche Eingaben des Benutzers an.
- In den folgenden Darstellungen der DOS-Befehlsformate sind Befehlszusätze in eckigen Klammern angegeben. Der Befehl wird auch ohne Eingabe dieser Zusätze richtig ausgeführt. Die Zusätze dienen dazu, den Befehlsablauf auf die aktuellen Bedürfnisse des Benutzers abzustimmen, d.h. das Ergebnis anzupassen. Auf die Befehlszusätze, sog. **Parameter**, wird in den folgenden Abschnitten nur insoweit eingegangen, als dies den Autoren für den Einstieg in MS-DOS dienlich erschien.

2.5.1 Verzeichnis anzeigen (DIR)

Alle auf einer Platte gespeicherten Dateien registriert DOS im Platteninhaltsverzeichnis. Der Befehl **DIR** zeigt Ihnen, welche Dateien Sie auf der Diskette/Platte besitzen. DIR ist die Abkürzung von directory (Verzeichnis).

> Interner DOS-Befehl: **DIR [Laufwerk] [/P][/W]**

Verzeichnis vollständig anzeigen

Die Dateien sollen mit ihrer Größe in Byte sowie dem Datum und Zeitpunkt ihrer letzten Änderung aufgeführt werden.

Ausführungsbeispiel:

```
A>dir
Diskette/Platte, Laufwerk A, hat keinen
Namen
Verzeichnis von A:\

AUTOEXEC BAT       41   28.05.86   12.00
CONFIG   SYS       14   28.05.86   12.00
ANSI     SYS     1651   28.05.86   12.00
ASSIGN   COM     1510   28.05.86   12.00
ATTRIB   EXE     8248   28.05.86   12.00
BACKUP   COM     6330   28.05.86   12.00
BASIC    COM    19298   28.05.86   12.00
BASICA   COM    36396   28.05.86   . . .
CHKDSK   COM    10379   . . .
COMMAND  COM    . . .                usw.
```

Der DIR-Befehl kann auch auf ein anderes als das aktuelle Laufwerk angewendet werden.

Weiterer DOS-Befehl: **Systemreaktion:**

A>dir b: Verzeichnis der Diskette in Laufwerk B:
                                wird angezeigt.

Verzeichnis bildschirmweise anzeigen

Der Befehl DIR wird hier mit dem Parameter /P angewendet. **Parameter sind Angaben, die zusammen mit einem Programmaufruf eingegeben werden, um den Programmablauf zu modifizieren.** Der Parameter /P (Pause) bewirkt, daß das Platteninhaltsverzeichnis bildschirmweise angezeigt wird. Nach jedem Bildschirm fordert das System den Benutzer auf, eine beliebige Taste zu drücken, um den nächsten Bildschirm auszugeben.

<u>Ausführungsbeispiel:</u>

```
A>dir /p
Diskette/Platte, Laufwerk A, hat keinen
Namen
Verzeichnis von A:\

AUTOEXEC BAT        41  28.05.86  12.00
CONFIG   SYS        14  28.05.86  12.00
ANSI     SYS      1651  28.05.86  12.00
  .        .         .      .        .
  .        .         .      .        .
  .        .         .      .        .
KEYB     COM      3278  28.05.86  12.00
Weiter --> eine Taste betätigen
usw.
```

Auch in diesem Falle können Sie eine Laufwerksbezeichnung verwenden.

Weiterer DOS-Befehl: **Systemreaktion:**

A>dir b:/p   Verzeichnis im Laufwerk B: wird bild-
                                schirmweise gelistet.

Verzeichnis in Kurzform anzeigen

Das Verzeichnis soll ohne Dateigröße, Datum und Zeit angezeigt werden. Der Parameter /W erzeugt diese Anzeigeform.

Ausführungsbeispiel:

```
A>dir /w

Diskette/Platte, Laufwerk A, hat keinen
Namen
Verzeichnis von A:\

AUTOEXEC BAT  CONFIG   SYS    ANSI    SYS    ASSIGN   COM
ATTRIB   EXE  BACKUP   COM    BASIC   COM    BASICA   COM
CHKDSK   COM  COMMAND  COM    COMP    COM    DISKCOMP COM
...
SYS      COM  TREE     COM    VDISK   SYS    REPLACE  EXE
XCOPY    EXE
             41 Datei(en)      15360 Byte frei
```

Einzelne Dateien und Dateigruppen anzeigen

Der DIR-Befehl kann, wie einige weitere DOS-Befehle, auf einzelne Dateien und auf Gruppen von Dateien angewendet werden. Um Dateigruppen zu bilden, benutzt man sog. **globale Dateinamen** oder **Joker**. Der
Joker * (Stern, asterisk) steht für beliebige Zeichen in einem Dateinamen
oder einer Erweiterung. Beispiele für die Zusammenfassung von Dateien
zu Dateigruppen:

```
     Einzelne Dateien                      Dateigruppe

     BRIEF.TXT
     MAHNUNG.TXT                      }     *.TXT
     ANGEBOT.TXT

     FRIST.SIK
     FREITAG.BAK                      }     FR*.*
     FROHSINN.$$$
```

Alle Dateien eines Inhaltsverzeichnisses faßt man durch den Ausdruck *.*
zusammen. Ein weiterer Joker, das ? (Fragezeichen), ersetzt nur ein einzelnes Zeichen.

```
     Einzelne Dateien                      Dateigruppe

     VERTRAG1.TXT
     VERTRAG2.TXT                     }     VERTRAG?.TXT
     VERTRAG3.TXT
```

Um einzelne Dateien oder Dateigruppen des Verzeichnisses anzuzeigen,
schreiben Sie die Dateibenennung direkt hinter den DIR-Befehl. Die Dateibenennung kann eine einzelne Datei oder eine Dateigruppe sein, wie
die folgenden Beispiele zeigen.

Weitere DOS-Befehle: **Systemreaktion:**

`A>dir command.com`   Anzeige von COMMAND.COM mit Größe,
                             Datum und Zeitpunkt der Speicherung
`A>dir *.txt`   Anzeige aller Dateien mit der Namenser-
                             weiterung .TXT
`A>dir b:bfw*`   Anzeige aller Dateien, die mit den 3 Zei-
                             chen BFW anfangen und auf der Diskette
                             im Laufwerk B stehen

2.5.2 Datum und Zeit einstellen (DATE, TIME)

Datum einstellen

Erstellen oder verändern Sie eine Datei, wird sie unter Systemdatum und
-zeit gespeichert. Der Befehl **DATE** gestattet Ihnen, das Datum zu verändern. Mit ihm können Sie auch den zu einem bestimmten Datum passenden Wochentag abfragen (Kalenderfunktion).

Interner DOS-Befehl: **DATE**

Ausführungsbeispiel:

```
A>date
Systemdatum: Fr. 16.02.1990
Neues Datum  (tt.mm.jj) eingeben: 25.2.90
```

Zeit einstellen

Die Systemzeit des PC kann mit dem Befehl **TIME** abgefragt und verändert werden.

Interner DOS-Befehl: **TIME**

Ausführungsbeispiel:

```
A>time
Systemzeit: 12.07.40,73
Neue Zeit (hh.mm.ss) eingeben: 16.30.20
```

2.5.3 Diskette/Platte prüfen (CHKDSK)

Eine Platte kann Defekte aufweisen. Es empfiehlt sich, Platten hin und
wieder daraufhin zu überprüfen. Der Befehl **CHKDSK** (<u>checkdisk</u>) analy-
siert sie hinsichtlich Kapazität, Belegung und eventueller Defekte.

> Externer DOS-Befehl: **CHKDSK [/V] [/F]**

<u>Ausführungsbeispiel:</u>

```
A>chkdsk
   362496 Byte Gesamtkapazität
    45056 Byte in 3 geschützten Dateien
   302080 Byte in 41 Benutzerdatei(en)
    15360 Byte auf Diskette/Platte
          verfügbar

   524288 Byte Gesamtspeicher
   290368 Byte frei
```

Weitere DOS-Befehle: **Systemreaktion:**

`A>chkdsk b:`   Diskette im Laufwerk B: prüfen

`A>chkdsk c: /v`   Festplatte C: prüfen und alle auf der Platte
                                  befindlichen Dateien anzeigen

`A>chkdsk a: /f`   Diskette A: prüfen und eventuelle Defekte,
                                  wenn möglich, automatisch korrigieren

2.5.4 Platte benennen (LABEL)

Der Befehl **LABEL** gibt einer Platte einen Namen. Damit wird sie unver-
wechselbar. Der Name darf 11 Zeichen lang sein.

> Externer DOS-Befehl: **LABEL**

<u>Ausführungsbeispiel:</u>

```
A>label
Diskette/Platte, Laufwerk A, hat
keinen Namen

Name (max. 11 Zeichen) oder Eingabetaste FRANZ 2_90
```

2.5.5 Diskette kopieren (DISKCOPY)

Es gibt viele Gründe dafür, eine Diskette vollständig zu kopieren. Sie wollen eine Sammlung von Nutzdateien oder Programmen weitergeben, eventuell versenden. Oder wichtige Datensammlungen sollen gesichert werden für den Fall, daß die Originaldiskette infolge Beschädigung unlesbar wird. **DISKCOPY** stellt eine identische Kopie einer Diskette her.

Externer DOS-Befehl: **DISKCOPY Quellendiskette Zieldiskette**

Ausführungsbeispiel:

```
A>diskcopy a: b:
Quellendiskette in Laufwerk A: einlegen

Zieldiskette in Laufwerk B: einlegen

Anschließend eine Taste betätigen ...

Kopiert werden 40 Spuren
9 Sektoren/Spur, 2 Seite(n)


Eine weitere Kopie erstellen (J/N)? N
```

Weitere DOS-Befehle: **Systemreaktion:**

A>diskcopy a: a: Kopiert eine Diskette mit Hilfe nur eines
                                  Laufwerks A
A>diskcopy b: a: Kopiert von Laufwerk B nach Laufwerk A

2.5.6 Platte formatieren (FORMAT)

Auf fabrikneuen Disketten/Platten kann der PC nicht ohne weiteres schreiben und lesen. Weil es zu viele verschiedene Formate gibt, legt der Plattenhersteller nicht von vornherein fest, wie viele Spuren und Sektoren eine Platte besitzen soll. Das müssen Sie mit dem Befehl **FORMAT** besorgen. Dabei wird auch ein Inhaltsverzeichnis und eine Dateibelegungstabelle angelegt, damit das System alle Dateien nach ihrem Namen und ihrer Lage auf der Platte registrieren kann (s. Abschnitt 2.11).

Externer DOS-Befehl: **FORMAT Laufwerk [/S]**

Nutzdatendiskette formatieren

Eine Diskette, die nur dazu dient, Nutzdateien aufzunehmen, muß nicht in der Lage sein, einen Systemstart zu ermöglichen. Die für den Start notwendigen Betriebssystemdateien dürfen fehlen.

Ausführungsbeispiel:

```
A>format b:
Neue Diskette in Laufwerk A: einlegen,
anschließend die Eingabetaste betätigen

Kopf: 0 Zylinder: 0
Kopf: 1 Zylinder: 0
Kopf: 0 Zylinder: 1
      .        .
      .        .
Kopf: 1 Zylinder: 39

Formatieren beendet

    362496 Byte Gesamtspeicherbereich
    362496 Byte auf Diskette/Platte
            verfügbar

Weitere Dskt./Platte formatieren (J/N)? N
```

Systemdiskette formatieren

Eine ladefähige Diskette besitzt mindestens 3 Betriebssystemdateien. Beim IBM-PC sind das die Dateien: COMMAND.COM, IBMBIO.COM UND IBMDOS.COM. Die beiden letzten sind verborgene Dateien und werden vom DIR-Befehl nicht angezeigt. Der Parameter /S veranlaßt die automatische Übernahme dieser Dateien beim Formatieren.

Ausführungsbeispiel:

```
A>format b: /s
Neue Diskette in Laufwerk A: einlegen,
anschließend die Eingabetaste betätigen

Kopf: 0 Zylinder: 0
Kopf: 1 Zylinder: 0
Kopf: 0 Zylinder: 1
      .        .
      .        .
Kopf: 1 Zylinder: 39
Formatieren beendet

Systemdateien übertragen

    362496 Byte Gesamtspeicherbereich
     69632 Byte vom System verwendet
    292864 Byte auf Diskette/Platte
            verfügbar

Weitere Dskt./Platte formatieren (J/N)? N
```

2.5.7 Bildschirm löschen (CLS)

Wenn viele Informationen den Bildschirm bedecken, ist es oft vorteilhaft, wenn man den Bildschirm zur besseren Übersicht vor der nächsten Eingabe mit dem Befehl **CLS** (_c_lear _s_creen) löscht.

```
Interner DOS-Befehl: CLS
```

2.6 Dateibezogene Befehle

Eine Reihe von DOS-Befehlen dient der Behandlung von einzelnen Dateien oder Dateigruppen. Dateien lassen sich umbenennen, kopieren, löschen und am Bildschirm oder auf dem Drucker ausgeben.

2.6.1 Dateien kopieren (COPY)

Der Befehl **COPY** kopiert Dateien. Sie verwenden den Befehl, um Daten auszutauschen oder zu sichern.

```
Interner DOS-Befehl: COPY Quelle [Ziel]
```

Für **Quelle** steht immer die Datei oder Dateigruppe, die kopiert werden soll. Sie dürfen Dateigruppen mittels Joker (*,?) als Quelle definieren. Die eckige Klammer um Ziel bedeutet, **Ziel** muß nicht unbedingt angegeben werden. Falls die Zielangabe fehlt, ist immer das aktuelle Laufwerk oder Verzeichnis automatisch das Ziel des Kopiervorgangs.

Ausführungsbeispiele:

```
A>copy autoexec.bat b:
        1 Datei(en) kopiert

A>copy *.bat b:
A:AUTOEXEC.BAT
A:MENU.BAT
        2 Datei(en) kopiert
```

Weitere DOS-Befehle:	Systemreaktion:
`A>copy b:brief`	Die Datei BRIEF wird vom Laufwerk B in das Laufwerk A kopiert.
`A>copy b:*.txt`	Alle Dateien mit der Erweiterung .TXT werden von B nach A kopiert.

Ziel ist das Laufwerk **oder** eine Datei, die neu erstellt werden soll, wie
folgende Beispiele zeigen.

Weitere DOS-Befehle: **Systemreaktion:**

```
A>copy x.txt y.txt
```
Die Datei X.TXT entsteht unter der Bezeichnung Y.TXT nochmal.

```
A>copy autoexec.bat b:
```
Die Datei AUTOEXEC.BAT wird in das
Laufwerk B kopiert.

```
A>copy *.exe b:
```
Alle Dateien mit der Erweiterung .EXE
werden in das Laufwerk B kopiert.

```
A>copy b:brief.txt c:
```
Die Datei BRIEF.TXT wird im Laufwerk
gelesen und auf die Festplatte kopiert.

2.6.2 Dateien löschen (DEL)

Mit dem Befehl **DEL** (delete) löscht man Dateien oder Dateigruppen. Der
Befehl bringt im Inhaltsverzeichnis an der Dateibezeichnung einen
Löschvermerk an, ohne den Inhalt der Datei wirklich zu löschen. Das Sy-
stem zeigt als gelöscht gekennzeichnete Dateien nicht mehr an und gibt
den Platz, den sie auf dem Datenträger belegen, zum Speichern anderer
Dateien frei.

```
Interner DOS-Befehl: DEL
```

Ausführungsbeispiele:

```
A>del brief.txt

A>del brief.txt
Datei nicht gefunden

A>
```

Beim 2. Beispiel wird der Befehl nicht erfolgreich durchgeführt, weil die
Datei bereits gelöscht war.

Weitere DOS-Befehle: **Systemreaktion:**

```
A>del *.*
```
```
Sind Sie sicher (J/N)
```
Nach Eingabe von J werden alle Dateien
des aktuellen Verzeichnisses der Diskette im
Laufwerk A gelöscht.

```
A>del b:brief???.txt
```
Die Gruppe von Dateien im Laufwerk B löschen, deren Benennung mit BRIEF beginnt, wobei die folgenden 3 Zeichen beliebig sein können.

```
C>del xyz
```
Die Datei XYZ auf der Festplatte löschen.

```
C>del b:*.txt
```
Die Dateigruppe im Laufwerk B löschen, deren Erweiterung .TXT lautet.

2.6.3 Dateien anzeigen (TYPE)

Der Befehl **TYPE** gestattet es, den Inhalt von Textdateien anzuzeigen.

> Interner DOS-Befehl: **TYPE Dateibenennung**

TYPE kann nur den Inhalt einzelner Dateien, nicht von Dateigruppen, ausgeben.

Ausführungsbeispiele:

```
A>type autoexec.bat
@echo off
keyb gr,,\dos\keyboard.sys
prompt $p$g
verify on

A>type config.sys
country=049,,\dos\country.sys
buffers=16
files=20

A>
```

2.6.4 Dateien drucken (PRINT)

Während Textdateien mit TYPE auf den Bildschirm geschrieben werden, lassen sie sich mit dem Befehl **PRINT** auf dem Drucker ausgeben.

> Externer DOS-Befehl: **PRINT Dateibenennung [Dateibenennung]...**

<u>**Ausführungsbeispiel:**</u>

```
A>print autoexec.bat
Name der Ausgabeeinheit [PRN]:
Residenter Teil von PRINT installiert

    A:\AUTOEXEC.BAT wird gedruckt

A>
```

Beim ersten PRINT-Befehl fragt das System nach der Ausgabeeinheit und schlägt den Standarddrucker PRN vor. Wenn das System nur einen Drucker besitzt, kennt ihn das System unter dem Namen PRN. Es genügt dann, die Eingabetaste zu drücken. Nach dem Drucken einer Datei sendet PRINT ein Seitenvorschub-Zeichen (ASCII-Nr. 12) an den Drucker. Der Seitenvorschub wird nach Maßgabe der DIP-Schalterstellung für die Seitenlänge im Drucker ausgeführt (s. Druckerhandbuch).

Im Gegensatz zum Befehl TYPE dürfen nach PRINT mehrere Dateien oder Dateigruppen stehen.

Weitere DOS-Befehle:	**Systemreaktion:**
`A>print ???.txt`	Alle Dateien mit der Erweiterung TXT und einem 3 Zeichen langen Namen werden gedruckt.
`A>print *.*`	Alle Dateien wurden zum Drucken ausgewählt.
`A>print brief mahn *.bat`	Das System druckt die Dateien BRIEF, MAHN und alle Dateien mit der Erweiterung BAT.
`A>print b:*.txt c:*.txt`	Alle Dateien mit der Erweiterung TXT der Diskette in B und der Festplatte C sind zu drucken.

2.6.5 Dateien umbenennen (REN)

Oft wollen Sie Dateibenennungen ändern. Dabei hilft der Befehl **REN** (<u>ren</u>ame).

> Interner DOS-Befehl: **REN Dateibenennung1 Dateibenennung2**

Die erste Dateibenennung ist die bisherige, die zweite die künftige Bezeichnung.

Ausführungsbeispiel:

```
A>ren brief.txt brief1.txt
Doppelter Dateiname oder
Datei nicht gefunden

A>ren brief.txt brief2.txt

A>
```

Im ersten Beispiel wurde als 2. Dateibenennung eine Datei angegeben, die bereits existiert.

Weitere DOS-Befehle: **Systemreaktion:**

```
A>ren steuer.txt einkst.doc
```
Die bisherige Datei STEUER.TXT heißt jetzt EINKST.DOC.

```
A>ren brief1.txt brief3.*
```
Die Datei BRIEF1.TXT wurde umbenannt in BRIEF3.TXT.

2.7 Verzeichnisbezogene Befehle

Beim Formatieren einer Platte legt DOS ein Inhaltsverzeichnis an, wo es gespeicherte Dateien mit ihren Benennungen und weiteren Merkmalen aufnimmt. 360KB-Disketten können 112, 1,2MB-Disketten 224 und 20MB-Festplatten 512 Benennungen in ihren Inhaltsverzeichnissen registrieren. Bei bis zu 30 oder gar 50 Einträgen mögen Inhaltsverzeichnisse gerade noch überschaubar sein. Darüber hinaus verliert man die Übersicht. Möglicherweise stehen Befehlsdateien zusammen mit Text-, Adressen-, Artikel- und Liefererdateien und verschiedenen Anwendungsprogrammen für Datenbankverwaltung, Textverarbeitung und Tabellenkalkulation in einem Verzeichnis.

Niemand in einem kaufmännischen Betrieb würde auf die Idee kommen, alle anfallenden Briefe, Dokumente, Verträge und Belege in einen einzigen Aktenordner zu packen. Ebensowenig sollten Sie alle im Laufe der Zeit entstehenden Dateien und erworbenen Programme in einem Verzeichnis speichern.

MS-DOS bietet die Möglichkeit, auf einer Platte zusätzliche Verzeichnisse, sog. **Unterverzeichnisse**, aufzubauen. Unterverzeichnisse tragen Namen wie Dateien. Die Benennung von Verzeichnissen dient dem gleichen Zweck wie die Beschriftung von Aktenordnern: Sie sagt etwas über den Inhalt eines Verzeichnisses aus.

Nehmen wir an, ein kleiner Betrieb verwahrt Unterlagen zentral in einem
Schrank in Ordnern (Abb. 1) mit folgenden Bezeichnungen und Akten.

Beispiel:

Bezeichnungen	**Akten**
Kunden	Informationen über Kunden
Korrespondenz	Geschäftsbriefe
Verträge	Vereinbarungen
Organisation	Organisator. Regelungen
Steuern	Unterlagen fürs Finanzamt

Das Haupt- oder **Stammverzeichnis** (root directory) einer Platte läßt sich
mit einem Aktenschrank vergleichen, in welchem Aktenordner stehen.
Die Unterverzeichnisse (subdirectories) auf einer Platte sind den Ordnern
vergleichbar. In den Ordnern sind die Akten untergebracht, wie die Dateien in den Unterverzeichnissen.

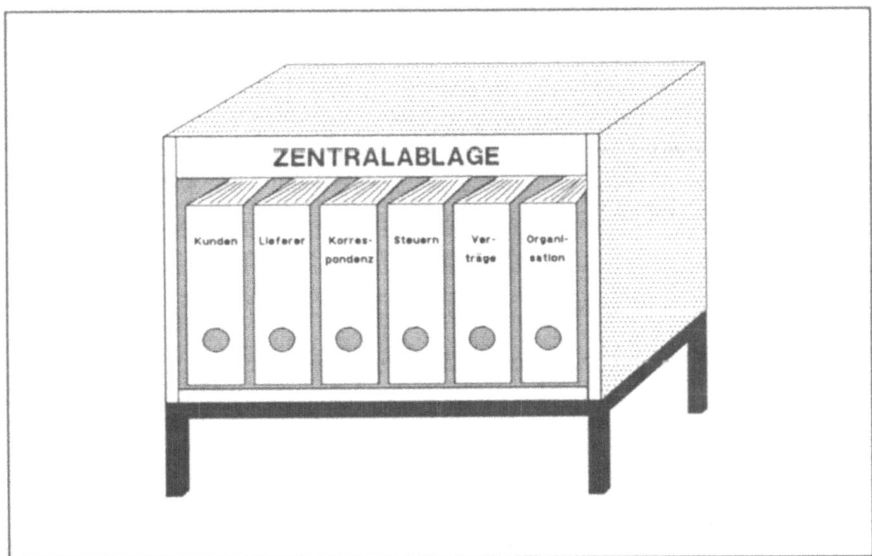

Abb. 1: Aktenschrank mit Ordnern

Übertragen auf eine Platte, ergibt sich für das angeführte Beispiel folgende Struktur:

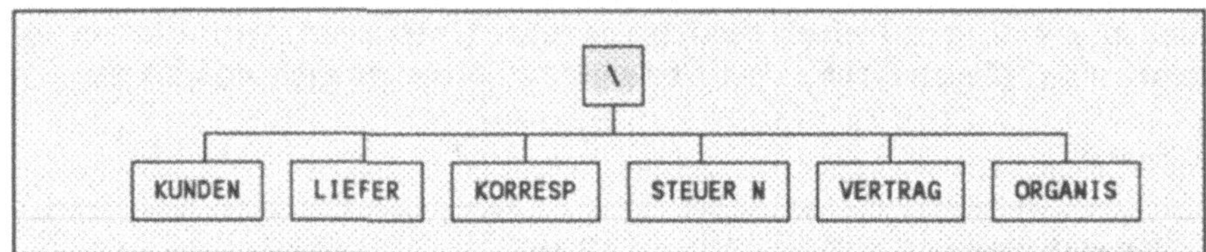

Der umgekehrte Schrägstrich \ (engl. backslash) kennzeichnet das Stammverzeichnis. Ähnlich wie man in Ordnern Register verwendet, um eine
weitere Unterteilung zu erreichen, kann man einem Unterverzeichnis
weitere Verzeichnisse anfügen.

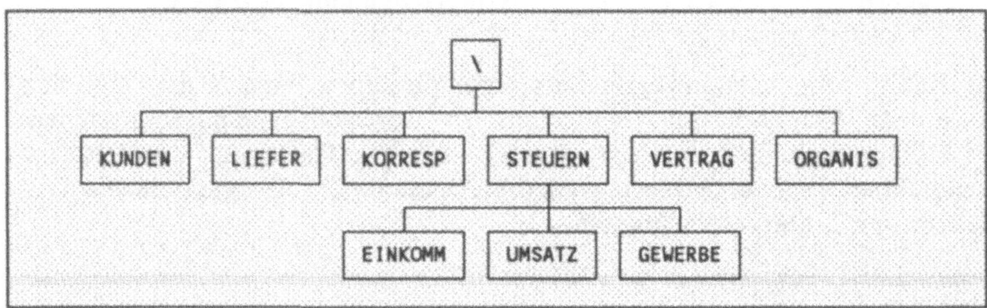

Dateien in Unterverzeichnissen werden über den **Pfad** angesprochen. Der
Pfad, auch **Zugriffspfad** genannt, beschreibt den Weg zu einer Datei. Die
einfachste Pfadangabe ist die für das Stammverzeichnis, der Backslash \.
Um eine Datei im Stammverzeichnis anzusprechen, setzt man den Backslash vor den Dateinamen.

Beispiel:

\AUTOEXEC.BAT

Der Backslash dient auch der **Trennung** von Pfad und Dateinamen. Angenommen, eine Datei mit der Benennung EST3D.TXT liegt im Verzeichnis
EINKOMM ab, so ist der korrekte Pfad:

Beispiel:

\STEUERN\EINKOMM\EST3D.TXT

Der Aufruf von Programmen, die in Unterverzeichnissen liegen, kann
eine Pfadangabe erfordern. Falls das Programm WORD.COM in einem
angenommenen Verzeichnis \PROGRAM\WORD4 zu finden ist, lautet
der Programmaufruf:

Beispiel:

```
\PROGRAM\WORD4\WORD
```

Pfadangaben sind nicht notwendig, wenn das entsprechende Verzeichnis vor dem Dateizugriff mit dem Befehl CD (change directory, siehe Abschnitt 2.7.2) eingestellt wird. Die folgenden DOS-Befehle zeigen die Benutzung von Pfadangaben:

Weitere DOS-Befehle: **Systemreaktion:**

```
A>dir \steuern
```
Zeigt das Verzeichnis \STEUERN an.

```
A>copy \korresp\fritz.txt b:
```
Kopiert die Datei FRITZ.TXT aus dem Verzeichnis \KORRESP ins Laufwerk B.

```
A>del \steuern\umsatz\*.*
```
Löscht alle Dateien im Verzeichnis \STEUERN\UMSATZ.

```
A>type c:\autoexec.bat
```
Listet die Datei AUTOEXEC.BAT aus dem Stammverzeichnis der Platte C: an.

> In einer Pfadangabe bedeutet ein **führender Backslash**, daß der Pfad im Stammverzeichnis beginnt. Alle **folgenden Backslashes** haben lediglich die Funktion von **Trennzeichen** zwischen Unterverzeichnissen und Dateibenennung.

2.7.1 Unterverzeichnis anlegen (MD)

Der Befehl **MD** ist die Abkürzung von Make Directory und bedeutet "erstelle Verzeichnis".

> Interner DOS-Befehl: **MD Pfad**

Ausführungsbeispiele:

```
A>md \steuer

A>md \steuer
Verzeichnis kann nicht angelegt werden

A>md \steuer\einkomm

A>
```

Im zweiten Ausführungsbeispiel wurde versucht, ein zweites Verzeichnis gleichen Namens anzulegen.

Weitere DOS-Befehle: **Systemreaktion:**

`A>md c:\steuern\gewerbe`   Das Unterverzeichnis GEWERBE wird an
                                   das Unterverzeichnis \STEUERN auf der
                                   Platte C: geknüpft.
`A>md b:\privat`   Auf der Diskette im Laufwerk B entsteht
                                   das Verzeichnis \PRIVAT.

2.7.2 Verzeichnis wechseln (CD)

CD kommt von Change Directory, "wechsle Verzeichnis". Der Verzeich-
niswechsel stellt das System auf ein anderes Verzeichnis ein. Das eingestellte Verzeichnis heißt **aktuelles** Verzeichnis.

Das System sucht Dateien und externe Befehle immer zuerst im aktuell
eingestellten Verzeichnis. Nur wenn der Dateibenennung ein Pfad vorangestellt wird, prüft das System das im Pfad angegebene Verzeichnis. Um
sich das wiederholte Eintippen von Pfaden zu ersparen, stellt man das
gewünschte Verzeichnis ein.

> Interner DOS-Befehl: **CD Pfad**

Ausführungsbeispiele:

```
A>cd \einkomm
Ungültiges Verzeichnis

A>cd \steuer\einkomm
```

Im ersten Ausführungsbeispiel wurde kein korrekter Pfad genannt, denn
das Verzeichnis EINKOMM ist an das Verzeichnis \STEUER geknüpft.

Weitere DOS-Befehle: **Systemreaktion:**

`C>cd \steuern\gewerbe`   Das Verzeichnis \STEUERN\GEWERBE
                                   wird eingestellt.
`C>cd \`   Das Stammverzeichnis ist nun das aktuelle
                                   Verzeichnis.

2.7.3 Unterverzeichnis entfernen (RD)

Ein Verzeichnis läßt sich mit dem Befehl **RD** (Remove Directory, entferne Verzeichnis) löschen. Das System löscht nur leere Verzeichnisse, d.h., es dürfen keine Dateien bzw. Unterverzeichnisse in einem zu entfernenden Verzeichnis stehen.

Interner DOS-Befehl: **RD Pfad**

Ausführungsbeispiel:

```
A>rd \steuer\einkomm
A>
```

Weitere DOS-Befehle:	Systemreaktion:
`C>rd a:\steuern\umsatz`	Das Verzeichnis \STEUERN\UMSATZ wird entfernt.
`A>rd \`	Das System meldet:

```
Ungültiger Pfad, kein Verzeichnis, oder
Verzeichnis nicht leer
```

Stammverzeichnisse können nicht gelöscht werden.

2.7.4 Suchpfade festlegen (PATH)

Ein Programm- bzw. Befehlsaufruf veranlaßt das System, den entsprechenden Dateinamen im aktuellen Verzeichnis zu suchen. Mit dem **PATH**-Befehl stellt man das System so ein, daß Programmdateien auch dann gefunden werden, wenn sie in anderen Verzeichnissen stehen. Das System sucht dann Befehle und Programme zunächst im aktuellen Verzeichnis. Wenn sie dort nicht zu finden sind, prüft es nacheinander alle im Pfadbefehl genannten Verzeichnisse durch.

Es dürfen mehrere, durch Semikolon getrennte Verzeichnisse im PATH-Befehl genannt werden. Der PATH-Befehl bezieht sich nur auf **ausführbare Dateien**, also nur auf Dateien des Typs **COM**, **EXE** und **BAT**.

Interner DOS-Befehl: **PATH Pfad [;Pfad] ...**

Ausführungsbeispiele:

```
A>path c:\dos

A>path
PATH=C:\DOS

A>
```

Der Befehl PATH alleine ohne Parameter eingegeben, gibt Auskunft über
den eingestellten Pfad.

Weitere DOS-Befehle:	**Systemreaktion:**
`A>path a:\util`	Alle Befehle im aktuellen Verzeichnis und im Verzeichnis \UTIL können ohne Pfadangabe benutzt werden.
`C>path c:\dos;\prog\word`	Alle Befehle des aktuellen Verzeichnisses sowie der Verzeichnisse \DOS und \PROG\WORD sind ohne Pfadangabe aufrufbar.
`A>path c:\sys`	Das System findet Befehle im aktuellen Verzeichnis und im Verzeichnis \SYS der Platte C.

2.8 Der Texteditor des MS-DOS (EDLIN)

Eines der Dienstprogramme von DOS ist der **Texteditor EDLIN.COM**
(Line Editor). Es handelt sich hierbei um ein sehr einfaches **zeilenorien-
tiertes** Textverarbeitungsprogramm. Im Gegensatz zu den bildschirm-
orientierten Textprogrammen, bei denen der Cursor frei über den gesamten Bildschirm geführt werden kann, läßt der EDLIN nur eine Bearbeitung Zeile für Zeile zu.

Mit EDLIN.COM ist die Erstellung und Änderung von Textdateien
möglich. Sie können damit kleinere Notizen, Briefe oder auch Stapeldateien (s. Abschnitt 2.9) verfassen, nach Belieben verändern und speichern.

```
Externer DOS-Befehl: EDLIN Dateibenennung
```

Die folgenden Abschnitte behandeln eine Auswahl der wichtigsten
EDLIN-Befehle anhand eines durchgehenden Beispiels. Alle EDLIN-
Befehle bestehen aus nur **einem Buchstaben**.

2.8.1 Textdatei anlegen

Im den folgenden Beispielen wird angenommen, Sie wollen in Ihrem
Betrieb eine Hausmitteilung verfassen. Die Datei soll HAUSMIT heißen,
eine Datei gleichen Namens existiert noch nicht auf der Diskette im
Laufwerk A.

Nachdem Sie EDLIN.COM gestartet haben und die Datei HAUSMIT neu
eröffnet wurde, antwortet das System mit "Neue Datei" gefolgt von einem
Stern. Der Stern * ist der **Prompt des EDLIN**. Nach der Ausgabe des
Sterns wartet das Programm auf die Eingabe eines EDLIN-Befehls. Das
EDLIN-Programm befindet sich nun im **Befehlsmodus**, d.h., es kann in
diesem Zustand Befehle ausführen.

```
EDLIN-Befehl: [Zeilen-Nr.]I
```

Das Ausführungsbeispiel benutzt den EDLIN-Befehl I (insert), um vom
Befehlsmodus in den **Textmodus** zu wechseln und um EDLIN zu veranlassen, die erste Zeilen-Nr. anzuzeigen. Der EDLIN-Befehl I fügt eine
oder mehrere Zeilen in eine Textdatei ein. Wenn Sie eine **neue Datei** er-
öffnen, so genügt die Eingabe des Buchstabens I, um mit der ersten
Textzeile zu beginnen. Die eingegebenen Zeilen müssen Sie dem System
einzeln mit der **Eingabetaste** zuleiten.

Zeile 19 soll die letzte Zeile der Datei sein. Schließen Sie die 19. Zeile
ab. Das System zeigt nun die 20. Zeile an. Mit den Tasten **Ctrl+C**
(Strg+C) brechen Sie den Textmodus ab und kehren in den EDLIN-
Befehlsmodus zurück. EDLIN antwortet nun mit seinem Prompt.

Ausführungsbeispiel:

```
A>edlin hausmit
Neue Datei
*i
        1:*Hausmitteilung
        2:*
        3:*Verteiler: Asanger, Carelli, Maurer, Xander
        4:*
        5:*Betreff: Vertreterbesuch
        6:*
        7:*Der Besuch des Vertreters der Firma COMPUSERVICE
        8:*wurde nach Absprache mit der Geschäftsleitung auf
        9:*
       10:*      Montag, den 18.12.89, 13.30 Uhr, Raum 302
       11:*
       12:*festgesetzt.
       13:*
       14:*Bitte halten Sie die detaillierten Unterlagen für
       15:*Ihre Investitionsvorhaben zu diesem Termin bereit.
       16:*
       17:*EDV-Abteilung
       18:*
       19:*gez. Baumann
       20:*^C
  *
```

Nun haben Sie vergessen, das aktuelle Datum in die Hausmitteilung einzusetzen. Außerdem soll am Anfang und am Ende je eine Reihe Sternchen das Schreiben schmücken. Mittels EDLIN-Befehl I mit Zeilen-Nr.
fügen Sie neue Zeilen **vor** den Zeilen 1 und 17 ein. Das Zeichen # kennzeichnet die Nummer der Zeile, die das Dateiende markiert. Mit Hilfe
dieses Zeichens fügen Sie dem Schreiben eine letzte Zeile an. Vergessen
Sie nicht, nach jeder Korrektur mit Ctrl+C vom Textmodus in den
Befehlsmodus zu wechseln.

Ausführungsbeispiele:

```
       15: Ihre Investitionsvorhaben zu diesem Termin bereit.
       16:
       17: EDV-Abteilung
       18:
       19: gez. Baumann
       20:*^C
  *17i
       17:*Heidelberg, 11.12.89
       18:*
       19:*^C

  *1i
        1:***************************************************************
        2:*^C

  *#i
       24:***************************************************************
       25:*^C
  *
```

> Der Stern * ist der Prompt des EDLIN. Er zeigt den Befehlsmodus an.
> Nur im Befehlsmodus erkennt das System EDLIN-Befehle als solche.
> Die Zeilen-Nr. zeigt den Textmodus an. Nur im Textmodus kann
> Text eingegeben und korrigiert werden.

2.8.2 Textdatei speichern und EDLIN beenden

Der Befehl **E** (**e**nd) speichert den Text auf Diskette/Platte und beendet
das Programm.

> EDLIN-Befehl: **E**

Falls mit EDLIN eine bereits existierende Datei geladen wurde, legt der
EDLIN-Befehl E diese Datei zuerst zusätzlich mit der Erweiterung **BAK**
(**ba**ck**up**) ab. Der E-Befehl besitzt insoweit eine **Sicherungsfunktion**, er
erhält die bisherige Version der editierten Datei.

Ausführungsbeispiel:

```
      24:*******************************************************************
      25:*^C

  *e

  A>
```

Eine andere Möglichkeit, das Programm EDLIN zu beenden, bietet der
EDLIN-Befehl **Q** (**q**uit). Der Befehl Q beendet EDLIN, ohne die editierte Datei zu speichern und ohne eine Sicherungsdatei (BAK) zu erzeugen.

> EDLIN-Befehl: **Q**

2.8.3 Textdatei anzeigen und ändern

Oft sind nachträgliche Änderungen an Dateien notwendig, sei es daß sie
fehlerhaft gespeichert wurden oder daß ihr Inhalt angepaßt werden muß.
Angenommen, der in der Hausmitteilung HAUSMIT genannte Raum 302
soll in 320 geändert werden und Herr Schell soll zusätzlich im Verteiler

erscheinen. Um die Textdatei HAUSMIT zu editieren, laden Sie sie mit EDLIN in den Zentralspeicher.

Um festzustellen, in welchen Zeilen Änderungen vorzunehmen sind, lassen Sie sich die Datei ausgeben. Der Befehl **P** zeigt eine Datei bildschirmweise (page) an.

```
EDLIN-Befehl: [Zeilen-Nr.1][,Zeilen-Nr.2]P
```

Wird der P-Befehl **ohne Zeilenangabe** benutzt, so erfolgt die Anzeige ab der **aktuellen** Zeile. Die aktuelle Zeile wird von EDLIN mit dem Stern (*) hinter der Zeilen-Nr. gekennzeichnet. Nach dem Start von EDLIN ist die aktuelle Zeile immer Zeile 1. Nach der Ausführung des P-Befehls ist die letzte angezeigte Zeile die aktuelle Zeile. Sie können durch wiederholte Eingabe des P-Befehls ohne Zeilenangabe in einer größeren Datei von vorn nach hinten "blättern".

Der P-Befehl **mit Zeilenangaben** präsentiert die Datei ab der Zeilen-Nummer bzw. von Zeilen-Nr.1 bis Zeilen-Nr.2.

Ausführungsbeispiele:

```
A>edlin hausmit
Ende der Eingabedatei
*1,3p
        1: ******************************************************************
        2: Hausmitteilung
        3:*
*8,12p
        8: Der Besuch des Vertreters der Firma COMPUSERVICE
        9: wurde nach Absprache mit der Geschäftsleitung auf
       10:
       11:      Montag, den 18.12.89, 13.30 Uhr, Raum 302
       12:*
*21p
       21:
       22: gez. Baumann
       23:
       24:******************************************************************
*q
Editieren abbrechen (J/N)? j
A>
```

Nach der Eingabe von **1P** läßt die Bildschirmanzeige erkennen, daß die Zeilen 4 und 11 zu ändern sind. Wenn Sie hinter dem EDLIN-Prompt (*) eine Zeilennummer eingeben, so wird die entsprechende Zeile angezeigt und zum Editieren freigegeben.

Ausführungsbeispiele:

```
A>edlin hausmit
Ende der Eingabedatei
*1p
        1: ******************************************************************
        2: Hausmitteilung
        3:*
        4:              usw.

*4
        4:*Verteiler: Asanger, Carelli, Maurer, Xander
        4:*Verteiler: Asanger, Carelli, Maurer, Schell, Xander
*11
       11:*      Montag, den 18.12.89, 13.30 Uhr, Raum 302
       11:*      Montag, den 18.12.89, 13.30 Uhr, Raum 320
*e

A>
```

Um nicht ganze Zeilen neu schreiben zu müssen, nutzen Sie die sog. Editiertasten des MS-DOS. Editiertasten nennt man die Tasten F1 bis F5 sowie die Tasten Ins (Einfg), Del (Lösch, Entf) und Rücksetzen (<--, Backspace).

Korrektur der Zeile 4

Hinter den Namen Maurer soll der Name Schell eingefügt werden. Mit der Taste **F2** lassen sich Zeilen bis zu einem bestimmten Zeichen wiederholen. Die Zeile soll zunächst bis einschließlich der Leerstelle vor dem Großbuchstaben X(ander) kopiert werden.

        Tastenfolge: | F2 | X

Jetzt muß der Name Schell eingefügt werden. Die Einfügetaste Ins (Einf) aktiviert den Einfügemodus. Alles, was Sie unmittelbar danach eingeben, wird eingefügt.

        Tastenfolge: | Ins | Schell | Leertaste |

Der Rest der Zeile (Xander) wird mit der Taste F3 kopiert, dann schließt man die Zeile mit der Eingabetaste ab.

        Tastenfolge: | F3 | | <--| |

Korrektur der Zeile 11

Die Zeile ist bis vor die letzten 2 Zeichen, d.h. bis zur 0, zu editieren. Da jedoch 2 Nullen in der Zeile vorkommen, muß die Tastenfolge F2, 0 zweimal getippt werden. Darauf ist 20 einzugeben und die Zeile mit der Eingabetaste abzuschließen.

Tastenfolge: | F2 | 0 | F2 | 0 2 0 | ←┘ |

Das gleiche Ergebnis erreicht man mit der Taste **F3**, die eine Zeile ab dem Cursor kopiert, wenn man zusätzlich die Rücksetztaste einsetzt.

Tastenfolge: | F3 | <-- | <-- | 2 0 | ←┘ |

Die Taste **F1** kopiert jeweils ein Zeichen. Wenn man die Dauerfunktion der Tastatur nutzt, d.h. die Taste dauernd gedrückt hält, bewirkt auch diese Taste eine Kopie der gesamten Zeile bis zu einem beliebigen Punkt.

Die Korrektur der Zeilen 4 und 11 findet selbstverständlich im Zentralspeicher statt, d.h., auf der Platte steht die Datei noch in der alten Form. Deshalb muß die Datei nach dem Ändern mit dem EDLIN-Befehl E auf die Platte zurückgeschrieben werden.

Die Editiertasten im Überblick

F1	Kopiert 1 Zeichen
F2	Kopiert alle Zeichen vom Cursor bis zum eingegebenen Zeichen
F3	Kopiert alle Zeichen vom Cursor bis zum Zeilenende
F4	Überspringt alle Zeichen bis zum eingegebenen Zeichen
F5	Erlaubt den Abbruch und die erneute Aufbereitung einer falsch eingegebenen Zeile
Ins	Schaltet den Einfügemodus ein
Del	Löscht das Zeichen an der Cursorposition
<--	Löscht das Zeichen links vom Cursor

Die Editiertasten können sowohl im Programm EDLIN als auch auf der Befehlsebene des MS-DOS benutzt werden. Das bedeutet, auch fehlerhaft eingegebene DOS-Befehle können mittels der Editiertasten korrigiert werden, sie müssen nicht vollständig neu eingegeben werden. Andere Anwendungprogramme verwenden eine abweichende Tastenbelegung. In diesen Programmen üben die beschriebenen Tasten andere Funktionen aus.

2.8.4 Zeilen löschen und einfügen

In vielen Fällen müssen Sie ganze Textpassagen austauschen. Die Löschung ganzer Zeilen läßt sich dann nicht umgehen. Dafür ist der EDLIN-Befehl **D** (<u>d</u>elete) vorgesehen.

EDLIN-Befehl: **Zeilen-Nr.1[,Zeilen-Nr.2]D**

Die Zeilen 15 bis 16 der Hausmitteilung sollen einer anderen Formulierung weichen. Nach dem Löschen sind alle Zeilen, die der (den) gelöschten Zeile(n) folgen, neu numeriert.

<u>Ausführungsbeispiel:</u>

```
        13: festgesetzt.
        14:
        15: Bitte halten Sie die detaillierten Unterlagen für
        16: Ihre Investitionsvorhaben zu diesem Termin bereit.
        17:
        18: Heidelberg, 11.12.89
        19:
        20: EDV-Abteilung
        21:
        22: gez. Baumann
        23:
 *15,16d
 *13p
        13: festgesetzt.
        14:
        15:
        16: Heidelberg, 11.12.89
        17:
        18: EDV-Abteilung
        19:
        20: gez. Baumann
        21:
        22:***********************************************************
```

Um die neuen Zeilen zu schreiben, benutzen Sie nun den bereits bekannten EDLIN-Befehl I (<u>i</u>nsert). EDLIN fügt immer vor die angegebene Zeile ein und numeriert die folgenden Zeilen automatisch neu. Die korrigierte Datei speichern Sie schließlich mit dem EDLIN-Befehl E.

Ausführungsbeispiel:

```
*15i
        15:*Alle mir bisher zugegangenen Investitionsanträge
        16:*stehen zu diesem Termin gesammelt als Tischvorlage
        17:*zu Ihrer Verfügung.
        18:*^C

*13p
        13: festgesetzt.
        14:
        15: Alle mir bisher zugegangenen Investitionsanträge
        16: stehen zu diesem Termin gesammelt als Tischvorlage
        17: zu Ihrer Verfügung.
        18:
        19: Heidelberg, 11.12.89
        20:
        21: EDV-Abteilung
        22:
        23: gez. Baumann
        24:
        25:*****************************************************************
*e

A>
```

2.8.5 Zeilen versetzen

Der EDLIN-Befehl M (<u>m</u>ove) versetzt Zeilen an andere Stellen der Textdatei. Die erste Zeilennummer bezeichnet die erste Zeile, die zweite Zeilennummer die letzte Zeile des zu versetzenden Textblocks. Die dritte
Zeilenangabe steht für die Zeile, vor welcher der Textblock eingefügt
werden soll.

> **EDLIN-Befehl: Zeilen-Nr.1,Zeilen-Nr.2,Zeilen-Nr.3M**

In der Datei HAUSMIT soll der Verteiler samt der folgenden Leerzeile
vor die 2. Zeile verschoben werden.

<u>Ausführungsbeispiel:</u>

```
*1,6p
         1: ********************************************************
         2: Hausmitteilung
         3:
         4: Verteiler: Asanger, Carelli, Maurer, Schell, Xander
         5:
         6:*Betreff: Vertreterbesuch
*4,5,2m
*1,6p
         1: ********************************************************
         2: Verteiler: Asanger, Carelli, Maurer, Schell, Xander
         3:
         4: Hausmitteilung
         5:
         6:*Betreff: Vertreterbesuch
*
```

2.8.6 Zeilen kopieren

Mit dem EDLIN-Befehl C (copy) lassen sich einzelne Zeilen kopieren
bzw. mehrfach erzeugen. Die erste Zeilennummer nennt die erste, die
zweite Zeilennummer die letzte zu kopierende Zeile. Die dritte Zeilennummer ist die Zeile, vor welche die zu kopierenden Zeilen gesetzt werden. Anzahl gibt an, wie oft die zu kopierenden Zeilen vermehrt werden
sollen. Wird Anzahl weggelassen, kopiert EDLIN den Textblock einmal.

> **EDLIN-Befehl: Zeilen-Nr.1,Zeilen-Nr.2,Zeilen-Nr.3[,Anzahl]C**

Die Hausmitteilung, Datei HAUSMIT, soll am Beginn eine Einrahmung
durch je 3 Zeilen aus Sternchen (wie Zeile 1) erhalten. Außerdem setzen
Sie die Zeile 23 (EDV-Abteilung) nochmal hinter die Zeile 6. Anschließend speichern Sie die Datei mit dem EDLIN-Befehl E auf die
Platte zurück.

<u>Ausführungsbeispiel:</u>

```
*1,1,2,2c
*23,23,7c
*1,9p
         1: ********************************************************
         2: ********************************************************
         3: ********************************************************
         4: Verteiler: Asanger, Carelli, Maurer, Schell, Xander
         5:
         6: Hausmitteilung
         7: EDV-Abteilung
         8:
         9: Betreff: Vertreterbesuch
        10:*
*e

A>
```

2.9 Stapeldateien

Das Betriebssystem MS-DOS bietet die Möglichkeit, "Stapel" von DOS-Befehlen abarbeiten zu lassen. DOS-Befehle werden in einer Datei mit der Erweiterung **BAT** (<u>bat</u>ch = Stapel) zusammengefaßt und durch Aufruf des Dateinamens wie ein externer Befehl zur Ausführung gebracht. Mittels Stapeldateien können Sie selbst Befehle zusammenstellen.

2.9.1 Arbeitsersparnis durch Stapeldateien

Häufig werden Sie es als umständlich empfinden, immer wieder komplette DOS-Befehle mit ihren Parametern tippen zu müssen. Nehmen wir beispielsweise den Befehl **DIR /P**. Diesen Befehl benutzt man oft. Es wäre wünschenswert, den Befehl abzukürzen, der Buchstabe **D** würde als Befehl genügen.

Um eine Stapeldatei mit der Benennung **D.BAT** herzustellen, die den Befehl DIR /P ausführt, gehen Sie folgendermaßen vor.

Ausführungsbeispiel:

```
A>edlin d.bat
Neue Datei
*i
        1:*dir /p
        2:*^C

*e

A>
```

Die Stapeldatei ist nun zur Ausführung bereit. Wenn Sie künftig hinter dem DOS-Prompt **D** gefolgt von der Eingabetaste eingeben, wird der Befehl DIR /P ausgeführt.

Arbeit können Sie sich auch beim Kopieren einer Diskette sparen. Jedesmal, wenn Sie eine Kopie herstellen, sollten Sie dieser gleich einen anderen Namen geben. Das heißt, Sie müssen die Befehle

        DISKCOPY A: B:
        LABEL B:

nacheinander ausführen.

Wenn Sie beide Befehle in einer Stapeldatei namens **DL.BAT** zusammenfassen, brauchen Sie als Befehl nur noch **DL** einzugeben.

Ausführungsbeispiel:

```
A>edlin dl.bat
Neue Datei
*i
        1:*diskcopy a: b:
        2:*label b:
        3:*^C

*e

A>
```

Sie editieren die Datei DL.BAT wie im ersten Beispiel. Die beiden
Kommandos schreiben Sie in die ersten beiden Zeilen. Nach dem Speichern steht der neue externe Befehl **DL** zur Verfügung.

2.9.2 Systemanpassung durch AUTOEXEC.BAT

Eine besondere Stapeldatei ist die Datei **AUTOEXEC.BAT**. Sie spielt beim
Systemstart eine wichtige Rolle. Nachdem beim Systemstart die Datei
COMMAND.COM geladen wurde, sucht sie nach der Stapeldatei AUTO-
EXEC.BAT (<u>auto</u>matical <u>exec</u>ution), um sie automatisch auszuführen.

Mit der Datei AUTOEXEC.BAT kann jeder Benutzer seine individuelle
Systemumgebung schaffen. Er kann vor jeder Arbeitssitzung durch die
AUTOEXEC.BAT bestimmte Einstellungen vornehmen oder Programme,
die er benutzen möchte, automatisch starten lassen.

Falls Sie einen PC ohne batteriegepufferte Uhr benutzen, sollten in der
AUTOEXEC.BAT die Befehle **DATE** und **TIME** nicht fehlen. Außerdem
sollte AUTOEXEC.BAT die Befehle **KEYB GR** (vor DOS 3.3: KEYBGR)
und **PROMPT** ausführen.

2.9.2.1 Deutsche Tastatur anpassen (KEYB)

Der IBM-PC und die kompatiblen Personalcomputer sind durch das
mitgelieferte Betriebssystem MS-DOS von Haus aus an die amerikanische
Tastatur angepaßt. In der BRD werden diese PC jedoch mit deutscher
Tastatur (Umlaute, ß) ausgeliefert. Deshalb ist **nach jedem** Systemstart
eine Anpassung an die deutsche Tastatur nötig.

Der externe Befehl **KEYB.COM** (<u>key</u>board) in Verbindung mit dem
Parameter GR (<u>ger</u>man) sorgt für die Tastaturanpassung. Es handelt sich
bei diesem Befehl um ein Programm, das nach seinem Aufruf resident
(ständig im Zentralspeicher) aktiv bleibt. Es wirkt wie ein Filter für alle
Tastatureingaben. Alle Tastenanschläge werden geprüft und gegebenenfalls für deutsche Verhältnisse umcodiert.

Externer DOS-Befehl: **KEYB Parameter**

Parameter ist abhängig von der Landessprache. In der BRD ist er immer
GR. Nach Befehlsausführung ist der deutsche Zeichensatz für die Dauer
einer Arbeitssitzung "eingeschaltet". Der Befehl sollte durch die Datei
AUTOEXEC.BAT beim Systemstart automatisch ausgeführt werden.

Ausführungsbeispiel:

```
A>keyb gr
A>
```

Hinweis: Der KEYB-Befehl läßt sich in der vorgenannten einfachen
Form (KEYB GR) durch die Datei AUTOEXEC.BAT nur dann ausführen, wenn sich die Tastaturcode-Tabelle KEYBOARD.SYS im
Stammverzeichnis befindet. Sollte sich die Tabelle beispielsweise im Verzeichnis C:\DOS befinden, so ist in die AUTOEXEC.BAT einzusetzen:

KEYB GR,437,C:\DOS\KEYBOARD.SYS

Die Zahl 437 kennzeichnet den IBM-Standardzeichensatz. Benutzer der
DOS-Versionen 2.0 bis 3.2 verwenden den Befehl KEYBGR (Datei
KEYBGR.COM).

Wenn KEYB.COM aktiv ist, können Sie auf DOS-Ebene mit den Tasten

`Alt` + `Ctrl` - `F1` bzw. `F2`

zwischen dem deutschen und dem amerikanischen Zeichensatz hin und
her schalten.

2.9.2.2 Systemprompt ändern (PROMPT)

Der Systemprompt des MS-DOS wird mit dem Befehl **PROMPT** an die
Bedürfnisse des Benutzers angepaßt.

Interner DOS-Befehl: **PROMPT [Text][Metazeichen]**

Sie können fast jeden beliebigen Prompt einstellen. Unter anderem kann
der Prompt Texte, das Tagesdatum, die Uhrzeit, aktuelles Laufwerk und
Verzeichnis anzeigen. Dazu dienen Texte und sogenannte **Metazeichen**.

Mit Metazeichen läßt sich der Prompt "programmieren". Einem Metazeichen muß immer ein **$-Zeichen** (Dollarzeichen) voranstehen. Im folgenden die wichtigsten Metazeichen:

Metazeichen	Beschreibung der Systemreaktion:
t	Uhrzeit anzeigen
d	Datum anzeigen
p	Aktuelles Verzeichnis anzeigen
g	Das Zeichen > anzeigen
h	Rückschritt und Löschen eines Zeichens
_	Cursor geht zum Anfang der nächsten Zeile

Experimentieren Sie ein wenig mit dem PROMPT-Befehl, um herauszufinden, welcher Prompt Ihnen gefällt. Rein kosmetisch empfiehlt es sich, jeden Prompt-Befehl mit einer Leerstelle abzuschließen. In den folgenden Beispielen sind die Benutzereingaben fett hervorgehoben. Der allgemeinübliche Prompt ist der letzte der Beispiele. Er hebt das aktuelle Verzeichnis hervor und endet mit dem Zeichen >.

Ausführungsbeispiele:

```
A>prompt Was nun?
Was nun? prompt $d $g$g

Sa. 8.12.1990 >> prompt $p --$g

A:\ --> prompt $t$h$h$h$h$h$h :

12.45 : prompt $d$_$p$g

Sa. 8.12.1990
A:\> prompt $p$g

A:\>
```

2.9.2.3 Beispiel für eine AUTOEXEC.BAT

Mit den aus den vorangegangenen Abschnitten gewonnenen Informationen können Sie an die Erstellung einer sinnvollen AUTOEXEC.BAT gehen. Mit dem Texteditor EDLIN haben Sie sie schnell geschrieben.

Ausführungsbeispiele:

```
A>edlin autoexec.bat
Neue Datei
*i
        1:*path a:\;a:\dos
        2:*keyb gr
        3:*prompt $p$g
        4:*date
        5:*time
        6:*^C

*e

A>
```

Der im Beispiel verwendete PATH-Befehl setzt voraus, daß ein Verzeichnis \DOS auf der Festplatte existiert. Der Befehl teilt dem System mit, es solle vom Benutzer eingegebene Befehle außer im aktuellen Verzeichnis auch im Stammverzeichnis und im Verzeichnis \DOS suchen. Der PROMPT-Befehl bewirkt einen Prompt mit Anzeige des aktuellen Verzeichnisses. Die Befehle DATE und TIME sind nur notwendig, wenn der PC keine batteriegepufferte Uhr besitzt. Die neue Systemanpassung wird erst durch den Aufruf von AUTOEXEC.BAT oder durch erneuten Systemstart wirksam.

2.10 Konfigurationsdatei CONFIG.SYS

Die Datei CONFIG.SYS ist eine weitere Datei für die Systemanpassung. Noch bevor beim Systemstart die Datei COMMAND.COM geladen wird, führt das Betriebssystem die in der Konfigurationsdatei enthaltenen Konfigurationsbefehle aus. Konfigurationsbefehle berücksichtigt das System nur, wenn sie in die Datei CONFIG.SYS eingetragen wurden. Sie werden erst beim nächsten Systemstart wirksam. Die Eingabe von Konfigurationsbefehlen nach dem Start führt zu einer Fehlernachricht und ist wirkungslos.

Konfigurationsbefehle beeinflussen die Voreinstellung des Systems etwa hinsichtlich des angezeigten Datums- und Zeitformats oder der Anzahl von Nutzdateien, die gleichzeitig geöffnet sein können. In diesem Abschnitt werden drei der Konfigurationsbefehle von DOS besprochen.

2.10.1 Datums- und Zeitformat einstellen (COUNTRY)

Der COUNTRY-Befehl (ab DOS-Version 3.0) führt zu einer landesspezifischen Anpassung der Datums- und Zeitformate für die Ein- und Ausgabe bei DOS-Befehlen (z.B. DATE, TIME).

Konfigurationsbefehl: **COUNTRY=Landescode**

Landescode steht für die nationale Telefonvorwahlnummer eines Landes. Für die Bundesrepublik gilt die nationale Vorwahlnummer 049.

Konfigurationsbefehl: **Systemreaktion:**

country=049   Das Datum wird in der Form TT.MM.JJJJ, die Zeit in der Form HH.MM.SS,ss dargestellt.

2.10.2 Menge der maximal geöffneten Dateien (FILES)

Der Befehl **FILES** wird regelmäßig dann gebraucht, wenn ein Benutzer auf dem PC mit Datenbanksystemen (z.B. dBASE, s. Kapitel 5) arbeitet. Oft liegen dann mehr Dateien geöffnet im Zugriff als das System standardmäßig zuläßt. Die Standardeinstellung in DOS ist 8, d.h., 8 Dateien können gleichzeitig geöffnet werden, wenn der Befehl FILES in der Datei CONFIG.SYS fehlt.

Konfigurationsbefehl: **FILES=Anzahl**

Anzahl bezeichnet die Menge der Dateien, die gleichzeitig geöffnet werden dürfen.

Konfigurationsbefehl: **Systemreaktion:**

files=16   Das System gestattet 16 gleichzeitig geöffnete Dateien.

2.10.3 Ein-/Ausgabebereiche bereitstellen (BUFFERS)

DOS richtet im RAM sogenannte **Ein-/Ausgabepuffer** (engl. buffer) ein. Ein-/Ausgabepuffer sind Bereiche, in die Daten nach dem Einlesen vom Datenträger bzw. vor dem Schreiben auf Datenträger zwischengespeichert werden. Sollen beispielsweise Daten aus einer Personaldatei mittels eines Gehaltsabrechnungsprogramms verarbeitet werden, so transportiert das Betriebssystem auf Anweisung des Gehaltsabrechnungsprogramms die Daten zunächst in den Pufferbereich. Dort holt das Gehaltsabrechnungsprogramm die Daten ab. Bei der Datenspeicherung spielt sich der Vorgang umgekehrt ab.

Bei vielen Anwendungen behindert die Standardeinstellung von zwei Puffern zu je 512 Byte (1024 Byte) den raschen Datenfluß zwischen Anwenderprogramm und Datenträger. Aus diesem Grund vergrößert man den Pufferbereich durch den Befehl **BUFFERS**.

Konfigurationsbefehl: **BUFFERS=Anzahl**

Anzahl bestimmt die Menge der im RAM anzulegenden Puffer von je 512 Byte.

Konfigurationsbefehl: **Systemreaktion:**

buffers=20   Das System erweitert den Ein- und Ausgabepufferbereich auf 10 KB.

2.10.4 Beispiel für eine CONFIG.SYS

Mit dem Texteditor EDLIN erstellen Sie eine Konfigurationsdatei, die in den meisten Fällen den Ansprüchen genügen wird.

Ausführungsbeispiel:

```
A>edlin config.sys
Neue Datei
*i
        1:*country=049
        2:*files=30
        3:*buffers=20
        4:*^C

*e

A>
```

Die Konfigurationsbefehle der CONFIG.SYS werden während des nächsten Systemstarts ausgeführt.

2.11 Diskette und Festplatte unter MS-DOS

Die **Diskette** hat als **magnetischer Datenträger** für den PC die weiteste Verbreitung gefunden. Daneben hat sich die fest in den PC eingebaute **Magnetplatte** (Festplatte) infolge ihrer hohen Speicherkapazität und ihrer kurzen Zugriffszeit für professionelle Anwendungen etabliert. Die Speicherformate beider Datenträger, also die Art und Weise, wie Daten auf Diskette und Festplatte abgelegt werden, sind prinzipiell gleich. Dennoch gibt es technisch bedingte Unterschiede, z.B. in der Anzahl von Spuren und Sektoren, sowie in der Größe der Zylinder pro Datenträger.

2.11.1 Sektor, Spur und Zylinder

Ein **Diskettenlaufwerk** schreibt oder liest konzentrisch angeordnete Kreisbahnen auf der Diskette, die man als **Spuren** bezeichnet. Das Schreiben und Lesen besorgen 2 **Magnetköpfe** mit den Nummern 0 und 1, die von unten und von oben auf der Diskette anliegen, während diese sich dreht. Beim Schreiben wird einer der Magnetköpfe durch elektrische Impulse angeregt und hinterläßt auf der Diskettenspur Informationen in Form magnetisierter Stellen (Bits). Beim Lesen kehrt sich der Vorgang um. Die magnetisierten Stellen auf der Diskette erzeugen während der Diskettenbewegung im Magnetkopf elektrische Impulse, die das Laufwerk an die Zentraleinheit weiterleitet.

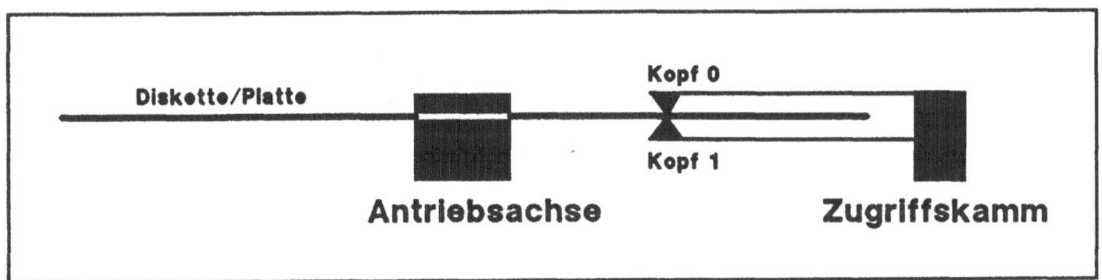

Abb. 2: Schema eines Diskettenlaufwerks, Seitenansicht

Während der Datenübertragung sind die Magnetköpfe 0 und 1 abwechselnd aktiv, sie lesen bzw. schreiben auf beiden Seiten der Diskette. Beim Speichern von Daten bewegt sich der Zugriffskamm erst dann zur nächsten Spurposition, wenn die obere und die untere Spur vollständig beschrieben sind.

Die **Festplatteneinheit** besitzt meist 4 oder mehr Magnetköpfe. Die Magnetköpfe der Festplatte liegen im Gegensatz zum Diskettenlaufwerk nicht auf der Plattenoberfläche auf, sondern "überfliegen" sie in geringem Abstand. Infolgedessen bleibt die Oberfläche einer Festplatte verschleißfrei. Sie kann sich darum erheblich schneller drehen als die Diskette. Dies führt zu entsprechend kürzeren Zugriffszeiten.

Die Spuren der Diskette/Festplatte sind in **Sektoren** unterteilt. Sektoren sind Spurabschnitte, die unter MS-DOS jeweils 512 Byte bzw. Zeichen aufnehmen können. Je nach Plattenformat kann eine Spur 8, 9, 15 oder mehr Sektoren besitzen. Der Schreib- bzw. Lesezugriff erfolgt auf einen ganzen Sektor. Er ist die **kleinste adressierbare Einheit** einer Platte. Das bedeutet, wenn Daten auf einer Diskette geändert werden sollen, muß das

dazu benutzte Programm den Sektorinhalt (512 Byte) in den E/A-Puffer
holen, ihn dort ändern und zurückschreiben. Es werden immer vollständige Sektoren gelesen oder geschrieben, unabhängig davon, wie viele Daten bearbeitet werden sollen.

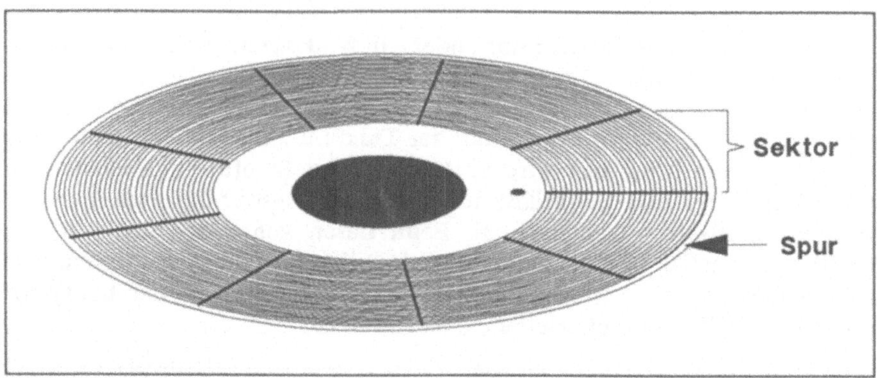

Abb. 3: Formatierte Diskette

Ein **Zylinder** ist eine Gruppe von Spuren, die auf einer Diskette oder einem Plattenstapel senkrecht über- bzw. untereinander liegen. Bei einer
Diskette besteht ein Zylinder aus 2 Spuren, bei einer Festplatteneinheit
mit einem Plattenstapel aus beispielsweise 3 Einzelplatten kommen 6 Spuren auf einen Zylinder.

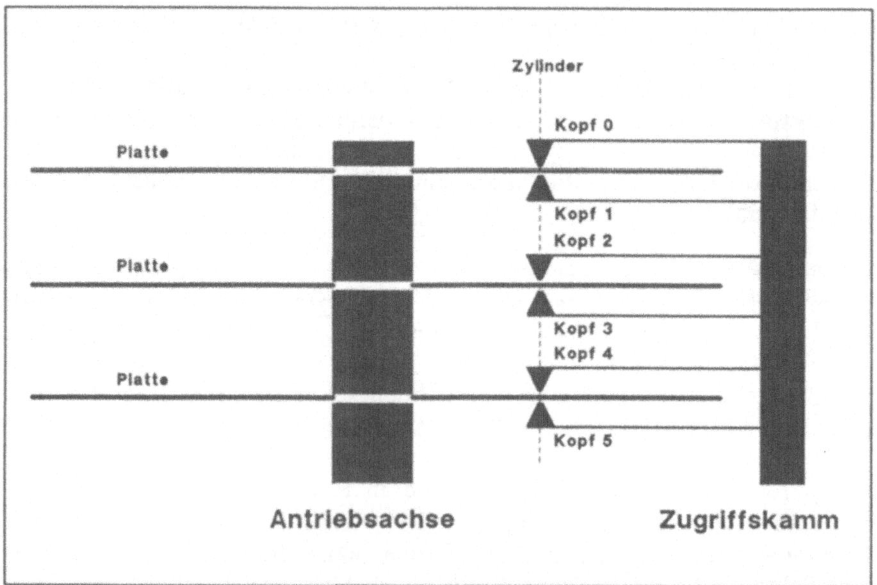

Abb. 4: Schema eines Festplattenlaufwerks mit 3 Platten, Seitenansicht

Disketten und Festplatten können unter DOS abhängig von ihrer Materialbeschaffenheit und ihrer Formatierung 40, 80, 305, 614 und mehr Zylinder oder Spuren pro Plattenoberfläche aufweisen.

2.11.2 Stammverzeichnis

Jede Platte wird durch das Formatieren in Spuren und Sektoren eingeteilt. Gleichzeitig legt der FORMAT-Befehl ein Stammverzeichnis und eine Dateibelegungstabelle in der ersten Spur an. Mit Hilfe dieser Verzeichnisse verwaltet MS-DOS den Speicherplatz auf dem Datenträger.

Das **Stammverzeichnis** (root directory) beinhaltet alle Infomationen über Dateien und Unterverzeichnisse mit Ausnahme der Speicherplatzkontrolle, die von der Dateibelegungstabelle übernommen wird. Im wesentlichen enthält das Stammverzeichnis die folgenden Einträge für jede Datei. Einen Teil dieser Informationen macht der DIR-Befehl sichtbar.

Wesentliche Informationen des Stammverzeichnisses

1. Dateiname und Namenserweiterung
2. Datum und Uhrzeit der letzten Änderung
3. Dateigröße in Byte
4. Nummer der 1. Sektorgruppe, welche die Datei belegt
        (= Startpunkt der Datei)
5. Dateiattribute
        (Merkmale für verborgene Datei, Nur-Lese-Datei usw.)

2.11.3 Dateibelegungstabelle

Die **Dateibelegungstabelle** (FAT, file allocation table) kontrolliert die Zuweisung des Plattenspeicherplatzes. Die FAT faßt mehrere Sektoren zu Gruppen (cluster) zusammen. In der FAT trägt MS-DOS ein, welche Sektorgruppen eine Datei beansprucht.

Wird auf eine Datei zugegriffen, so sucht DOS die Datei aufgrund ihres Namens im Directory (Verzeichnis) auf. Mittels des dort verzeichneten Startpunktes (die erste durch die Datei belegte Sektorgruppe) stellt DOS durch Zugriff auf die FAT alle zur Datei gehörenden Sektoren zusammen. In der FAT sind alle Cluster einer Datei lückenlos mit ihrer Cluster-Nr. registriert. DOS greift also abwechselnd auf Verzeichnis, Dateibelegungstabelle und Sektorgruppen zu, um eine Datei zu übertragen.

Angenommen, eine Datei belegt 7 Cluster, und das Stammverzeichnis weist auf die folgenden Einträge in der Dateibelegungstabelle hin. Das System erkennt daraus, in welchen Sektorgruppen die Datei steht. EOF (end of file) bezeichnet die Sektorgruppe, mit welcher die Datei endet.

14	15	16	83	84	85	EOF

2.11.4 Diskettenformate

Disketten unterscheiden sich in ihrer Beschaffenheit, vor allem in Beschichtung und Größe. Heute überwiegen Disketten mit **doppelter** und mit **hoher** Speicherdichte mit einem Durchmesser von **3,5** oder **5,25** Zoll. Dementsprechend gibt es eine Vielzahl von Diskettenformaten für Personalcomputer. Als Standard gelten heute die folgenden Formate:

PC-Klasse	Durchmesser	Dichte	Kapazität
XT	5,25 Zoll	doppelt	360 KB
AT	5,25 Zoll	hoch	1,2 MB
PS/2	3,5 Zoll	doppelt	720 KB
PS/2	3,5 Zoll	hoch	1,44 MB

Die Diskettenformate sind untereinander nur bedingt aufwärtskompatibel, auch wenn sie den gleichen Durchmesser besitzen. Das Einlesen von Disketten doppelter Dichte in Laufwerken mit hoher Schreibdichte ist problemlos möglich. Jedoch können Disketten mit hoher Dichte nur in entsprechenden Laufwerken gelesen und beschrieben werden. Außerdem kann es später zu Lesefehlern kommen, wenn in einem Laufwerk für Disketten hoher Dichte eine Diskette doppelter Dichte beschrieben wird.

3 Textverarbeitung mit WORD

3.1 Grundlagen

3.1.1 Überblick

Neue Technologien haben in den Büros zu einem tiefgreifenden Wandel geführt. Das typische Arbeitsmittel eines Büroarbeitsplatzes ist häufig der Personalcomputer mit seinen vielfältigen Einsatzmöglichkeiten. Die Textverarbeitung ist das Hauptanwendungsgebiet für den PC. Der relativ günstige Preis, die vielfältigen Funktionen und die recht einfache Bedienung sind dafür maßgebend. Auf dem Software-Markt werden ungefähr 150 Textverarbeitungsprogramme angeboten. WORD von Microsoft ist auf diesem Markt das am meisten verkaufte Produkt. Die Ausführungen basieren auf der Version 4.0.

3.1.2 Eingangsbild

Die Art, wie das Programm gestartet wird, ist davon abhängig, ob ein Gerät mit einer Festplatte ausgestattet ist, Programme in einem lokalen Netzwerk zur Verfügung gestellt werden, oder ob der PC nur über zwei Diskettenlaufwerke verfügt. In welcher Form auch immer wird nach dem Start des Rechners das eigentliche Programm mit der Tastatureingabe WORD aufgerufen. Nach kurzer Zeit erscheint das Eingangsbild Abb. 1.

Der Bildschirm wird in **Textfeld** und **Befehlsbereich** geteilt. Im Textfeld erfolgt die Texterfassung. Die jeweils aktuelle Position wird durch den Cursor angezeigt. Nach dem Systemstart befindet sich der Cursor links oben im Textfeld. Die Raute [♦], die sogenannte Endmarke, zeigt das Ende des Dokuments an.

Mit der Taste [Esc] (Eingabe-Lösch) wechselt man vom Textfeld in den Befehlsbereich und ebenso wieder zurück. Der Befehlsbereich besteht aus zwei **Befehlszeilen**, einer **Meldezeile** und der **Statuszeile**. Die Befehlsauswahl erfolgt mit der [Leertaste] oder der Taste [Tab]. Der so markierte Befehl wird mit [Eingabe] ausgeführt. Vereinfacht ist dies auch durch Eingabe des ersten Buchstabens des Befehlswortes möglich, z.B. "D" für Druck.

Die Meldezeile fordert zu bestimmten Aktivitäten auf, gibt Informationen zur gerade angewählten Menüoption oder meldet Fehler. Es ist deshalb wichtig, bei Unklarheiten immer auf die Meldezeile zu achten.

Die letzte Zeile gibt den momentanen Zustand bei der Bearbeitung an. Die Seitenangabe zeigt, auf welcher Seite des Dokumentes man sich befindet. Der Papierkorb ist ein Zwischenspeicher, der zum Kopieren oder Versetzen von Textbereichen sehr nützlich ist. Die **Zustandscodes** zeigen eingestellte Funktion an, im Beispiel Abb. 2 ist UA, also die Umschalt-Arretierung eingeschaltet.

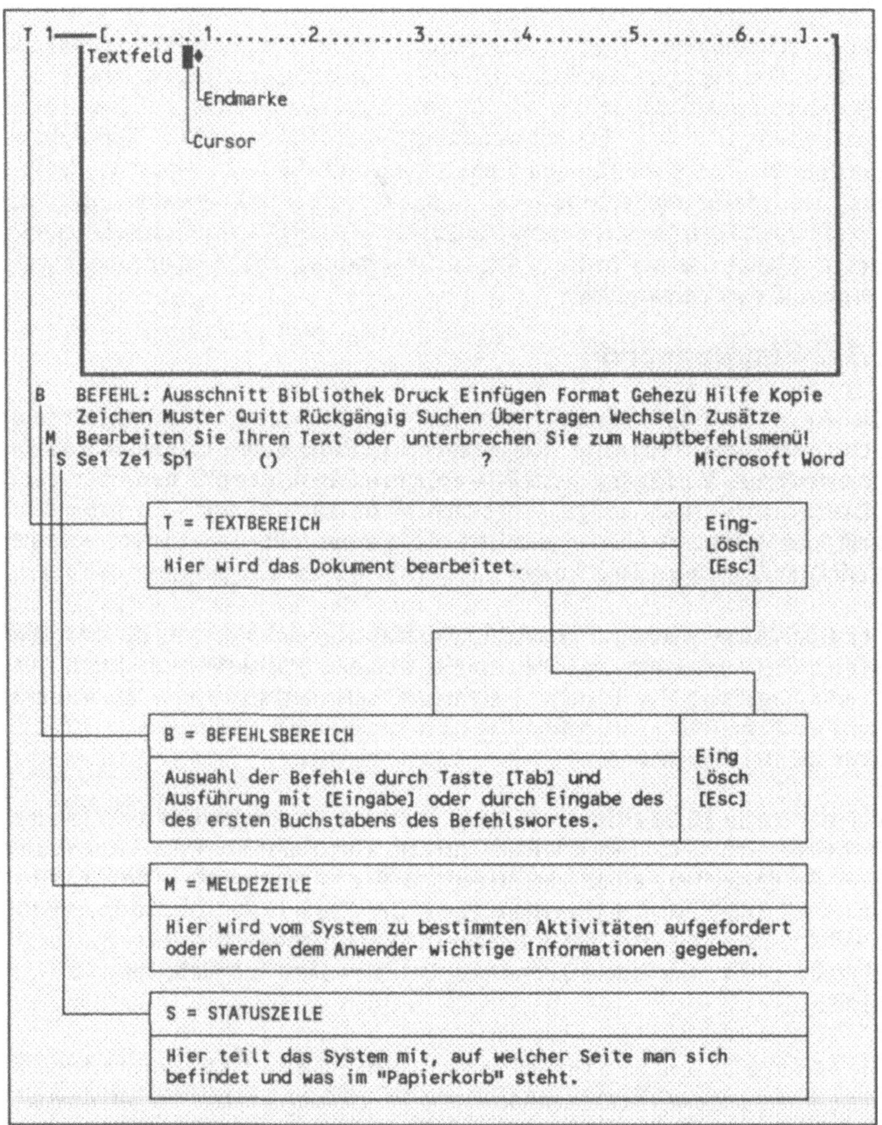

Abb. 1: Eingangsbild von WORD

Sofern bereits ein Dateiname vergeben wurde, wird der Name des Dokuments auf der unteren Begrenzungslinie des Rahmens angezeigt.

```
|                                                          ┌──MW1.TXT┘
|                                                          |
BEFEHL: Ausschnitt Bibliothek Druck Einfügen Format Gehezu Hilfe Kopie
        Löschen Muster Quitt Rückgängig Suchen Übertragen Wechseln Zusätze
Bearbeiten Sie bitte Ihren Text oder unterbrechen Sie zum Hauptbefehlsmenü!
S3 Ze88 Sp1   (1)                          UA              Microsoft Word
|   |   |      |                           |                       |
|   |   |      |                           |                    Dateiname ┘
|   |   |      |                           └ Zustandscode, im Beispiel
|   |   |      |                             Großschreibung
|   |   |      └ Inhalt des Zwischenspeicher "Papierkorb"
|   |   └ Angabe der aktuellen Spalte
|   └ Angabe der aktuellen Zeile
└ Angabe der aktuellen Seite
```

Abb. 2: Die Statuszeile von WORD

3.1.3 Grundeinstellung

WORD bietet eine Reihe von Möglichkeiten, die Darstellung des Textes auf dem Bildschirm zu beeinflussen. Die wichtigsten Parameter sind in Abb. 3 kurz erläutert. Sie sollten diese Parameter mit der Befehlsfolge [Esc] - **Zusätze** ebenfalls so einstellen, damit die Bildschirmanzeige mit den Beschreibungen im Text übereinstimmt. Die jeweils aktive Einstellung wird in Klammern gesetzt angezeigt. In der Darstellung sind diese zusätzlich kursiv gedruckt. Außerdem wurden über die Befehlsfolge [Esc] - **Ausschnitt** - **Optionen** die Parameter wie in Abb. 4 festgelegt.

Die so festgelegten Einstellungen werden beim Beenden des Programms mit dem Befehl **Quitt** in eine Datei mit der Bezeichnung MW.INI geschrieben. Diese Datei wird bei jedem erneuten Start geladen, so daß festgelegte Parameter bis zu einer Änderung erhalten bleiben.

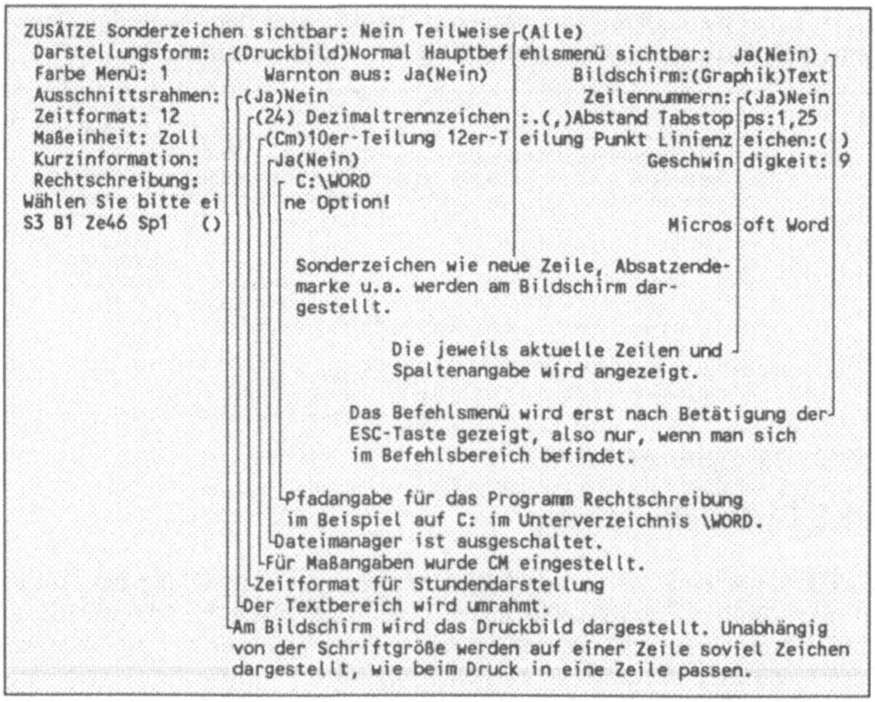

```
ZUSÄTZE Sonderzeichen sichtbar: Nein Teilweise┌(Alle)
 Darstellungsform: ┌(Druckbild)Normal Hauptbef│ehlsmenü sichtbar:  Ja(Nein)┐
 Farbe Menü: 1      │   Warnton aus: Ja(Nein)  │     Bildschirm:(Graphik)Text
 Ausschnittsrahmen: ├─(Ja)Nein                 │     Zeilennummern:┌(Ja)Nein
 Zeitformat: 12     ├─(24) Dezimaltrennzeichen  │:.(,)Abstand Tabstop│ps:1,25
 Maßeinheit: Zoll   ├─(Cm)10er-Teilung 12er-T│eilung Punkt Linienz│eichen:( )
 Kurzinformation:   ├─Ja(Nein)                              Geschwin│digkeit: 9
 Rechtschreibung:   │┌ C:\WORD
 Wählen Sie bitte ei││ne Option!
 S3 B1 Ze46 Sp1    ()││                                       Micros│oft Word
                     ││
                     ││   Sonderzeichen wie neue Zeile, Absatzende-
                     ││   marke u.a. werden am Bildschirm dar-
                     ││   gestellt.
                     ││
                     ││      Die jeweils aktuelle Zeilen und ┘
                     ││      Spaltenangabe wird angezeigt.
                     ││
                     ││   Das Befehlsmenü wird erst nach Betätigung der┘
                     ││   ESC-Taste gezeigt, also nur, wenn man sich
                     ││      im Befehlsbereich befindet.
                     ││
                     │└Pfadangabe für das Programm Rechtschreibung
                     │   im Beispiel auf C: im Unterverzeichnis \WORD.
                     └Dateimanager ist ausgeschaltet.
                    └Für Maßangaben wurde CM eingestellt.
                   └Zeitformat für Stundendarstellung
                  └Der Textbereich wird umrahmt.
                └Am Bildschirm wird das Druckbild dargestellt. Unabhängig
                   von der Schriftgröße werden auf einer Zeile soviel Zeichen
                   dargestellt, wie beim Druck in eine Zeile passen.
```

Abb. 3: Grundeinstellung ZUSÄTZE

```
AUSSCHNITT OPTIONEN Ausschnitt Nr.: 1          Gliederung: Ja(Nein)
        Verborgener Text sichtbar: Ja(Nein)    Hintergrundfarbe: 0
        Druckformatspalte:(Ja)Nein             Zeilenlineal:(Ja)Nein
 Geben Sie bitte eine Zahl ein!
 S3 B1 Ze87 Sp1   (ø)                            Microsoft Word
```

Abb. 4: Grundeinstellung AUSSCHNITT OPTIONEN

3.2 Grundfunktionen

3.2.1 Cursor-Steuerung

Um auf dem Dokument mit dem Cursor an eine bestimmte Stelle zu ge-
langen, gibt es die in Abb. 5 dargestellten Möglichkeiten. Im weiteren
Verlauf des Textes werden für die Angabe der Steuerungstasten die
Codes verwendet.

POSITIONSANZEIGER BEWEGEN	TASTEN	CODE
Ein Zeichen nach rechts	Pfeil rechts	<rechts>
Ein Zeichen nach links	Pfeil links	<links>
Eine Zeile nach unten	Pfeil unten	<unten>
Eine Zeile nach oben	Pfeil oben	<oben>
Sprung zum Zeilenanfang	Home / Pos 1	<pos1>
Sprung zum Zeilenende	End / Ende	<ende>
Eine Bildschirmseite nach oben	PgUp / Bild oben	<sno>
Eine Bildschirmseite nach unten	PgDn / Bild unten	<snu>
Sprung zum Textanfang	Strg + Bild oben Ctrl + PgUp	<ctrl><sno>
Sprung zum Textende	Strg + Bild unten Ctrl + PgUp	<ctrl><snu>

Abb. 5: Steuerung des Positionsanzeigers

3.2.2 Texterfassung

Die Erfassung eines Textes erfolgt im Textfeld. Bei der Texterfassung wird die Tastatur grundsätzlich wie bei der Schreibmaschine behandelt, allerdings mit erheblich mehr Komfort.

3.2.2.1 Zeilenumbruch

Beim Schreiben mit der herkömmlichen Schreibmaschine muß man auf den rechten Zeilenrand achten und bei Erreichen des Zeilenrandes die Zeilenschaltung bewußt herbeiführen. Bei einem Textverarbeitungsprogramm ist dies nicht erforderlich. Der Text wird als sogenannter "Fließtext" fortlaufend erfaßt, ohne daß der Anwender auf den Zeilenrand achten muß. Paßt ein Wort nicht mehr vollständig auf die Zeile, so erfolgt ein **automatischer Zeilenumbruch**, d.h., das Wort, das nicht mehr auf die Zeile paßt, wird vollständig auf die nächste Zeile geschoben.

Soll bewußt ein Zeilenumbruch herbeigeführt werden, bevor der rechte Zeilenrand erreicht ist, so ist die Tastenkombination **<umschalten>+ <return>** zu betätigen. Auf dem Bildschirm erscheint dann am Zeilenende das Zeichen "Pfeil nach unten", und der Positionsanzeiger springt auf die nächste Zeile.

3.2.2.2 Absatzbildung

Absätze werden durch Betätigung der Taste <return> gebildet. Auf dem Bildschirm erscheint dann das Zeichen [¶], und der Cursor springt auf die nächste Zeile. Alles, was zwischen zwei ¶-Zeichen" steht, ist bei WORD als Absatz definiert.

3.2.2.3 Löschen von Zeichen

Rücktaste

Bemerkt man sofort bei der Texterfassung, daß das zuletzt eingegebene Zeichen falsch ist, so betätigt man die <rücktaste> (back-space über der Taste <return>). Das vor dem Cursor stehende Zeichen wird dadurch gelöscht.

Löschtaste

Ein beliebiges Zeichen im Text kann dadurch gelöscht werden, daß dieses Zeichen angesteuert und dann die Taste [Entf] bzw. [Del] betätigt wird. Das Zeichen wird damit gelöscht, alle rechts davon stehenden Zeichen werden um eine Stelle nach links geschoben. Diese Taste hat den Code <lösch>.

3.2.2.4 Zeicheneinfügung

Fehlende Zeichen können an beliebiger Stelle problemlos eingefügt werden. WORD befindet sich im Normalfall im Einfügemodus. Die rechts vom Cursor stehenden Zeichen werden automatisch nach rechts verschoben.

3.2.2.5 Überschreiben von Zeichen

Ein einzelnes oder mehrere falsch eingegebene Zeichen können durch die richtigen Zeichen einfach überschrieben werden. Dazu wird die Taste [F5] betätigt, die den Überschreibemodus einschaltet. In der Statuszeile erscheinen dann im Zustandscode die Zeichen "ÜB" (ÜBerschreiben). Da bei WORD der Normalzustand der Einfügemodus ist, empfiehlt es sich, nach der Fehlerkorrektur durch erneutes Betätigen der Taste [F5] den Einfügemodus wiederherzustellen.

3.2.3 Speichern von Texten

Für eine spätere weitere Verwendung werden erfaßte Texte als Datei auf einem Datenträger, also einer Diskette oder der Festplatte, gespeichert.

Für die Vergabe des Dateinamens sind die Regeln der Namensvergabe im
DOS zu beachten. Beim Speichern einer Datei wird von WORD dem
Dateinamen automatisch die Erweiterung .TXT angefügt. Diese Erweite-
rung muß also nicht eingegeben werden. WORD sucht beim Laden von
Dateien nach Dokumenten mit dieser Erweiterung.

Für das Speichern von Dateien ist die Befehlsfolge [Esc] - **Übertragen** -
Speichern einzugeben.

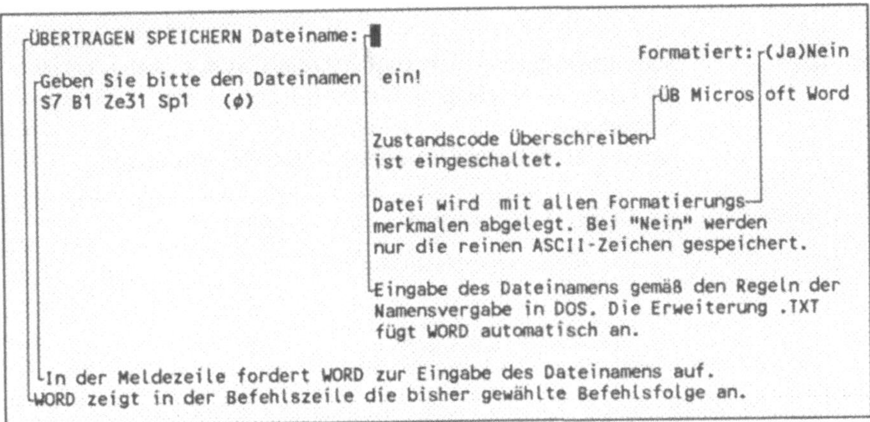

Abb. 6: *Menü Übertragen Speichern*

Nach Eingabe des Namens und Bestätigung mit <return> wird die Datei
auf dem Datenträger gespeichert, wobei die Meldezeile die Gesamtzahl
der im Dokument abgespeicherten Zeichen und die verfügbare Speicherkapazität anzeigt. Ist bereits eine Datei gleichen Namens vorhanden, so
warnt das System vor dem Überschreiben durch versehentlich doppelte
Namensvergabe.

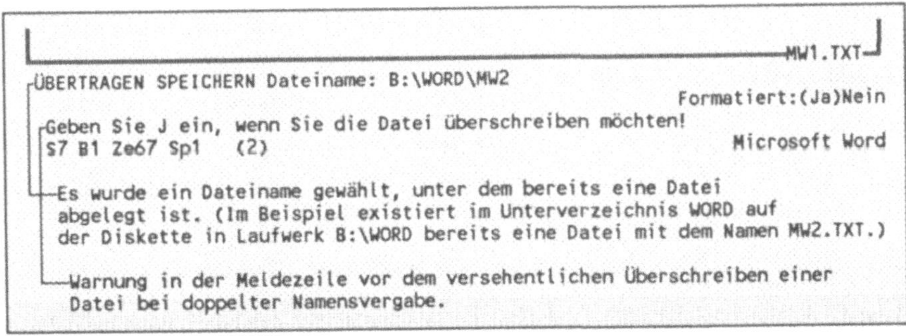

Abb. 7: *Überschreibwarnung bei doppelter Namensvergabe*

Soll auf Festplatte oder Diskette in Unterverzeichnissen abgelegt werden, so muß der vollständige Pfad in der DOS-üblichen Form eingegeben werden. Bei älteren WORD-Versionen ist es nicht möglich, den "backslash" in der vereinfachten Form durch Tastenkombination einzugeben, man muß diesen mit ASCII 92 (Alt 92) erzeugen oder wissen, daß hier ausnahmsweise auch der normal "slash", also das Zeichen "/" dieselbe Funktion ausübt. Will man ein bestimmtes Laufwerk zum **Standardlaufwerk** machen und/oder auf ein bestimmtes Unterverzeichnis zugreifen, so kann dies über **[Esc]** - **Übertragen** - **Optionen** eingestellt werden.

Beispiel: Standardlaufwerk für die Textdateien soll das Laufwerk
         B: Unterverzeichnis WORD werden. Diese Einstellung
         erfolgt mit:
         [Esc]-Übertragen-Optionen-*B:\WORD*-**<return>**

```
ÜBERTRAGEN OPTIONEN Laufwerk/Inhaltsverzeichnis:     B:\WORD

Geben Sie bitte das Laufwerk oder Verzeichnis ein!
 S7 B1 Ze72 Sp1   ()                                 Microsoft Word

     Eingabe des Laufwerks, wo die .TXT Dateien
     gespeichert werden sollen, im Beispiel
     Laufwerk B: Unterverzeichnis \WORD.

  In der Meldezeile wird zur Eingabe des gewünschten Laufwerks ggf.
  mit Angabe des Unterverzeichnisses aufgefordert.

  In der Befehlszeile wird die bisher eingegebene Befehlsfolge wiederholt.
```

Abb. 8: Menü ÜBERTRAGEN OPTIONEN

3.2.4 Laden einer Textdatei

Das Laden einer Datei geschieht in der Form, daß das ausgewählte Dokument von der Diskette oder der Festplatte in den Hauptspeicher übertragen wird. Die Befehlsfolge dazu lautet **Übertragen-Laden**.

```
ÜBERTRAGEN LADEN Dateiname: █

                                           Schreibschutz: Ja(Nein)

Geben Sie bitte einen Dateinamen ein oder wählen Sie einen mit F1!
 S10 B1 Ze38 Sp1  (¶)                                  Microsoft Word

    Bei der Einstellung Schreibschutz (Ja) ist nur ein Lesen, aber
    kein Verändern der Datei möglich.
```

Abb. 9: Menü LADEN einer Datei

Wenn der Dateiname bekannt ist, kann dieser unmittelbar eingegeben werden. Andernfalls kann man sich alle Textdateien des aktuellen eingestellten Laufwerks anzeigen lassen. Dazu betätigt man die Taste [F1]. Mit den Pfeiltasten kann die gewünschte Datei angesteuert werden. Dabei ist die jeweils gewählte Datei invers unterlegt. Im Befehlsbereich erscheint der Name der jeweils angesteuerten Datei. Ist die gewünschte Datei angesteuert, erfolgt die Bestätigung mit der Taste <return>.

Wird beim Schreibschutz die Option **JA** eingestellt, so kann das Dokument nur gelesen werden, Änderungen sind nicht möglich.

Beim Laden einer Datei wird das vorher im Hauptspeicher befindliche Dokument gelöscht. Wenn an diesem Dokument seit dem letzten Speichervorgang etwas geändert wurde, warnt das System in der Meldezeile.

```
                                                             MW1.TXT
 ÜBERTRAGEN LADEN Dateiname: MW2.TXT
                                            Schreibschutz: Ja(Nein)
 Geben Sie J ein wenn Sie speichern möchten N wenn nicht oder unterbrechen
   S10 B1 Ze62 Sp1  (¢)                               Microsoft Word

         Im Augenblick ist die Datei MW1.TXT im Hauptspeicher geladen.

 Die Datei MW2.TXT soll geladen werden.

 WORD warnt, daß die aktuelle Datei MW1.TXT seit dem letzten Speichervorgang
 verändert wurde. Bei der Eingabe J wird die Datei MW1.TXT in dem jetzigen
 Zustand vor Laden der Datei MW2.TXT gespeichert. Bei N bleibt
 der alte Zustand erhalten. Mit [ESC] wird der Befehl abgebrochen.
```

Abb. 10: Schutz der aktuellen Datei beim Ladevorgang

Damit soll ein unbeabsichtigtes Vernichten der Datei, die sich gerade im Hauptspeicher befindet, verhindert werden. Bei Eingabe von "N" wird der Hauptspeicher gelöscht und die gewünschte Datei in den Hauptspeicher eingelesen. Bei Eingabe "J" wird das im Hauptspeicher befindliche Dokument im aktuellen Stadium gespeichert. Mit [Esc] wird der Befehlsvorgang abgebrochen.

Das Löschen des Hauptspeichers geschieht mit der Befehlsfolge **Übertragen - Bildschirmlöschen - Gesamt**. Auch hier ist es möglich, daß vom System aufgefordert wird, das Löschen des aktuellen Dokuments im Hauptspeicher ausdrücklich zu bestätigen.

3.2.5 Seitenumbruch

Während des Druckvorgangs wird automatisch ein Seitenumbruch durchgeführt, d.h., WORD formatiert die Seiten nach den getroffenen Festle-

gungen selbständig. Häufig wird man jedoch dies selbst festlegen wollen.
Dies ist bei Eingabe der folgenden Befehlsfolge **Druck - Umbruch_Seite
- möglich:**

```
DRUCK UMBRUCH-SEITE Seitenwechsel bestätigen: (Ja)Nein
```

Steht schon bei der Texterfassung fest, daß an einer bestimmten Stelle ein
Seitenwechsel stattfinden soll, so kann dies mit der Tastenkombination
<ctrl>+<umschalten>+<return> festgelegt werden. Eine gepunktete Linie
zeigt dann auf dem Bildschirm den Seitenumbruch an.

3.2.6 Druck einer Datei

Nach dem Aufruf des Befehls **Druck** erscheint folgendes Menü:

```
DRUCK: Drucker Serienbrief soFort Platte/Diskette Optionen
       Warteschlange Umbruch-Seite Textbaustein
Druckt die Datei im aktiven Ausschnitt
```

Abb. 11: Menü DRUCK

Für den Ausdruck der im Hauptspeicher befindlichen Datei wird die
erste Option, also **Drucker**, ausgewählt. Voraussetzung ist natürlich, daß
der Drucker installiert und betriebsbereit ist.

3.2.7 Übung

Der folgende Text ist mit allen Fehlern zu erfassen. Die im Text
beschriebenen Anweisungen sollen durchgeführt und das Dokument unter
dem Namen AUF1 abgespeichert werden:

Schallten Sie am Ende dieses Satzes durch Betätigung der
UMSCHALTTASTE + EINGABETASTE auf eine neue Zeile.
Damit befiden Sie sich immer noch im selben Absatz. Ein Absatz beendet
durch Betätigung der EINGABETASTE. Beschließen Sie den Absatz am
Ende dieses Satzes.
Fügen Sie vor diesem Satz zuätzlich 1 Leerzeile ein.

Der Bildschirm wird gelöscht und die Datei AUF1.TXT erneut geladen.
Nach Korrektur der Fehler soll die Datei ausgedruckt und erneut gespeichert werden. Der Text müßte jetzt so aussehen:

Schalten Sie am Ende dieses Satzes durch Betätigung der
UMSCHALTTASTE + EINGABETASTE auf eine neue Zeile.
Damit befinden Sie sich immer noch im selben Absatz. Ein Absatz wird

beendet durch Betätigung der EINGABETASTE. Beschließen Sie den Absatz am Ende dieses Satzes.

Fügen Sie vor diesem Satz zusätzlich eine Leerzeile ein.

3.3 Formatierungen

Die Gestaltung der Dokumente in WORD geschieht über den Befehl **Format**. Von der Vielzahl der Formatierungsmöglichkeiten werden im weiteren Verlauf die wichtigsten für die Dokumentgestaltung behandelt.

```
FORMAT: Zeichen Absatz Tabulator Rahmen Fußnote Bereich Kopf-/Fußzeile
        Druckformat Suchen Wechseln Überarbeitung
```

Abb. 12: Menü FORMAT

3.3.1 Bereichsformatierung

Mit der Bereichsformatierung können Papiergröße, die gewünschten Ränder, die Position der Paginierung (Seitennumerierung), die Position von Fußnoten sowie Kopf- und Fußzeilen festgelegt werden.

Die festgelegten Bereichsformatierungen gelten im allgemeinen immer für ein gesamtes Dokument. Das Ende eines Bereichs wird durch die doppelte Punktlinie angezeigt. Nach Eingabe der Befehlsfolge **Format - Bereich** erscheint das Menü Abb. 13.

```
FORMAT BEREICH: ┌Seitenrand ┌Paginierung ┌Layout ┌Zeilennummern

Bestimmt Seiten│maße und P│osition der │Kopfze│ilen für den aktiven Bereich
C10 B1 Ze175 Sp│1 ()                                        Microsoft Word

                                            └Links vom Druckbereich werden
                                              die Zeilennummern gedruckt.
                                        └Parameter zum Layout z.B. 1-spaltiger
                                          oder mehrspaltiger Druck.
                                    └Es kann Seitennumerierung vereinbart werden
                                      und wo die Pagina plaziert wird.
                            └Diese Option legt den Satzspiegel fest, also Papiergröße,
                              Ränder, Kopf- und Fußzeilen.
```

Abb. 13: Menü FORMAT - BEREICH

Im Beispiel werden die Ränder wie abgebildet festgelegt. Die Auswirkung auf die Gestaltung der Druckseite, der sog. Satzspiegel, ist darunter dargestellt:

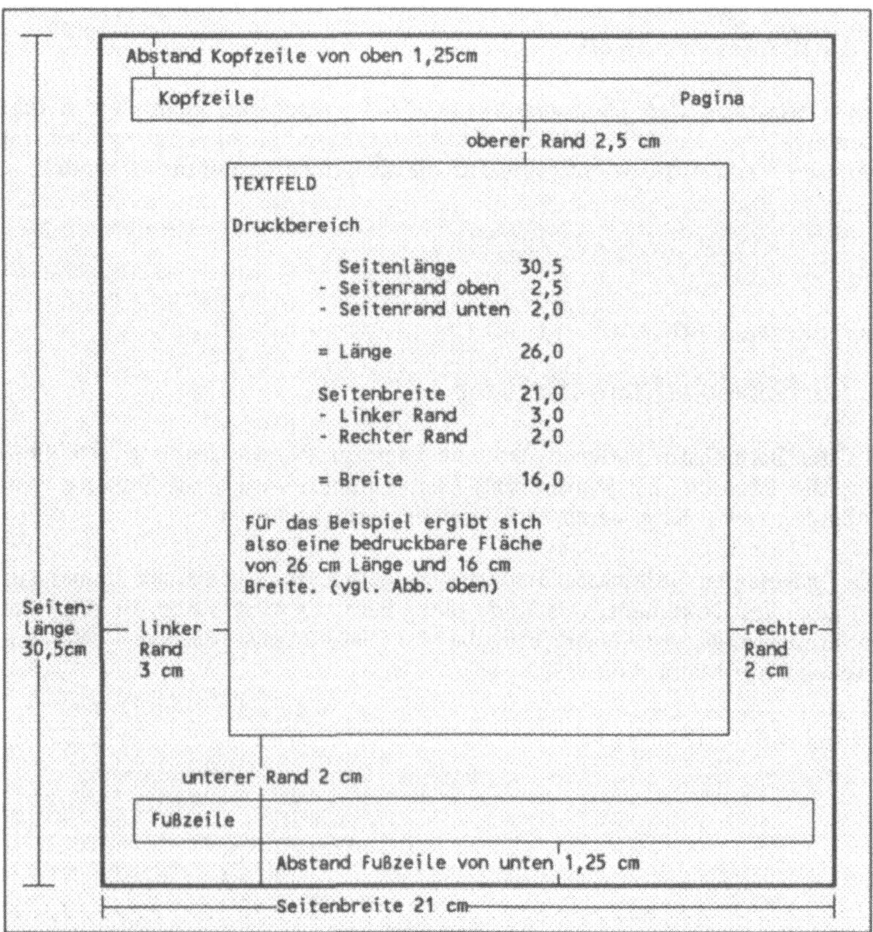

Abb. 14: Aufbau einer Textseite

3.3.2 Absatzformatierungen

Innerhalb der bedruckbaren Fläche können Absätze über die Befehlsfolge
Format - Absatz formatiert werden. Das Menü Abb. 15 zeigt die
Gestaltungsmöglichkeiten.

```
FORMAT ABSATZ Ausschließung:(Links)Zentriert Rechts Block
  Linker Einzug: 0 cm          Erste Zeile: 0 cm          Rechter Einzug: 0 cm
  Zeilenabstand: 1 zg          Anfangsabstand: 0 zg          Endeabstand: 0 zg
  Selbe Seite: Ja(Nein)        Nächster Absatz selbe Seite: Ja(Nein)
  Nebeneinander: Ja(Nein)
  Wählen Sie bitte eine Option!
  S1 B1 Ze71 Sp1    (2)                                       Microsoft Word
```

Abb. 15: Menü FORMAT ABSATZ

3.3.2.1 Anwendungsbeispiele für Absatzformatierungen

Den folgenden Beispielen für Absatzformatierungen ist die Einstellung über **Format - Absatz** vorangestellt, so daß die Formatierung leicht nachvollziehbar ist:

```
FORMAT ABSATZ Ausschließung: (Links)Zentriert Rechts Block
```

Dieser Absatz ist linksbündig festgelegt. Paßt ein Wort nicht mehr vollständig auf die Zeile geht, wird es auf die nächste Zeile geschoben. Der rechte Rand flattert.

```
FORMAT ABSATZ Ausschließung: Links Zentriert(Rechts)Block
```

Das sind rechtsbündige Absätze.
Die Zeilen sind rechtsbündig angeordnet.
Der linke Rand flattert.

```
FORMAT ABSATZ Ausschließung: Links(Zentriert)Rechts Block
```

Das sind
zentrierte Absätze,
linker und rechter Rand flattern
um die
Mittelachse.

```
FORMAT ABSATZ Ausschließung: Links Zentriert Rechts(Block)
```

Für diesen Absatz wurde als Ausschließung (Block) gewählt. Linker und rechter Rand werden dabei vom Textsystem ausgeglichen, indem der Wortabstand entsprechend vergrößert wird.

```
FORMAT ABSATZ Ausschließung:(Links)Zentriert Rechts Block
  Linker Einzug: 1,5 cm          Erste Zeile: 0 cm          Rechter Einzug: 0 cm
```

Das ist ein Absatz, der linksbündig mit einem linken Einzug von
1,5 cm definiert wurde. Der Einzug berechnet sich vom linken
Rand.

```
FORMAT ABSATZ Ausschließung: Links Zentriert Rechts(Block)
  Linker Einzug: 1 cm        Erste Zeile: 0 cm        Rechter Einzug: 1 cm
```

Das ist ein Absatz, der als Blocksatz mit einem linken Einzug
von 1 cm und einem rechten Einzug von 1 cm definiert
wurde. Der Einzug berechnet sich jeweils vom linken bzw.
rechten Rand.

```
FORMAT ABSATZ Ausschließung: Links Zentriert Rechts(Block)
  Linker Einzug: 0 cm        Erste Zeile: 2 cm        Rechter Einzug: 0 cm
```

Das ist ein Absatz, der linksbündig mit einem Einzug von 2
cm für die erste Zeile definiert wurde. Nach jedem Absatz wird die erste
Zeile automatisch eingezogen.
Das ist der zweite Absatz, dessen erste Zeile ebenfalls eingezogen ist.

```
FORMAT ABSATZ Ausschließung: Links Zentriert Rechts(Block)
  Linker Einzug: 0 cm        Erste Zeile: 2 cm        Rechter Einzug: 1 cm
```

Das ist ein Absatz, der als Blocksatz mit einem Einzug
von 2 cm für die erste Zeile und einem rechten Einzug von 1 cm
definiert wurde. Nach jeder Absatzmarke wird auch hier die erste
Zeile automatisch eingezogen.

```
FORMAT ABSATZ Ausschließung: Links Zentriert Rechts(Block)
  Linker Einzug: 2 cm        Erste Zeile: -2 cm       Rechter Einzug: 1,5 cm
```

Das ist ein Absatz im Blockformat mit einem linken Einzug von
2 cm, einem Einzug der ersten Zeile von -2 cm und
einem rechten Einzug von 1,5 cm. Negative Einzüge
sind allerdings nur möglich, wenn standardmäßig ein
Einzug definiert wurde. Dabei kann der negative
Einzug nicht über den in FORMAT BEREICH festgelegten linken Rand hinausragen.

```
FORMAT ABSATZ Ausschließung: Links Zentriert Rechts(Block)
  Linker Einzug: 1 cm        Erste Zeile: 0 cm        Rechter Einzug: 1 cm
  Zeilenabstand: 1,5 zg      Anfangsabstand: 0 zg     Endeabstand: 0 zg
```

> Das ist ein Absatz, der als Blocksatz mit einem linken und
> einem rechten Einzug von je 1 cm definiert wurde. Als
> Zeilenabstand wurde 1,5 eingetragen. Der Absatz wird
> dadurch 1 1/2-zeilig geschrieben.

Mit den übrigen Optionen der Absatzformatierungen kann Anfangs- und
Endeabstand bzw. der Seitenumbruch beeinflußt werden. Dies wird erst
später behandelt.

3.3.2.2 Direkte Absatzformatierung

Zur Absatzformatierung genügt es, ein beliebiges Zeichen innerhalb des
Absatzes anzusteuern. Sollen mehrere Absätze zugleich formatiert werden,
so müssen alle Absätze markiert sein. Dies geschieht mit <F10>
(Markierung Absatz), anschließend <F6> (Erweiterung) und Ausleuchten
aller zu formatierenden Absätze. Dadurch können alle markierten Absätze
auf einmal gleichartig formatiert werden.

Unabhängig von der Absatzformatierung über das Menü ist für wichtige
Absatzformatierungen auch eine "direkte Formatierung" durch Tastenkombinationen möglich. Die Möglichkeiten der direkten Absatzformatierung sind der Tabelle **Anhang 3-1** zu entnehmen. Mit der Tastenkombination <alt>+<N> werden Absätze wieder auf das Standardformat zurück-
gesetzt.

3.3.3 Zeichenformatierungen

Um Texte übersichtlich zu gestalten und dem Adressaten des Dokuments
durch sinnvolle Hervorhebungen das Lesen zu erleichtern, bietet WORD
eine Reihe von Formatierungsmöglichkeiten für Zeichen an. Unter Zeichen kann dabei sowohl ein einzelnes Zeichen als auch mehrere Zeichen,
ein Wort, alle Zeichen eines Absatzes oder gar der gesamte Text verstan-
den werden. Deshalb ist es erforderlich, dem System mitzuteilen, was
formatiert werden soll. Dazu müssen die zu formatierenden Zeichen markiert werden.

3.3.3.1 Markieren von Zeichen

Ein einzelnes Zeichen ist markiert, wenn dieses mit dem Cursor angesteuert ist.

Erweiterung <F6>

Sollen mehrere Zeichen gekennzeichnet werden, so steuert man das erste
Zeichen an und betätigt die Taste <F6>. Es erscheint dann in der Statuszeile beim Zustandscode die Kennzeichnung **ER** für **ER**weiterung. Durch
Betätigung der Richtungstasten <rechts> oder <links> werden die zu formatierenden Zeichen markiert. Die so ausgeleuchteten Zeichen können
dann formatiert werden.

Wortmarkierung <F7> und <F8>

Nach Ansteuern eines beliebigen Zeichens innerhalb des Wortes wird mit
der Taste <F8> das Wort markiert. Mit der Taste <F7> wird das Wort
links neben der Cursor-Position markiert.

Absatzmarkierung <F10>

Mit <F10> kann man einen gesamten Absatz markieren. Dabei ist es nur
erforderlich, ein beliebiges Zeichen innerhalb des Absatzes anzusteuern.

Textmarkierung <umschalten>+<F10>

Will man das gesamte Dokument markieren, so betätigt man die Tastenkombination **<umschalten>+<F10>**.

3.3.3.2 Formatierungsmöglichkeiten

Nach Eingabe der Befehlsfolge **Format - Zeichen** werden die Möglichkeiten der Zeichenformatierung angezeigt:

```
FORMAT ZEICHEN Fett: Ja(Nein)        Kursiv: Ja(Nein)  Unterstrichen: Ja(Nein)
 Durchgestrichen: Ja(Nein)    Großbuchstaben: Ja(Nein)  Kapitälchen: Ja(Nein)
 Doppelt unterstrichen: Ja(Nein)  Position:(Normal)Hochgestellt Tiefgestellt
 Schriftart:                  Schriftgrad:              Verborgen: Ja(Nein)
Wählen Sie bitte eine Option!
Se11 Ze57 Sp1      ()                                   Microsoft Word
```

Abb. 16: Menü FORMAT - ZEICHEN

Die jeweils aktuelle Auswahl wird in Klammern angezeigt. Wie bereits
bekannt, wechselt man von Menüoption zu Menüoption mit <tab>. Ab
der Version WORD 4.0 ist dies allerdings noch einfacher mit den
Richtungstasten möglich. Innerhalb der Optionen werden die Wahlmöglichkeiten entweder durch die <leertaste> oder durch Eingabe des ersten
Buchstabens der Menüoption aktiviert. Erst nachdem alle gewünschten

Zeichenformatierungen eingestellt sind, wird <return> betätigt. Die Wirkung der verschiedenen Optionen zeigen die folgenden Beispiele:

fett

kursiv

<u>unterstrichen</u>

~~durchgestrichen~~

GROSSBUCHSTABEN
auch klein geschriebene Buchstaben
werden als Großbuchstaben ausgegeben

KAPITÄLCHEN
bewirkt, daß die kleinen Buchstaben
als kleine Großbuchstaben gedruckt werden.

<u>doppelt unterstrichen</u>
Position: normal   hochgestellt   tiefgestellt

Abb. 17: Beispiele für Zeichenformatierungen

Die Schriftart und der Schriftgrad sind von den Möglichkeiten des angeschlossenen Druckers abhängig. Hier ein Beispiel der Darstellungsmöglichkeiten des Druckers HP Laserjet II, mit dem dieses Buch geschrieben wurde.

Das ist Courier_LQ Schriftgrad 12
Das ist Times Roman Schriftgrad 8
Das ist Times Roman Schriftgrad 10
Das ist Times Roman Schriftgrad 10 kursiv
Das ist Helvetica Schriftgrad 14
Das ist LinePrinter Schriftgrad 8.5

Abb. 18: Beispiel für verschiedene Schriftgrade eines Druckers

3.3.3.3 Direkte Zeichenformatierung

Neben der Form der Formatierungen über das Auswahlmenü gibt es wie bei der Absatzformatierung die Möglichkeit, Zeichen über Tastenkombinationen "direkt" zu formatieren. Dazu müssen die zu formatierenden Zeichen in der bereits beschriebenen Form markiert sein. Eine bestehende Zeichenformatierung kann durch die Tastenkombination **<alt>+<leertaste>** wieder auf das Standardformat zurückgeführt werden. Die Möglichkeiten der direkten Zeichenformatierung sind der Tabelle Anhang 3-2 zu entnehmen.

3.3.3.4 Beispiel

Textverarbeitung mit WORD

WORD ist ein Textverarbeitungsprogramm von Microsoft. Mit Hilfe von Tastenkombinationen lassen sich leicht und schnell Formatierungen des Textes vornehmen. Dazu wird die ALT-TASTE (das wurde als Kapitälchen formatiert) in Verbindung mit einer weiteren Taste betätigt.

Voraussetzung ist, daß das oder die Zeichen vorher **markiert** sind. Wenn Sie einen PC mit einer grafikfähigen Bildschirmdarstellung haben, so wird Ihnen die Formatierung auch sofort dargestellt.

Dadurch können Sie Zeichen

fett darstellen,
kursiv schreiben,
<u>unterstreichen,</u>
~~durchstreichen,~~
ALS KAPITÄLCHEN DRUCKEN,
<u>doppelt unterstreichen,</u>

hochstellen $(a + b)^2 = a^2 + 2ab + b^2$,

tiefstellen $K_g = K_f + K_v$.

Auf die gleiche Art und Weise lassen sich auch Absätze in verschiedenen Formaten darstellen,

linksbündig

rechtsbündig

zentriert

Bei linksbündigen Texten
flattert der rechte Rand.

Bei rechtsbündigen Texten
werden die Texte
am rechten Rand orientiert
und flattern links.

Bei zentrierten Absätzen
flattern
diese
um die Mittelachse.

Einen professionellen Eindruck vermitteln die erstellten Texte, wenn Sie mit Blocksatz arbeiten, d.h. die Absätze so formatieren, daß auch der rechte Rand ausgeglichen wird.

Die möglichen Schriftarten und Schriftgrößen sind abhängig von dem angeschlossenen Drucker. Ist beispielsweise der IBMGRAPH angeschlossen, so steht Ihnen nur die Schriftart PICA in Normal- und Doppeldruck in den Schriftgraden 8, 12, 14 und 16 zur Verfügung.

Das ist eine Schrift mit Schriftgrad 8
Das ist eine Schrift mit Schriftgrad 10
Das ist eine Schrift mit Schriftgrad 12
Das ist eine Schrift mit Schriftgrad 14

3.3.4 Tabulatoren

3.3.4.1 Arten der Tabulatoren

Tabulatoren werden mit der Taste <tab> ähnlich wie bei der Schreibmaschine gesetzt. Ohne besondere Einstellung gibt es für Tabstopps eine Standardeinstellung von 1,25 cm.

Um eine individuelle Tabelle zu erstellen, bietet WORD vielfältige Möglichkeiten, mit Tabulatoren zu arbeiten. Die Tabulatoren können vor Beginn der Texteingabe gesetzt werden. Dann leuchtet man sinnvollerweise einige Absatzmarken aus und formatiert die Tabulatoren. Absatzformatierungen, also auch Tabulatoren, werden mit der Absatzmarke "transportiert", so daß die Tabelle beliebig verlängert werden kann.

Die zweite Möglichkeit besteht darin, die Tabelle mit Tabstopps einzugeben, anschließend zu markieren und die gesamte Tabelle mit Tabulatoren zu versehen. Die Befehlsfolge für das Setzen der Tabulatoren lautet **Format - Tabulator - Setzen**. Es erscheint dann das Menü Abb. 19.

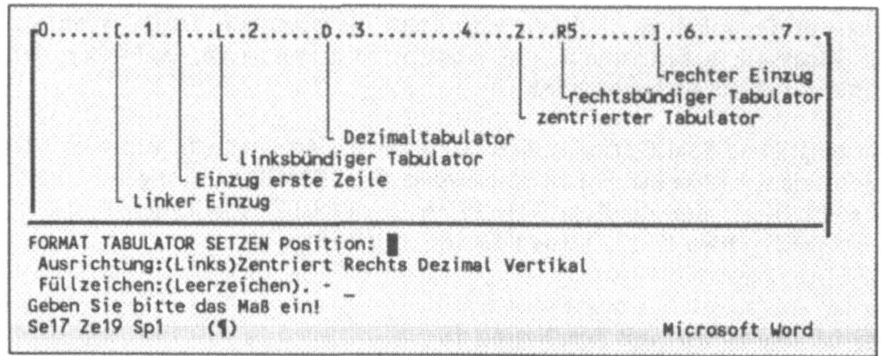

Abb. 19: Menü FORMAT - TABULATOR - SETZEN
Beschreibung Zeilenlineal

In Abb. 20 wird die Wirkungsweise der verschiedenen Tabulatoren gezeigt:

TABULATOR-AUSRICHTUNG	BEISPIEL	SYMBOL ZEILENLINEAL
linksbündig	WORD Tabulatoren sind praktisch	L
rechtsbündig	S. 67 S. 123 S. 3	R
Dezimaltabulator	1.234,67 6,00 100.000,00	D
zentrierter Tabulator	Veranstaltung am 20. September 20.00	Z
vertikaler Tabulator	1,23 | 2,34 | 5,6 |	V

Abb. 20: Wirkungsweise der verschiedenen Tabulatoren

3.3.4.2 Setzen von Tabulatoren

Beim Setzen der Tabulatoren erscheint statt des oberen Begrenzungsrah-
mens das Zeilenlineal. Das Zeilenlineal erleichtert auch bei der normalen
Texterfassung die Orientierung auf der Zeile und wurde zu Beginn mit
der Befehlsfolge **Ausschnitt - Optionen** dauerhaft eingestellt.

Die Position des Tabulators kann durch direkte Eingabe eines Maßes gesetzt werden. Dafür gibt es verschiedene Maßeinheiten, die im Hauptmenüpunkt **Zusätze** einzustellen sind (Zoll, cm, 10er-Teilung, 12er-Teilung, Punkt). Es ist aber auch möglich, nach Betätigung der Taste <Fl> mit den Richtungstasten die gewünschte Tabulatorposition anzusteuern. Die aktuelle Position kann sowohl in der Befehlszeile abgelesen als auch am Zeilenlineal verfolgt werden.

Ist die gewünschte Position, z.B. *5,08 cm*, erreicht, wird die Einstellung der **Ausrichtung:** geprüft. Die aktuelle Auswahl ist in Klammern gesetzt, im Beispiel *(Links)*.

```
1——[.........1........█.........3.........4.........5.........6.].......7┐

FORMAT TABULATOR SETZEN Position: 5,08 cm
Ausrichtung:(Links)Zentriert Rechts Dezimal Vertikal
```

Abb. 21: Positionierung eines Tabulators

Soll die Einstellung verändert werden, so muß mit <tab> zur Option **Ausrichtung:** gewechselt und die gewünschte Ausrichtung, im Beispiel **(Rechts)**, eingestellt werden. Dies kann durch Eingabe des ersten Buchstabens oder durch Ansteuern mit der <leertaste> erfolgen. Mit der Pfeiltaste nach oben gelangt man zurück zu **Position:**

```
1——[.........1........█.........3.........4.........5.........6.].......7┐

FORMAT TABULATOR SETZEN Position: 5,08 cm█
Ausrichtung: Links Zentriert(Rechts)Dezimal Vertikal
```

Abb. 22: Veränderung der Ausrichtung

Durch <return> wird der Tabulator gesetzt. Sollen mehrere Tabulatoren im gleichen Absatz gesetzt werden, so benutzt man die Taste <Einfg> bzw. <Ins>. In diesem Fall kann gleich die nächste Tabulatorposition angesteuert werden. Die Taste <return> wird erst betätigt, nachdem **alle Tabulatoren** gesetzt sind.

Die Option **Füllzeichen** bietet die Möglichkeit, den Leerraum vor dem Tabulator mit verschiedenen Zeichen auszufüllen. Dabei sind folgende Füllzeichen möglich:

```
Füllzeichen:(Leerzeichen). - _
```

Beispiele:

1.   Füllzeichen Punkt...Beispiel 1
2.   Füllzeichen Leer   Beispiel 2
3.1---------- Gedankenstrich ---------------------------- Beispiel 3
3.2___________Unterstreichungsstrich_________________Beispiel 4

3.3.4.3 Beispiele

Bei der ersten Tabelle wurden folgende Tabulatoren gesetzt: Position
1,52 cm links, Position 6,09 cm rechts, Position 8,13 cm dezimal, Position
12,19 cm rechts.

NR	BEZEICHNUNG	MENGE	EPREIS	GPREIS
123	Filzstift	12	12,58	125,89 DM
234	Füller	1	100	100,00 DM
345	Minen	100	1,2	120,00 DM
456	Hüllen	200	0,50	100,00 DM

Die nächste Tabelle erhält zwei Tabstopps: Position 5,84 cm zentriert,
Position 12,19 cm rechts.

Uhrzeit	Veranstaltung	Mitwirkende
9,00	Eröffnung	Herr Bär
11,30	Festbankett	
14,00	Fachvortrag 1 Die berufliche Rehabilitation	Prof. Amann
17.00	Fachvortrag 2 Auswirkungen des REHA-Angleichungsgesetzes	Dr. Huber

Beim letzten Beispiel sind folgende Tabulatoren eingefügt: Position
2,54 cm links; Position 11,16 cm rechts, wobei als Füllzeichen Punkte [...]
gewählt wurden.

3.	TEXTVERARBEITUNG MIT WORD.....................	1
3.1	Grundlagen	1
3.1.1	Systemstart	1
3.1.2	Grundfunktionen	3
3.1.2.1	Cursor-Steuerung	3

Die Tabellen sollten erfaßt und mit den Tabulatoren versehen unter dem Namen TAB.TXT abgespeichert werden.

3.3.5 Kopf- und Fußzeilen

Bei umfangreichen Dokumenten, wie zum Beispiel mehrseitigen Briefen, ist es oft wünschenswert, gleichlautende Textzeilen an den Seitenanfang oder das Seitenende zu setzen. Dabei ist zu beachten, daß Kopfzeilen außerhalb der bedruckbaren Textfläche liegen. Die für den linken und rechten Rand festgelegten Maße sind deshalb nicht wirksam.

Die Kopfzeile/Fußzeile wird ganz zu Beginn des Textes - **also als erster Absatz eines Dokuments** - wie ein normaler Text erfaßt und mit der Taste <return> als Absatz definiert. Der Absatz wird markiert und anschließend mit der Befehlsfolge **Format - Kopf-/Fußzeile** formatiert. Wie aus dem Menübild zu ersehen, kann festgelegt werden, ob der Absatz als Kopf- oder als Fußzeile erscheinen soll. Außerdem muß entschieden werden, ob die Kopf-/Fußzeile nur auf geraden, nur auf ungeraden oder auf geraden und ungeraden Seiten gedruckt wird. Ferner ist es möglich, die erste Seite auszusparen.

```
FORMAT KOPF-/FUSSZEILE Position: Oben Unten
Ungerade Seiten:(Ja)Nein    Gerade Seiten:(Ja)Nein    Erste Seite: Ja(Nein)
Wählen Sie bitte eine Option!
```

Abb. 23: Menü FORMAT - KOPF-/FUSSZEILE

Mit der Bereichsformatierung ist es möglich, den Abstand der Kopf-/Fußzeile vom oberen/unteren Papierrand zu bestimmen. Das Menübild der Befehlsfolge **Format - Bereich - Seitenrand** ist bereits von der Bereichsformatierung bekannt. Zu beachten ist, daß bei der Festlegung der Seitenränder ein oberer/unterer Rand gewählt wird, der oberhalb bzw. unterhalb des Randes noch den Ausdruck einer Kopf-/Fußzeile zuläßt. Ist dies zu gering bemessen, so wird die Kopf-/Fußzeile einfach unterdrückt.

Da Kopf- und Fußzeilen außerhalb des Textfeldes liegen, gelten nicht die Randformatierungen. Es empfiehlt sich, der Kopf-/Fußzeile einen Einzug zu geben, der dem linken bzw. rechten Rand des Textbereichs entspricht. Eine Kopf-/Fußzeile ist auf dem Bildschirm an den Symbolen zu erkennen:

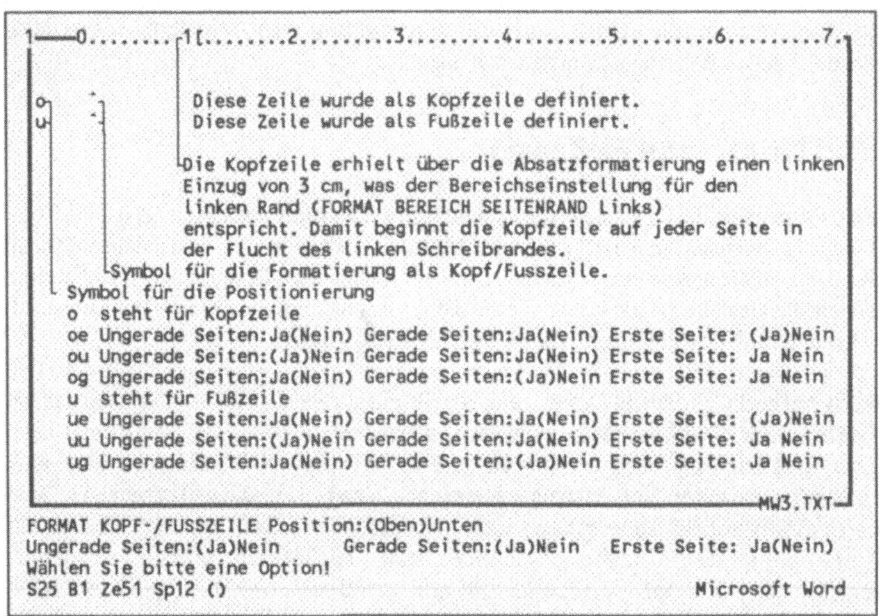

Abb. 24: Kennung der KOPF-/FUSSZEILEN

3.3.5.1 Beispiel

Die Datei TAB.TXT soll geladen und vor der ersten Zeile folgender Text eingegeben werden:

SEMINAR WORD - ÜBUNG KOPFZEILE

Dieser Absatz soll als Kopfzeile formatiert auf allen Seiten - auch auf der ersten Seite - gedruckt werden. Der Druck der Kopfzeile soll in der Flucht des linken Randes des Textes stehen. Als Zeichenformatierung ist vorzusehen: fett, unterstrichen, hochgestellt, Schriftart Pica, Schriftgrad 8. Nach jeder der drei Tabellen soll ein Vorschub auf eine neue Seite erfolgen.

3.3.6 Fußnotenverwaltung

Bei wissenschaftlichen Arbeiten, aber auch bei Vortragstexten wird üblicherweise mit Fußnoten gearbeitet, um zu zitieren, d.h. die verwendeten Quellen bibliographisch aufzuzeigen, oder um Sachverhalte näher zu erläutern.

WORD bietet eine automatische Fußnotenverwaltung an. Zunächst wird
die Stelle im Text angesteuert, an der eine Fußnote eingefügt werden soll.
Dann erfolgt die Eingabe der Befehlsfolge **Format - Fußnote**. Nach
<return> wird vom System an der aktuellen Cursor-Position das
Fußnotenzeichen eingetragen. Anschließend erfolgt ein Sprung in den
Fußnotenbereich, der sich ganz am Ende des Dokuments - unterhalb der
Endmarke - befindet. Dort wird die Erfassung des Fußnotentextes durch-
geführt.

Mit der Befehlsfolge **Gehezu - Fußnote** kann man vom Fußnotenbereich
in das Dokument springen und umgekehrt. Es erhöht die Lesbarkeit,
wenn man das Fußnotenzeichen hochstellt und im Fußnotenteil das Fußnotenzeichen vom Fußnotentext durch Betätigung des Tabulators absetzt.
Der Text im Fußnotenteil kann wie ein normaler Text formatiert werden.

3.3.6.1 Arbeiten mit Ausschnitten

Die Arbeit mit Fußnoten wird wesentlich erleichtert, wenn man sich der
Funktion **Ausschnitt** bedient. Nach Eingabe dieses Befehls ist zu ent-
scheiden, wie das Fenster geteilt werden soll. Im Beispiel ist die Option
Fußnote angesteuert:

```
AUSSCHNITT TEILEN: Waagrecht Senkrecht Fußnote

Öffnet einen Fußnotenausschnitt
```

Abb. 25 Menü AUSSCHNITT - TEILEN

Wird diese Auswahl mit <return> bestätigt, muß festgelegt werden, in
welcher Zeile der Ausschnitt eingerichtet werden soll. Im Beispiel wurde
die Zeile 13 gewählt.

```
AUSSCHNITT TEILEN FUSSNOTE Bei Zeile: 13

Geben Sie bitte eine Zahl ein!
```

Abb. 26: Einrichten eines Fußnotenausschnitts

Wird nun im Dokument eine Fußnote erstellt, springt das System nach
Eintragung des Fußnotenzeichens automatisch in den Fußnotenausschnitt.
Dort wird ebenfalls das Fußnotenzeichen automatisch eingetragen. An-
schließend kann die Erfassung des Fußnotentextes erfolgen.

```
| Word1 verfügt über eine automatische Fußnotenverwaltung.¶
| ¶
| Texte mit Fußnoten zu versehen oder nachträglich die  Position
| der Fußnoten zu verändern, ist einfach. Mit dem Cursor wird das
2····|··[L······1··········2··········3··········4··········5··········6·]······7
|     Das ist der Fußnotentext der ersten Fußnote.
|
                                                                    ─MW3.TXT─
```

Abb. 27: Beispiel für einen Fußnotenausschnitt

Mit <F1> erfolgt der Rücksprung in den Text, und zwar präzise zu dem Fußnotenzeichen der aktuellen Fußnote. Wird im Text eine Fußnote markiert, so ist mit <F1> direkt die jeweilige Fußnote im Fußnotenfenster zu erreichen.

Die Position einer Fußnote kann nachträglich leicht verändert werden. Mit dem Positionsanzeiger wird das Fußnotenzeichen angesteuert, d.h. markiert. Nach Betätigung der Taste <Entf> wird die **gesamte Fußnote** in den Zwischenspeicher "Papierkorb" kopiert. Das sieht dann in der Statuszeile so aus:

```
Se27 Ze3 Sp6   ┌─(♦¶♦─WO...orp.¶)                        Microsoft Word
               └─Inhalt Papierkorb mit den Steuerzeichen einer Fußnote
```

Danach wird die Stelle, an die die Fußnote neu plaziert werden soll, angesteuert und <Einfg> betätigt. Dadurch wird die Fußnote an der Cursor-Position eingefügt, alle folgenden Fußnoten werden neu durchnumeriert.

Das Arbeiten mit Ausschnitten bietet aber auch bei waagerechten oder senkrechten Ausschnitten einige Vorteile. Damit können mehrere Dokumente zugleich bearbeitet werden, in jedem Ausschnitt ein eigenes Dokument. Mit Hilfe der **"Papierkorbfunktion"** ist es dann beispielsweise möglich, Teile eines Dokuments in den Zwischenspeicher zu kopieren, mit der Taste <F1> den Ausschnitt zu wechseln und den Inhalt des "Papierkorbs" an jede gewünschte Stelle im aktiven Ausschnitt zu kopieren.

In der Standardeinstellung werden die Fußnoten am Ende jeder Seite gedruckt. Es ist aber möglich, über **Format - Bereich - Layout** die Fußnoten an das Ende des Dokuments zu plazieren.

```
FORMAT BEREICH LAYOUT Fußnoten:(Selbe-Seite)Ende
   Spaltenzahl: 1        Spaltenabstand: 1,25 cm
   Bereichswechsel:(Seite)Fortlaufend Spalte Gerade Ungerade
```

Abb. 28: Menü FORMAT - BEREICH - LAYOUT

3.3.6.2 Beispiel

WORD[1] verfügt über eine automatische Fußnotenverwaltung. Die Eingabe einer Fußnote erfolgt über die Befehlsfolge FORMAT - FUSSNOTE[2]. Die Fußnotentexte können wie jeder "normale" Text formatiert werden. Das Versetzen von Fußnoten geschieht genau wie bei Texten[3]. Die Fußnote wird markiert, gelöscht und an der gewünschten Position wieder eingefügt. Die Fußnoten werden nach dem Versetzen automatisch neu geordnet.

Auch die manuelle Eingabe von Fußnoten ist möglich, z.B[*)]. Man kann mit dem Fußnotenzeichen sogar Anmerkungen verbinden, z.B[Anm]. Mit der Bereichsformatierung kann festgelegt werden, ob Fußnoten am Ende der Seite oder am Ende des Textes angebracht werden sollen[6].

---

1   eingetragenes Warenzeichen von MICROSOFT Corp.
2   vgl. Handbuch Word Version 4: Word zum Nachschlagen; Befehle 1.119
3   vgl. Manuskript Kapitel 3.4; S.24f.
*)   Das ist eine manuell eingegebene Fußnote
Anm Das ist eine Anmerkung
6   Das ist die letzte Fußnote

3.4 Textgestaltung und Textüberarbeitung

3.4.1 Wortumbruch

3.4.1.1 Automatische Trennhilfe

Wie bereits bekannt, gibt es bei WORD - wie bei fast allen Textverarbeitungsprogrammen - einen automatischen Wortumbruch. Ein Wort, das nicht vollständig auf eine Schreibzeile paßt, wird auf die nächste Zeile geschoben. Dabei ist eine als Wortabstand eingegebene Leerstelle das Erkennungszeichen für den Umbruch.

Um die Schreibseite sinnvoll auszunutzen und ein allzugroßes Flattern bei linksbündigen Absätzen zu vermeiden, wird man trotzdem Worte trennen. Dies gilt besonders bei Blocksatz, da durch den rechten Randausgleich die aufgefüllten Wortabstände oft zu häßlichen "Löchern" im Text führen. Mit der Funktion **Trennhilfe** kann die Silbentrennung automatisch durchgeführt werden. Dazu ist es sinnvoll, zunächst mit **<ctrl>+<sno>** an den Textanfang zu springen, um dann die Befehlsfolge **Bibliothek - Trennhilfe** einzugeben.

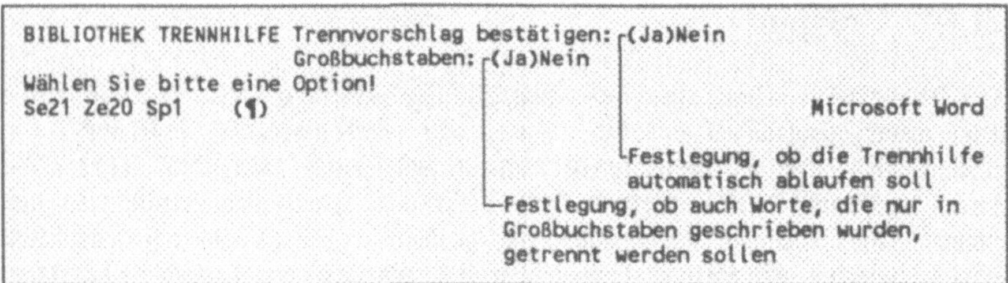

Abb. 29: Menü BIBLIOTHEK - TRENNHILFE

Man kann also entscheiden, ob die Trennhilfe automatisch ablaufen oder ob jeder Trennvorschlag bestätigt werden soll. Häufig wird man sich für die Bestätigung entscheiden. Zum einen, weil man bestimmte Worte nicht getrennt haben will, z.B. Eigennamen, oder weil einem die Trennung nicht gefällt, z.B. Trennung nach zwei Buchstaben. Es soll auch vorkommen, daß die automatische Trennung ab und zu falsch ist. Nach Bestätigung des Befehls durch die Taste [Eingabe] erscheint in der Statuszeile die Meldung

Der Cursor springt zu der vom System gefundenen Trennstelle und bringt in der Meldezeile folgende Nachricht:

Wenn an der Stelle getrennt werden soll, ist ein **J** einzugeben bzw. ein N, wenn das Wort überhaupt nicht getrennt werden soll. Wird die Trennung nicht an der Stelle gewünscht, ist aber links von der Trennstelle eine sinnvolle Trennung möglich, so wird die gewünschte Trennstelle mit der Pfeiltaste nach links angesteuert und ein J eingegeben.

3.4.1.2 Manuelle Trennung

Geschützter Wortzwischenraum

Es gibt Worte, die durch Leerstellen getrennt werden, die aber trotzdem eine Einheit bilden. Deshalb wird man normalerweise den Wortumbruch am Zeilenende nicht so handhaben: 31. Dezember 1989.
Auch Eigennamen sehen so nicht gut aus: R. Meier.

Die Benennung von Zahlen wird üblicherweise vollständig auf eine Zeile geschrieben und nicht so: 100.000,-- DM.

Mit der Tastenkombination <ctrl>+<leertaste> kann man einen sogenannten **geschützten Wortzwischenraum** erzeugen. Das System betrachtet in diesem Fall den Leerschritt als untrennbaren Bestandteil einer Wortgruppe.

Trennstrich

Der "gewöhnliche" Trennstrich wird vom System als fest eingegebene Trennstelle behandelt. Benutzt man den Trennstrich, so wird dieser auch dann gedruckt, wenn er durch spätere Änderung des Textes nicht mehr am Zeilenende steht.

Dieser Absatz wurde so manipuliert, daß am Textende das Wort Trennstrich steht. Das Zeichen [-] wurde als "gewöhnlicher" Trennstrich eingegeben.

Der Absatz wird jetzt redigiert. Das Wort "Textende" wurde in "Zeilenende" geändert. Das Wort "Trennstrich" wurde dadurch vollständig auf die nächste Zeile geschoben, der Trennstrich wird aber mit gedruckt.

Dieser Absatz wurde so manipuliert, daß am Zeilenende das Wort Trenn-strich steht. Das Zeichen [-] wurde als "gewöhnlicher" Trennstrich eingegeben.

Geschützter Trennstrich

Will man vermeiden, daß eine Silbentrennung überhaupt vorgenommen wird, beispielsweise bei Doppelnamen wie Meier-Wohlfahrt, so benutzt man den "geschützten" Trennstrich. Dieser wird erzeugt durch die Tastenkombination <umschalten>+<ctrl>+[-](Trennstrich)

Vorgegebene Trennstelle

Bei langen Worten ist es manchmal empfehlenswert, eine Trennstelle vorzugeben. Die geschieht durch die Tastenkombination <ctrl>+[-]. Dieser Trennstrich wird nur geschrieben, wenn er bei einem erforderlichen Zeilenumbruch am Zeilenende steht. Der Absatz von oben sähe in diesem Fall so aus:

Dieser Absatz wurde so manipuliert, daß am Zeilenende das Wort Trennstrich steht. Das Zeichen [-] wurde als vorgegebene Trennstelle eingegeben.

Beispiele

Eine Trennung von Wortgruppen wird vermieden durch die Eingabe eines geschützten Wortzwischenraumes z.B. beim Namen
PNEUMA GMBH".

Vorgegebene Trennstellen sind nur sinnvoll bei langen Worten, bei denen die Notwendigkeit der Trennung wahrscheinlich ist, wie z.B. **"Schriftbildgestaltung"**.

Will man Trennungen überhaupt verhindern, z. B. bei Eigennamen, so empfiehlt es sich, den geschützten Trennstrich zu verwenden, z.B. **"Schulze-Fernau"**.

3.4.2 Zeichenumstellung mit dem "Papierkorb"

Vertauschte Zeichen "wei" statt "wie" oder "dei" statt "die" oder "132" statt "123" sind häufige Schreibfehler. Manchmal müssen Worte in der Reihenfolge umgestellt werden, z.B. wird statt der Wortfolge "zwei und eins" die Folge "eins und zwei" gewünscht. Bei der Überarbeitung von Texten sollen oft ganze Absätze umgestellt werden. Bei solchen Anforderungen werden die Vorzüge eines Textverarbeitungssystems deutlich. Dazu ein Beispiel, statt

Dieser Absatz soll erst nach dem Absatz mit dem Anwendungsbeispiel stehen.

Dieser Absatz zeigt ein Anwendungsbeispiel.

sollte die richtige Reihenfolge lauten:

Dieser Absatz zeigt ein Anwendungsbeispiel.

Dieser Absatz soll erst nach dem Absatz mit dem Anwendungsbeispiel stehen.

Solche Probleme lassen sich leicht lösen. Die zu versetzenden Zeichen oder ganze Absätze werden markiert und dann mit der Taste <Entf> in den Zwischenspeicher **"Papierkorb"** kopiert. Löscht man auf diese Weise das Wort *zwei,* so sieht die Statuszeile so aus:

```
 Seite 1  (zwei)                    ?              Microsoft Word
```

Anschließend wird mit dem Cursor die Stelle im Text angesteuert, an der das oder die Zeichen eingefügt werden sollen, und die Taste <einf> betätigt.

3.4.3 Ersetzen von Textteilen

Der Befehl **Wechseln** ermöglicht es, mehrfach in einem Text verwendete Wörter, die nicht einheitlich geschrieben wurden, z.B. "WORD" und "Word", auszutauschen. Das erspart mühsames Suchen im Text. Nach Aufruf der Funktion erscheint folgendes Menü:

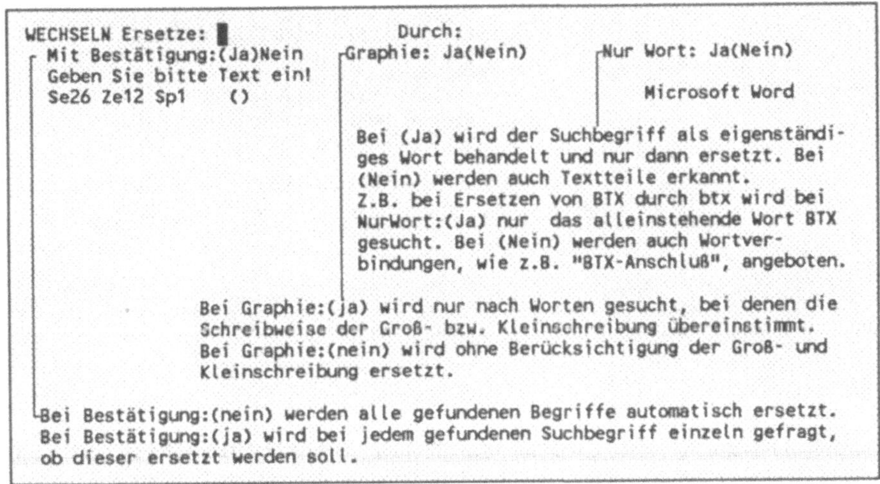

Abb. 30: Menü WECHSELN

Nach Betätigung der Taste [Eingabe] springt das System von Suchbegriff zu Suchbegriff und wechselt die alte Eintragung gegen die neue Eintragung aus. Ist die Einstellung so erfolgt, daß eine Bestätigung verlangt wird, so stoppt das System bei jedem gefundenen Änderungsbegriff und verlangt die Bestätigung:

```
WECHSELN Ersetze: Word                 Durch: WORD
 Mit Bestätigung:(Ja)Nein          Graphie: (Ja)Nein    Nur Wort: Ja(Nein)
 J, um zu wechseln, N wenn nicht oder unterbrechen Sie!
```

Abb. 31: WECHSELN mit Bestätigung

Nach Beendigung des Suchlaufs meldet das System, wie oft der Änderungsbegriff ersetzt wurde.

3.4.4 Suchen im Text

Bei Überarbeitungen von Texten ist es lästig, im gesamten Text nach einem bestimmten Begriff zu suchen. Mit der Funktion **Suchen** geht das viel bequemer.

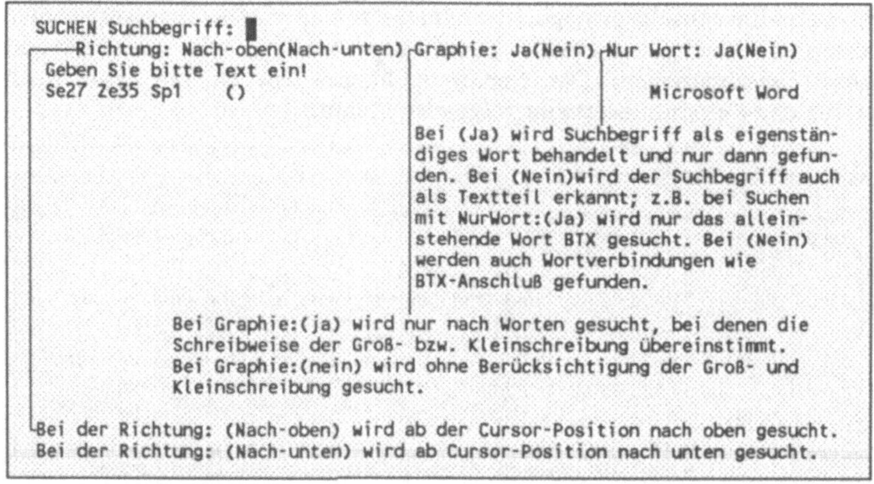

Abb. 32: Menü SUCHEN

Durch Betätigung der Tastenkombination **<umschalten>+[F4]** wird ein Befehl wiederholt. Es wird im Text nach dem Suchbegriff weiter gesucht.

3.4.5 Zusammenführen mehrerer Dateien

Mehrere Dateien werden mit der Befehlsfolge **Übertragen - Zusammenführen - [*Dateiname*]** in einem Dokument vereint. Nach Eingabe des Dateinamens wird das Dokument an der aktuellen Cursor-Position eingefügt. Will man nur einzelne Teile eines Dokuments übernehmen, so empfiehlt es sich, einen Ausschnitt einzurichten, dort das gewünschte Dokument zu laden und über den Zwischenspeicher Papierkorb in das Dokument zu transportieren.

3.5 Arbeiten mit Textbausteinen

3.5.1 Die Standard.TBS

In Büros anfallende Texte wiederholen sich häufig ganz oder teilweise. Um die Erfassung von Texten zu rationalisieren, bietet es sich an, für solche Textabschnitte Textbausteine zu definieren. Diese können ohne Schreibaufwand an beliebiger Stelle in den Text fehlerfrei eingefügt werden. WORD stellt hierfür eigene Dateien mit der Erweiterung .TBS bereit. Zu Beginn jeder Arbeitssitzung wird automatisch die Datei STANDARD.TBS geladen. Die darin gespeicherten Textbausteine stehen mit dem Befehl **Einfügen** zur Verfügung.

```
EINFÜGEN aus: ()
Geben Sie bitte einen Textbausteinnamen ein oder wählen Sie einen mit F1!
Se38 Ze2 Sp1      (Tastatur)                            Microsoft Word
```

Abb. 33: Menü EINFÜGEN Textbausteine

Mit der <F1> erhält man die Auswahl der Textbausteine aus der STANDARD.TBS.

```
    Seite                        Fußnote
    Datum                        Druckdatum
    Zeit                         Druckzeit
    ...                                                        ...
    EINFÜGEN aus: Seite
    Geben Sie bitte einen Textbausteinnamen ein oder wählen Sie einen mit F1!
```

Abb. 34: Standardtextbausteine

Mit den Pfeiltasten kann der gewünschte Textbaustein ausgewählt werden. Nach Betätigung der Taste <return> wird dieser an der aktuellen Cursor-Position eingefügt. Abb. 35 beschreibt die Funktion dieser Standardtextbausteine.

3.5.2 Aufnahme neuer Textbausteine

Sollen neue Textbausteine in die Texbausteindatei aufgenommen werden, so müssen diese zunächst als Text erfaßt, entsprechend formatiert und anschließend markiert werden. Danach können diese mit dem Befehl **Kopie** in das Textbausteinverzeichnis kopiert werden. Jeder Textbaustein erhält einen Namen, der bis zu 31 Zeichen lang sein darf.

Textbaustein	Beschreibung	Beispiel
Datum	Fügt das aktuelle Datum ein. Das Datum wird beim Speichern als Text behandelt, d.h. ändert sich auch beim erneuten Laden der Datei nicht.	20. September 1989
Druckdatum	Fügt immer das jeweils aktuelle Datum ein, d.h. ersetzt beim Druck (Druckdatum) durch das Tagesdatum.	(Druckdatum)
Zeit	Fügt die aktuelle Uhrzeit ein; dieses wird beim Speichern als Text behandelt, d.h. ändert sich auch bei erneutem Laden der Datei zu einem späteren Zeitpunkt nicht.	13:56
Druckzeit	Fügt immer die jeweils aktuelle Uhrzeit ein. Ersetzt beim Druck (Druckzeit) durch die aktuelle Uhrzeit.	(Druckzeit)
Seite	Ersetzt beim Druck (Seite) durch Seitennummer des Dokuments, sofern Einstellung FORMAT-BEREICH-PAGINIERUNG (Ja)	(Seite)
Fußnote	Fügt an der Cursor-Position Fußnote ein.	1

Abb. 35: Beschreibung der Standardtextbausteine

Nach Eingabe des Namens und <return> wird der Textbaustein in die Textbausteindatei gestellt.

```
KOPIE in: ()
Geben Sie bitte einen Textbausteinnamen ein oder wählen Sie einen mit F1!
```

Abb. 36: Menü KOPIE in die Textbausteindatei

Dazu ein Beispiel: Der folgende Verteiler soll unter dem Namen V1 in die Textbausteindatei aufgenommen werden.

Verteiler:

Frau Krämer
Herr Maier
Herr Steiner

Folgende Bearbeitungsschritte sind zu vollziehen:

<umschalten>+<F10>	Markieren des gesamten Textes
[Esc] – KOPIE	Befehlsaufruf
V1	Eingabe des Namen V1
<return>	Bestätigung des Befehls

Eine besonders schnelle Art Textbausteine aufzurufen ist es, Textbausteine mit sogenannten "Steuercodes" zu versehen. Der folgende Verteiler wird häufig benötigt. Er wird als Textbaustein mit einem Steuercode in die Textbausteindatei aufgenommen. Nach der Texterfassung wird der Verteiler markiert.

Verteiler:
Frau Lüll
Frau Vrede
Herr Brandstetter
Herr Franz
Herr Krüger
Herr Lederle
Herr Mattes
Herr Stöckle
Herr Udri

Ein Steuercode besteht aus der Tastenkombination <ctrl> + *<Tastenschlüssel>*. Der Tastenschlüssel kann aus einem oder zwei beliebigen Zeichen bestehen. Nach Aufruf des Kopierbefehls ist zunächst der Bausteinname zu vergeben, z.B. Verteiler2. Anschließend wird die Taste [^] betätigt, <ctrl> bzw. [Strg] niedergedrückt gehalten und der zweistellige Tastenschlüssel, z.B. V2, eingegeben. Mit <return> ist der Textbaustein in der Textbausteindatei aufgenommen.

```
KOPIE in: Verteiler2´<ctrl V><ctrl 2>
```

Abb. 37: Kopie eines Textbausteines mit Steuercode

Ein so definierter Textbaustein sieht zwar etwas seltsam aus,

```
Seite               Fußnote
Datum               Druckdatum
Zeit                Druckzeit
V1                  Verteiler2´<ctrl V><ctrl 2>
```

kann aber einfach durch <ctrl>+*<Tastenschlüssel>* an der aktuellen Cursor-Position in einen Text eingefügt werden. Ein solches Verfahren ist natürlich nur für häufig verwendete Textbausteine sinnvoll, deren Steuercodes man sich deshalb auch merken kann.

3.5.3 Speichern einer Textbausteindatei

Soll ein Textbaustein auch für spätere Arbeiten dauerhaft verfügbar bleiben, so muß er auf dieser Diskette oder Festplatte in eine .TBS-Datei
gespeichert werden. Dies geschieht mit der Befehlsfolge **Übertragen -
Textbausteine.**

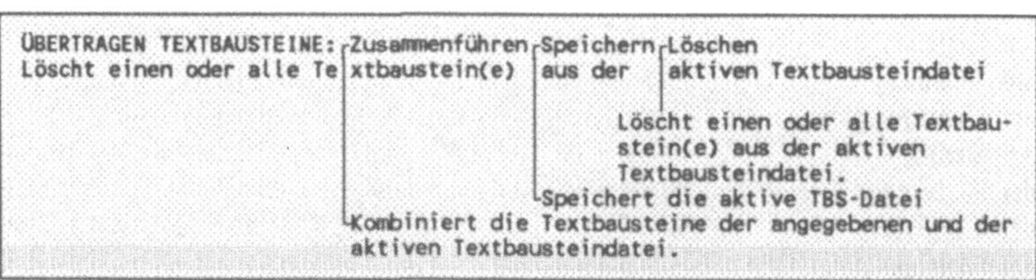

Abb. 38: Menü ÜBERTRAGEN - TEXTBAUSTEINE

Wird die Befehlsfolge mit der Option **Speichern** fortgesetzt, erhält man
das Bild Abb. 39. Im Beispiel wird die Textbausteindatei unter dem
Namen EIGEN.TBS auf der Diskette in Laufwerk B: und dort im Unterverzeichnis \WORD abgelegt. Die Erweiterung .TBS muß nicht eingegeben werden, diese wird von WORD selbständig angefügt.

Abb. 39: Speichern einer Textbausteindatei

Man hat die Wahl, Textbausteine in der STANDARD.TBS zu speichern
oder eine eigene Textbausteindatei anzulegen. Üblicherweise wird man
für mehrere verschiedenartige Anwendungen unterschiedliche Textbausteindateien anlegen.

3.5.4 Zusammenführen mehrerer Textbausteindateien

Verschiedene Textbausteindateien können über die Befehlsfolge
Übertragen - Textbausteine - Zusammenführen miteinander verknüpft
werden. Dabei wird zur STANDARD.TBS im Beispiel die EIGEN.TBS
zusätzlich geladen. Die Textbausteine der STANDARD.TBS stehen also in
jedem Fall zur Verfügung. Beim Beenden einer Arbeitssitzung mit **Quitt**
werden Sie mit der Meldung

gewarnt, wenn die Textbausteindatei seit dem letzten Speichervorgang verändert, aber nicht gespeichert wurde.

Bei systematischer Anwendung von Textbausteinen empfiehlt es sich, alle Musterbausteine einer TBS.-Datei in alphabetisch geordneter Form auszudrucken und in einem Handbuch zusammenzufassen. Hilfreich hierfür ist die Möglichkeit, sich mit **Druck - Textbausteine** alle Textbausteine in alphabetischer Folge der Bausteinnamen ausdrucken zu lassen.

3.6 Druckformatvorlagen

Bisher wurden alle Zeichen, Absätze und Bereiche **direkt** über das Menü oder Tastenkombinationen formatiert. Um gleichartige Formatierungen nicht immer wieder erneut eingeben zu müssen, gibt es einen einfacheren Weg - das Arbeiten mit Druckformatvorlagen, die sogenannte **Indirekte Formatierung**. Einmal festgelegte Parameter wie Schriftart, Schriftgrad, Ränder, Einzüge, Absatzausschließungen, Tabulatoren usw. können damit dauerhaft gespeichert und mit Steuercodes beliebig aufgerufen werden.

Die Möglichkeiten der direkten Formatierung gehen dabei nicht verloren, es muß dem Tastenschlüssel nur ein [X] vorangestellt werden, also z.B. statt <alt>+[u] für Unterstreichen von Zeichen **<alt>+[x][u]**.

WORD hat eine festgelegte Vorgehensweise. **Direkte Formatierungen haben Vorrang vor indirekten Formatierungen.** Alles, was über Menü oder Tastenschlüssel direkt formatiert wurde, bleibt erhalten, selbst wenn Zeichen mit einer Druckformatvorlage bearbeitet wurden. Deshalb ist es in solchen Fällen erforderlich, zunächst mit <alt><leertaste> Zeichen bzw. mit <alt><n> Absätze wieder in das Standardformat zu versetzen.

Wer die Möglichkeiten des Arbeitens mit Druckformatvorlagen kennengelernt hat, wird weitgehend auf die direkte Formatierung verzichten. Umformatierungen von Dokumenten sind mit indirekter Formatierung ungleich schneller und zuverlässiger auszuführen.

3.6.1 Festhalten vorhandener Formatierungen

Die folgenden Absätze haben eine interessante, aber recht aufwendige Formatierung, die über die Befehle Format Zeichen, Tabulator und Absatz wie folgt festgelegt wurde:

1.   *Mit Druckformaten kann das Formatieren von Texten
        weitgehend automatisiert werden. Das bedeutet besonders
        bei längeren Dokumenten und komplizierten Formatie-
        rungen eine ganz erhebliche Erleichterung.*

2.   *Der Umgang mit Druckformaten ist einfacher als es auf
        den ersten Blick aussieht.*

```
FORMAT ZEICHEN Fett: Ja(Nein)           Kursiv:(Ja)Nein   Unterstrichen: Ja(Nein)
Durchgestrichen: Ja(Nein)   Großbuchstaben: Ja(Nein)      Kapitälchen: Ja(Nein)
Doppelt unterstrichen: Ja(Nein)     Position:(Normal)Hochgestellt Tiefgestellt
Schriftart: Pica                    Schriftgrad: 10         Verborgen: Ja(Nein)
─────────────────────────────────────────────────────────────────────────────
FORMAT TABULATOR SETZEN Position: 1,52 cm
Ausrichtung:(Links)Zentriert Rechts Dezimal Vertikal
Füllzeichen:(Leerzeichen). -  _
─────────────────────────────────────────────────────────────────────────────
FORMAT ABSATZ Ausschließung: Links Zentriert Rechts(Block)
Linker Einzug: 1,52 cm      Erste Zeile: -1,52 cm     Rechter Einzug: 1,5 cm
Zeilenabstand: 1 zg         Anfangsabstand: 0 zg          Endeabstand: 1 zg
Selbe Seite: Ja(Nein)       Nächster Absatz selbe Seite: Ja(Nein)
Nebeneinander: Ja(Nein)
─────────────────────────────────────────────────────────────────────────────
1──|....[L...1.........2.........3.........4.........5....].....6.........7.
```

Um einen Absatz als Druckformat dauerhaft festzuhalten, ist zunächst der
Absatz zu markieren. Danach erfolgt die Eingabe der Befehlsfolge **Format
- Druckformat - Festhalten**. Es wird zunächst die Eingabe eines Tastenschlüssels verlangt, der maximal zwei Zeichen umfassen darf. Um Kon-
flikte mit der direkten Formatierung zu vermeiden, darf als erster Buchstabe des Tastenschlüssels **nicht der Buchstabe [X]** verwendet werden. Für
das Beispiel wurde **A1** gewählt. Bei der Verwendung wird festgelegt, daß
es sich um eine Absatzformatierung handelt. Es ist die erste Absatzformatierung der Druckformatvorlage, also die Variante 1. Bei Anmerkungen kann ein freier Kommentar eingegeben werden. Zur eigenen
Erleichterung sollte dieser einige Hinweise zum Druckformat geben. Die
Eintragung hat im Beispiel folgendes Bild:

```
FORMAT DRUCKFORMAT FESTHALTEN Tastenschlüssel: A1
        Verwendung: Zeichen(Absatz)Bereich
        Variante: 1              Anmerkung: Abs Einz 1.Z negativ 1 Tab
Geben Sie bitte eine Variante ein oder wählen Sie eine mit F1!
```

Abb. 40: Menü FORMAT - DRUCKFORMAT - FESTHALTEN

Druckformatvorlagen sind eigenständige Dateien mit der Erweiterung
.DFV. Sie haben die ganze Zeit, ohne es zu wissen, bereits mit einer
Druckformatvorlage gearbeitet, nämlich der STANDARD.DFV, die

WORD automatisch heranzieht. Diese Grundeinstellung wird beim Installieren von WORD angelegt.

Die direkte Bearbeitung von Druckformatvorlagen verbirgt sich hinter dem Befehl **Muster**. Wurden alle Formatierungen und die Schritte für das Festhalten des Druckformats durchgeführt, so erhält man folgendes Bild:

```
1─[..........1..........2..........3..........4..........5..........6..]............]
 1    A1 Absatz 1                              Abs Einz 1.Z negativ Einz 1 Tab
      Pica (Modern a) 10/12 Fette(r) Kursiv. Block, Einzug links 1,52 cm
      (Einzug erste Zeile -1,52 cm), Einzug rechts 3 cm, Absatzendeabstand
      1 zg. Tabstopp(s) bei: 1,52 cm (Links).
                                                          ─STANDARD.DFV─
 BEFEHL: Text Druck Einfügen Format Hilfe Kopie
         Löschen Name Rückgängig Übertragen
```

Abb. 41: Menü MUSTER; Beispiel eines Druckformats

Es sind vom System automatisch alle Formatierungen, also Zeichen, Absatz, Einzüge, Tabstopps protokolliert worden. Auf der unteren Begrenzungslinie des Rahmens ist der Name der aktuellen Druckformatvorlage eingetragen: STANDARD.DFV.

Auf diese Art und Weise lassen sich auch nachträglich gelungene oder wichtige, vor allem aber regelmäßig wiederkehrende Druckformate festhalten. Der Vorteil dieser Methode ist, daß man den Text zunächst ausdrucken kann, um damit die Zeichenformatierungen, die Tabulatoren oder die Einzüge zu kontrollieren. Erst wenn alles den Wünschen entspricht, wird das Druckformat festgehalten.

Über den Befehl **Text** gelangt man von der Bearbeitung der Druckformatvorlagen zurück zum Dokument. In der Druckformatspalte, die sich am linken Rand, direkt neben der Begrenzungslinie befindet, wird für den Absatz das Druckformat A1 angezeigt. Voraussetzung ist jedoch, daß die Druckformatspalte mit der Option **Ausschnitt - Optionen** sichtbar eingestellt ist.

```
AUSSCHNITT OPTIONEN Ausschnitt Nr.: 1              Gliederung: Ja(Nein)
         Verborgener Text sichtbar: Ja(Nein)       Hintergrundfarbe: 0
         Druckformatspalte:(Ja)Nein                Zeilenlineal:(Ja)Nein
```

Abb. 42: Darstellung der Druckformatspalte

3.6.2 Direkte Festlegung von Druckformaten

Druckformate können auch direkt eingegeben werden. Nach Wahl des Befehls **Muster** wird im Befehlsbereich der Druckformatvorlagen die Option **Einfügen** gewählt.

```
EINFÜGEN Tastenschlüssel: ()        Verwendung:(Zeichen)Absatz Bereich
         Variante: 2                Anmerkung:
Geben Sie bitte den Tastenschlüssel ein!
```

Abb. 43: Menü MUSTER - EINFÜGEN

Wie bereits beim Festhalten vorhandener Formate, wird zunächst ein
Tastenschlüssel vereinbart. Bei **Verwendung:** muß festgelegt werden, ob
das Druckformat für Zeichen, einen Absatz oder den gesamten Bereich
gelten soll. Die Option **Variante:** bietet automatisch die nächste freie
Variante an. Da die Variante 1 bereits belegt ist, wird die Variante 2
angeboten. Unter der Option **Anmerkung:** kann ein freier Kommentar
eingegeben werden, der die Art der Formatierung kurz beschreiben sollte.

Nach <return> wird das Druckformat in die Druckformatvorlage eingefügt. Nun kann dieses formatiert werden. Wurde bei der Verwendung
Zeichen gewählt, so erhält man nach Aufruf von **Format** das bekannte
Menü für die Formatierung von Zeichen. Bei der Verwendung als **Absatz**
sind nach Eingabe von **Format** mehrere Formatierungen möglich:

```
FORMAT: Zeichen Absatz Tabulator Rahmen
```

In Abb. 44 wurde ein Absatz mit dem Tastenschlüssel **A2**, als Variante 2,
mit der Anmerkung **Schriftgrad 10** in die Druckformatvorlage eingefügt.
Das Druckformat wurde anschließend über **Format - Absatz** als Blocksatz
formatiert. Mit **Format - Zeichen** wurde die Schriftart Pica mit dem
Schriftgrad 10 gewählt.

m	Muster	Wahl des Programmteils DFV
e	Einfügen	Einfügung eines neuen Druckformats
	A1	Tastenschlüssel A1 eingeben
[tab]	a	Verwendung: Absatz
[tab]	[tab]	Bestätigung vorgeschlagene Variante: 2
f	Format	
a	Absatz	
b	Block	Formatierung des Absatz im Blocksatz
f	Format	
z	Zeichen	Zeichenformatierung wie üblich, z.B. Pica 10

```
1-[.........1.........2.........3.........4.........5.........6..].......7....
 1   A1 Absatz 1                          Abs Einz 1.Z negativ Einz 1 Tab
     Pica (Modern a) 10/12 Fette(r) Kursiv. Block, Einzug links 1,52 cm
     (Einzug erste Zeile -1,52 cm), Einzug rechts 3 cm, Absatzendeabstand
     1 zg. Tabstopp(s) bei: 1,52 cm (Links).
 2   A2 Absatz 12                          Schriftgrad 10
     Pica (Modern a) 10. Block.
                                                        STANDARD.DFV
NAME Tastenschlüssel: A2        Variante: 2
     Anmerkung: Schriftgrad 10
```

Abb. 44: Einfügung eines neuen Druckformats

3.6.3 Standarddruckformate

Fußnotenzeichen wurden bisher direkt formatiert. Muß das sein? Wie kann man den Ausdruck der Paginierung beeinflussen? Gibt es eine Möglichkeit, nach dem Programmstart eine vom Anwender definierte Grundeinstellung der Bereiche, Schriftarten usw. festzulegen? Die Antwort auf all diese Fragen geben die Standarddruckformate.

3.6.3.1 Standardbereich

Zunächst soll ein Standardbereich festgelegt werden, der z.B. wie folgt definiert sein könnte:

```
FORMAT BEREICH SEITENRAND Oben: 5 cm        Unten: 2 cm          Links: 3,5 cm
Rechts: 2 cm      Seitenlänge: 29,7 cm   Breite: 21 cm    Bundsteg: 0 cm
Abstand Kopfzeile von oben: 1,25 cm       Fußzeile von unten: 1,25 cm

FORMAT BEREICH PAGINIERUNG:(Ja)Nein              Abstand oben: 1,25 cm
Abstand links: 18,5 cm      Seitenzahl:(Fortlaufend)Beginn      Bei:
Form:(1)I í A a
```

Abb. 45: Beispiel einer Bereichsformatierung für eine .DFV

Dazu muß vom Textbereich in den Programmteil **Muster** gewechselt werden. Nach Auswahl der Option **Einfügen** erscheint das bereits bekannte Menü. Der Bereich soll den Tastenschlüssel VL erhalten, als Verwendung ist **Bereich** zu wählen. Bei der Option Variante wird die Taste Auswahl <F1> betätigt. WORD zeigt an, daß es einen fest zugeordneten Bereich mit der Bezeichnung **Standard** gibt und insgesamt in einer Druckformatvorlage 21 Bereichsvarianten definiert werden können. Es wird die Variante Standard markiert und schließlich als Anmerkung der Text **Standardbereich** eingegeben.

```
Standard          1                    2                    3
4                 5                    6                    7
8                 9                    10                   11
12                13                   14                   15
16                17                   18                   19
20                21
...
EINFÜGEN Tastenschlüssel: VL          Verwendung: Zeichen Absatz(Bereich)
          Variante: Standard          Anmerkung: Standardbereich
Geben Sie bitte Text ein!
```

Abb. 46: Festlegung eines Standardbereichs

Nach <return> ist das Druckformat VL als Bereichsvariante eingefügt.
Die jetzt erscheinenden Eintragungen bilden den bisherigen Standard. Mit
Format - Bereich - Seitenrand werden die Festlegungen entsprechend
Abb. 45 verändert.

Anschließend wird das Format für die **Paginierung** definiert.

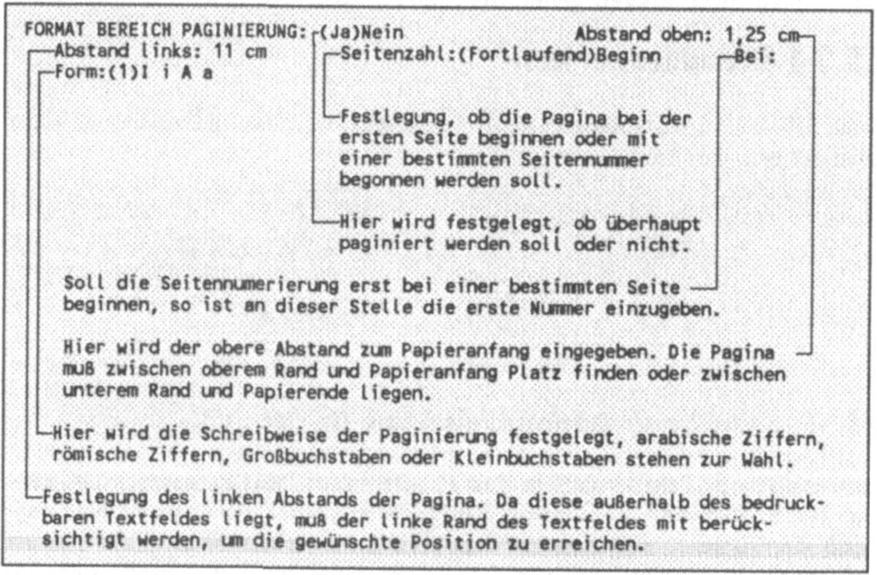

Abb. 47: Menü FORMAT - BEREICH - PAGINIERUNG

Im Menü **Format - Bereich - Layout** kann festgelegt werden, ob Fußnoten unten auf derselben Seite oder ganz am Ende des Dokuments ausgedruckt werden. Neben dem bisherigen Verfahren des einspaltigen Ausdrucks bietet WORD auch mehrspaltigen Ausdruck an. Darauf kann hier
allerdings ebensowenig eingegangen werden wie auf die Option **Zeilennummer**.

3.6.3.2 Standardabsatz

Als nächstes wird die Druckformatvorlage mit dem Befehl **Einfügen** um
einen Standardabsatz ergänzt. Der Absatz soll die Bezeichnung TX erhalten. Als Verwendung ist **Absatz** vorzusehen. Auch hier wird bei der
Variante mit <F1> das Auswahlmenü aufgerufen. Bei Absätzen gibt es
wesentlich mehr vom System fest vereinbarte Zuordnungen. Bisher
bekannt sind die Varianten **Standard, Fußnote** und **Kopf-/Fußzeile.** Für
das Beispiel wird Standard gewählt. Neben den fest vereinbarten Druckformaten können insgesamt 56 Druckformate frei definiert werden. Wie
zu sehen, sind davon die Variante 1 und 2 durch die bereits eingegebenen
Druckformate A1 und A2 belegt.

```
Standard          Fußnote           Kopf/Fußzeile     Gliederung 1
Gliederung 2      Gliederung 3      Gliederung 4      Gliederung 5
Gliederung 6      Gliederung 7      Indexebene 1      Indexebene 2
Indexebene 3      Indexebene 4      Verz. Ebene 1     Verz. Ebene 2
Verz. Ebene 3     Verz. Ebene 4     1  (A1)           2  (A2)
3                 4                 5                 6
7                 8                 9                 10
...
51                52                53                54                ...
55                56

EINFÜGEN Tastenschlüssel: TX        Verwendung: Zeichen(Absatz)Bereich
        Variante: Standard          Anmerkung: Standardabsatz
Geben Sie bitte eine Variante ein oder wählen Sie eine mit F1!
```

Abb. 48: Absatzvarianten bei Druckformaten

Nachdem der Standardabsatz eingefügt ist, muß dieser noch als Blocksatz
mit einem Endeabstand von 1 Zeile formatiert werden. Als Zeichenformatierung ist Pica 10 vorgesehen. Der Endeabstand von 1 Zeile bewirkt,
daß nach Setzen einer Absatzmarke automatisch eine Leerzeile eingefügt
wird.

3.6.3.3 Standardzeichen

Als Beispiel für das Standardformat eines Zeichens soll die Darstellung
der **Seitenzahl** dienen. Dieses Druckformat erhält den Tastenschlüssel ZN.
Als Verwendung wird **Zeichen** vorgesehen. Bei Druckformaten für Zeichen werden nach <F1> die Varianten von Abb. 48 angeboten. Das
Druckformat ZN wird z.B. mit Schriftart Pica, Schriftgrad 14 fett formatiert:

```
Seitenzahl          Zeilennummer        Fußnotenzeichen     Kurzinformation
1                   2                   3                   4
...
21                  22                  23                  24                  ...
25

EINFÜGEN Tastenschlüssel: ZN          Verwendung:(Zeichen)Absatz Bereich
         Variante: Seitenzahl         Anmerkung: Schriftart Pagina
Geben Sie bitte Text ein!
```

Abb. 49: Zeichenvarianten bei Druckformaten

3.6.3.4 Speichern einer Druckformatvorlage

Die Druckformatvorlage hat nunmehr folgendes Aussehen:

```
1←[..........1.........2.........3.........4.........5.........6.....]...7...
   1  VL Bereich Standard                      Standardbereich
         Seite: Wechsel der Seitenlänge 29,7 cm; Breite 21 cm. Seitenzahl
         arabische Ziffern bei 1,25 cm Abstand oben 18,5 cm Abstand links.
         Seitenrand oben 5 cm; Seitenrand unten 2 cm; Links 3,5 cm; Rechts 2
         Abstand Kopfzeile von oben 1,25 cm. Abstand Fußzeile von unten 1,25
         Fußnoten auf derselben Seite.
   2  A1 Absatz 1                              Abs Einz 1.Z neg Einz 1 Tab
         Pica (Modern a) 12 Fette(r) Kursiv. Block, Einzug links 1,52 cm (Ein
         erste Zeile -1,52 cm), Einzug rechts 3 cm, Absatzendeabstand 1 zg.
         Tabstopp(s) bei: 1,52 cm (Links).
   3  A2 Absatz 2                              Schriftgrad 10
         Pica (Modern a) 10/12. Block.
   4  TX Absatz Standard                       Standardabsatz
         Pica (Modern a) 10/12. Block, Absatzendeabstand 1 zg.
   5  ZN Zeichen Seitenzahl                    Schriftart Pagina
         Pica (Modern a) 14 Fette(r).
                                                      ─STANDARD.DFV─
BEFEHL: Text Druck Einfügen Format Hilfe Kopie
        Löschen Name Rückgängig Übertragen
```

Abb. 50: Beispiel für eine Druckformatvorlage

Die Druckformatvorlage wird nun mit der Befehlsfolge **Übertragen - Speichern** gespeichert. Dies ist für Druckformatvorlagen natürlich nur im Programmteil **Muster** möglich. Es können selbstverständlich mehrere Druckformatvorlagen mit unterschiedlichen Dateinamen erstellt werden. Ein Dokument kann mit jeder beliebigen Druckformatvorlage über die Befehlsfolge **Format - Druckformat - Verbinden** verknüpft werden. Es ist auch möglich, in verschiedenen Unterverzeichnissen mit jeweils einer eigenen STANDARD.DFV zu arbeiten.

```
ÜBERTRAGEN SPEICHERN Name Druckformatvorlage: B:\WORD\STANDARD.DFV
```

Abb. 51: Speichern der Druckformatvorlage

3.7 Standardtexte

3.7.1 Formularbearbeitung

Der Umgang mit Formularen ist Sekretariatsalltag. Die manuelle Bearbeitung mit der Schreibmaschine ist umständlich: Formular einspannen, auf das erste Feld vorschieben, ausrichten, prüfen, tippen, mit Leertasten zum nächsten Feld, vorschieben, ausrichten usw. WORD bietet da Möglichkeiten, es besser zu machen. Die Formularbearbeitung soll am Beispiel eines einfachen Telefax-Übermittlungsformulars entwickelt werden. Dazu wird eine Datei gemäß dem Beispiel Abb. 52 erstellt und unter dem Namen FAX.TXT abgespeichert. An den für eine Eintragung vorgesehenen Positionen wird die Tastenkombination <ctrl>+[S] eingegeben. Damit wird die schließende Winkelklammer, also das Zeichen [»] erzeugt. Dies ist ein Steuerzeichen, das bei Formularen und Serientexten eine besondere Bedeutung hat. Mit der Tastenkombination <ctrl>+[B] kann man nämlich direkt an die nächste Leerstelle nach einer so markierten Stelle springen. Das Datum wird mit dem Textbaustein **(Druckdatum)** im Formular eingefügt.

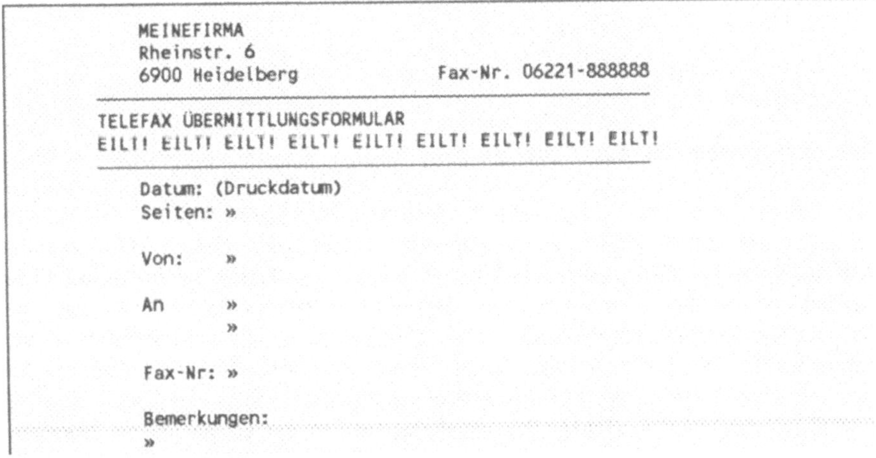

Abb. 52: Formular mit Kennungen

Die Bearbeitung des Übermittlungsformulars ist dadurch erheblich vereinfacht. Beim Ausdruck stören die schließenden Winkelklammern. Deshalb sollten diese angesteuert, d.h. markiert und mit der Tastenkombination <alt>+[V] als **verborgener Text** formatiert werden. So formatierte Zeichen werden nicht mit ausgedruckt.

Elegant wird die Formularbearbeitung, wenn man sich einer Funktion bedient, die bei Serienbriefen von besonderer Bedeutung ist, nämlich die Bildung von **Variablen**. Es gibt die Möglichkeit, Benutzereingaben abzufragen. Diese Funktion heißt Abfrage. Der Anwender wird in der Meldezeile aufgefordert, eine bestimmte Eingabe zu machen, die einer Speichervariablen zugeordnet wird. Diese Speichervariable ersetzt beim Druck die Kennung.

Im Beispiel soll der Anwender zunächst gefragt werden, welcher Mitarbeiter das FAX abschickt. Die Abfrage wird im Beispiel der Variablen **ABS** (**ABS**ender) zugeordnet. Anschließend soll nach dem Namen bzw. der Firma des FAX-Empfängers gefragt werden. Die Variable erhält z.B. den Namen **EMPFNAM** (**EMPF**änger**NAM**e). Analog wird mit den übrigen Eintragungen verfahren. Die Namen der Variablen können frei vergeben werden. Die Systematik für die Funktion Abfrage sieht wie folgt aus:

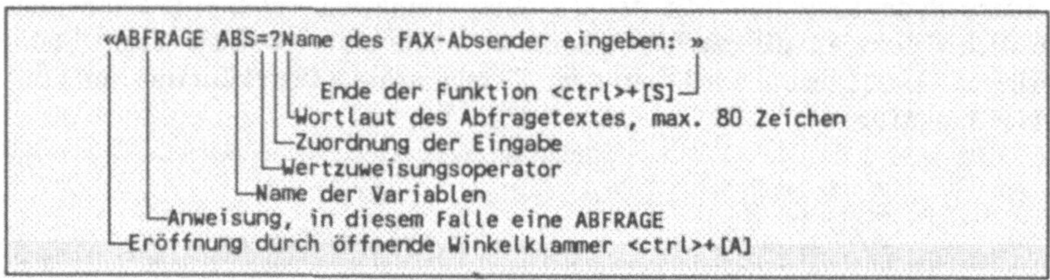

Abb. 53: Systematik der Funktion ABFRAGE

Der Datei FAX.TXT wird eine Abfrageroutine vorangestellt. Diese wird in die erste Zeile gleich zu Beginn der Datei geschrieben. Die gesamte Abfrageroutine kann anschließend markiert und als verborgener Text formatiert werden. Im Text sind die Namen der Variablen an den gewünschten Stellen einzutragen. Die Variablen werden in öffnende und schließende Winkelklammern [«»] eingeschlossen. Diese Steuerzeichen werden durch die Tastenkombination **<ctrl>+[A]** bzw. **<ctrl>+[S]** erzeugt. Die Kennung der Variablen im Text darf nicht als verborgener Text formatiert werden, sonst werden diese nicht ausgedruckt. Wenn der verborgene Text der Abfrageroutine stört, kann dieser mit **Ausschnitt - Optionen** ausgeblendet werden.

```
AUSSCHNITT OPTIONEN Ausschnitt Nr.: 1          Gliederung: Ja(Nein)
         Verborgener Text sichtbar:Ja(Nein)    Hintergrundfarbe: 1
```

```
«ABFRAGE ABS=?Name des FAX-Absender eingeben: »
«ABFRAGE EMPFNAM=?Name bzw. Firma des FAX-Empfängers: »
«ABFRAGE EMPFORT=?Ort des FAX-Empfängers eingeben: »
«ABFRAGE SEITEN=?Seitenzahl FAX einschl. Formular »
«ABFRAGE EMPFFAX=?FAX-Nummer des Empfängers: »
«ABFRAGE BEM=?Eventuelle Hinweise; max 80 Zeichen: »


    MEINEFIRMA
    Rheinstr. 6
    6900 Heidelberg          Fax-Nr. 06221-888888

TELEFAX ÜBERMITTLUNGSFORMULAR
EILT! EILT! EILT! EILT! EILT! EILT! EILT! EILT! EILT!


    Datum:  (Druckdatum)
    Seiten: «SEITEN»


    Von:    «ABS»


    An      «EMPFNAM»
            «EMPFORT»
    Fax-Nr: «EMPFFAX»


    Bemerkungen:
    «BEM»
```

Abb. 54: Formular mit Abfrageroutine

Nach Eingabe der Befehlsfolge **Druck - Serienbrief - Drucker**

```
DRUCK SERIENBRIEF: Drucker Test-Datei Optionen
```

Abb. 55: Menü DRUCK - SERIENBRIEF

wird in der Meldezeile zur Eingabe der ersten Variablen entsprechend der
Eintragung in der Abfrageroutine aufgefordert. Die Abfrageroutine ersetzt also das Standardmenü von WORD.

```
ANTWORT: █

Name des FAX-Absender eingeben:
```

Abb. 56: Beispiel einer selbsterstellten Abfrageroutine

Nach vollständiger Eintragung aller Variablen wird das Formular ausgedruckt. Dabei werden die Kennungen im Text, also z.B. «ABS», durch
den Inhalt der zugeordneten Variablen ersetzt. Anschließend kann direkt
das nächste Formular bearbeitet werden. Soll kein weiteres Formular ausgefüllt werden, so wird die Funktion mit der Taste [Esc] unterbrochen.

3.7.2 Serientexte

3.7.2.1 Serientextfunktion für Etikettendruck

Die konsequente Anwendung der Kennungen erfolgt in Serientexten.
Serientexte sind Dokumente mit gleichbleibenden und variablen Textteilen. Die Serientextfunktion bietet zusätzlich eine Reihe von Möglichkeiten, die Auswahl mit Bedingungen zu verknüpfen. Dazu ein Beispiel: Angenommen, ein Unternehmen beschäftigt 6 Vertreter, die regelmäßig in
DIN-A-4-Umschlägen Post erhalten. Dafür sollen Adressetiketten gedruckt werden.

Für die Erstellung von Serientexten benötigt man eine Datei mit den
variablen Textelementen, die sogenannte **Steuerdatei**, im Beispiel sind
dies die Vertreterdaten. In einer zweiten Datei, der **Serientextdatei**, sind
die für alle Versionen der Serientexte gleichen Textelemente und die
Kennungen enthalten. Die Kennungen teilen dem System mit, an welcher
Stelle welche Textelemente der Steuerdatei eingefügt werden sollen.
Außerdem sind in der Serientextdatei die Informationen über die Etikettengröße, Ränder und Bereichsangaben enthalten. Die konstanten Textelemente der Serientextdatei und die variablen Textelemente der Steuerdatei werden beim Druck durch den Befehlsaufruf **Druck – Serienbrief**
miteinander kombiniert. Dabei werden die Kennungen der Serientextdatei
durch die Feldinhalte der Steuerdatei ersetzt. Im Beispiel sollen folgende
Kennungen angelegt werden:

KENNUNG	BESCHREIBUNG
VNAME	Vorname
GESCHL	Geschlecht
STR	Straße
PLZ	Postleitzahl
ORT	Ort
BEZ	Nummer des Bezirks
PUMS	geplanter Umsatz
UMS	Umsatz
NKD	Zahl der geworbenen Neukunden

Zunächst wird die Steuerdatei erstellt. Die erste Zeile der Steuerdatei ist
der sogenannte **Steuersatz**. Dieser beinhaltet die Bezeichnung der Kennungen. Damit wird die Bedeutung der Kennungen den folgenden
Datensätzen – WORD spricht von **Einfügesätzen** – zugeordnet. Datenfelder werden durch ein Semikolon getrennt. Ein Datenfeld kann auch
leer sein, es muß dann aber trotzdem ein Semikolon eingegeben werden.
Beim Erfassen der Einfügesätze ist strikt darauf zu achten, daß die Reihenfolge eingehalten wird; sonst kommt es zu Textsalat. Dann wird im
Serientext aus dem Nachnamen zum Beispiel die Postleitzahl oder anstelle
des Ortes der Umsatz ausgedruckt. Am Ende jedes Einfügesatzes ist eine

Absatzmarke zu setzen. Einfügesätze sind also als Absätze definiert.
Zwischen den einzelnen Einfügesätzen darf keine Leerzeile eingefügt
werden. Die Steuerdatei sieht im Beispiel so aus:

```
NNAME;VNAME;GESCHL;STR;PLZ;ORT;BEZ;PUMS;UMS;NKD          <- Steuersatz
Bader;Rolf;m;Auweg 4;7500;Karlsruhe;4;1500000;1280000;12 <- Einfügesätze
Bayer;Wolf;m;Steinweg 3;8000;München;5;1000000;830000;5
Sand;Horst;m;Bergstr. 7;7000;Stuttgart;6;1100000;965000;3
Fey;Dieter;m;Alsterweg 4;2000;Hamburg;1;1400000;1355000;11
Hesse;Franz;m;Heidestr. 7;6000;Frankfurt;2;900000;620000;5
Jäck;Karl;m;Giesestr. 3;5000;Köln;3;1200000;985000;2
```

Abb. 57: Beispiel für eine Steuerdatei

Die Steuerdatei soll unter dem Namen STD_VERT.TXT abgespeichert
werden. Anschließend erfolgt die Erfassung der Serientextdatei für den
Etikettendruck. Für den Etikettendruck auf Endlospapier gibt es mehrere
Möglichkeiten. Es wurde die Form ausgewählt, die erfahrungsgemäß am
wenigsten Probleme beim Druck aufwirft. Endlosetiketten können han-
delsüblich in mehreren Formaten mit ein- und mehrspaltiger Anordnung
erworben werden. Das Beispiel ist auf einspaltige Etiketten im Format 3,8
x 11,2 cm abgestellt. Eine Seite enthält 8 Etiketten und ist 30,5 cm lang.
Pro Etikett stehen 8 Schreibzeilen zur Verfügung. Die Zeile 9 bildet den
Abstand zum nächsten Etikett.

Die erste Zeile einer jeden Serientextdatei enthält die Steuerdatei-
Anweisung. Durch diese Anweisung wird die Datei mit den Informationen über die variablen Textelemente aufgerufen. Anweisungen werden
durch öffnende und schließende Winkelklammern "«»" eingeschlossen.

«STEUERDATEI *Dateiname*»

im Beispiel:

«STEUERDATEI *STD_VERT.TXT*»

Das Beispiel für die Serientextdatei ist unten abgebildet. Zeile 3 enthält
das Wort "Herrn", da im Außendienst unseres Unternehmens nur Männer
beschäftigt sind. Das Wort "Herrn" ist ein konstantes Textelement , das
auf alle Etiketten gedruckt wird. Zwischen zwei Kennungen wurde die
<leertaste> betätigt, um einen Wortabstand zu erhalten.

```
Zeile 1:   «Steuerdatei STD_VERT.TXT»
Zeile 2:
Zeile 3:   Herrn
Zeile 4:   «VNAME» «NNAME»
Zeile 5:
Zeile 6:   «STR»
Zeile 7:   «PLZ» «ORT»
Zeile 8:
Zeile 9:
```

Das gesamte Dokument wird mit <umschalten>+[F10] **markiert** und durch [Entf] in den Papierkorb kopiert. Wird anschließend 9mal die Taste <Einf> betätigt, stehen insgesamt 8 Etiketten im Serientext. Mit der Funktion **Wechseln** wird **ab dem zweiten Etikett** die Eintragung «Steuerdatei STD_VERT.TXT» durch **«Nächster»** ersetzt. Damit erreicht man, daß zunächst die Steuerdatei aufgerufen, der erste Einfügesatz eingelesen und die entsprechenden Feldinhalte anstelle der Kennungen gedruckt werden. Die Anweisung «Nächster» gibt den Auftrag, den nächsten Einfügesatz zu lesen und damit das nächste Etikett zu füllen, bis alle Einfügesätze abgearbeitet sind.

```
WECHSELN Ersetze: «Steuerdatei STD_VERT.TXT»   Durch: «Nächster»
         Mit Bestätigung:(Ja)Nein    Graphie: (Ja)Nein  Nur Wort:Ja(Nein)
```

Mit **Format - Bereich - Seitenrand** werden die folgenden Formatierungen entsprechend den Maßen der Etikettenbahn eingegeben und anschließend die Serientextdatei unter dem Namen VERT_EIN.TXT abgespeichert.

```
FORMAT BEREICH SEITENRAND Oben: 0         Unten: 0           Links: 0
    Rechts: 0      Seitenlänge: 30,5    Breite: 11,2      Bundsteg: 1 cm
```

Nachdem der Drucker auf Endlosdruck der Etiketten vorbereitet wurde, kann der Druck durch Aufruf der Befehlsfolge **Druck - Serienbrief - Drucker** erfolgen. Es werden auf einer Etikettenbahn die 6 Datensätze der Vertreter gedruckt. Die restlichen 2 Etiketten bleiben frei. Sollen die Anschriften gleich mehrmals ausgedruckt werden, so kann dies mit der Befehlsfolge **Druck - Optionen** eingestellt werden. Wird z.B. die Zahl 3 eingegeben, so werden 3 Etikettenbahnen gleichen Inhalts ausgedruckt. Es ist allerdings empfehlenswert, diese Einstellung anschließend wieder zurückzusetzen, da WORD beim Beenden einer Arbeitssitzung diese Einstellungen in eine sogenannte MW.INI schreibt. Dadurch würden dann bei folgenden Arbeitssitzungen bei allen Druckbefehlen immer 3 Exemplare ausgedruckt.

```
DRUCK OPTIONEN Drucker: NECP567              Druckeranschluß: LPT1:
  Exemplare: 3                               Konzept: Ja(Nein)
  Verborgener Text: Ja(Nein)                 Kurzinformation: Ja(Nein)
  Umfang:(Alles)Markierung Seiten            Seitenzahlen:
  Absatzkontrolle:(Ja)Nein                   Warteschlange: Ja(Nein)
  Vorschub: Seite(Endlos)Schacht1 Schacht2 Schacht3 Verschiedene
Geben Sie bitte eine Zahl ein!
```

Abb. 58: Druck mehrerer Exemplare

Im Beispiel wurden nicht alle Kennungen für den Etikettendruck abgerufen. Das ist ebenso möglich wie der mehrfache Aufruf der gleichen
Kennung eines Einfügesatzes. Die Reihenfolge des Aufrufs der Kennungen in Serientext ist beliebig.

3.7.2.2 Serienbriefe

Die Serientext-Funktion ermöglicht es, mehreren Empfängern Briefe fast
gleichlautenden Inhalts zu schreiben. Damit die Briefe ihren individuellen
Stil erhalten, ist es möglich, jeden einzelnen Brief auf den jeweiligen
Empfänger, z.B. durch persönliche Anrede, zuzuschneiden. Die Vertreter
aus dem Beispiel sollen eine Einladung zur diesjährigen Vertretertagung
erhalten. Die Serientextdatei dazu, die den Namen VERT_EIN.TXT erhält, könnte z.B. wie Abb. 60 aussehen.

Nach Eingabe der Befehlsfolge **Druck - Serienbrief - Test-Datei** wird
aufgefordert, einen Dateinamen, z.B. TEST1, zu vergeben.

```
DRUCK SERIENBRIEF TEST-DATEI Dateiname: Test1
```

Abb. 59: Menü DRUCK - SERIENBRIEF - TEST-DATEI

Damit wird eine Datei angelegt, die - wie der spätere Ausdruck - anstelle
der Kennungen die Inhalte der Einfügesätze enthält. Durch Laden dieser
Datei kann man ohne papierfressenden und zeitraubenden Ausdruck feststellen, ob die Serienbriefe wie gewünscht erstellt wurden oder ob noch
Fehler enthalten sind. Am Ende jedes Serientextes macht WORD automatisch einen Vorschub auf die nächste Seite und liest den nächsten
Einfügesatz, solange bis alle Einfügesätze abgearbeitet sind.

Die Anweisung «Nächster» wird in diesem Fall nicht benötigt. Sie war
beim Etikettendruck erforderlich, weil auf einer Druckseite mehr als ein
Einfügesatz enthalten war.

```
«Steuerdatei STD_VERT.TXT»
Herrn
«VNAME» «NNAME»

«STR»
«PLZ» «ORT»

                               Heidelberg, 25. August 1990

VERTRETERTAGUNG 1990

Sehr geehrter Herr «NNAME»,

zu unserer diesjährigen Tagung laden wir Sie herzlich ein.
Wie bereits angekündigt, findet die Veranstaltung am

               27. - 28. Oktober 1990
               PENTA-Hotel Heidelberg

statt. Bitte reisen Sie so an, daß Sie spätestens zu
Tagungsbeginn um 14.00 Uhr da sind. Falls Sie schon früher
eintreffen sollten, um 12.30 Uhr haben wir einen Tisch im
Restaurant reserviert.

Wir freuen uns mit Ihnen auf zwei erfolgreiche Tage.

Mit freundlichen Grüßen
MEINEFIRMA GMBH
```

Abb. 60: Beispiel eines Serientextes

3.7.2.3 Serienbriefe mit Bedingungen

Das Beispiel wird um Bedingungen erweitert. Die Steuerdatei enthält ein Datenfeld mit der Kennung "NKD". Hier wurde die Zahl der geworbenen Neukunden eingetragen. Alle Vertreter, die 10 oder mehr Neukunden geworben haben, sollen bei der Tagung eine Sonderprämie erhalten. Für solche Anwendungen gibt es die Sonderanweisung AWENN/EWENN, deren Systematik in Abb. 61 dargestellt ist.

```
┌Beginn der Sonderanweisung AWENN (AnfangWENN)
│   ┌Beginn der Bedingung bestehend aus
│   │ * KENNUNG (Name des Datenfelds)
│   │ * VERGLEICHSOPERATOR =   >   <   <>   >=   <=
│   │ * ZU VERGLEICHENDE ZAHL/TEXT
│   │   (zu vergleichender Text muß zwischen Anführungszeichen stehen)
│   │         ┌Wird die Bedingung erfüllt, so wird dieser Text gedruckt.
│   │         │          ┌Beendet die Sonderanweisung (EndeWENN)
│   │         │          │
«AWENN Bedingung »zu druckender Text..«EWENN»
─────────────────────────────────────────────────────────
Beispiel: «AWENN NKD>9»Eine erfreuliche Nachricht: Sie haben «NKD» Neukunden
          geworben und sich damit die Sonderprämie verdient.«EWENN»
```

Abb. 61: Systematik AWENN/EWENN Bedingungen

Wird im Serientext eine solche Sonderanweisung eingefügt, so wird der Text nur gedruckt, wenn die Bedingung erfüllt ist. Die Anweisung läßt sich noch um einen Ersatztext erweitern. Wenn die Bedingung nicht zutrifft, so wird der Text nach der Anweisung- «Sonst» gedruckt.

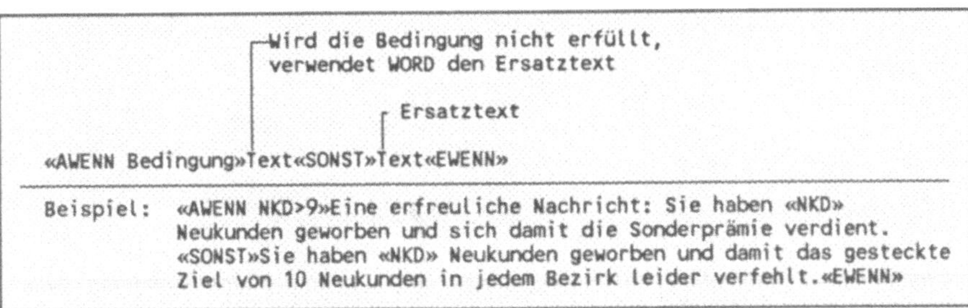

Abb. 62: Systematik AWENN/EWENN Bedingung mit Ersatztext

Eine analoge Bedingung wäre bei einer individuellen Anrede, die auch die Geschlechter berücksichtigt, zu verwenden. In der Steuerdatei wurde beim Feld GESCHL der Buchstaben "w" für weiblich und "m" eingetragen. Um das Verfahren zu probieren, kann die Steuerdatei um einen beliebigen "weiblichen Vertreter" erweitert werden. Da es sich in diesem Fall um keinen mathematischen Vergleichsoperator handelt, muß der Buchstabe 'm' bzw. 'w' in der Sonderanweisung in Anführungszeichen "" gesetzt werden.

In allen möglichen Schreiben wird den Geschäftspartnern immer wieder mitgeteilt, wann Betriebsferien sind. Deshalb wird eine kleine Datei unter dem Namen BF90.TXT angelegt. Der Text dieser Datei soll lauten:

```
PS.: Bitte berücksichtigen Sie bei Ihren Planungen, daß wir
     vom 22.12.1990 - 8.1.1991 Betriebsferien haben.
```

Mit der Sonderanweisung **«EINFÜGEN** *Dateiname»* ist es möglich, in einen Serientext andere Textdateien einzufügen. Der Serientext wird am Ende um die Sonderanweisung ergänzt. Dies bewirkt, daß bei Druck die Sonderanweisung durch den Text der Datei BF90.TXT ersetzt wird.

```
«Einfügen BF90.TXT»
```

Abb. 63: Sonderanweisung «EINFÜGEN»

Insgesamt könnte die Datei VERT_EIN.TXT jetzt so aussehen:

```
«Steuerdatei STD_VERT.TXT»
«AWENN GESCHL="w"»Frau «SONST»Herrn«EWENN»
 «VNAME» «NNAME»

«STR»
«PLZ» «ORT»

                             Heidelberg, 25. August 1990

VERTRETERTAGUNG 1990

«AWENN GESCHL="w"»Sehr geehrte Frau «NNAME»,«SONST»Sehr
geehrter Herr «NNAME»,«EWENN»

zu unserer diesjährigen Tagung laden wir Sie herzlich ein.
Wie bereits angekündigt, findet die Veranstaltung am

             27. - 28. Oktober 1990
             PENTA-Hotel Heidelberg

statt. Bitte reisen Sie so an, daß Sie spätestens zu Tagungsbeginn
um 14.00 Uhr da sind. Falls Sie schon früher eintreffen sollten,
um 12.30 Uhr haben wir einen Tisch im Restaurant reserviert.

Im Rahmen der Tagung werden auch die Sieger im Wettbewerb
"NEUKUNDENWERBUNG '90" geehrt. «AWENN NKD>10»Eine erfreuliche
Nachricht: Sie haben «NKD» Neukunden geworben und sich damit
die Sonderprämie verdient.«SONST»Sie haben «NKD» Neukunden geworben
und damit das gesteckte Ziel von 10  Neukunden in jedem Bezirk
leider verfehlt.«EWENN»

Wir freuen uns mit Ihnen auf zwei erfolgreiche Tage.

Mit freundlichen Grüßen
MEINEFIRMA GMBH

«EINFÜGEN BF90.TXT»
```

Abb. 64: Beispiel eines Serienbriefes mit Sonderanweisungen

**Das Wichtigste
zu Standardprogrammen
unter MS-DOS**

- WORD
- Lotus 1-2-3
- Multiplan
- dBASE III+

4 Lotus1-2-3

4.1 Grundlagen von Lotus 1-2-3

4.1.1 Überblick

Lotus 1-2-3 ist ein **Tabellenkalkulationsprogramm.** Das sind Programme zum Lösen verschiedenartiger mathematischer Aufgabenstellungen mit Hilfe einer "elektronischen Arbeitstabelle" (engl. worksheet), die in Zellen aufgeteilt ist. Jede Zelle wird durch Zeilen und Spalten bestimmt, deren Kreuzungspunkte sie darstellt. Ein Feld kann Texte, Zahlen oder Formeln aufnehmen. Die Formeln bestehen aus Rechenanweisungen oder Funktionen. Das Programm rechnet alle Formeln, die in dem definierten Zusammenhang stehen, sofort neu durch, wenn sich ein eingegebener Wert, der in Zusammenhang mit den Formeln steht, ändert. Das Rechenblatt aktualisiert sich also immer von neuem. In der Tabelle können mathematische, finanzmathematische oder statistische Aufgabenstellungen ebenso schnell und zuverlässig erledigt werden, wie einfache summarische Aufstellungen, z.B. Umsatzstatistiken oder Einnahme-/Ausgaberechnungen. Die Tabellenkalkulation gehört wie die Textverarbeitung, die Präsentationsgrafik und die Datenbankverwaltung zu den sogenannten Standardanwendungsprogrammen.

Es ist leicht vorzustellen, daß es eine beträchtliche Arbeitsersparnis bedeutet, wenn alle Rechenaufgaben, die mittels Papier, Bleistift und Taschenrechner, vor allem aber mit dem Radiergummi auszuführen waren, jetzt blitzschnell von allein durchgeführt und dabei die Auswirkungen auf alle Folgeoperationen berücksichtigt werden.

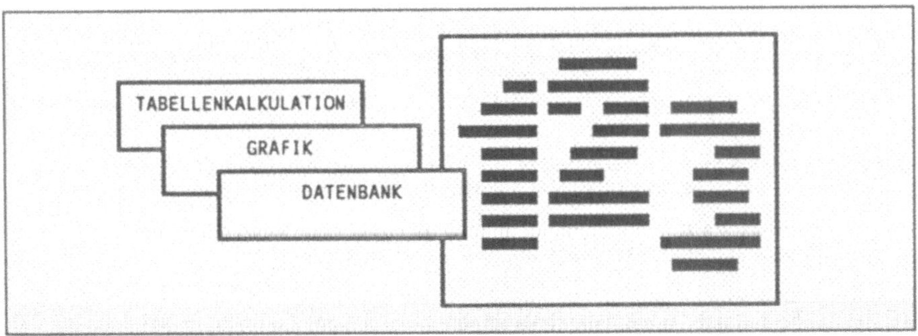

Obwohl die Einarbeitung in ein Tabellenkalkulationsprogramm anfangs recht schnell vor sich geht, steigt mit zunehmendem Komfort der angestrebten Anwendung auch der Lernaufwand. Fast kann man sagen, man lernt mit Programmen der Tabellenkalkulation nie aus. Es ist in den meisten Fällen jedoch nicht notwendig, alle Tricks zu beherrschen. Der Anwender nutzt die Möglichkeiten des Programms soweit aus, wie er es für seine Anwendung benötigt.

Lotus 1-2-3 zählt seit Jahren zu den Software-Produkten, die immer an der Spitze der Bestsellerliste vertreten sind. Das hat seine Ursache in der Leistungsfähigkeit. Lotus 1-2-3 verbindet drei der im Verwaltungsbereich am häufigsten verwendeten Anwendungen in einem einzigen Programm. Das Besondere an dem Programm ist die integrierte Grafik und Datenverwaltung, verbunden mit der komfortablen Tabellenkalkulation. Diese Ausführungen basieren auf der Programmversion 2.0. Das Eingangsmenü von Lotus 1-2-3 zeigt die Bestandteile des Programms:

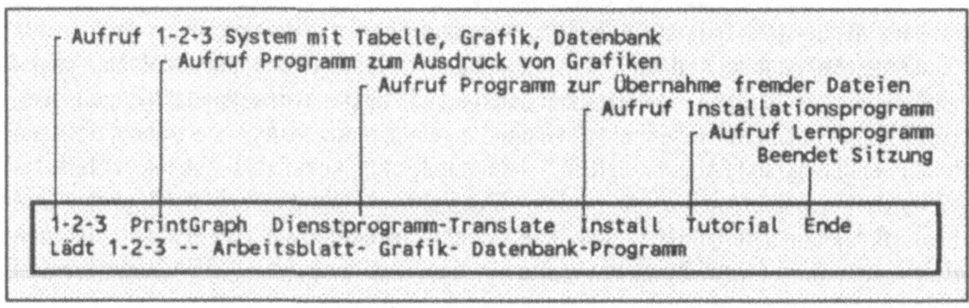

Abb. 1: Eingangsmenü von Lotus 1-2-3

4.1.2 Die Arbeitstabelle von Lotus 1-2-3

Die Arbeitstabelle von Lotus 1-2-3 ist wie andere Programme der Tabellenkalkulation im Zeilen- und Spaltenkonzept aufgebaut. Die Zeilen werden von 1 - 8192 numeriert. Die Spalten haben die Buchstaben A-IV.

Abb. 2: Die Lotus 1-2-3-Tabelle

Der Bildschirm zeigt davon immer nur einen kleinen Ausschnitt. In der Standardeinstellung sind dies 20 Zeilen und 8 Spalten. Die jeweilige Cursor-Position ist in der Tabelle invers dargestellt. Außerdem kann die aktuelle Position am Zellindikator - oben links - abgelesen werden.

4.1.3 Bewegen auf dem Arbeitsblatt

Die Abb. 3 zeigt, wie man sich auf dem Arbeitsblatt bewegt. Wenn künftig im Text eine Taste angesprochen wird, so wird diese in Klammern gestellt [], beispielsweise bedeutet [Pos1] Taste POS1. Wenn zwischen zwei Tasten ein + [Pluszeichen] steht, so ist verlangt, daß beide Tasten gleichzeitig betätigt werden. Wie bei der Großschreibung mit der Schreibmaschine wird die erste Taste niedergedrückt und festgehalten, die zweite Taste dann kurz betätigt.

TASTE	BESCHREIBUNG
[unten]	Pfeiltaste eine Zelle nach unten
[oben]	Pfeiltaste eine Zelle nach oben
[links]	Pfeiltaste eine Zelle nach links
[rechts]	Pfeiltaste eine Zelle nach rechts
[Pos1]	(home) Rücksprung zur Zelle A1
[Bild unten]	(PgDn 20) Zeilen nach unten
[Bild oben]	(PgUp) 20 Zeilen nach oben
[Tab]	eine Bildschirmbreite nach rechts
[Umschalt]+[Tab]	eine Bildschirmbreite nach links
[Ende]+[unten]	nach unten bis zur nächsten leeren Zelle bzw. zum Tabellenende
[Ende]+[oben]	nach oben bis zur nächsten leeren Zelle bzw. zum Tabellenende
[Ende]+[links]	nach links bis zur nächsten leeren Zelle bzw. zum Tabellenende
[Ende]+[rechts]	nach rechts bis zur nächsten leeren Zelle bzw. zum Tabellenende
[F5]	Direkter Sprung zur gewünschten Zelle

Abb. 3: Tabelle Cursor-Steuerung

4.1.4 Eingaben

Eingaben in Zellen sind grundsätzlich nur möglich, wenn die Modusanzeige oben rechts **BEREIT** anzeigt. Lotus 1-2-3 identifiziert den Charakter der Eingabedaten aufgrund des ersten Zeichens. Dabei wird unterschieden zwischen Text, Zahlen und Formeln. Texteingaben werden in der Grundeinstellung automatisch linksbündig, Zahlen automatisch rechtsbündig eingetragen. Als Ziffern neben den Zahlen 0-9 auch die mathematischen Rechenzeichen +-.$(). Sollen Ziffern als Text eingetragen werden, so ist als Kennung (Label) das Zeichen ['] (Apostroph) voranzustellen. Bei der Erfassung werden die Daten zunächst links oben, unterhalb des Zellindikators, angezeigt. Erst mit Betätigung der Taste [Eingabe] wird der Inhalt in die Zelle geschrieben. Werden Formeln in einer Zelle eingetragen, so ist dies nicht in der Zelle erkennbar. Dort steht das Ergebnis der formelmäßigen Berechnung. Die eingetragene Formel ist nur im Zellindikator oben links zu erkennen. In der Tabelle Abb. 4 wurden folgende Eintragungen gemacht:

A1:	Text[Eingabe]
A2:	12[Eingabe]
A3:	5+4[Eingabe]
A4:	123[Eingabe]
A5:	12,3[Eingabe]
A6:	1,23[Eingabe]
A7:	0,123[Eingabe]
C3:	Lotus 1-2-3[Eingabe]
D4:	4*3,5[Eingabe]
D5:	235/4[Eingabe]
D6:	123-23[Eingabe]
D7:	123+23[Eingabe]

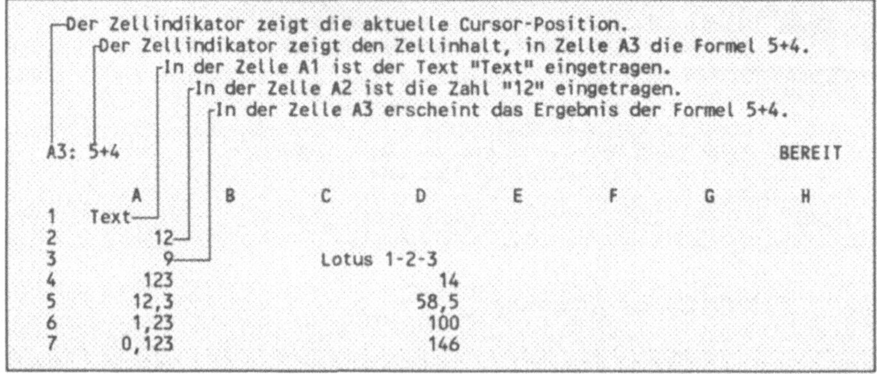

Abb. 4: Beispiele für Zelleintragungen

4.1.5 Befehle und Befehlsstruktur

4.1.5.1 Aufruf des Befehlsmenüs

Bei Betätigung der Tastenkombination [Umschalt]+[7] (/) erscheinen über der Arbeitstabelle die Befehlszeilen, und der Modus wechselt von **BEREIT** in **MENÜ** (es geht auch mit der Taste[<>]). Beim Aufruf der Befehlsleiste ist der erste Befehl invers dargestellt. Durch die Pfeiltasten [Rechts] bzw. [Links] kann die gewünschte Menüposition angesteuert werden. Die zweite Befehlszeile zeigt an, was man mit dem jeweils ausgeleuchteten Befehl tun kann. Im Beispiel wird gezeigt, was sich hinter dem Befehl **Arbeitsblatt** verbirgt. Wählt man einen Befehl des Hauptmenüs, so wird die Befehlszeile, die bisher in der zweiten Zeile erschien, zur 1. Befehlszeile. Die 2. Befehlszeile zeigt die jetzt darunterliegende Befehlsebene usw., bis man am Ende der Befehlskette angelangt ist.

```
A1:                                                              MENÜ
Arbeitsblatt Bereich Kopie Versetzen Transfer Output Grafik Daten System Ende
Global, Einfügen, Löschen, Spalte, Radieren, Titel, Fenster, Parameter,N.Seite
```

Abb. 5: Hauptbefehlszeile

4.1.5.2 Ringstruktur der Befehlsmenüs

Die Befehlsmenüs haben eine Ringstruktur. Steuert man mit der Pfeiltaste über die letzte Option hinaus, so gelangt man wieder zur ersten Menüoption. Dadurch kann man, je nachdem "wie herum" man sich bewegt, schneller zur gewünschten Option gelangen.

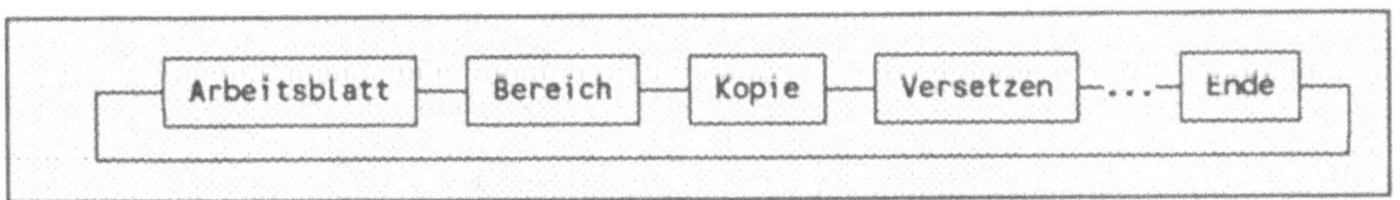

Abb. 6: Ringstruktur der Befehlsmenüs

4.1.5.3 Befehlsausführung

Dadurch, daß im Menü ein Befehl angesteuert wird, ist dieser noch nicht ausgeführt! Erst mit der Betätigung der Taste [Eingabe] wird der Befehl ausgeführt. Die vereinfachte Form des Befehlsaufrufs besteht in der Eingabe des Anfangsbuchstabens des gewünschten Befehls. Bei dieser Form wird der Befehl sofort ausgeführt.

4.1.5.4 Arbeitsblatt- und Bereichsbefehle

Lotus 1-2-3 unterscheidet zwischen Befehlen, die sich auf das **gesamte Arbeitsblatt** auswirken, und solchen, die nur für einen bestimmten Bereich gelten. Wird beispielsweise eine neue Spalte eingefügt, so ist diese neue Spalte über das gesamte Arbeitsblatt vorhanden, also von Zeile 1 bis 8192. Soll dagegen eine bestimmte Zelle oder ein bestimmter Bereich auf 0 Stellen nach dem Komma formatiert werden, so ist dies ein Bereichsbefehl, wirkt sich also **nicht** auf die gesamte Tabelle aus.

4.1.5.5 Befehlsaufbau

Die Befehlsstruktur ist im Sinne einer Baumstruktur streng hierarchisch gegliedert. Um zu einem bestimmten Ergebnis zu gelangen, muß eine festliegende Folge von Befehlen nacheinander aufgerufen werden. Es ist nicht möglich, von einem Ast zu einem anderen Ast des Baumes zu springen. Falls man sich vertan hat, so muß mit [Esc] auf dem Baum wieder zurückgeklettert werden, bis man an der Verzweigung angelangt ist, an der der Fehler begangen wurde. Ein Beispiel: Um eine Spalte von der Standardeinstellung 9 Zeichen pro Zelle auf 12 Zeichen umzustellen, ist die Eingabe der Befehlsfolge /**Arbeitsblatt - Spalte - Bestimmen - 12 - [Eingabe]** erforderlich. Der Ausschnitt des Befehlsbaums sieht so aus:

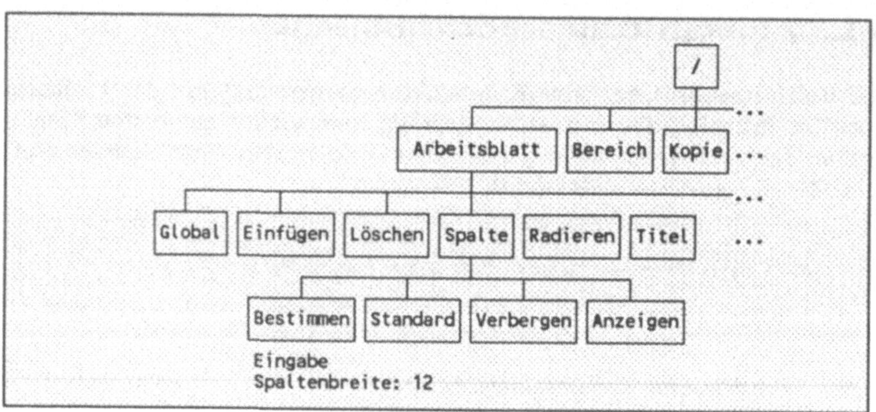

Abb. 7: Baumstruktur der Befehlsmenüs

4.1.5.6 Hauptbefehlsmenü

Die Befehle des Hauptmenüs von Lotus 1-2-3 sind in Abb. 8 kurz beschrieben.

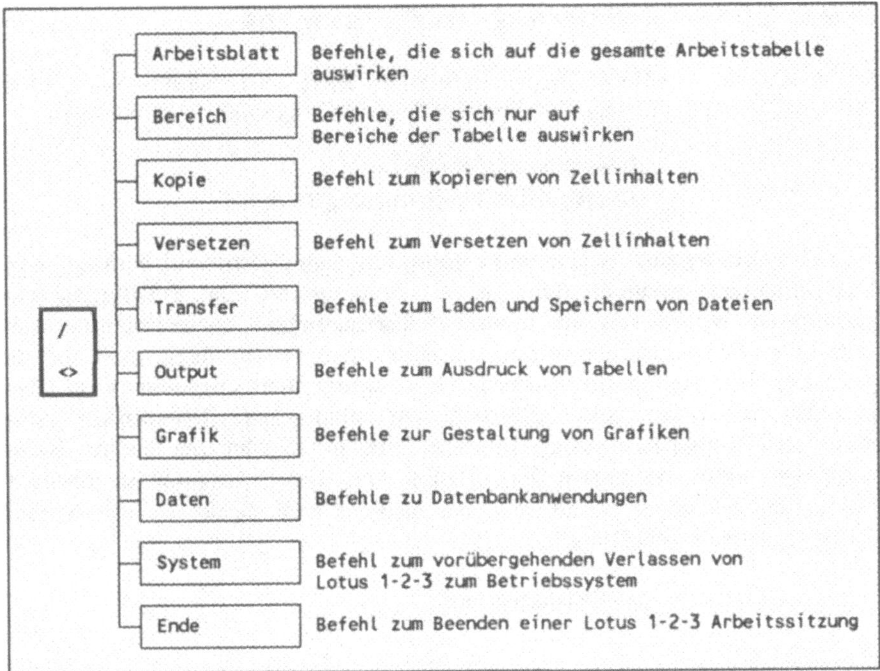

Abb. 8: Kurzbeschreibung des Hauptbefehlsmenüs von Lotus 1-2-3

4.2 Grundfunktionen von Lotus 1-2-3

Die Grundfunktionen von Lotus 1-2-3 werden am Beispiel RECH.WK1 dargestellt:

```
       A         B              C        D         E        F         G
 1  POS. BEZEICHNUNG         MENGE     PREIS     TOTAL
 2  ===================================================================
 3      1 Stühle                32    258,30    8265,60
 4      2 Tische                25    123,00    3075,00
 5      3 flip-chart             1    450,05     450,05
 6      4 Tafel                  1   1200,50    1200,50
 7  -------------------------------------------------------
 8                          GESAMT              12991,15
 9                            MWST       14%     1818,76
10  -------------------------------------------------------
11                   RECHNUNGSBETRAG             14809,91
12  ===================================================================
```

Abb. 9: Beispiel RECH.WK1

4.2.1 Cursor-Steuerung bei der Eingabe

Falls sich der Zellzeiger nicht bereits im Feld A1 befindet, wird dieser mit [Pos1] dahin bewegt. Begonnen wird mit folgenden Eintragungen:

        A1:   POS.[Eingabe][Rechts]
        B1:   BEZEICHNUNG[Eingabe][Rechts]

Ein Eingabevorgang ist erst dann komplett, wenn [Eingabe] betätigt wird. Der Zellzeiger verbleibt dabei in der Zelle, in der eine Eintragung vorgenommen wurde. Sollen mehrere Eintragungen nebeneinander oder untereinander gemacht werden, so führt dies leicht dazu, daß mit der nächsten Eintragung die vorherige Eintragung überschrieben wird. Deshalb ist es sicherer, und außerdem spart man einen Tastendruck, wenn nicht mit [Eingabe] einträgt, sondern eine der Tasten der Cursor-Steuerung verwendet. In diesem Fall erfolgt zwar die Eintragung im aktuellen Feld, der Zellzeiger wandert aber anschließend direkt in die nächste Zelle, also nach der Eingabe

        C1:   MENGE[Rechts]

befindet sich der Positionsanzeiger in der Zelle D1. Der Bildschirm zeigt BEZEICHNUMENGE. Ist der letzte Teil des Wortes BEZEICHNUNG überschrieben worden? Das ist nicht der Fall. Kehrt man mit dem Zellzeiger zur Zelle B2 zurück, so zeigt der Zellindikator, daß nach wie vor BEZEICHNUNG in dem Feld steht, nur ist der Text länger als die eingestellte Zeichenbreite der Zelle. Später wird die Zelle verbreitert und der komplette Text dann wieder lesbar. Zunächst soll jedoch der Tabellenkopf vervollständigt werden:

        D1:   PREIS[Rechts]
        E1:   TOTAL[Eingabe]

4.2.2 Spaltenbreite

Die Spaltenbreite wird mit der Befehlsfolge **/Arbeitsblatt - Spalte - Bestimmen - [*Breite*]** verändert.

        A: /   Aufruf der Befehlszeile
                   A(rbeitsblatt)
                   S(palte)
                   B(estimmen)
                   5
                   [Eingabe]

Zur Vereinfachung wird beim Protokoll künftig statt der [Eingabe] das Symbol [~] (Tilde) verwendet. Wie bereits beschrieben, ist der Befehlsaufruf in verkürzter Form durch die Eingabe des Anfangsbuchstabens des gewünschten Befehls möglich. Die Kurzform der Befehlsfolge lautet:

    A: /asb5~

Die Spalte B soll auf 18 Zeichen, die Spalte C auf 7 Zeichen eingestellt werden. Es handelt sich hier um Befehle des Hauptmenüs **Arbeitsblatt**. Diese Befehle wirken sich auf die gesamte Arbeitstabelle aus. Die Spalte B wird dadurch von Zeile 1 bis 8192 auf die Spaltenbreite 18 formatiert. Deshalb ist es bei Einstellung der Spaltenbreite auch völlig gleichgültig, in welcher Zeile man sich befindet. Die Spalte muß aber vorher angesteuert sein. Damit wird auch wieder die vollständige Eintragung BEZEICHNUNG lesbar.

    B: /asb18~
    C: /asb7~

Die richtige Spaltenbreite kann man auch "ausprobieren". In der Spalte D wird die Befehlsfolge

    D: /asb

eingegeben. Mit den Betätigung der Pfeiltasten [Rechts] bzw. [Links] verändert sich die Spaltenbreite. So kann die gewünschte Spaltenbreite bestimmt werden. Die Spalten D und E sollen auf diese Weise auf eine Breite von 10 Zeichen eingestellt werden. Bei dieser Methode ändert sich der Modus von **BEREIT** auf **ZEIGEN**.

4.2.3 Wiederholungsfunktion

Unterhalb der Spaltenbeschriftung ist ein doppelter Strich vorgesehen. Dies kann in der Zelle A2 in der Form geschehen, daß man 7mal die Taste [=] anschlägt oder im Feld B2 18mal. Dafür gibt es allerdings einen besseren Weg. Um in einer Zelle genauso viele [=] zu schreiben, wie die Zelle breit ist, benutzt man die Wiederholungsfunktion. Mit der Tastenkombination [Alt][Strg]+[<>] bzw. ASCII 92 wird das Zeichen [\], der sogenannte backslash, erzeugt. Direkt anschließend wird das Zeichen oder eine Zeichenkette, die wiederholt werden soll, eingegeben. Im Beispiel der Doppelstrich [=]. Analog wird in der Zelle B2 verfahren:

    A2:   \=~
    B2:   \=~

4.2.4 Kopieren

Selbstverständlich verfügt das Programm über eine Kopierfunktion. Der
Befehl /**Kopie** gehört zu den am häufigsten benutzten Befehlen. Um zu
kopieren, muß man wissen, **WAS WOHIN** kopiert werden soll. Im vorliegenden Fall soll der Inhalt der Zelle B2, der aus der Eintragung \= besteht, in die Felder C2 bis E2 kopiert werden.

        B2:   /   Aufruf Befehlszeile
                       K(opie)

Lotus 1-2-3 zeigt dann folgendes Bild, an dem auch der Zellindikator
etwas näher erläutert wird:

```
 ┌─Positionsanzeiger
 │      ┌─Zellformatierung (Hier Breite 18 Zeichen)
 │      │    ┌─Zelleintragung
 │      │    │   ┌─ Systemmeldung (Systemaufforderung)
 B2: [B18] \=    │                                          ZEIGEN
 Was kopieren? B2..B2
```

Abb. 10: Kopierbefehl: Was kopieren?

Das System fragt in der Meldezeile: **Was kopieren? B2..B2**. Betätigt man
jetzt [Eingabe], so wird festgelegt, daß der Zellinhalt der Zelle B2 kopiert
wird. Man könnte jedoch den zu kopierenden Bereich - also **Was** kopiert
werden soll - auf mehrere aufeinanderfolgende Zellen, ja ganze zusammenhängende Tabellenteile ausweiten. In unserem Fall soll nur der Inhalt
der Zelle B2 kopiert werden. Deshalb:

        B2:   ~

Lotus 1-2-3 fragt dann: **Wohin kopieren?** Der Inhalt der Zelle B2 soll in
die Zellen C2 bis E2 kopiert werden, also nicht nur in ein Feld, sondern
in mehrere aufeinanderfolgende Zellen. Dazu gibt es eine Erweiterungs-
möglichkeit. Der Erweiterungswunsch wird mit dem Satzendepunkt [.] angezeigt und der gewünschte Zielbereich dann markiert.

        B2:   .[Rechts 3]   bis zur Spalte E

```
 E2: [B10]                                                 ZEIGEN
 Wohin kopieren? B2..E2
```

Abb. 11: Kopierbefehl: Wohin kopieren?

Mit [Eingabe] wird der Kopiervorgang abgeschlossen:

       B2:   /k~.[Rechts 3]~

In den einzelnen Zellen A3 bis E6 sind jetzt die Daten einzutragen. Die Tabelle müßte dann so aussehen:

```
A1: [B5] 'POS.                                                       BEREIT

         A           B           C       D           E       F       G
  1   POS. BEZEICHNUNG        MENGE   PREIS       TOTAL
  2   ======================================================
  3      1 Stühle               32     258,3
  4      2 Tische               25       123
  5      3 flip-chart            1     450,05
  6      4 Tafel                 1    1200,5
```

Es wird nun ein einfacher Strich daruntergesetzt und anschließend kopiert.

       A7:   \-~
       A7:   /k~.[Rechts 4]~

4.2.5 Formeleintragungen

In der Spalte TOTAL soll MENGE mit PREIS multipliziert werden. Zur Definition einer Formel sollte man mit dem Zellzeiger **vorher** in der Zelle stehen, in der das Ergebnis angezeigt werden soll. Im Beispiel ist das die Zelle E3. Formeln müssen mit einem mathematischen Rechenzeichen oder dem Zeichen [@] eröffnet werden. Für die Formeleröffnung wird im Beispiel das Zeichen [+] verwendet. Das bewirkt, daß der erste Wert positiv in die Berechnung eingeht. Der Modus ändert sich in **ZEIGEN**. Anschließend wird die Zelle angesteuert, mit der die Berechnung beginnen soll, im Beispiel C3. Danach ist die mathematische Operation zu definieren. Direkt stehen die Rechenzeichen der Abb. 12 zur Verfügung:

RECHEN-ZEICHEN	BEDEUTUNG	BEISPIELE	
		Eingabe	Ergebnis
^	Potenzierung	45^2	2025
*	Multiplikation	45*2	90
/	Division	45/2	22,5
%	Prozente (Bewirkt Wert/100)	45%	0,45
+	Addition	45+2	47
-	Subtraktion	45-2	43

Abb. 12: Rechenzeichen von Lotus 1-2-3

Die weitere Bearbeitung des Beispiels sieht so aus:

E3:	+[Links 2]	Zeigen auf Menge (Feld C3)
C3:	*	Multiplikation

Der Zellzeiger springt zurück auf das Ergebnisfeld E3. Mit [Eingabe] ist die Formeleintragung abgeschlossen.

[Links]	Zeigen auf PREIS D3
~	[Eingabe] Taste

Das Feld E3 zeigt das Ergebnis der Multiplikation +C3*D3, in unserem Beispiel 8265,6. In Wirklichkeit steht in der Zelle die Formel. Das zeigt ein Blick auf den Zellenindikator.

Schon jetzt kann eine Stärke von Tabellenkalkulationsprogrammen gezeigt werden, die Möglichkeit **Was-Wäre-Wenn** auszuprobieren. Ändert man nämlich einen der abhängigen Werte, also MENGE oder PREIS, so wird sofort die Berechnung neu durchgeführt.

```
E3: [B10] +C3*D3                                                    BEREIT

        A           B            C        D        E        F      G
  1  POS. BEZEICHNUNG          MENGE  PREIS    TOTAL
  2  ===================================================================
  3     1 Stühle                 32    258,3    8265,6
```

Abb. 13: Formeleintragung

4.2.6 Kopieren von Formeln bei relativer Adressierung

Formeln werden bei dieser Form der Eintragung in Relationen ausgedrückt. Im Beispiel könnte diese Relation als folgende Anweisung formuliert werden:

> *Nimm positiv den Wert, der zwei Zellen links steht, multipliziere mit dem Wert, der eine Zelle links steht und schreibe das Produkt in das Ergebnisfeld.*

Lotus 1-2-3 behält auch bei Kopiervorgängen diese Relation. Deshalb kann die Formel also bedenkenlos kopiert werden:

E3:	/k~.[UNTEN 3]~

In Abb. 14 werden zur Verdeutlichung in den Zellen statt der Ergebnisse die Formeln gezeigt. Zu beachten ist, wie sich beim Kopieren die

Zelladressen relativ verändern, während die beschriebene Relation erhalten bleibt.

```
A1: [B5] 'POS.                                                  BEREIT

        A          B            C       D       E        F      G
 1   POS. BEZEICHNUNG        MENGE  PREIS   TOTAL
 2   =================================================
 3      1 Stühle               32    258,3 +C3*D3
 4      2 Tische               25      123 +C4*D4
 5      3 flip-chart            1   450,05 +C5*D5
 6      4 Tafel                 1   1200,5 +C6*D6
```

Abb. 14: Kopieren von Formeln mit relativer Adressierung

4.2.7 Formatieren

Störend ist, daß die Beträge nicht mit zwei Nachkommastellen dargestellt werden. Dies soll durch Formatierung erreicht werden; jedoch nicht für die gesamte Arbeitstabelle, sondern nur für die Zellen, die Beträge enthalten. Es handelt sich um eine Bereichsformatierung. Im Hauptmenü ist deshalb der Befehl /**Bereich** anzuwählen. Die Wirkungsweise der wichtigsten Befehle ist in Abb. 15 beschrieben. Die Erläuterungen entsprechen dem Text der Befehlsbeschreibung der 2. Befehlszeile.

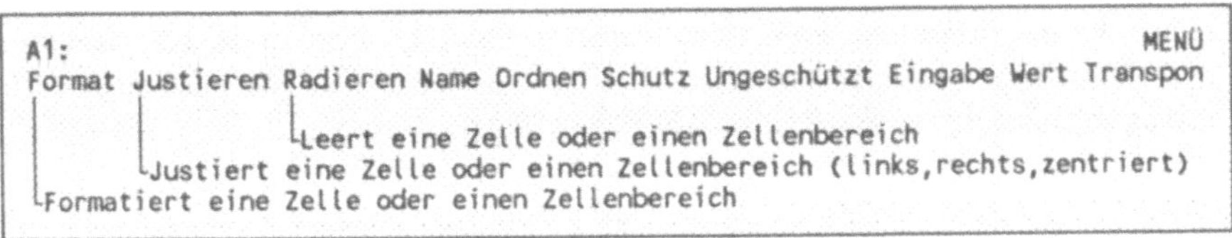

Abb. 15: Menü BEREICH

Für die weitere Bearbeitung wird der Befehl /**Bereich - Format**, ein Befehl der zweiten Befehlsebene des Hauptbefehls **Bereich** benötigt. Hier wird ein umfangreiches Formatierungsangebot zur Verfügung gestellt. Die Möglichkeiten sind kurz beschrieben. Im vorliegenden Fall soll die Zahl der Dezimalstellen für einen bestimmten Bereich festgelegt werden. Es ist deshalb **Fest** zu wählen.

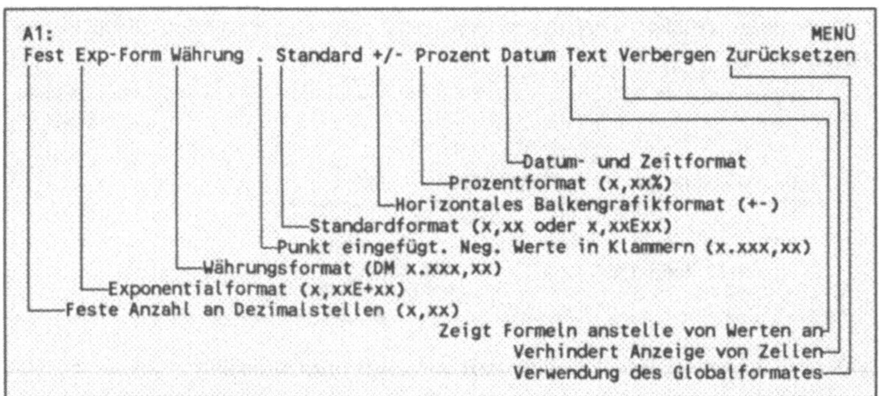

Abb. 16: Menü BEREICH - FORMAT

In Kurzform lautet die Befehlsfolge für die Eintragung der Formatierung:

> D3:   /bff2~[Rechts][Unten 3]~

Es stört, daß die Überschriften PREIS und TOTAL unglücklich über den
Zahlen stehen. Sie sollten rechtsbündig justiert werden. Auch hier handelt
es sich um eine Bereichsformatierung. Die Form der Eintragung von
Texten kann entweder von vornherein festgelegt oder mit der Befehls-
folge **/Bereich - Justieren** nachträglich erfolgen. Für das Justieren der
Eintragungen gibt es folgende Möglichkeiten:

direkte Justierung	nachträgl. Justierung	Auswirkung	
'	/bjl~	linksbündige Eintragung	'links
"	/bjr~	rechtsbündige Eintragung	"rechts
^	/bjz~	zentrierte Eintragung	^zentriert

Abb. 17: Justierungsmöglichkeiten

Die Zelleintragungen C1 bis E1 werden nachträglich mit der Befehlsfolge
/Bereich - Justieren - Rechts rechtsbündig justiert:

> C1:   /bjr[Rechts 2]~

Die Tabelle sollte mittlerweile folgendes Bild haben:

```
A1: [B5] 'POS.                                                    BEREIT

      A          B              C          D          E         F      G
 1  POS. BEZEICHNUNG         MENGE      PREIS      TOTAL
 2  ===========================================================
 3      1 Stühle               32      258,30     8265,60
 4      2 Tische               25      123,00     3075,00
 5      3 flip-chart            1      450,05      450,05
 6      4 Tafel                 1     1200,50     1200,50
 7  -----------------------------------------------------------
```

In Zelle C8 soll direkt justiert rechtsbündig GESAMT, in Zelle C9
MWST eingetragen werden:

        C8:   "GESAMT~
        C9:   "MWST~

Die Zelle D9 erhält über die Befehlsfolge /**Bereich - Format - Prozent -
0** das Format einer Prozentzelle mit 0 Nachkommastellen. Im Zellindikator steht anschließend [P0]. P steht für Prozentformatierung, 0 für die
Zahl der Nachkommastellen. Ein wichtiger Hinweis: Lotus 1-2-3
multipliziert Eintragungen in Zellen mit Prozentformat automatisch mit
100. Deshalb muß in der Zelle D9 entweder 0,14 eingetragen oder das
Prozentzeichen mit eingegeben werden.

        D9:   /bfp0~
        D9:   0,14~   oder alternativ:
        D9:   14%~

4.2.8 Funktionen

Lotus 1-2-3 verfügt über eine ganze Reihe von Funktionen (Mathemati-
sche, Finanz-, Statistische, Logische). Alle Funktionen werden mit dem
Zeichen @ (Klammeraffe) eröffnet. Dieses Zeichen wird mit der Tasten-
kombination [Alt]+64 erzeugt. Eine der Funktionen von Lotus 1-2-3 ist
@SUMME(*Bereich*). Im Beispiel wird diese Funktion zur Addition der
Totalbeträge verwendet.

        E8:   @SUMME(Der Zellzeiger sollte vor der
                                             Eintragung einer Formel in dem
                                             Ergebnisfeld plaziert sein!

                     [OBEN 5]   bis E3
                                             Erweiterungspunkt

                     [Unten 3]
)   Schließen der Klammer
                     ~   [Eingabe]

In der Zelle E8 steht jetzt die Formel @SUMME(E3..E6). Die Mehrwertsteuer wird durch Multiplikation des Gesamtbetrags mit dem Prozentsatz der Mehrwertsteuer berechnet. Der Text RECHNUNGSBETRAG wird im Feld C11 eingetragen. Ist die Zahl der in einem Feld eingetragenen Zeichen größer als die Feldbreite, so wird ein Text trotzdem vollständig angezeigt, wenn die danebenstehende Zelle frei ist. Abschließend wird der Rechnungsbetrag ermittelt und darunter der Abschlußstrich eingetragen und kopiert. Die Spalten E8 bis E12 sind noch auf zwei Nachkommastellen einzustellen:

E9:	+[OBEN]*[Links]~	Berechnung der Mehrwertsteuer
A10:	\-~	Eintragung des Abgrenzungsstrichs
A10:	/K~.[Rechts 4]~	Kopieren des Strichs
C11:	RECHNUNGSBETRAG~	Eintragung des Textes
E11:	+[OBEN 3]+[OBEN 2]~	Ermittlung Rechungsbetrag
C12:	\=~	Eintragung Abschlußstrich
C12:	/k~.[Rechts 2]~	Kopieren Abschlußstrich
E8:	/bff2~.[Unten 4]~	Formatierung der Betragszellen

Die folgende Darstellung zeigt die in den Zellen eingetragenen Formeln:

```
D9: (P0) [B10] 0,14                                               BEREIT

        A         B            C         D           E          F
 1   POS. BEZEICHNUNG       MENGE     PREIS         TOTAL
 2   ====================================================================
 3      1 Stühle               32    258,30 +C3*D3
 4      2 Tische               25    123,00 +C4*D4
 5      3 flip-chart            1    450,05 +C5*D5
 6      4 Tafel                 1   1200,50 +C6*D6
 7   -------------------------------------------------------------------
 8                          GESAMT              @SUMME(E3..E6)
 9                          MWST            14%+E8*D9
10   -------------------------------------------------------------------
11                          RECHNUNGSBETRAG +E8+E9
12   ====================================================================
```

Abb. 18: Beispiel RECH mit den eingetragenen Formeln

4.2.9 Speichern und Laden einer Datei

Zum Speichern einer Datei wird die Befehlsfolge /**Transfer - Speichern - [Name]** eingegeben. Die erstellte Tabelle soll den Namen RECH erhalten. Lotus 1-2-3 fügt dem Dateinamen automatisch die Erweiterung .WK1 hinzu. Die Erweiterung muß deshalb nicht eingegeben werden.

/tsRECH~

Um ein neues Arbeitsblatt zu erhalten, wird die Befehlsfolge **Arbeitsblatt - Radieren** eingegeben. Eine gespeicherte Datei kann mit **/Transfer - Laden** wieder geladen werden. Dabei zeigt die 2. Befehlszeile die Auswahl der .WK1-Dateien des aktuellen Verzeichnisses. Statt den Namen der zu ladenden Datei einzugeben, kann diese mit dem Menüzeiger ausgeleuchtet und mit [Eingabe] geladen werden. Die Befehlsfolge **/Transfer - Index** ermöglicht die dauerhafte Umstellung auf ein beliebiges Verzeichnis.

4.2.10 Korrektur von Eintragungen

Bei falschen Zelleintragungen kann man den Inhalt einfach mit der richtigen Eintragung überschreiben. Damit ist dann allerdings die ursprüngliche Eintragung komplett gelöscht. Soll nur eine Korrektur an der Eintragung vorgenommen werden, so benutzt man die Editierfunktion. In einer Zelle soll die Eintragung

    A1:   FALSHE EINTRAGUNG~

verbessert werden. Die **Editierfunktion** wird mit der Taste [F2] aktiviert. Dabei ändert sich die Modusanzeige von **BEREIT** in **EDIT**. Die Feldeintragung wird dann beim Zellindikator angezeigt. Mit den Richtungstasten [Links] bzw. [Rechts] kann man sich auf dem angezeigten Text nach links bzw. rechts bewegen, ohne den Text dabei zu löschen. Mit [Pos1] gelangt man im Editiermodus sofort an den Beginn, mit [Ende] an das Ende der Zelleintragung. Standardeinstellung ist beim Editieren der Einfügestatus. Auf Überschreibestatus wird mit der Taste **[Einfg]** umgestellt, in der letzten Zeile wird dann der Status **Übr** (Überschreiben) angezeigt.

    A1:   [F2]   Aufruf der Editierfunktion
             [Links]   bis zum H
             C~   Korrektur und [Eingabe]

Ein wichtiger Hinweis! Zelleintragungen werden durch Betätigung der [Leertaste] und anschließender [Eingabe] nicht vollständig gelöscht. Der Bildschirm zeigt zwar in der Arbeitstabelle eine leere Zelle, die [Leertaste] wird aber als alphanumerische Eingabe interpretiert. Ein Blick auf den Zellindikator bestätigt: In der Zelle ist ein Apostroph ['] eingetragen (vgl. Abb. 19). Dieses Zeichen ist das Symbol für eine linksbündige Texteintragung. Die einzige Möglichkeit, eine Zelleintragung vollständig zu radieren, ist die Befehlsfolge **/Bereich - Radieren**.

4.2.11 Ausdruck einer Tabelle

Output-Befehl

Das Druckmenü von Lotus 1-2-3 verbirgt sich hinter dem Befehl
/Output. Bei der Wahl dieses Befehls wird zunächst gefragt, ob der
Ausdruck über den Drucker erfolgen oder eine Druckdatei erzeugt werden soll. Die Befehlsfolge **/Output - Drucker** zeigt die in Abb. 19
dargestellten Möglichkeiten.

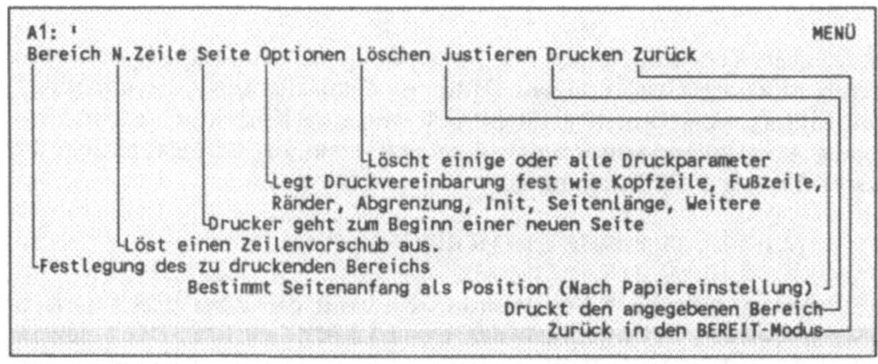

Abb. 19: Menü OUTPUT DRUCKER

Bereichsfestlegung

Es können hier nur die Grundfunktionen des Ausdrucks einer Tabelle
beschrieben werden. Zunächst muß der Bereich angegeben werden, der
gedruckt werden soll. Dazu ist es sinnvoll, vor dem Befehlsaufruf den
Zellzeiger mit [Pos1] in die Zelle A1 zu plazieren. Anschließend erfolgt
die Befehlseingabe:

A1:	/odb	Befehlsfolge Output-Drucker-Bereich
		Erweiterungspunkt im Zellindikator
		wird dann A1..A1 angezeigt
	[unten 11][rechts 4]~	Ausleuchten der Tabelle

```
E12: (F2) [B10] \=                                              ZEIGEN
Druckbereich: A1..E12
          A       B           C       D        E        F      G
  1   POS. BEZEICHNUNG      MENGE    PREIS    TOTAL
  2   ==============================================================
  3       1 Stühle             32   258,30   8265,60
  4       2 Tische             25   123,00   3075,00
  5       3 flip-chart          1   450,05    450,05
  6       4 Tafel               1  1200,50   1200,50
  7   ------------------------------------------------------
  8                          GESAMT          12991,15
  9                            MWST     14%   1818,76
 10   ------------------------------------------------------
 11                   RECHNUNGSBETRAG         14809,91
 12                          ==============================
```

Abb. 20: Festlegung des Druckbereichs

Druckersteuerung

Die Druckersteuerung ist nicht ganz einfach. Will man bestimmte
Schriftarten für den Ausdruck festlegen, so ist dies mit der Befehlsfolge
/Output - Drucker - Optionen - Init möglich. Dazu muß man allerdings
einen tieferen Blick in das Druckerhandbuch des angeschlossenen
Druckers werfen. Zur Angabe der Init-Folge Steuerung werden nämlich
die Steuercodes des Druckers benutzt. Vor jeder Sequenz ist der backslash [\] zu setzen. In vielen Fällen helfen die folgenden Beispiele, da sie
praktisch auf allen Druckern laufen. Es ist natürlich auch möglich, mehrere Steuerzeichen zu kombinieren, z.B. Schmalschrift mit verdichtetem
Zeilenabstand würde mit der Init-Folge \015\0270 erreicht.

Init Folge	Wirkung	Anwendungsbeispiel
\015	Schaltet Schmalschrift ein 16,5 Zeichen/Zoll	136 Zeichen pro Zeile
\018	Normaler Druck 12 Zeichen/Zoll	80 Zeichen pro Zeile
\0270	Zeilenabstand verengen 8 Zeilen/Zoll (8 lpi)	88 Zeilen pro Seite
\0272	normaler Zeilenabstand 6 Zeilen/Zoll (6 lpi)	66 Zeilen pro Seite

Abb. 21: Standardbeispiele für Druckersteuerung

Druck der Tabelle

Nach [Eingabe] des Druckbereichs kann nun der eigentliche Druckbefehl durch die Eingabe der Option **Drucken** erfolgen. Der eigentliche Druckbefehl kann natürlich nur ausgeführt werden, wenn man sich in der Befehlsebene mit der Option **Drucken** befindet.

```
A1: '                                                            MENÜ
Bereich  N.Zeile  Seite  Optionen  Löschen  Justieren  Drucken  Zurück
```

Danach sollte man erneut speichern. Lotus 1-2-3 merkt sich beim Speichervorgang alle Druckparameter, einschießlich der Init-Folge für einen späteren erneuten Ausdruck.

Wählt man statt **Output - Drucker** die Befehlsfolge **Output - Ausspuldatei**, so wird der Ausdruck als Druckdatei auf Diskette oder Festplatte geschrieben. Die so erzeugte Druckdatei kann dann auf der DOS-Ebene auch ohne Lotus 1-2-3 System ausgedruckt werden. Es ist auch möglich, diese Druckdatei in WORD einzulesen und dort in ein beliebiges Textdokument einzuarbeiten.

Sonderformen des Ausdrucks

Gerade für "Anfänger" ist es leichter, die Berechnungsprozesse und Formatierungen nachzuvollziehen, wenn man sich der Möglichkeiten von Lotus 1-2-3 bedient und die Zelleintragungen als **TEXT** darstellt. Die gewünschte Formatierung wird durch die Befehlsfolge **/Bereich - Format - Text** erreicht. Dazu ist es beim Beispiel RECH.WK1 nur erforderlich, die Spalte E zu formatieren.

> E1:   /bft[Unten 12]~   Ausleuchten der Spalte E

Statt der Berechnungsergebnisse wird in den Zellen die Formel angezeigt. Die Spalte E ist allerdings zu schmal, um die gesamte Formel darstellen zu können. Wenn die Zelle auf 16 Zeichen verbreitert wird, so sind sämtliche Formeleintragungen sichtbar. Die Tabelle müßte dann aussehen wie Abb. 18. Die Tabelle sollte unter dem Namen RECH_TXT.WK1 zusätzlich abgespeichert werden. Für den Nachvollzug von Formeleintragungen ist eine besondere Form des Ausdrucks möglich. Mit der Befehlsfolge **/Output - Drucker - Optionen - Weitere - Zellformeln** kann man ein Protokoll der Zelleintragungen ausdrucken lassen.

4.3 Erweiterte Anwendungsmöglichkeiten

Einige erweiterte Anwendungsmöglichkeiten von Lotus 1-2-3 sollen am
Beispiel der Arbeitstabelle VERKAUF.WK1 vermittelt werden. Alle
Werte der Spalten E-F, der Zeile 15 sowie des gesamten Bereichs
B26..E33 werden formelmäßig berechnet.

```
A1:  [B4] 'UMSATZSTATISTIK UND PROVISIONSABRECHNUNG                    BEREIT


          A      B      C      D      E       F      G     H     I     J
    1  UMSATZSTATISTIK UND PROVISIONSABRECHNUNG
    2  I. HALBJAHR
    3                 DATUM  05-Okt-90
    4
    5  ==============================================================
    6  MON  BEZ.1  BEZ.2  BEZ.3    SUMME    MAX.    MIN.
    7  --------------------------------------------------------------
    8  JAN  40000  44000  36000    120000   44000   36000
    9  FEB  36000  62000  39000    137000   62000   36000
   10  MRZ  65000  69000  54000    188000   69000   54000
   11  APR  67000  76000  56000    199000   76000   56000
   12  MAI  86000  50000  61000    197000   86000   50000
   13  JUN  96000  87000  54000    237000   96000   54000
   14  --------------------------------------------------------------
   15  SUM 390000 388000 300000   1078000   96000   36000
   16  ==============================================================
   17
   18  DURCHSCHNITT ALLER BEZ JAN-JUN              59889
   19  --------------------------------------------------------------
   20
   21  PROVISIONSABRECHNUNG
   22  PROVISIONSSATZ       2,25%
   23  ==============================================
   24  MON  BEZ.1  BEZ.2  BEZ.3    SUMME
   25  ----------------------------------------------
   26  JAN   900    990    810     2700
   27  FEB   810   1395    878     3083
   28  MRZ  1463   1553   1215     4230
   29  APR  1508   1710   1260     4478
   30  MAI  1935   1125   1373     4433
   31  JUN  2160   1958   1215     5333
   32  ----------------------------------------------
   33  SUM  8775   8730   6750    24255
   34  ==============================================
```

Abb. 22: Beispiel VERKAUF.WK1

4.3.1 Globaleinstellungen

Lotus 1-2-3 verfügt über eine Reihe von Parametern, mit denen die Arbeitstabelle vorab standardmäßig definiert werden kann. Diese Möglichkeiten verbergen sich hinter der Befehlsfolge: **/Arbeitsblatt - Global**
(vgl. Abb. 23). Für die Tabelle wird global festgelegt, daß keine Nachkommastellen auszuweisen sind; die Zellen sollen standardmäßig 7 Zeichen breit sein, und Ergebnisse mit dem Wert 0 sollen nicht dargestellt

werden. Durch diese Globaleinstellung muß nur die Spalte A auf 4 und die Spalte F auf 10 Zeichen Breite formatiert werden.

```
 ┌ Bestimmt Globalformat
 │  ┌ Bestimmt Justierung von Text(links, rechts, zentriert)
 │  │    ┌ Bestimmt Spaltenbreite
 │  │    │   ┌ Natürliche Folge, Spaltenweise Zeilenweise
 │  │    │   │ Automatisch Manuell Iteration
 │  │    │   │      ┌ Stellt Schutz auf Ein oder Aus
 │  │    │   │      │  ┌ Bestimmt Vorgabelaufwerk
 │  │    │   │      │  │ und Druckerparameter
 │  │    │   │      │  │    ┌ Stellt Null-Unter
 │  │    │   │      │  │    │ drückung Ein/Aus
 Format  Justieren  Breite  Neuberechnen  Schutz  Vorgabe  0
```

Abb. 23: Menü ARBEITSBLATT - GLOBAL

A:	/agff0~	Nachkommastellen 0
	/agb7~	Spaltenbreite 7
	/ag0j~	Unterdrückung 0-Werte
A1:	/asb4~	Veränderung Spalte A
F1:	/asb10~	Veränderung Spalte F

Im Protokoll der weiteren Bearbeitung sind zwei Varianten des Kopierbefehls enthalten:

A1:	UMSATZSTATISTIK UND
	PROVISIONSABRECHNUNG~
A2:	I. HALBJAHR~
D3:	DATUM~
A5:	\=~
A5:	/k~.[Rechts 6]~
A6:	MON[Rechts]
B6:	"BEZ.1[Rechts]
C6:	"BEZ.2[Rechts]
D6:	"BEZ.3[Rechts]
E6:	"SUMME[Rechts]
F6:	"MAX.[Rechts]
G6:	"MIN.~
A7:	\-~
A7:	/k~.[Rechts 6]~
A8:	"JAN[Unten]
A9:	"FEB[Unten]
A10:	"MRZ[Unten]
A11:	"APR[Unten]
A12:	"MAI[Unten]
A13:	"JUN[Unten]

A14:	/k[Esc] [OBEN 7]	Kopiervariante 1
A7:	.[Ende]Rechts]~	
A14:	~	
A15:	SUM~	
A5:	/k[Ende][Rechts]~[Unten 11]	Kopiervariante 2
A16:	~	
A18:	DURCHSCHNITT ALLER BEZ JAN-JUN~	

Die Eintragung der Umsatzzahlen der Felder B8 bis D13 erfolgt entsprechend Abb. 22.

4.3.2 Funktionen

Zunächst sollen die Umsätze der Bezirke in den Monaten JAN-JUN berechnet werden. Die beiden Abgrenzungsstriche wurden dabei bewußt in die Formel einbezogen. Dies ist deshalb empfehlenswert, weil dadurch an jeder beliebigen Stelle eine neue Zeile eingefügt werden kann, ohne daß die Formel korrigiert werden muß.

B15:	@SUMME(B7..B14)~	Summenbildung BEZ1 JAN-JUN
B15:	/k~.[Rechts 3]~	Kopie der Formel
E8:	@SUMME(B8..D8)~	Summe JAN BEZ1-3
E8:	/k~.[Unten 5]~	Kopie der Formel

In der Spalte F soll der größte Umsatz, in der Spalte G der geringste Umsatz aller Bezirke im jeweiligen Monat ermittelt werden. Die Funktionen, die Lotus 1-2-3 dafür anbietet, heißen **@MAX**(*Bereich*) für den **Maximumwert** eines Bereichs bzw. @MIN(*Bereich*) für den **Minimumwert**. In der Tabelle werden dazu folgende Formeln mit der **ZEIGEN**-Methode eingetragen:

F8:	@MAX(B8..D8)~	Formel für Maximumwert Jan
G8:	@MIN(B8..D8)~	Formel für Minimumwert Jan
F8:	/k[Rechts]~.[Unten 5]~	Kopie der Formeln
F15:	@MAX(B8..D13)~	Maximum alle Bez Jan-Jun
G15:	@MIN(B8..D13)~	Minimum alle Bez Jan-Jun

In Zelle G18 wird der durchschnittliche Umsatz aller Bezirke von JAN-JUN ermittelt. Die Funktion dazu heißt **@MITTELWERT**(*Bereich*).

| G18: | @MITTELWERT(B8..D13)~ | Mittelwert Bez Jan-Jun |

Für die Datumseintragungen wird die Datumsfunktion benutzt. Im Beispiel in der Form, daß der Datumswert aktualisiert vom Betriebssystem übernommen wird. Die Funktion dazu heißt **@JETZT**.

E3:   @JETZT~

In der Zelle steht jetzt ein Wert, der auf den ersten Blick wenig sagt. Die
Ziffer gibt an, wie viele Tage seit dem 1.1.1900 vergangen sind. Diese
Darstellungsform ermöglicht das Rechnen mit dem Datum, z.B. bei Pro-
jektplanungen oder Zinsberechnungen. Um eine "lesbare" Form der
Datumsausgabe zu erhalten, muß die Zelle über die Befehlsfolge /**Bereich
- Format - Datum** formatiert werden. Für die Darstellung des Datums
gibt es mehrere Darstellungsformen. Für das Beispiel wird die Form 1
gewählt.

```
1 (TT-MMM-JJ)  2 (TT-MMM)  3 (MMM-JJ)  4 (Lang Int.'l)  5 (Kurz Int.'l)  Uhr
```

```
 ┌Aktuelle Zelladresse
  ┌Anzeige, daß Zelle im Datumformat 1 formatiert ist
    ┌Eingestellte Breite der Zelle, im Beispiel 10 Zeichen
      ┌Zelleintrag; im Beispiel die Funktion @JETZT


E3: (D1) [B10] @JETZT                                            BEREIT

      A      B      C      D      E      F      G      H      I      J
1   UMSATZSTATISTIK UND PROVISIONSABRECHNUNG
2   I. QUARTAL
3                     DATUM  03-Nov-90
```

Abb: 24: Datumsformate und Beispiel für den Eintrag

Ist die Aktualisierung des Datums nicht gewünscht, so wird die Datumsfunktion in der Form @DATUM(*Jahr;Monat;Tag*) verwendet, z.B. für
den 5.10.1990. Vor der weiteren Bearbeitung wird die Datei unter dem
Namen VERKAUF abgespeichert.

E2:   /bfd1~~   Formatierung als Datumzelle Format 1
E3:   @DATUM(90;10;5)~   Datumeintrag als Festdatum
         /tsVERKAUF~

4.3.3 Kopieren von Bereichen

Die Tabelle wird weiter vervollständigt.

A19:   \-~   Eintrag Abgrenzungsstrich
A19:   /k~.[Rechts 6]~   Kopiervorgang
A21:   PROVISIONSBERECHNUNG~
A22:   PROVISIONSSATZ~
D22:   /bfp2~~   Formatierung D22 als Prozentzelle

Anschließend wird in der Zelle D22 der Prozentsatz 2,25% als Wert 0,0225 oder mit dem Prozentzeichen 2,25% eingetragen. Um unnötige Schreibarbeit zu vermeiden, wird der gesamte Bereich A5..E16 kopiert. Es ist also möglich, nicht nur einzelne Zellen, sondern ganze Bereiche mit einem einzigen Kopiervorgang zu kopieren, wobei auch hier die Relation der Formeln gewahrt bleibt.

D22	0,0225~	Eintragung Prozentsatz
A5:	/k[Unten 11][Rechts 4]~	Bereich A5..E16
E16:	[Unten bis Zeile 23]	Wohin kopieren?
A23:	~	

4.3.4 Relative und absolute Adressierung

In der Zelle B26 soll nun die Provision ermittelt werden. Es ist nicht erforderlich, die Zellen vorher zu radieren. Mit den neuen Eintragungen werden die alten Formeln einfach überschrieben. Die Provision wird berechnet, indem die jeweiligen Monatsumsätze mit dem Provisionssatz multipliziert werden. Dies geschieht mit der Formel:

     B26:   +B8*D22~

Würde diese Formel nun von B26 bis D31 kopiert, so ergäben sich unsinnige Ergebnisse, da beim Kopiervorgang sich die Zelladressen entsprechend den Relationen verändern. Dies gilt auch für die Zelladresse D22 (Provisionssatz), da die Formel relativ adressiert war. In der Zelle C26 beispielsweise stünde +C8*E22 oder in der Zelle B27 +B9*D23. Das ist aber in diesem Fall nicht gewünscht. Vielmehr soll immer mit dem Provisionssatz in D22 multipliziert werden. Dazu muß man **absolut** adressieren. Dies geschieht, indem man vor die Zelladresse das Zeichen [$] (Dollar) setzt. Vereinfacht kann man die Adressierung auch mit der Taste [F4] von relativ in absolut ändern. Diese Taste hat die Bezeichnung [ABS].

B26:	+[Oben 18]	bis B8
	*[Oben 4][Rechts 2]	bis D22
D22:	[F4]~	absolute Adressierung [ABS]

Mit Betätigung der Taste [ABS] wurde die Zelladresse mit $-Zeichen versehen. Die eingetragene Formel lautet **+B8*D22**. Die Formel kann nun bedenkenlos kopiert werden:

B26:	/k~.[Unten 5]	bis Zeile 31
	[Rechts 2]~	Kopiert von B26..DE31

Ändert sich der Wert Provisionssatz, so braucht nur der Wert in Zelle C22 geändert werden. Die Summenbildung wurde vom oberen Teil mitkopiert. Da hier die relative Adressierung richtig ist, stehen die Summen der Provisionsberechnung bereits in der Tabelle. Die Tabelle soll ausgedruckt werden:

A1:	/odb.[PgDn][Unten 13]	bis Zeile 34
	[Rechts 6]	bis Spalte G, Druckbereich A1..G34
	~d	Druckbefehl

Die Tabelle wird erneut abgespeichert. Da die Datei schon einmal gespeichert wurde, bietet Lotus 1-2-3 automatisch den bereits vergebenen Namen an. Um versehentliches Überschreiben einer Datei zu vermeiden, wird vom System jedoch rückgefragt, ob man die bestehende Datei - mit der Tabelle in der jetzigen Fassung - überschreiben möchte. Dies ist der Fall. Deshalb wird ein **J(a)** eingegeben.

/ts~j

Soll dies nicht geschehen, also bei der Antwort **N(ein)**, wird der Speichervorgang abgebrochen.

```
Nein  Ja
  |     |___Löscht bestehende Datei und erstellt neue Datei
  |___Befehl wird abgebrochen -- bestehende Datei bleibt erhalten
```

Abb. 25: Speichervorgang bei einer bereits vorhandenen Datei

4.3.5 Einfügen von Zeilen und Spalten

Erweiterte Anwendungsmöglichkeiten von Lotus 1-2-3 werden am Beispiel der Arbeitstabelle LOHN entwickelt. Die Werte Spalte D und F sind zu berechnen. Der Akkordlohn ergibt sich aus MENGE * DM/St. Der GESAMTLOHN ist die Addition von AKKORDL. + GRUNDL. Die Summen in Zeile 11 sollen mit der Summenfunktion ermittelt werden.

C3:	7~
D3:	+[links 2]*[links]~
E3	900~
F3:	+[links 2]+[links]~
C3:	/k[rechts 3]~[unten 6]~
B11:	@summe(B3..B9)~
B11:	/k~[rechts 2].[rechts 2]~

Nachdem die Datei unter dem Namen LOHN gespeichert wurde, soll diese überarbeitet und ergänzt werden. Am Ende der Bearbeitung soll die Tabelle der Darstellung in Abb. 26 entsprechen.

```
A1: [B15] 'NAME                                                    BEREIT

             A          B       C         D         E         F
 1   NAME           MENGE   DM/St   AKKORDL. GRUNDLOHN GESAMTLOHN
 2   ------------------------------------------------------------------
 3   AMEISTER         250    7,00    1750,00    900,00    2650,00
 4   BAUER            271    7,00    1897,00    900,00    2797,00
 5   DORFNER          313    7,00    2191,00    900,00    3091,00
 6   KUMPEL           297    7,00    2079,00    900,00    2979,00
 7   KERLE            312    7,00    2184,00    900,00    3084,00
 8   MEISTER          303    7,00    2121,00    900,00    3021,00
 9   SCHULZE          289    7,00    2023,00    900,00    2923,00
10   ------------------------------------------------------------------
11                   2035           14245,00   6300,00   20545,00
12   ==================================================================
```

Alle Werte des Bereichs C7..13, die Summenzeile 15 sowie die statistischen Auswertungen B17..F19 werden formelmäßig berechnet.

```
A1: [B15] 'LOHNABRECHNUNG                                          BEREIT

             A          B       C         D         E         F
 1   LOHNABRECHNUNG
 2   AKKORDSATZ PRO STCK IN DM               7,00   Stand:    05.04.90
 3   GRUNDLOHN IN DM                       900,00   Datum:    21.11.90
 4
 5   NAME           MENGE   DM/St   AKKORDL. GRUNDLOHN GESAMTLOHN
 6   ------------------------------------------------------------------
 7   AMEISTER         250    7,00    1750,00    900,00    2650,00
 8   BAUER            271    7,00    1897,00    900,00    2797,00
 9   DORFNER          313    7,00    2191,00    900,00    2979,00
10   KUMPEL           297    7,00    2079,00    900,00    2979,00
11   KERLE            312    7,00    2184,00    900,00    3084,00
12   MEISTER          303    7,00    2121,00    900,00    3021,00
13   SCHULZE          289    7,00    2023,00    900,00    2923,00
14   ------------------------------------------------------------------
15                   2035           14245,00   6300,00   20545,00
16   ==================================================================
17   MITTELWERT    290,71            2035,00    900,00    2935,00
18   MINIMUM       250,00            1750,00    900,00    2650,00
19   MAXIMUM       313,00            2191,00    900,00    3091,00
```

Abb. 26: Beispiel LOHN.WK1

Zunächst werden am Tabellenanfang neue Zeilen eingefügt. Die Befehlsfolge dazu lautet /**Arbeitsblatt - Einfügen - Zeile**. Zu beachten ist, daß **vor der Befehlsfolge** die Zelle oder Spalte, ab der eingefügt werden soll, angesteuert sein sollte. Ist dies nicht geschehen, so muß mit [Esc] die standardmäßig eingeschaltete Erweiterungsfunktion unterbrochen und die Einfügeposition angesteuert werden. Die Eintragung der Bezeichnungen und die Berechnungen im Bereich A17..F19 erfolgen in bekannter Form. In der Zelle D2 wird der Akkordsatz pro Stück, in der Zelle D3 der Grundlohn eingetragen. Beide Zellen sind auf 2 Nachkommastellen zu formatieren.

A1:	/aez[Unten 3]~	Einfügung von 4 Leerzeilen
A1:	LOHNABRECHNUNG~	
A2:	AKKORDSATZ PRO STCK IN DM~	
A3:	GRUNDLOHN IN DM	
E2:	"Stand:~	
E3:	"Datum:~	
F2:	@Datum(90;4;5)~	
F3:	@Jetzt~	
F2:	/bfd4[unten]~	Auswahl Datumsformat 4
D2:	7~/bff2~[unten]~	
D3:	900~	
C7:	+[oben 5][rechts][ABS]~	Übernahme Akkordsatz
C7:	/k~.[unten 6]~	
B17:	@Mittelwert(B7..B13)~	
B18:	@Min(B7..B13)~	
B19:	@Max(B7..B13)~	
B17:	/k[unten 2]~[rechts 2].[rechts 2]~	
	/tsLOHN~	

4.3.6 Bereichsnamen

Bisher wurden Formeln immer mit Feldadressen versehen, entweder nach der Methode des Ausleuchtens im Status **ZEIGEN** oder, indem die Adressen direkt eingetragen wurden. Auch beim Sprung zu einem Feld mit der Taste [GEHEZU] [F5] mußte die direkte Zelladresse eingegeben werden. Lotus 1-2-3 bietet jedoch auch die Möglichkeit, für einzelne oder mehrere zusammenhängende Zellen **Namen** zu vergeben und diese wie Adressen zu behandeln. Die Befehlsfolge lautet /**Bereich - Name - Erstellen**.

```
A1:                                                              MENÜ
Erstellen  Löschen  Benennen  Zurücksetzen  Tabelle

                                              └─Erstellt eine Tabelle
                                                der vergebenen Bereichsnamen
                                   └─Löscht alle Bereichsnamen
                      └─Erstellt Namen aus einem Labelbereich
           └─Löscht einen Bereichsnamen
└─Erstellt oder ändert einen Bereichsnamen
```

Abb. 27: Menü BEREICH - NAME

Die Arbeitstabelle LOHN.WK1 soll folgende Bereichsnamen erhalten:

BEZEICHNUNG	NAME	ADRESSE
Akkordsatz pro Stück in DM	AKKS	D2
Grundlohn	GL	D3
Bereich der Eintragungen	LISTE	A7..F13
Spalte MENGE	MENGE	B7..B13
Spalte NAMEN	NAMEN	A7..A13

D2:	/bneAKKS~~	
D3:	/bneGL~~	
A7:	/bneLISTE~[unten 6][rechts 5]~	Bereich: A7..F13
A7:	/bneNAMEN~[unten 6]~	Bereich A7..A13
B7:	/bneMENGE~[unten 6]~	Bereich B7..B13

Bei der Vergabe von Namen ändert sich der Modus von **BEREIT** in **NAME**. In der 2. Befehlszeile wird eine Liste der bisher vergebenen Namen angezeigt.

Mit der Namensvergabe für das Feld D2 in AKKS haben sich automatisch die direkt abhängigen Formeln angepaßt. Im Feld D7 steht statt der bisherigen Eintragung +D2 jetzt +$AKKS. Die Formel hat sich ebenfalls von einer abstrakten Feldbezeichnung in eine "sprechende Formel" verwandelt. Dieser Effekt tritt nicht nur bei der Benennung einzelner Felder, sondern auch bei Bereichen auf. Die Summenformel in Zelle B17 hat sich in @MITTELWERT(MENGE) geändert. Benannte Felder können mit dem Namen direkt angesteuert werden. Mit [F5] (GEHEZU) und der Eingabe des Bereichsnamens springt der Zellzeiger direkt zu dem Feld. Wird mit dem Namen ein Bereich festgelegt, so erfolgt der Sprung zur "Ankerzelle". Das ist das linke obere Feld eines Bereichs.

4.3.7 Schutz der Tabelle

Bisher konnte man in jede Zelle nach Belieben eintragen. Damit können leicht versehentlich Feldeintragungen, auch Formeln, überschrieben werden. Die ganze Tabelle oder Teile davon kann man schützen. Dabei ist die Reihenfolge einzuhalten! Zunächst muß die **gesamte Arbeitstabelle** geschützt werden, bevor der Schutz für Bereich wieder aufgehoben werden kann. Die Befehlsfolge dazu lautet /Arbeitsblatt - Global - Schutz - **Ja**

/agsj

Der Zellindikator zeigt mit dem Buchstaben [S] den Schutz an. Der Zellindikator des Feldes B7 sieht beispielsweise so aus: **B7: S [B8] 250.** In der Tabelle werden nun die Felder geöffnet, in denen eine Eingabe ermöglicht werden soll. Das sind die Felder D2 und E2 und der Bereich MENGE. Zum Ein- und Ausschalten des Schutzes mit /**Bereich - Unge**schützt kann die direkte Feldadresse oder der Bereichsname verwendet werden. Etwas irreführend ist die Meldung von Lotus 1-2-3. Statt: **Zur Eingabe freizugebender Bereich:** steht dort nämlich: **Zur Anzeige freizugebender Bereich:**

        D2:   /bu[unten]~
                     /buMENGE~

```
D3: (F2) S [B12] 900
Zur Anzeige freizugebender Bereich: D2..D3


              A              B      C          D           E          F
    1   LOHNABRECHNUNG
    2   AKKORDSATZ PRO STCK IN DM            7,00 Stand:  05.04.90
    3   GRUNDLOHN IN DM                    900,00 Datum:  21.11.90
```

Abb. 28: Aufhebung des Schutzes für Bereiche

Die Bildschirmanzeige hat sich dadurch verändert. Bei Monochromschirmen leuchtet der ungeschützte Teil der Tabelle intensiver, bei Farbmonitoren wird der ungeschützte Teil der Tabelle grün angezeigt.

Ebenso leicht können die so freigegebenen Eingabefelder wieder geschützt werden. Spätestens jetzt sollte die Arbeitstabelle unter dem Namen LOHN_NAM gespeichert werden.

        /tsLOHN_NAM~

Die Spalten C und E der Tabelle sind eigentlich überflüssig. Man könnte die Berechnung auch direkt mit den eingetragenen Werten für den Akkordsatz (AKKS) und Grundlohn (GL) berechnen.

Der Versuch, die Spalte C mit der Befehlsfolge /**Arbeitsblatt - Löschen - Spalte** zu löschen, führt dazu, daß sich der Modus von **ZEIGEN**

        C1:   /als~

```
C1: S [B8]                                                         ZEIGEN
Welche Spalten sollen gelöscht werden? C1..C1
```

in **FEHLER** ändert, nachdem [Eingabe] betätigt wurde. In der letzten
Zeile erfährt man warum: **Geschützte Zelle**.

```
C1: S [B8]                                                        FEHLER
Welche Spalten sollen gelöscht werden? C1..C1
...                                                                  ...
 20
Geschützte Zelle
```

Abb. 29: Meldung FEHLER beim Löschen geschützter Bereiche

Deshalb muß der Schutz zunächst aufgehoben werden.

```
                    /agsn
        C1:         /als~
```

Da die Berechnung der eingetragenen Formeln jetzt nicht mehr durchgeführt werden kann, gibt es in diesen Feldern die Meldung **FEHLER**.

Die Fehler werden später behoben. Löscht man eine Spalte, so wird diese
von Zeile 1 - 8192 entfernt. In den Feldern E2 und E3 stehen jedoch
Daten. Diese würden beim Löschen der Spalte D GRUNDLOHN
ebenfalls gelöscht. Dies wird vermieden, wenn man mit dem Befehl
/Versetzen den Bereich D2..E3 eine Spalte nach rechts verlegt.

```
        D2:         /v[unten][rechts]~[rechts]~          Versetzen D2..E3
        D:          /als~                                Löschen Spalte D
```

Die Tabelle sollte jetzt so aussehen:

```
                   A          B          C          D          E
    1     LOHNABRECHNUNG
    2     AKKORDSATZ PRO STCK IN          7,00 Stand:      05.04.90
    3     GRUNDLOHN IN DM              900,00 Datum:      21.11.89
    4
    5     NAME               MENGE    AKKORDL. GESAMTLOHN
    6     -----------------------------------------------
    7     AMEISTER            250      FEHLER   FEHLER
    8     BAUER               271      FEHLER   FEHLER
    ...
```

Die Berechnungsformeln sind neu zu definieren. Im Feld C7 steht im
Augenblick +ERR*B7, in D7 +ERR+C7. Die richtigen Formeleintragungen lauten:

```
        C7:         +$AKKS*B7~
        D7:         +$GL+[links]~
                    /k[rechts]~.[unten 6]~
                    /ts~j
```

4.3.8 Titel

Die Orientierung in der Tabelle fällt schwer, wenn bei größeren Tabellen
die gesamte Arbeitstabelle nicht mehr im Blickfeld ist. Es ist fast unmög-
lich in Zellen Eintragungen vorzunehmen, wenn die Spaltenüberschrift
nicht mehr sichtbar ist. Dazu können mit der Befehlsfolge /Arbeitsblatt -
Titel Titel eingerichtet werden.

```
A1:                                                          MENÜ
Beide  Horizontal  Vertikal  Annullieren

                              └Löscht horizontale und vertikale Titel
                        └Titel wird links des Zellzeigers
                          für alle Spalten eingerichtet
          └Titel wird für alle Zeilen über dem Zellzeiger eingerichtet
    └─Bestimmt horizontale und vertikale Titel
```

Abb. 30: Menü ARBEITSBLATT - TITEL

Beim Einrichten von Titeln sollte man versuchen, möglichst viele Eintra-
gungsfelder zu belassen und trotzdem die Orientierung zu ermöglichen.
Lotus 1-2-3 läßt den Zellzeiger, solange Titel eingerichtet sind, weder
nach links noch nach oben über die eingerichtete Titelbegrenzung hinaus.
Mit der Befehlsfolge /Arbeitsblatt - Titel - Annullieren kann ein Titel
wieder gelöscht werden.

4.3.9 Sortieren

Mit der Befehlsfolge /Daten - Sortieren - Datenbereich ist es möglich,
die Tabelle in der angegeben Spalte zu sortieren.

```
┌Bestimmt zu sortierende Datensätze (Festlegung der Zeilen)
            ┌Bestimmt Spalte für ersten Sortierschlüssel
                        ┌Bestimmt Spalte für zweiten Sortierschlüssel
                        (wenn Datensätze mit gleicher Eingabe)
                                  ┌Annulliert Sortierbereich
                                  und Sortierschlüssel
                                        ┌Sortierbefehl
                                        Zurück in den
                                        BEREIT-Modus ┐

Datenbereich 1. Sortierschlüssel 2.Sortierschlüssel Vorgabe Sortieren Zurück
Bestimmt zu sortierende Datensätze
```

Abb 31: Menü DATEN SORTIEREN DATENBEREICH

Auf dieser Befehlsebene wird zunächst der zu sortierende Datenbereich
festgelegt. Um nicht jedesmal die Bereiche mit der ZEIGE-Methode zu
markieren, ist es möglich, mit Bereichsnamen zu arbeiten. Der zu sortie-

rende Bereich hat bereits in einem früheren Bearbeitungsstadium den Namen LISTE erhalten. Der 1. **Sortierschlüssel** bestimmt die Spalte, nach der sortiert werden soll. Die Festlegung eines 2. **Sortierschlüssels** ist nur erforderlich, wenn Datensätze in dem Feld des ersten Sortierschlüssels gleich sind. Im Beispiel sind die Namen der Arbeiter alphabetisch sortiert. Möchte man nach der produzierten Menge in abfallender Folge sortiert haben, so wäre folgende Befehlsfolge erforderlich:

/D(aten)
S(ortieren)
D(atenbereich)
LISTE~
1(. Sortierschlüssel)
MENGE~
A(bfallend)~
S(ortieren)

In der verkürzten Schreibweise:

/dsdLISTE~1MENGE~A~s

```
   1. Sortierschlüssel: MENGE            Sortierfolge (S oder A): A
```

Das Ergebnis dieses Sortiervorgangs sähe so aus:

```
   DORFNER        313     2191,00  3091,00
   KERLE          312     2184,00  3084,00
   MEISTER        303     2121,00  3021,00
   KUMPEL         297     2079,00  2979,00
   SCHULZE        289     2023,00  2923,00
   BAUER          271     1897,00  2797,00
   AMEISTER       250     1750,00  2650,00
```

Um wieder die alphabetische Folge herzustellen, müssen die Zeilen 7 bis 13 wieder nach Namen in alphabetischer Folge sortiert werden.

/dsdLISTE~1NAMEN~s~s

4.4 Makros

Makros automatisieren die Arbeit mit Lotus 1-2-3. Damit können Aufgaben schnell und sicher erledigt werden. Makros bieten nicht nur eine Möglichkeit, die Anwendungen für den Benutzer zu optimieren, vielmehr kann über Menümakros ein Arbeitsblatt so gestaltet werden, daß es auch von einem Benutzer, der mit Lotus 1-2-3 nicht vertraut ist, angewendet werden kann.

4.4.1 Formale Festlegungen

Die meisten Befehle für Makros werden durch Anschlag der entsprechenden Taste definiert. Für **Sondertasten**, bei denen dies nicht möglich ist, gibt es Festlegungen. Bei der Definition von Makros werden häufig **Sonderzeichen** benötigt, die man entweder über die Eingabe von [Alt] mit der zugehörigen ASCII-Nummer erzeugen kann oder vereinfacht durch die Betätigung von Tastenkombinationen. Bei Makros ist es wichtig auf den Modus zu achten. Die entsprechenden Tabellen sind dem Anhang zu entnehmen.

Bei der Codierung von Makros werden die Tastenbezeichnungen und Anweisungen in geschweifte Klammern {} gesetzt. Bei der Beschreibung von Makroeintragungen werden im weiteren Verlauf alle **Tastenanschläge, die zur Eintragung der Makros erforderlich sind, in eckigen Klammern []** dargestellt, um sie von den eigentlichen Makroanweisungen zu unterscheiden.

Makros werden in einer Zelle von links nach rechts gelesen. Das System liest anschließend die darunter liegende Zelle usw., bis entweder eine leere Zelle oder der Befehl Makroende gefunden wird. Eine Empfehlung zur Schreibweise: Ein Makro ist übersichtlicher, wenn alle systemeigenen Befehle von Lotus 1-2-3 in Kleinbuchstaben und alle selbst vergebenen Namen in Großbuchstaben geschrieben werden.

Soll eine Taste mehrfach hintereinander benutzt werden, so kann innerhalb der Klammer ein **Wiederholfaktor** eingegeben werden, z.B. {links 5} bewegt den Cursor innerhalb des Makros um 5 Zellen nach links.

4.4.2 Tabellenarchitektur

An dieser Stelle ein Wort zur Tabellenarchitektur. Der aktive Teil der Tabelle sollte "atmen" können, d.h., es soll ermöglicht werden, nach Bedarf zusätzliche Zeilen und Spalten einzufügen oder gegebenenfalls die Tabelle zu verkürzen. Wichtig ist dabei, daß diese Operationen durchgeführt werden können, ohne daß an anderen Stellen, insbesondere dort, wo die Makros stehen, Teile zerstört werden. Deshalb empfiehlt es sich, eine Tabellenarchitektur zu wählen, die dies vermeidet.

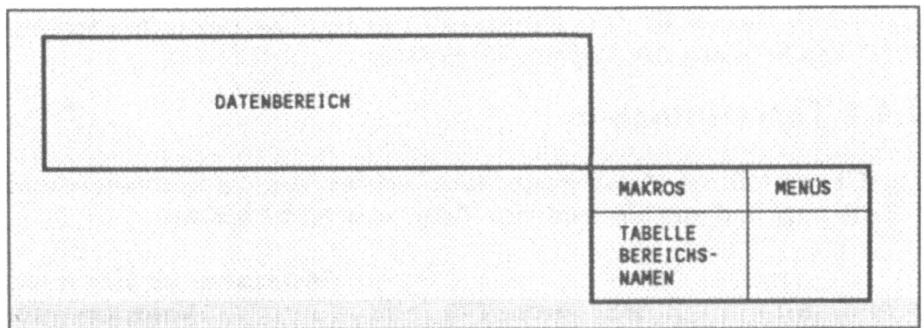

Abb. 32: Empfehlung zur Tabellenarchitektur

4.4.3 Arbeitsschritte

4.4.3.1 Planung von Makros

Zur Planung von Makros sollten die einzelnen Schritte manuell, durch die entsprechenden Tastenanschläge, durchgeführt und dokumentiert werden.

4.4.3.2 Eingabe des Makros

Nach der Planung des Makros erfolgt die Eingabe. Dazu wird der Cursor an den Bereich plaziert, wo die Makros stehen sollen. Sämtliche Zelleingaben für Makros müssen als Text eingegeben werden. Es wird deshalb zunächst das Zeichen ['] (Label) eingegeben, sofern es sich nicht ohnehin um Texteingaben handelt. Alphanumerischen Eingaben wird automatisch das "Labelzeichen" ['] vorangestellt. Die Zelle unter den Makrobefehlen bleibt leer, da ansonsten der Makro diese Informationen mit einbeziehen würde. Durch Betätigung von [Eingabe] wird die Makroinstruktion in die Zelle geschrieben.

4.4.3.3 Benennung des Makros

Tastaturmakros erhalten einen Namen in Form eines Buchstabens von A - Z, dem ein backslash [\] vorangestellt ist. Lotus 1-2-3 interpretiert dies als Makroinstruktion, die mit [Alt]+[*Name*] aufgerufen werden kann. Dazu wird der Feldzeiger zur ersten Zelle des Makros bewegt. Der Makroname wird mit der Befehlsfolge /**Bereich - Name - Erstellen - [\]** [*Name*] vergeben. Die Zelle, in der der Makro beginnt, muß durch [Eingabe] bestätigt werden. Der Zellzeiger sollte sich zu Beginn der Befehlsfolge bereits in dieser Zelle befinden. Bei Makros muß nicht der gesamte Makrobereich markiert werden, es genügt die Startposition. Es ist aus Gründen der Übersicht empfehlenswert, in der Zelle links neben dem

Makro den Namen als Text einzugeben und im Feld rechts daneben eine
kurze Beschreibung des Makros einzutragen.

4.4.4 Tastaturmakros

Zur Übung soll ein Makro geschrieben werden, der die Spaltenbreite auf
1 Zelle setzt und anschließend eine Zelle nach rechts springt.

A1:	'\S~	Makroname als Kommentar
B1:	[']/asb1~{rechts}[~]	Makroanweisung
B1:	/bne\S~~	Benennung des Makros
C1:	'1 Stelle, 1 Zelle re~	Kommentar

Der Makro wird mit [Alt]+[S] aufgerufen und läuft an der Cursor-Position ab. Während des Makroablaufs zeigt die Statuszeile **Bef** an.

Makros sind leicht zu ändern. Soll z.B. nur jede zweite Zelle auf 1 Stelle
formatiert werden, so wird der Makro geändert, indem man den Zellzeiger zur Zelle B1 bewegt, mit [F2] den **Editiermodus** [F2] aktiviert, das
Zeichen } markiert; die [Leertaste] betätigt und den Wiederholfaktor 2
einträgt. Mit [Eingabe] wird der geänderte Makro in die Zelle zurückgeschrieben.

B1:	/asb1~{rechts 2}[~]

Im nächsten Beispiel soll der Makro die Wochentage untereinander
schreiben. Der Makro soll den Namen \T erhalten und in der Zelle B5
stehen:

A5:	'\T~	Makroname als Kommentar
B5:	MONTAG~{unten}DIENSTAG~{unten}MITTWOCH~{unten}DONNERSTAG~{unten}FREITAG~[~]	
B5:	/bne\W~~	Benennung des Makro
C5:	Schreibt Wochentage untereinander~	Kommentar

In der Datei LOHN_NAM.WK1 sollen die in Kapitel 4.3.9 beschriebenen
Sortiervorgänge als Makro geschrieben werden. Der Makro wird in
Makroschreibweise in die Zelle G25 eingetragen. Im Feld F25 wird der
Name dokumentiert. Die Zelle H25 enthält den Kommentar und die
Spalten entsprechend Überschriften.

F23:	NAME~	Überschriften zur Dokumentation
G23:	MAKRO~	
H23:	KOMMENTAR~	

G25:	[']/dsdLISTE~1MENGE~A~s[~]	Makro
G25:	/bne\M~~	Vergabe Makronamen
F25:	'\M~	Name zur Dokumentation
H25:	Sortiert nach Mengen abfallend~	Kommentar
G27:	[']/dsdLISTE~1NAME~S~s[~]	Makro
G27:	/bne\N~~	Vergabe Makroname
F27:	'\N~	Name zur Dokumentation
H27:	Sortiert nach Namen aufsteigend~	Kommentar

Neu wird ein Druckmakro erstellt, das den Ausdruck der Tabelle automatisch bewerkstelligt. Dazu wird die Tabelle von A1..E19 mit dem Namen DRU versehen. Die Befehlsfolge für den Ausdruck lautet /**Output - Drucker - Bereich** [*Name*] - **Druck.** Anschließend wird noch ein Vorschub auf die nächste Seite durchgeführt. **Zurück** stellt abschließend den **BEREIT-Modus** wieder her.

A1:	/bneDRU~A1..E19~	Benennung Druckbereich
G29:	[']/odbDRU~dsz[~]	Makro
G29:	/bne\D~~	Vergabe Makroname
F29:	'\D~	Dokumentation des Namens
H29:	Druckmakro~	Kommentar

4.4.5 Interaktive Makros

Die bisher definierten Makros liefen von Beginn bis zum Ende selbsttätig ab. Beim Makro \M wurden durch die Eingabe A bei Sortierfolge die Zeilen 7 - 13 immer in abfallender Folge sortiert. Ersetzt man die Eingabe A im Editiermodus [F2] durch {?}, so pausiert der Makro an dieser Stelle. Der Anwender kann durch Eingabe von A oder S entscheiden, ob aufSteigend oder Abfallend sortiert werden soll. Anschließend wird mit [Eingabe] die Feldeingabe abgeschlossen. Der interaktive Makro wird nach der Benutzereingabe weiter ausgeführt.

G25:	/dsdLISTE~1MENGE~{?}~s[~]

4.4.6 Menümakros

Mit Lotus 1-2-3 können Menümakros definiert werden, die genauso aufgebaut sind und ebenso ablaufen wie die Befehlsebenen von Lotus 1-2-3 selbst. Maximal acht Optionen sind für ein Menü möglich. Die Zelle rechts neben der letzten Option muß leer bleiben. Wie bei der Befehlsstruktur von Lotus 1-2-3 wird auf der zweiten Zeile der Menüoption eine kurze Beschreibung des Befehls gegeben, der in der Hauptbefehlszeile markiert ist. Da Menüpunkte mit der Eingabe des ersten Buchstabens direkt ausgeführt werden, sollten gleiche Anfangsbuchstaben der Menüoptionen vermieden werden.

Die Erstellung eines Menümakros soll am Beispiel der Arbeitstabelle LOHN_NAM.WK1 vermittelt werden. Die Makros werden entsprechend der Empfehlung zur Tabellenarchitektur plaziert. Dazu wird mit [End][Pos1] das untere rechte Ende der Arbeitstabelle angesteuert. Der Makrobereich F21..O50 soll den Namen MAC erhalten. Dies hat den Vorteil, daß mit **[F5]**[*Bereichsname*] direkt die linke obere Zelle des festgelegten Bereichs (**Ankerzelle**) erreicht wird. Um Eintragungen zu ermöglichen, muß der Schutz für den Bereich aufgehoben werden:

<table>
<tr><td>F21:</td><td>/bneMAC~F21..O50~</td><td>Vergabe Bereichsname MAC</td></tr>
<tr><td></td><td>/buMAC~</td><td>Aufhebung des Schutzes</td></tr>
</table>

Das Menü soll 6 Optionen erhalten.

OPTION	BESCHREIBUNG
Druck	Ausdruck der Tabelle
Menge_Sort	Sortiert Bereich LISTE nach Mengen abfallend
Name_Sort	Sortiert Bereich LISTE nach Namen aufsteigend
Speichern	Speichert die Tabelle
Unterbrechen	Zurück zu Lotus 1-2-3 Standardmenü
Ende	Beendet Lotus 1-2-3 Arbeitssitzung

Abb. 33: Tabelle Menüoptionen LOHN_MAC.WK1

Die Optionen werden in nebeneinanderliegenden Zellen eingetragen. Die jeweils darunterliegende Zelle beschreibt den Befehl. Menüs werden mit dem Schlüsselwort {**menüaufruf** *Ort*} eingetragen, wobei der "Ort" die Startadresse angibt. Der Makro soll den Namen \W erhalten.

<table>
<tr><td>L23:</td><td>NAME[~]</td><td>Dokumentation</td></tr>
<tr><td>M23:</td><td>MAKRO[~]</td><td>Dokumentation</td></tr>
<tr><td>M25:</td><td>[']{menüaufruf M26}[~]</td><td>Makro</td></tr>
<tr><td>M26:</td><td>Druck[~]</td><td></td></tr>
<tr><td>M27:</td><td>Ausdruck der Tabelle[~]</td><td></td></tr>
<tr><td>N26:</td><td>Menge_Sort[~]</td><td></td></tr>
<tr><td>N27:</td><td>Sortiert Bereich LISTE nach Mengen abfallend[~]</td><td></td></tr>
<tr><td>O26:</td><td>Name_Sort[~]</td><td></td></tr>
<tr><td>O27:</td><td>Sortiert Bereich LISTE nach Namen aufsteigend[~]</td><td></td></tr>
<tr><td>P26:</td><td>Speichern[~]</td><td></td></tr>
<tr><td>P27:</td><td>Speichert die Tabelle[~]</td><td></td></tr>
</table>

Q26:	Unterbrechen[~]
Q27:	Zurück zu Lotus 1-2-3 Standardmenü[~]
R26:	Ende[~]
R27:	Beendet Lotus 1-2-3 Arbeitssitzung[~]

Damit sind Befehlsoptionen und der Kommentar der 2. Befehlszeile als
Text eingegeben. Damit ein Makro lauffähig wird, muß er als Makro benannt werden, und zwar in der Zelle, in der er beginnt. Das Menü kann
dann danach mit [Alt]+W aufgerufen werden. Wie bei den Tastaturmakros
wird in der Zelle links daneben der Makroname als Kommentar eingegeben.

M25:	/bne\W~~
L25:	'\W~

Lotus 1-2-3 läßt zu, innerhalb eines Makrobefehlsablaufs andere Makros
als "Unterprogramme" mit {*Unterprogrammname*} aufzurufen, also z.B.
für den Druckmakro {\D}. Nach Bearbeiten des Druckmakros ist der
Rücksprung in den Menümakro mit {**zurück**} vorgesehen.

Damit der Anwender beim Ausdruck den zu druckenden Bereich am
Bildschirm sieht, erfolgt mit dem Makrobefehl {**home**} vor dem
Makroaufruf {\D} ein Sprung in die Startzelle A1. Der Makro \D muß
deshalb um diesen Rücksprungbefehl ergänzt werden. Damit der Menümakro nicht erneut aufgerufen werden muß, ist der letzte Befehl in der
ersten Befehlsoption der Wiederaufruf des Menümakros.

M28:	[']{home}[~]	Sprung nach A1
M29:	[']{\D}[~]	Aufruf Unterprogramm Druck
M30:	[']{menüaufruf M26}[~]	Aufruf Menümakro
G29:	/odbDRU~dsz{zurück}[~]	Ergänzung Makro \D

Analog wird mit den nächsten beiden Menüpunkten verfahren:

N28:	[']{home}[~]
N29:	[']{\M}[~]
N30:	[']{menüaufruf M26}[~]
G25:	[']/dsdLISTE~1MENGE~A~s{zurück}[~]
O28:	[']{home}[~]
O29:	[~]{\N}[~]
O30:	[~]{menüaufruf M26}[~]
G27:	[']/dsdLISTE~1NAME~S~s{zurück}[~]

Der Menüpunkt Speichern ist schnell erledigt. Die Befehlsfolge lautet
/Transfer - Speichern - Überschreiben - J.

```
P28:        [']{home}[~]
P29:        [']/ts~j[~]
P30:        [']{menüaufruf M26}[~]
```

Noch schneller geht es mit der Menüauswahl Unterbrechen. Ein Makro wird mit dem Befehl {stop} beendet. Das Programm kehrt dadurch zur Lotus 1-2-3 Ebene zurück.

```
Q28:        [']{stop}[~]
```

Eine Arbeitssitzung wird mit Aufruf der Befehlszeile und der Eingabe **Ende** beendet. Das Beenden muß mit J nochmals bestätigt werden. **VOR-SICHT!** Im Gegensatz z.B. zu WORD wird dieser Befehl ohne Warnung vor möglicherweise noch nicht gespeicherten Dateien ausgeführt!

```
R28:        [']/ej[~]
```

Mit der Option **Erstellen** soll bei der Eintragung der Befehlsabläufe begonnen werden. Bisher wurde bei jeder Eintragung in der Tabelle diese automatisch komplett neu durchgerechnet. Um die Eingabe zu beschleunigen, kann die automatische Neuberechnung ausgeschaltet und auf manuelle Neuberechnung umgestellt werden. Die Befehlsfolge dazu lautet /Arbeitsblatt - Global - Neuberechnung - Manuell. Nach jeder Veränderung zeigt Lotus 1-2-3 in der Statuszeile mit der Meldung **KALK**, daß zur Aktualisierung der Tabelle eine Neukalkulation erforderlich ist. Dies wird mit **[F9] (Neuberechnung)** bewirkt.

Abb. 34 zeigt den Tabellenbereich mit dem Menümakro. Die Anzeige ist natürlich verkürzt.

```
     L    M           N          O          P         Q         R
23  NAME MAKRO
24
25  \W    {menüaufruf M26}
26        Druck       Menge_Sort Name_Sort  Speichern UnterbrecheEnde
27        Ausdruck deSortiert BeSortiert BeSpeichert dZurück zu LBeendet LOTU
28        {home}      {home}     {home}     {home}    {stop}    /ej
29        {\D}        {\M}       {\N}       /ts~j
30        {menüaufruf{menüaufruf{menüaufruf{menüaufruf M26}
```

Abb. 34: Tabellenbereich Menümakros

4.4.7 Selbstausführende Makros

Bei jedem Laden einer Tabelle prüft Lotus 1-2-3, ob es ein Makro mit dem Namen \0 (Null) gibt. Ist ein solches vorhanden, so wird dieses automatisch ausgeführt. In die Tabelle soll ein Makro eingefügt werden, das statt dem Lotus 1-2-3 Standardmenü das erstellte Menü zeigt. Der

Makro wird in Zelle G31 geschrieben und enthält nur einen Befehl, den Aufruf des Menüs \W. Wird nun die Tabelle gespeichert, so erscheint bei jedem Ladevorgang selbsttätig das Menü \W.

    G31:   [']{menüaufruf M26}[~]
    G31:   /bne\0~~
    F31:   '\0~

```
        F               G                   H         I        J
23  NAME        MAKRO                   KOMMENTAR
24
25  \M          /dsdLISTE~1MENGE~{?}~s{zurück}  Sortiert nach Mengen abfallend
26
27  \N          /dsdLISTE~1NAME~S~s             Sortiert nach Namen aufsteigend
28
29  \D          /odbDRU~dsz{zurück}            Druckmakro
30
31  \0          {menüaufruf M26}              AUTOEXEC-Makro
```

Abb. 35: Tabellenbereich Makros

4.4.8 Tabelle der Bereichsnamen

Entsprechend der Empfehlung zum Tabellenaufbau wird eine Tabelle der Bereichsnamen über die Befehlsfolge /Bereich - Name - Tabelle im Bereich: F40..G60 eingetragen. Die Überschriften NAMEN und ADRESSE in den Zellen F38 und G38 wurden als Text eingegeben:

    F40:   /bntF40..G60[~]
    F38:   NAMEN~
    G38:   ADRESSE~
                /tsLOHN_MAC~

```
        F           G           H       I       J       K
38  NAMEN       ADRESSE
39
40  AKKS        C2
41  DRU         A1..E19
42  GL          C3
43  LISTE       A7..D13
44  MAC         F21..O50
45  MENGE       B7..B13
46  NAMEN       A7..A13
47  \0          G31
48  \D          G29
49  \M          G25
50  \N          G27
51  \W          M25
```

Abb. 36: Tabelle der Bereichsnamen

Die Tabelle wird mit dem Namen LOHN_MAC.WK1 abgespeichert.

4.5 Grafik

4.5.1 Einführung

Eine Stärke von Lotus 1-2-3 ist die integrierte Grafik. Man muß nicht erst mehr oder weniger mühsam Daten von einem Programm in ein anderes übertragen, sondern kann innerhalb von Lotus 1-2-3 Grafiken aus der aktuellen Arbeitstabelle erstellen. Die Abb. 37 zeigt das Angebot des Befehls /**Grafik**.

```
┌─Festlegung des Grafiktyps
│   ┌─Bestimmung der X-Achse
│   │   ┌─Bestimmung der Y-Achse
│   │   │   ┌─Annulliert Grafikparameter
│   │   │   │   ┌─Ansicht der aktuellen Grafik
│   │   │   │   │   ┌─Speichert die Grafik als .PIC-Datei
│   │   │   │   │   │ für einen späteren Ausdruck
│   │   │   │   │   │   ┌─Menü für Grafikgestaltung
│   │   │   │   │   │   │ z.B. Legende, Titel, Raster
│   │   │   │   │   │   │   ┌─Namensvergabe für
│   │   │   │   │   │   │   │ Bildschirmgrafik
│   │   │   │   │   │   │   │   ┌─Zurück in
│   │   │   │   │   │   │   │   │ BEREIT-Modus
│   │   │   │   │   │   │   │   │
│D1:                         │        MENÜ
Typ X A B C D E F Vorgabe Kontrolle Speichern Optionen Name Zurück
Bestimmt Grafiktyp
```

Abb. 37: Menü GRAFIK

Bei Grafiken wird die X-Achse für die **Rubriken** und die Y-Achse für die **Größen** benutzt. Lotus 1-2-3 kann bis zu sechs Merkmalsausprägungen darstellen. Deshalb wird für die Datenzuordnung auf der Y-Achse nicht Y, sondern die Buchstaben A - F verwendet.

```
    Y-      ▲
    ACHSE   │
    (A-F)   │
            │
            │
            └──────────────►
                X-ACHSE
```

4.5.2 Grundmuster

Nach Wahl der Befehlsfolge /**Grafik** - **Typ** erhält man folgendes Menü, das die Grundmuster der Grafik zeigt:

```
Linie  Balken  XY  Gestaffelte Balken  Kreis
```

Abb. 38: Menü GRAFIK - TYP

4.5.2.1 Liniengrafik

Bei diesem Grafiktyp werden die Werte der Y-Achse als durchgehende Linie dargestellt. **Liniendiagramm** und XY- Diagramm sehen auf den ersten Blick identisch aus. Beim XY-Diagramm ist sowohl X-Achse als auch Y-Achse mathematisch definiert. Dieser Grafiktyp wird bevorzugt zur Darstellung mathematischer Funktionen und für statistische Analysen verwendet. Das XY-Diagramm (Abb. 40) wurde aus der Arbeitstabelle **break-even-Analyse** entwickelt. Die Werte der Spalten B-G wurden nach folgenden Formeln berechnet:

Berechnungsgröße	Formel
KOSTEN variabel	MENGE * KOSTEN variabel/Stck
KOSTEN gesamt	KOSTEN variabel + KOSTEN fix
ERLÖSE	MENGE * VERKAUFSPREIS
GEWINN	ERLÖSE - KOSTEN gesamt
STÜCKKOSTEN	KOSTEN gesamt / MENGE

Bei der Eintragung der Formeln ist auf relative und absolute Adressierung zu achten! Die Datei soll den Namen BEA.WK1 erhalten.

```
         A         B         C         D         E         F         G
 1   break-even-Analyse
 2   23-Apr-90
 3   =========================================================
 4       MENGE    KOSTEN    KOSTEN    KOSTEN    ERLÖSE    GEWINN    STÜCK-
 5                fix       variabel  gesamt                        KOSTEN
 6   =========================================================
 7          10   2000,00    350,00   2350,00    600,00  -1750,00   235,00
 8          20   2000,00    700,00   2700,00   1200,00  -1500,00   135,00
 9          30   2000,00   1050,00   3050,00   1800,00  -1250,00   101,67
10          40   2000,00   1400,00   3400,00   2400,00  -1000,00    85,00
11          50   2000,00   1750,00   3750,00   3000,00   -750,00    75,00
12          60   2000,00   2100,00   4100,00   3600,00   -500,00    68,33
13          70   2000,00   2450,00   4450,00   4200,00   -250,00    63,57
14          80   2000,00   2800,00   4800,00   4800,00      0,00    60,00
15          90   2000,00   3150,00   5150,00   5400,00    250,00    57,22
16         100   2000,00   3500,00   5500,00   6000,00    500,00    55,00
17
18   KOSTEN variabel/Stck   35,00
19   VERKAUFSPREIS          60,00
20   KOSTEN fix           2000,00
```

Abb.39: Beispiel break-even-Analyse

Im Unterschied zum XY-Diagramm ist beim Liniendiagramm die X-Achse nicht mathematisch, sondern durch Kategorien bestimmt, z.B. Monate, Warengruppen, Verkaufsbezirke o.ä. Das Beispiel Abb. 41 basiert auf der Arbeitstabelle VERKAUF.WK1.

4.5.2.2 Balkendiagramme

Bei Balkendiagrammen werden die Größen statt in Linien in Form senkrechter Balken dargestellt. Ein Balkendiagramm kann mit einer Merkmalsausprägung definiert werden wie bei Abb. 43. In diesem Beispiel wurde der gleiche Sachverhalt wie bei Abb. 41 dargestellt. Abb. 43 zeigt ein Balkendiagramm mit mehreren Größen. Dabei werden die Säulen nebeneinander gestellt. In Abb. 44 wurde bei der Option /Grafik - Typ statt **Balken** die Option **Gestaffelter Balken** gewählt. Die Balken werden in diesem Fall nicht nebeneinander gestellt, sondern übereinander gestapelt. Dieser Grafiktyp wird verwendet, um Kategorien miteinander zu vergleichen.

4.5.2.3 Kreisdiagramm

Bei diesem Grafiktyp ergeben sich die Kreisausschnitte aus dem Anteil eines Wertes am Gesamtwert. Die Summe der Werte entspricht 100 % oder 360°. Lotus 1-2-3 berechnet bei dieser Darstellungsform automatisch die anteiligen Prozentsätze. Zur optischen Verschönerung sind Schraffuren ebenso möglich wie das Herauslösen einzelner Sektoren.

4.5.2.4 Beispiele

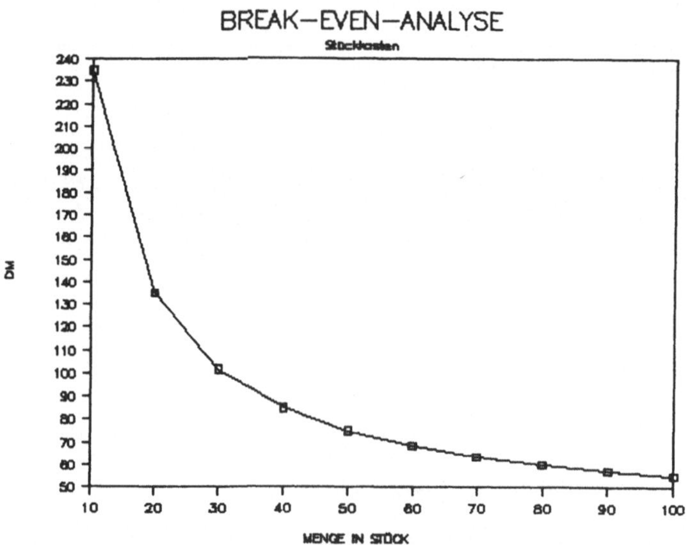

Abb. 40: XY-Diagramm

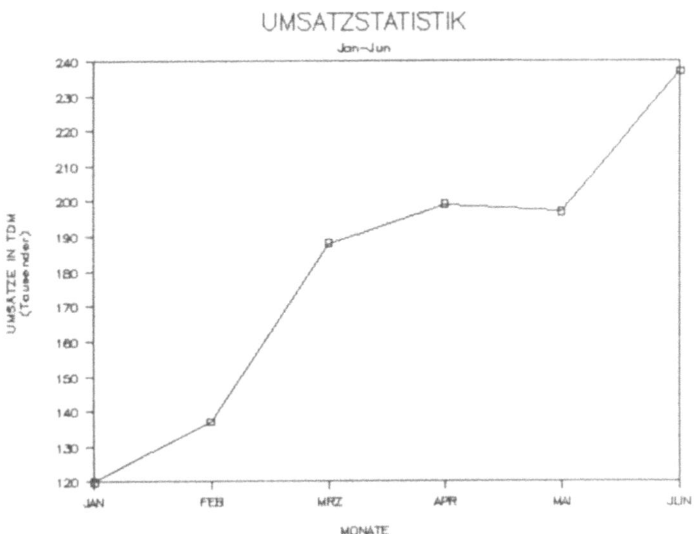

Abb. 41: Liniendiagramm

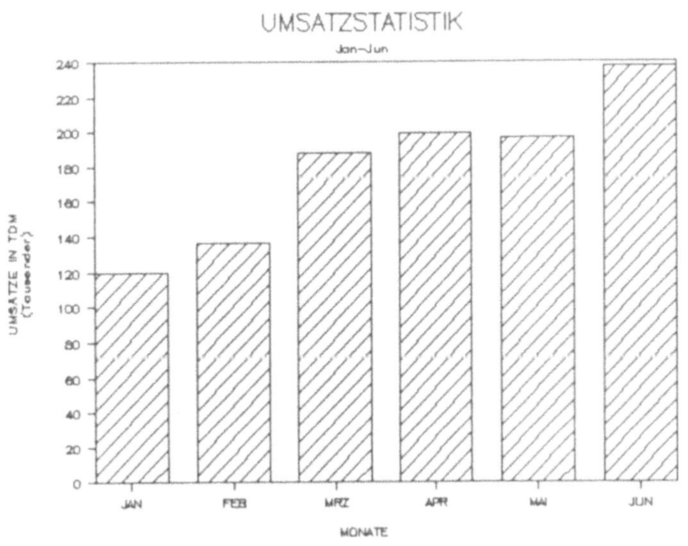

Abb. 42: Balkendiagramm mit einer Merkmalsausprägung

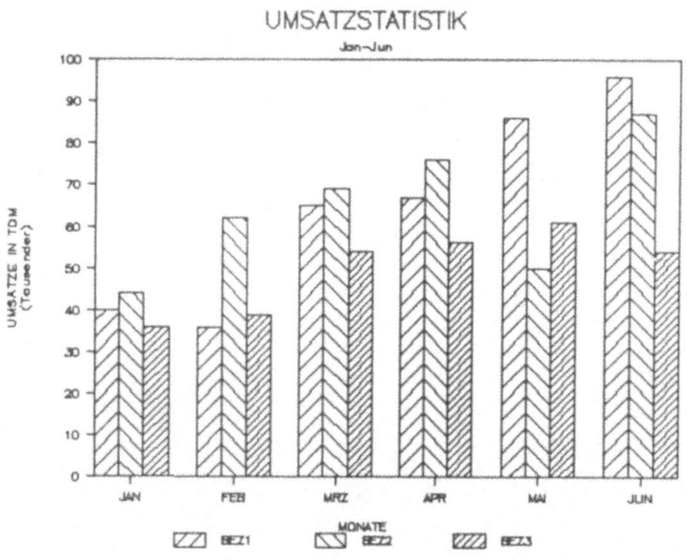

Abb. 43: Balkendiagramm mit mehreren Merkmalsausprägungen

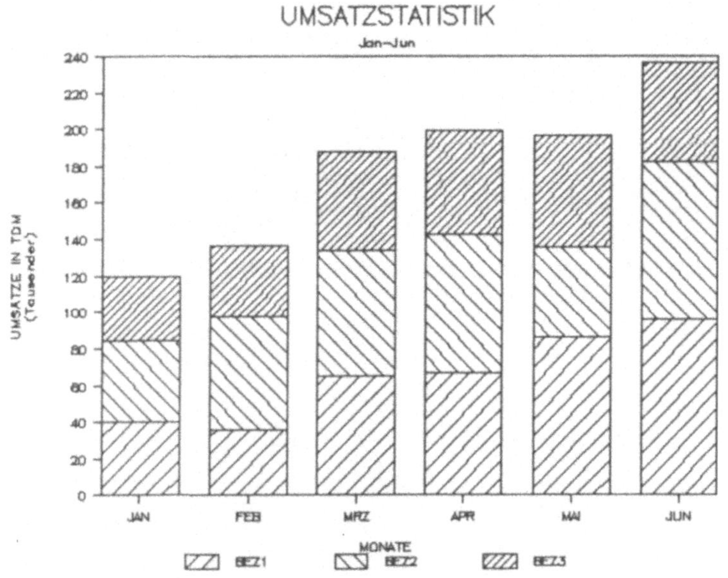

Abb. 44: Gestaffeltes Balkendiagramm

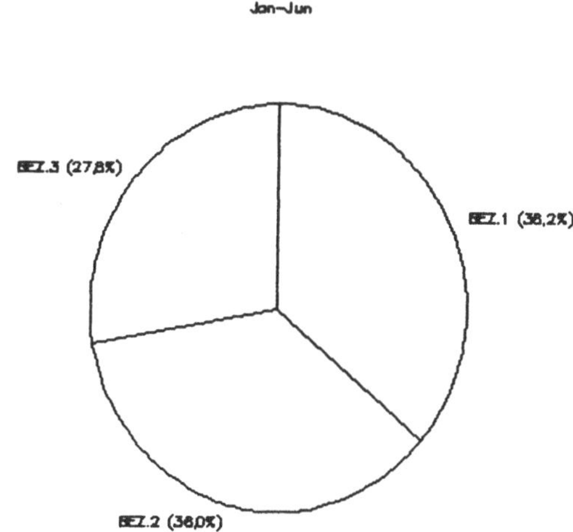

Abb. 45: Kreisdiagramm

4.5.3 Gestaltung von Grafiken

4.5.3.1 Grafiktyp und Festlegung der Bereiche

Für das erste Beispiel wird die Datei BEA.WK1 geladen. Alle Optionen zur Gestaltung einer Grafik verbergen sich hinter dem Befehl /**Grafik**. Zunächst wird mit /**Grafik - Typ - XY-Diagramm** das XY-Diagramm gewählt.

	/tlBEA~	Laden der Datei BEA.WK1
A1:	/gtx	Festlegung des Grafiktyps XY-Diagramm

Anschließend wird die X-Achse bestimmt. Diese wird im Beispiel durch die Eintragungen der Spalte MENGE A7..A16 gebildet.

A1:	x	Festlegung der X-Achse
A1:	{Unten 6}	Startposition A7 ansteuern
A7:	.{Ende}{Unten}~	Markieren der Mengen (X-Achse)

Lotus 1-2-3 kehrt ins Hauptmenü **Grafik** zurück. Die Y-Achse bilden im Beispiel die STÜCKKOSTEN. Nach Eingabe von **A** für den ersten Datenbereich der Y-Achse erscheint folgendes Menü:

```
A1: 'break-even-analyse                                          MENÜ
Typ X A B C D E F  Vorgabe Kontrolle Speichern Optionen Name Zurück
Bestimmt den ersten Datenbereich
```

Abb. 46: Festlegung des A-Bereichs

Die Y-Achse bilden im Beispiel die Stückkosten. Die Startposition G7 wird mit den Pfeiltasten angesteuert und als Datenbereich A für die Y-Achse festgelegt:

A1:	a{Rechts 6} {Unten 6}	Ansteuern G7
G7:	.{Ende}{Unten}~	Ausleuchten A-Bereich G7..G16

4.5.3.2 Titel

Will man kontrollieren, ob die Grafik wie geplant aussieht, so steht dafür die Option **/Grafik - Kontrolle** zur Verfügung.

        k   /g entfällt, da Menü Grafik schon aktiv

Das Diagramm an sich ist in Ordnung, es fehlen aber noch Überschriften und Beschriftungen. Mit der Befehlsfolge **/Grafik - Optionen** wird die Möglichkeit geboten, die Grafik weiter zu gestalten.

```
┌Hier können Legenden für die Datenbereiche eingegeben werden
    ┌Festlegung, ob für Linien/XY-Grafiken Linien/Symbole eingefügt werden
       ┌ Grafiktitel oder Achsentitel können bestimmt werden
          ┌Bestimmt horizontale und/oder vertikale Rasterlinien
             ┌Wählt Skalierungsoptionen
                ┌Wählt Grafikanzeige in Farbe
                   ┌Monochrome Grafikanzeige
                      ┌Bestimmt Beschriftungen
                      │Datenpunkte i.d.Grafik
                         ┌Rückkehr
                         │z Grafik

                                                        MENÜ
Legende└Format└Titel └Raster└Skalierung└Color└Monochrom└Beschriftungen└Zurück
Bestimmt Zeilen für Grafiktitel oder Achsentitel
```

Abb. 47: Menü GRAFIK - OPTIONEN

Die Option Titel ermöglicht zwei Überschriften und die Beschriftung der Achsen:

```
A1:                                                             MENÜ
Erste  Zweite  X-Achse  Y-Achse
Bestimmt erste Zeile des Grafiktitels
```

Abb 48: Menü GRAFIK - OPTIONEN - TITEL

Für das Beispiel wird festgelegt:

/goteBREAK-EVEN-ANALYSE~ Eingabe 1. Titelzeile

An dieser Stelle ist Lotus1-2-3 ein wenig inkonsequent. Während üblicherweise nach dem Befehlsaufruf die Befehlsebene erhalten bleibt, wird
hier eine Ebene zurückgegangen. Deshalb muß für die weiteren Defini-
tionen nochmals **Titel** gewählt werden. Die zweite Zeile der Überschrift
soll mit **Stückkosten**, die X-Achse mit **MENGE IN STÜCK** und die Y-
Achse mit **DM** beschriftet werden:

tzStückkosten~	Zweiter Titel
txMENGE IN STÜCK~	Beschriftung X-Achse
tyDM~	Beschriftung Y-Achse
zk	Zurück und Kontrolle

Der erste Titel wird in größerer Schrift dargestellt. Die Schriftarten für
den Ausdruck können im Programmteil **PrintGraph** festgelegt werden.

4.5.3.3 Speichern von Grafiken

Das Speichern von Grafiken ist ein wenig kompliziert. Grafiken müssen
nämlich zweimal gespeichert werden, für die Bildschirmanzeige und für
den Druck. Um eine definierte Grafik am **Bildschirm** wieder aufrufen zu
können, muß ein Name vergeben werden. Der Name und die definierten
Grafikparameter werden **mit der Arbeitstabelle** in der .WK1 Datei abgelegt. Deshalb ist es notwendig, die Arbeitstabelle nach der Definition der
Grafik und der Namensvergabe **noch einmal abzuspeichern.**

Nachdem mit der Option **Kontrolle** geprüft wurde, ob die Darstellung in
Ordnung ist, erhält die Grafik über die Befehlsfolge /**Grafik - Name -
Erstellen** den Namen STCKKO:

/gneSTCKKO~

Ist dies erfolgt, kann mit der Befehlsfolge /**Grafik - Name - Wählen**
eine Grafik jederzeit wieder aktiviert werden.

```
A1: [B10] "break-even-Analyse                                    MENÜ
Wählen  Erstellen  Löschen  Vorgabe
Eine benannte Grafik wird aktuell
```

Abb. 49: Menü GRAFIK - NAME

Ist die Option **Wählen** durch [Eingabe] ausgeführt, so werden die mit der Arbeitstabelle erstellten Grafiken angeboten. Im Augenblick ist dies nur die Grafik STCKKO. Bei nochmaliger Betätigung der Taste [Eingabe] wird die Grafik wieder angezeigt.

```
A1: [B10] "break-even-analyse                                    NAMEN
Name der zu aktivierenden Grafik:
STCKKO
```

Abb. 50: Menü GRAFIK NAME WÄHLEN

Die erstellte Bildschirmgrafik ist Bestandteil der Arbeitstabelle. Deshalb ist ein Speichervorgang erforderlich, um den aktuellen Zustand der Tabelle festzuhalten. Die Aussage, daß die Bildschirmgrafik Bestandteil der Arbeitstabelle ist, hat einen großen Vorteil. Ändern sich die Werte in der Arbeitstabelle, so wird dies beim Zeichnen der Grafik sofort berücksichtigt. Die Grafik "lebt" von den Werten der aktuellen Tabelle. Damit kann die Grafik allerdings noch nicht gedruckt werden. Für den Druck ist ein weiterer Speichervorgang erforderlich. Die Befehlsfolge /Grafik - **Speichern** erstellt eine Datei mit der Erweiterung **.PIC-**. Die Druckdatei erhält aus praktischen Gründen den gleichen Namen wie die Bildschirmgrafik. Die Übersicht Abb. 51 faßt die Speichervorgänge für Grafiken zusammen.

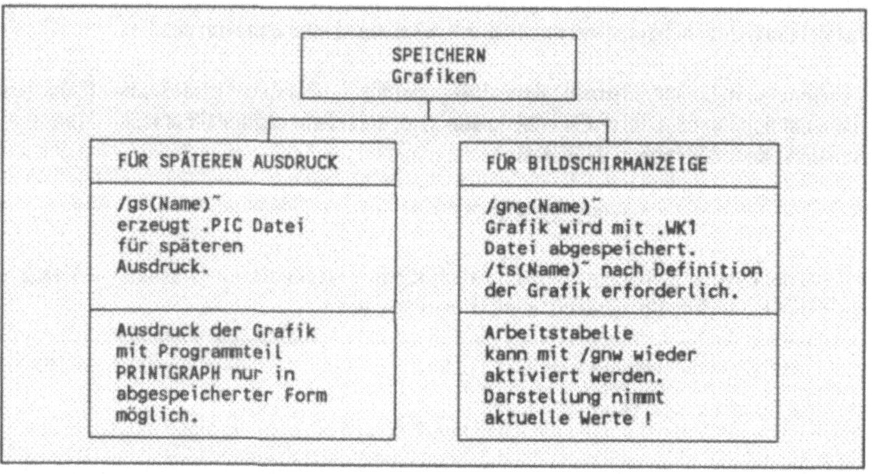

Abb. 51: Übersicht Speichern von Grafiken

Das Liniendiagramm (Abb. 41) wurde aus der Datei VERKAUF.WK1 entwickelt und erhält den Namen GESUMS. Die Bearbeitung kann anhand des Protokolls und der Kommentierung nachvollzogen werden.

	/tlVERKAUF~	Laden der Arbeitstabelle
A1:	gtl	Festlegung Typ Liniendiagramm
A1:	x{Unten 7}	Anfang X-Achse A8
A8:	.{Unten 5}~	Erweiterung X-Achse A8..A13
A1:	a	Wahl des 1. Datenbereichs
A1:	{Unten 7} {Rechts 4}	Anfang A-Bereich E8
E8:	.{Unten 5}~	Erweiterung E8..E13
A1:	oteUMSATZSTATISTIK~	Festlegung 1. Titel
A1:	tzJan-Jun~	Festlegung 2. Titel
A1:	txMONATE~	Beschriftung X-Achse
A1:	tyUMSÄTZE IN TDM~	Beschriftung Y-Achse
	z	Eine Befehlsebene zurück
	k	Kontrolle der Grafik
	neGESUMS~	Namensvergabe Bildschirmgrafik
	sGESUMS~	Speicherung als .PIC Datei
	z	zurück in BEREIT-Modus
	/ts~j	Speichern der Arbeitstabelle

Die Grafik Abb. 41 ist denkbar schnell erzeugt. Hier wird der gleiche Sachverhalt wie in der vorherigen Grafik dargestellt, nur ein anderer Grafiktyp gewählt. Überschriften und Beschriftungen stimmen ebenfalls. Die Grafik erhält den Namen UMSBALK. Die Datei VERKAUF.WK1 ist noch geladen.

	/gtb	Wahl Grafiktyp Balken
A1:		
	k	Kontrolle der Grafik
	neUMSBALK~	Namensvergabe Bildschirmgrafik
	sUMSBALK~	Speicherung als .PIC Datei
	z	Zurück in BEREIT-Modus
	/ts~j	Speichern der Arbeitstabelle

4.5.3.4 Legenden

In Abb. 43 sind mehrere Balken nebeneinander gestellt. In solchen Fällen ist eine Legende erforderlich. Diese Grafik wurde ebenfalls aus der Arbeitstabelle VERKAUF.WK1 entwickelt.

A1:	gtb	Festlegung Typ Balkendiagramm
A1:	x~	Festlegung X-Achse stimmt noch
A1:	a	1. Datenbereich E8..E13 muß geändert werden

Diese Änderung wird über die Befehlsfolge **/Grafik - Vorgabe** vorgenommen. Das Menü bietet an, über die Option **Grafik** entweder alle oder nur einzelne Parameter zu löschen. Im Menübild steht der Menüzeiger auf dem A-Bereich:

```
A1: [B4] 'UMSATZSTATISTIK UND PROVISIONSABRECHNUNG            MENÜ
Grafik  X  A  B  C  D  E  F  Zurück
Annulliert A-Bereich
```

Abb. 52: Menü GRAFIK - VORGABE

A1:	~	
A1:	va~z	Löscht Einstellung A-Bereich
A1:	a	Neufestlegung 1. Datenbereich
A1:	{Unten 7}{Rechts}	Anfang A-Bereich B8
B8:	.{Unten 5}~	Ausleuchten A-Bereich B8..B13
A1:	b	Festlegung 2. Datenbereich
A1:	{Unten 7}{Rechts 2}	Anfang B-Bereich C8
C8:	.{Unten 5}~	Ausleuchten B-Bereich C8..C13
A1:	c	Festlegung 3. Datenbereich
A1:	{Unten 7}{Rechts 3}	Anfang C-Bereich D8
D8:	.{Unten 5}~	Ausleuchten C-Bereich D8..D13

Eine Kontrolle zeigt, daß die Beschriftungen nicht geändert werden müssen. Allerdings sind für die einzelnen Balken noch Legenden erforderlich. An Grafiken Legenden anzubringen, ist über die Befehlsfolge **/Grafik - Optionen - Legende** möglich.

A1:	olaBEZ1~	Legende für A-Bereich
		/go entfällt, da Grafikmenü aktiv
A1:	lbBEZ2~	Legende für B-Bereich
A1:	lcBEZ3~	Legende für C-Bereich
A1:	zk	Kontrolle der Grafik
	neUMSBEZ~	Namensvergabe Bildschirmgrafik
	sUMSBEZ~	Speicherung als .PIC Datei

Die Grafik Abb. 44 stellt den gleichen Sachverhalt wie die eben erzeugte Grafik UMSBEZ dar. Es muß nur der Grafiktyp geändert werden.

A1:	/gtg	Wahl Grafiktyp Gestaffelter Balken
	k	Kontrolle der Grafik
	neUMSGB~	Namensvergabe Bildschirmgrafik
	sUMSGB~	Speicherung als .PIC Datei
	z	Eine Befehlsebene zurück
	/ts~j	Speichern der Arbeitstabelle

Wird jetzt die Befehlsfolge /**Grafik** - **Name** - **Wählen** eingegeben, so werden alle vier definierten Grafiken angeboten. Mit dem Menüzeiger kann man wählen, welche der Grafiken aktiviert werden soll.

```
A1: [B4] 'UMSATZSTATISTIK UND PROVISIONSABRECHNUNG                    NAMEN
Name der zu aktivierenden Grafik:
  GESUMS        UMSBALK          UMSBEZ            UMSGB
```

Abb. 53: Aktivierung von Grafiken

4.5.3.5 Optionen

Die folgende Grafik wird aus der Datei BEA.WK1 entwickelt.

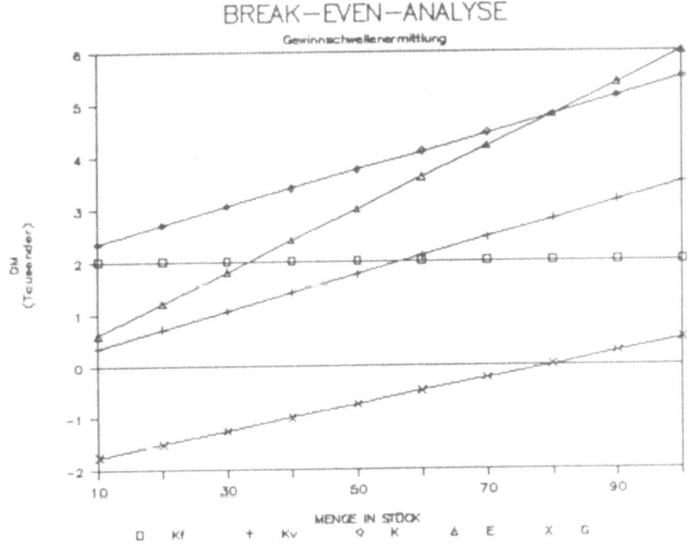

Abb. 54: XY-Diagramm mit Legende

Das kommentierte Protokoll der Bearbeitung sieht folgendermaßen aus:

	/tlBEA~	Laden Arbeitstabelle BEA.WK1
A1:	gtx	Festlegung Grafiktyp XY-Diagramm
A1:	x	Festlegung X-Achse stimmt STCKKO
A1:	~	Bestätigung für X-Achse
A1:	a	Wahl 1. Datenbereich
A1:	~	1.Datenbereich muß geändert werden

A1:	va~	Annullierung 1. Datenbereich
A1:	z	1 Menüebene zurück
A1:	a{Rechts}{Unten 6}	Anfang A-Bereich B7
B7:	.{Ende}{Unten}~	Erweiterung A-Bereich B7..B16
A1:	b{Rechts 2}{Unten 6}	Anfang B-Bereich C7
C7:	.{Ende}{Unten}~	Erweiterung B-Bereich C7..C16
A1:	c{Rechts 3}{Unten 6}	Anfang C-Bereich D7
D7:	.{Ende}{Unten}~	Erweiterung C-Bereich D7..D16
A1:	d{Rechts 4}{Unten 6}	Anfang D-Bereich E7
E7:	.{Ende}{Unten}~	Erweiterung D-Bereich E7..E16
A1:	e{Rechts 5}{Unten 6}	Anfang E-Bereich F7
F7:	.{Ende}{Unten}~	Erweiterung E-Bereich F7..F16
A1:	ote~	1. Titel stimmt noch
A1:	tz	2. Titel muß geändert werden
A1:	{Esc}	Annullierung zweiter Titel
A1:	Gewinnschwellenermittlung~	Festlegung 2. Titel
A1:	tx~	Beschriftung X-Achse stimmt noch
A1:	ty~	Beschriftung Y-Achse stimmt noch
A1:	laKf~	Legende A-Bereich Kf
A1:	lbKv~	Legende B-Bereich Kv
A1:	lcK~	Legende C-Bereich K
A1:	ldE~	Legende D-Bereich E
A1:	leG~	Legende E-Bereich G
	z	Eine Befehlsebene zurück
	k	Kontrolle der Grafik
	neBEA~	Namensvergabe Bildschirmgrafik
	sBEA~	Speicherung als .PIC Datei
	z	zurück BEREIT-Modus
	/ts~j	Speichern der Arbeitstabelle

Versuchsweise wird mit der Befehlsfolge **/Grafik - Optionen - Raster - Beide** ein horizontales und vertikales Raster eingefügt:

/gorbzk

Die Kontrolle zeigt, daß das Raster in diesem Fall nicht sinnvoll ist. Es wird mit **/Grafik - Optionen - Raster - Löschen** wieder entfernt:

orlzk

Die Beschriftung **(Tausender)** auf der Y-Achse stört. Für das Unterdrücken des Skalenindikators gilt die Befehlsfolge: **/Grafik - Optionen - Skalierung - Y-Achse - Indikator - Nein**

syinzzk   /go entfällt, da Grafikmenü aktiv

Das Kreisdiagramm Abb. 44 wurde aus der Arbeitstabelle VER-
KAUF.WK1 entwickelt.

	/tlVERKAUF	Laden Arbeitstabelle VERKAUF.WK1
	gtk~	Festlegung Grafiktyp Kreisdiagramm
	x	X-Achse muß neu festgelegt werden
	{Esc}{Pos1}	Löschen Festlegung X-Bereich
A1:	{Unten 5}{Rechts}	Anfang neuer X-Bereich B6
B6:	.{Rechts 2}~	Erweiterung X-Bereich B6..D6
	a	1. Datenbereich muß geändert werden
	{Esc}{Pos1}	Löschen Festlegung A-Bereich
	{Unten 14}{Rechts 1}	Anfang neuer A-Bereich B15
B15:	.{Rechts 2}~	Erweiterung A-Bereich B15..D15
	k	Kontrolle der Grafik
	neUMSBEZ~	Namensvergabe Bildschirmgrafik
	sUMSBEZ~	Speicherung als .PIC Datei
	z	zurück BEREIT-Modus
	/ts~j	Speichern der Arbeitstabelle

Für die definierte Bildschirmgrafik gilt das gleiche wie bei Formeleintragungen in den Zellen. Lotus 1-2-3 aktualisiert die Arbeitstabelle bei
jeder Änderung. Werden Eintragungen in der Arbeitstabelle geändert, z.B.
die KOSTEN fix erhöhen sich auf 2.500, so wird die Arbeitstabelle komplett neu durchgerechnet. Auch die Bildschirmgrafik paßt sich sofort an.

4.6 Druck von Grafiken mit PrintGraph

4.6.1 Wahl des Programmteils PrintGraph

Der Ausdruck von Grafiken erfolgt im Programmteil **PrintGraph**. Das ist
ein eigenständiger Programmteil, der über das Eingangsmenü von Lotus
1-2-3 erreicht wird. Falls der PC nur mit Diskettenlaufwerken ausgestattet ist, fordert das System auf, die PrintGraph-Diskette einzulegen.

```
1-2-3  PrintGraph  Dienstprogramm-Translate  Install  Tutorial  Ende
Lädt Programm, das Grafiken ausdruckt
```

Abb. 55: Programmauswahl PrintGraph

Zum Druck von Grafiken muß ein grafikfähiger Drucker bzw. ein Plotter
angeschlossen und angepaßt sein. Grafiken können nur gedruckt werden,
wenn diese im Lotus-access System, also in 1-2-3, über die Befehlsfolge
/Grafik - Speichern als Datei mit der Erweiterung .PIC abgespeichert
wurden.

4.6.2 Hauptmenü von PrintGraph

Das danach folgende Hauptmenü von PrintGraph ist systematisch etwas anders aufgebaut als die bisher bekannten Menüs von Lotus 1-2-3. Die erste Menüzeile gibt Informationen über den gerade ausgeleuchteten Befehl der Hauptmenüzeile. Unterhalb der Menüzeilen werden die momentan aktuellen Einstellungen des Programms angezeigt. Bei Änderungen der Parameter sind diese dadurch sofort zu erkennen.

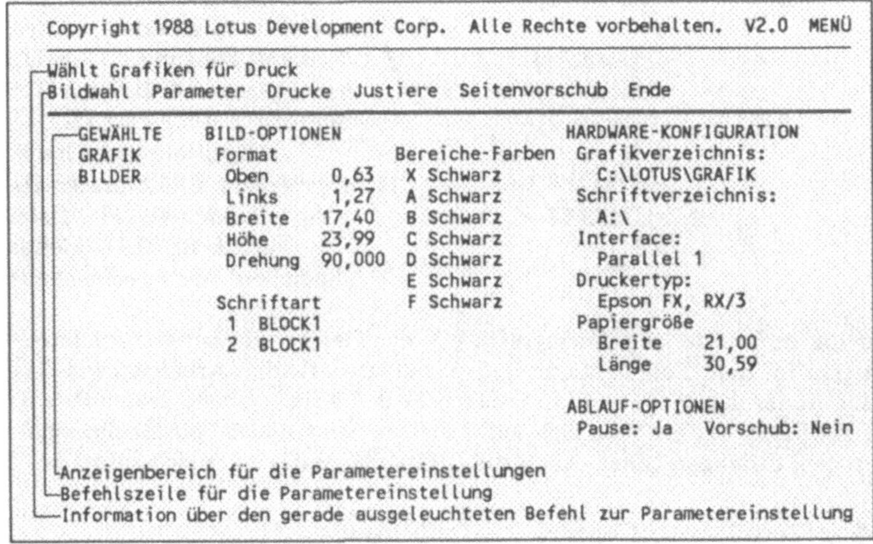

Abb. 56: Hauptmenü von PrintGraph

Im Hauptmenü sind folgende Einstellungen möglich:

Abb. 57: Befehlszeile des Hauptmenüs

4.6.3 Systemeinstellung

4.6.3.1 Parameter

Dem System muß mitgeteilt werden, wo sich die gespeicherten Druckdateien, also die Dateien mit der Erweiterung .PIC und die Programmdateien für Printgraph befinden. Mit dem Befehlsaufruf **Parameter - Hardware** können folgende Parameter eingestellt werden:

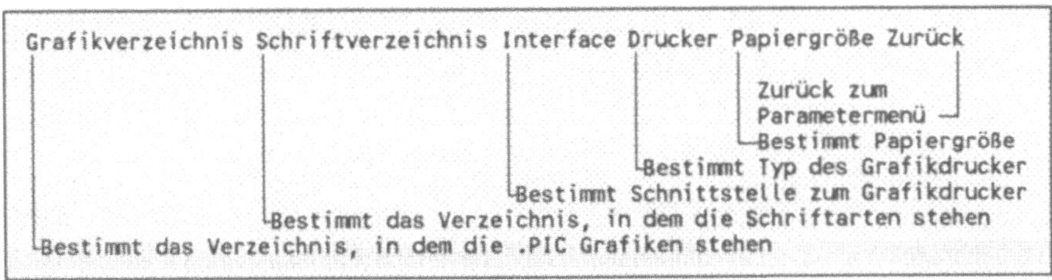

Abb. 58: Menü PARAMETER HARDWARE

4.6.3.2 Grafikverzeichnis und Schriftverzeichnis

Im Beispiel sollen sich die .PIC-Dateien auf der Diskette in Laufwerk B: befinden. Dies wird mit der Befehlsfolge **Parameter - Hardware - Grafikverzeichnis** eingestellt.

      phg
      B:~   Eintragung des gewünschten Verzeichnisses

Damit ändert sich bei der Parameteranzeige unter HARDWARE-KONFI-GURATION die Eintragung von **C:\LOTUS\GRAFIK** wie in Abb. 54 eingestellt in **B:**.

Die nächste Einstellung legt das Schriftverzeichnis fest. Es wird angenommen, daß das PrintGraph-Programm sich auf der Festplatte in Laufwerk C: und dort im Unterverzeichnis \Lotus befindet. Dies wird mit **Parameter - Hardware - Schriftverzeichnis** festgelegt.

      phs
      C:\LOTUS ~

4.6.3.3 Auswahl des Druckers

Bei Änderung dieses Parameters kann man nur auf die Drucker zurückgreifen, die bei der Installation in den sogenannten "Treibersatz" aufgenommen wurden. Die Abb. 57 zeigt, welche Drucker bei der derzeitigen

Installation verfügbar sind. Der aktuell ausgewählte Drucker ist mit dem
Zeichen [#] gekennzeichnet. Die Auswahl erfolgt mit der [Leertaste] und
mit [Eingabe].

Die Datei, in der diese und weitere Installationen gespeichert sind, heißt
123.SET. Wenn hier Veränderungen erforderlich sind, muß der 123.SET
im Programmteil INSTALL angepasst werden.

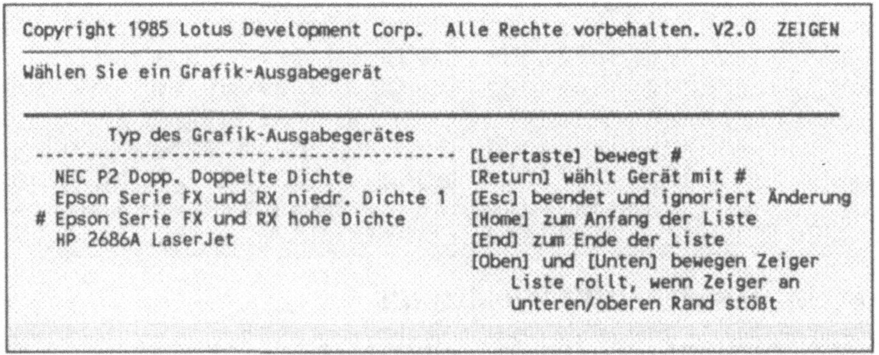

Abb. 59: Auswahl Drucker und Dichte

Neben dem Druckertyp kann hier die "Dichte" eingestellt werden. Höhere
Dichte bedeutet, daß die Pixelpunkte dichter nebeneinander liegen, so
daß die Druckqualität steigt, allerdings dauert der Druck auch länger. Mit
der letzten Option dieser Befehlsebene kann die Papiergröße eingestellt
werden.

4.6.4 Bildgestaltung mit Parameter – Bild

Die Befehlsfolge **Parameter – Bild** zeigt folgende Gestaltungsmöglichkeiten:

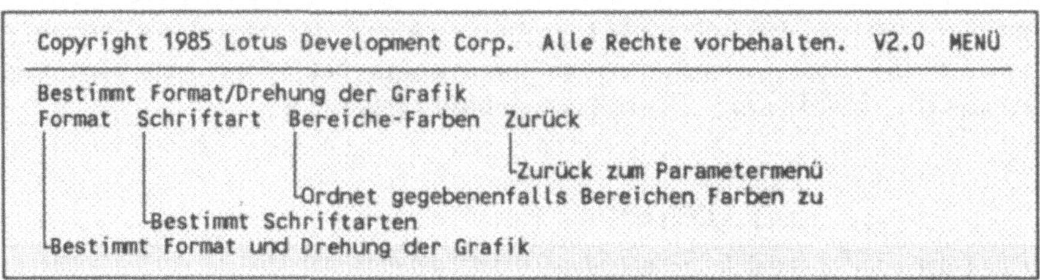

Abb. 60: Gestaltungsmöglichkeiten der Grafik

4.6.4.1 Format

Mit **Parameter - Bild - Format** kann bei der Option **Ganz** festgelegt werden, ob die Grafik das ganze Blatt DIN A4 ausfüllen soll. In diesem Fall wird die Grafik im Querformat ausgedruckt. Bei der Einstellung **Halb** wird die Grafik **halbseitig im Hochformat** ausgedruckt. Diese Einstellung wurde für Abb. 59 angewählt. Die Einstellung **Manuell** ermöglicht individuelle Veränderungen in den Rändern und der Drehung.

```
Copyright 1985 Lotus Development Corp.  Alle Rechte vorbehalten.  V2.0   MENÜ

Parameter für standardmäßigen halbseitigen Ausdruck
Ganz  Halb  Manuell  Stop
```

Abb. 61: Menü PARAMETER - BILD - FORMAT

4.6.4.2 Schriftart

Über **Parameter - Bild - Schriftart - 1** wird die Schriftart für die erste Überschrift der Grafik festgelegt. Mit den Pfeiltasten wird die gewünschte Schriftart angesteuert, die Auswahl geschieht mit der [Leertaste]. Die ausgewählte Schrift ist mit dem Zeichen [#] gekennzeichnet. Die Schriftart für die 1. Überschrift ist im Beispiel auf **Bold** eingestellt:

```
Copyright 1985 Lotus Development Corp.  Alle Rechte vorbehalten.  V2.0 ZEIGEN

Wählen Sie Schriftart 1


       SCHRIFTART    BYTES
       -------------------       [Leertaste] bewegt #
       BLOCK1        5737        [Return] wählt Schrift mit #
       BLOCK2        9300        [Esc] beendet und ignoriert Änderung
     # BOLD          8624        [Home] zum Anfang der Liste
       FORUM         9727        [End] zum Ende der Liste
       ITALIC1       8949        [Oben] und [Unten] bewegen Zeiger
       ITALIC2      11857              Liste rollt, wenn Zeiger an
       LOTUS         8679              oberen/unteren Rand stößt
       ROMAN1        6863
       ROMAN2       11847
       SCRIPT1       8132
       SCRIPT2      10367
```

Abb. 62: Schriftarten für den Grafikausdruck

Die Schriftart für die zweite Überschrift, die Beschriftung der Achsen und der Legenden bestimmt **Schriftart - 2**. Die Abbildung zeigt die verfügbaren Schriften:

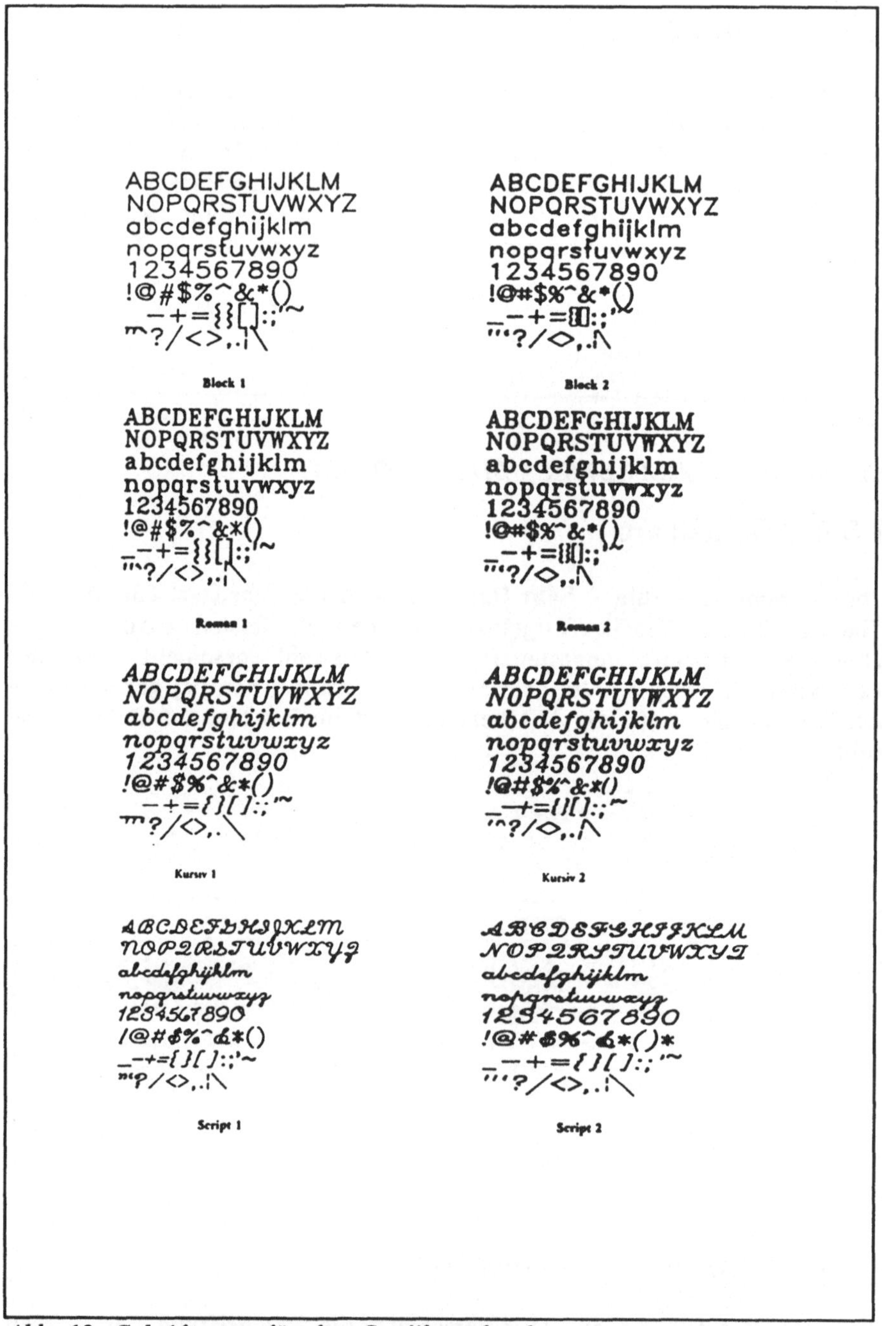

Abb. 63: Schriftarten für den Grafikausdruck

4.6.5 Bildwahl

Die Entscheidung, welche .PIC-Datei gedruckt werden soll, wird über die Option **Bildwahl** des Hauptmenüs getroffen. Alle im eingestellten Grafikverzeichnis befindlichen .PIC Dateien werden angezeigt. Die Auswahl der zu druckenden Grafiken erfolgt in der bereits beschriebenen Form. Befindet man sich im Menü BILDWAHL, ist es durch Betätigung der Taste [F10] möglich, die ausgeleuchtete Grafik zur Kontrolle am Bildschirm zeichnen zu lassen.

```
Copyright 1985 Lotus Development Corp. Alle Rechte vorbehalten.  V2.0  ZEIGEN
___________________________________________________________________________

Wählen Sie die zu druckende Grafik

___________________________________________________________________________

    BILD        DATUM     ZEIT      BYTES
   -------------------------------------------    [Leertaste] setzt/entfernt #
    BEA         01-03-89  21:02      2510         [Return] wählt Bilder mit #
    GESUMS      01-03-89   1:33       793         [Esc] beendet und ignoriert Änderung
  # STCKKO      01-03-89             1154         [Home] zum Anfang der Liste
    UMSBALK     01-03-89  14:24      2107         [End] zum Ende der Liste
    UMSBEZ      01-03-89  14:25      4752         [Oben] und [Unten] bewegen Zeiger
    UMSBEZK     01-03-89  21:13      1207              Liste rollt, wenn Zeiger an
    UMSBEZK1    01-03-89  21:16      2410              oberen/unteren Rand stößt
    UMSGB       01-03-89  15:38      3719         [Grafik] zeigt aufgehelltes Bild
```

Abb. 64: Auswahl der Grafiken

4.6.6 Ablauf

Es ist möglich, mehrere Grafiken nacheinander ausdrucken zu lassen, d.h. mehrere [#] zu setzen. In diesem Falle kann über **Parameter - Ablauf - Vorschub** bestimmt werden, ob nach jeder Grafik ein Vorschub auf die nächste Seite erfolgen soll.

Bei der Einstellung **Parameter - Ablauf - Pause** stoppt Printgraph nach jeder ausgedruckten Grafik und wartet auf den Befehl zum Weiterdrucken.

4.6.7 Einspeichern

Um die Parameter nicht bei jedem Start von PrintGraph anzupassen, können die eingegebenen Parameter gespeichert werden. Dies ist im Hauptbefehlsmenü mit dem Befehl **Einspeichern** möglich.

Der eigentliche Befehl für den Ausdruck von Grafiken wird vom Hauptbefehlsmenü von PrintGraph ausgelöst. Bitte nicht ungeduldig werden. Der Ausdruck von "gepixelten" Grafiken dauert eben ein Weilchen.

Das Wichtigste
zu Standardprogrammen
unter MS-DOS

- WORD
- Lotus 1-2-3
- Multiplan
- dBASE III+

5 Multiplan

5.1 Grundlagen

Multiplan von Microsoft ist wie Lotus 1-2-3 ein Tabellenkalkulationsprogramm. Die bei Lotus 1-2-3 gemachten allgemeinen Aussagen zu solchen Programmen gelten auch für Multiplan. Die folgenden Ausführungen beziehen sich auf Version 3.0.

5.1.1 Die Arbeitstabelle von Multiplan

Die Einteilung der Arbeitstabelle erfolgt in **Zeilen** und **Spalten** und der dazugehörigen Nummer. Zeilen werden mit "Z", Spalten mit "S" gekennzeichnet.

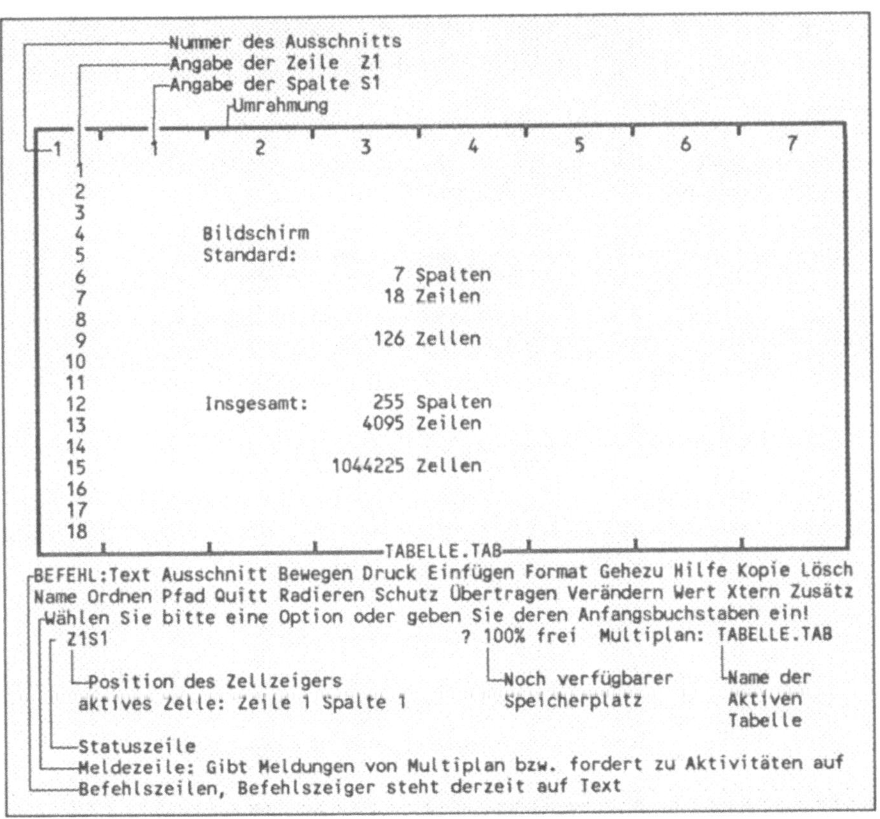

Abb. 1: Die Multiplantabelle

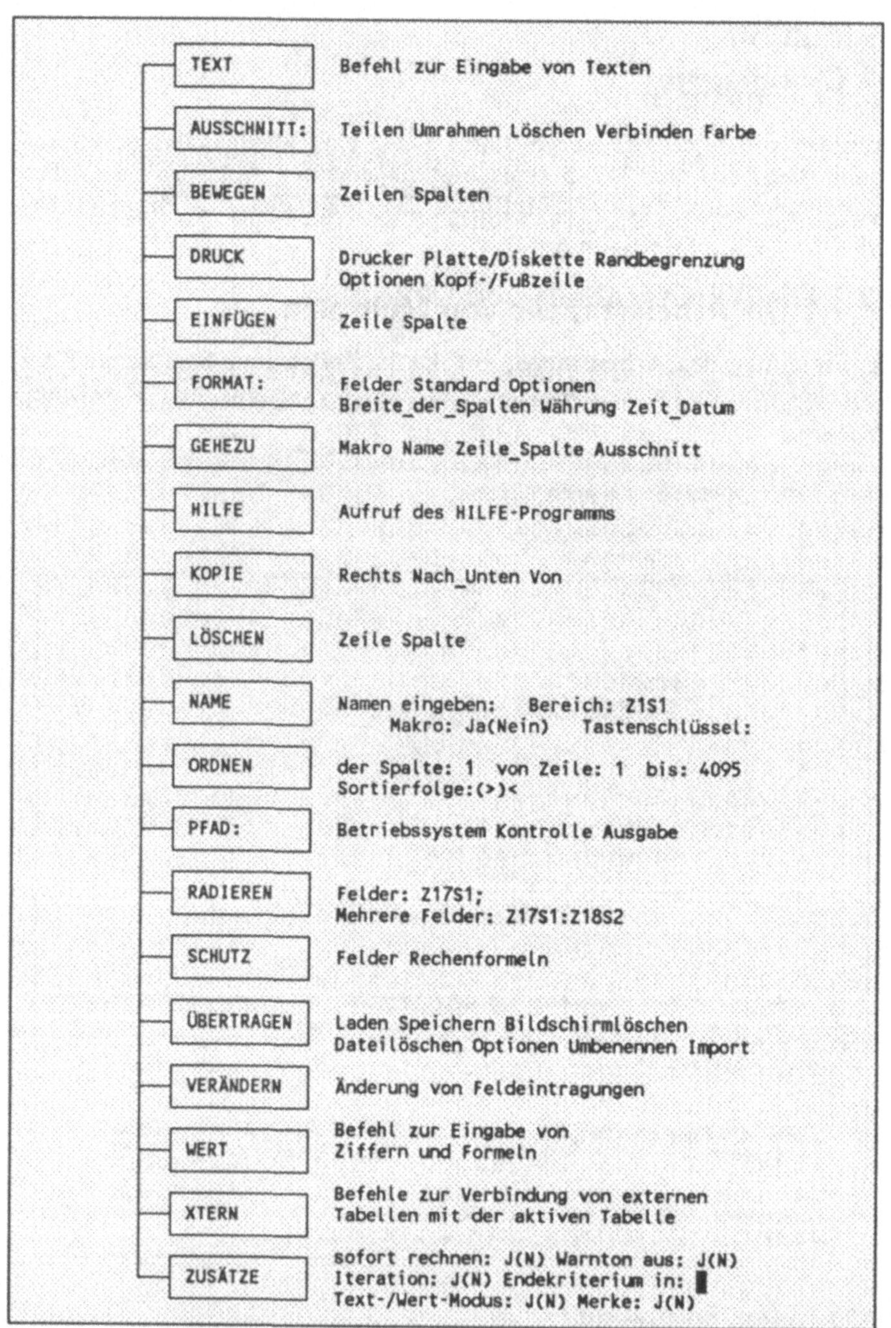

Abb. 2: Hauptmenü von Multiplan

Die Struktur der Multiplantabelle sowie die Anzeige des Hauptmenüs ist der Abb. 1 zu entnehmen. Das gesamte Arbeitsblatt besteht aus 255 Spalten und 4095 Zeilen. Der Bildschirm zeigt davon immer nur einen kleinen Ausschnitt, nämlich bei der getroffenen Voreinstellung 7 Spalten und 18 Zeilen, also 126 Zellen.

5.1.2 Befehle und Befehlsaufruf

Die Befehle werden durch die Taste [Tab] angesteuert und mit [Eingabe] bestätigt. Die vereinfachte Form besteht in der Eingabe des ersten Buchstabens des gewünschten Befehls. Dadurch wird der Befehl direkt ausgeführt. Es wird dann das Befehlsangebot der nächsten Befehlsebene angezeigt, wobei die bisher eingegebene Befehlsfolge in der 1. Befehlszeile wiederholt wird. Dies geschieht so lange, bis man am Ende der Befehlskette angelangt ist. An diesem Punkt wird dann entweder eine Eingabe des Anwenders oder eine Auswahl vorgegebener Optionen verlangt. Die Auswahl innerhalb einer Option erfolgt durch Ansteuern mit der [Leertaste] oder ebenfalls durch Eingabe des 1. Buchstabens der Option. Mit [Eingabe] ist eine Befehlsfolge abgeschlossen.

Die Befehle des Hauptmenüs von Multiplan sind in Abb. 2 kurz kommentiert.

5.1.3 Bewegen auf dem Arbeitsblatt

Die jeweils aktuelle Position des Zellzeigers ist in der Tabelle invers dargestellt und kann außerdem dem Zellanzeiger in der Statuszeile entnommen werden. Auf dem Arbeitsblatt kann man sich mit den Tasten bzw. Tastenkombinationen, wie in Abb. 3 beschrieben, bewegen. Die rechte Spalte gibt einen **Tastenschlüssel** an, der später auch bei Protokollen und Makros verwendet wird.

5.1.4 Eingaben

5.1.4.1 Texteintragungen

Die erste Option beim Hauptmenü von Multiplan heißt **Text**. Diese Option wird für Texteingaben in Felder gewählt. Es ist darauf zu achten, daß die Zelle, in der eine Eintragung erfolgen soll, vor der Texterfassung angesteuert wurde. Die aktuelle Zelle ist in der Tabelle ausgeleuchtet und kann außerdem in der Statuszeile abgelesen werden. Im Beispiel (Abb. 4) ist dies die Zelle Z2S1. Die 1. Befehlszeile zeigt bei der Texterfassung, welche Zeichen bereits eingegeben sind, im Beispiel **Überschrei**. Erst mit Betätigung von [Eingabe] wird der Text in die Zelle geschrieben.

Feldzeiger bewegen	Tasten	Tasten-Schlüssel
eine Zelle nach unten	[Pfeiltaste unten]	'nu
eine Zelle nach oben	[Pfeiltaste oben]	'no
eine Zelle nach links	[Pfeiltaste links]	'nl
eine Zelle nach rechts	[Pfeiltaste rechts]	'nr
1 Bildschirm nach unten	[Bild unten] [PgDn]	'su
1 Bildschirm nach oben	[Bild oben] [PgUp]	'so
1 Bildschirm nach rechts	[Strg]+[Pfeiltaste rechts]	'sr
1 Bildschirm nach links	[Strg]+[Pfeiltaste links]	'sl
Zurück zu Zelle Z1S1	[Pos1]	'ef
Zum Ende der Tabelle	[Ende]	'lf
Direkter Sprung zur gewünschten Zelle	Befehl GEHEZU	'gz

Abb. 3: Tabelle Steuerung des Zellzeigers

Texteintragungen werden vom System automatisch in zwei Anführungsstriche gesetzt, im Beispiel **"Texteingaben"**. Die aktuelle Eintragung in einer Zelle ist der Statuszeile zu entnehmen.

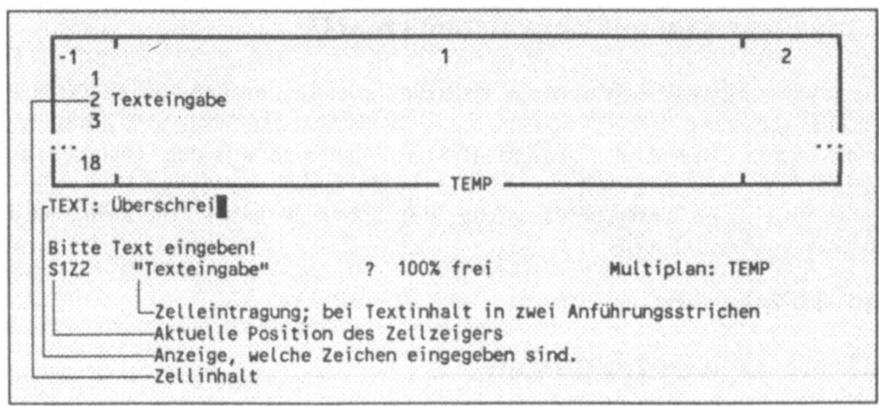

Abb. 4: Texteingaben

Falsche Feldeintragungen können durch Neuerfassung der Zeichen und [Eingabe] einfach überschrieben werden. Sind nur einzelne Zeichen falsch eingetragen, werden diese mit dem Befehl **Verändern** korrigiert. Die erste Befehlszeile zeigt die in der Zelle eingetragenen Zeichen. Mit **[F9]** bewegt man sich nach links, mit **[F10]** nach rechts, ohne die einge tragenen Zeichen zu löschen. Nach Korrektur der Fehler wird mit [Eingabe] der Feldinhalt zurückgeschrieben.

5.1.4.2 Zahleneingaben

Zahlen und Formeln können direkt, d.h. ohne vorherige Eingabe eines Befehls, in die Tabelle eingetragen werden.

```
 -1          1         2         3         4
  1 Anfang
  2
  3 Multiplan
  4         123                 12
  5        12,3                  9 Mit
  6        1,23                    Multiplan
  7       0,123                    kann man
  8                                direkt
  9                                rechnen
```

Die Eintragungen in der Tabelle kamen durch Eingaben entsprechend dem Protokoll zustande, wobei [t] für die Eingabe des Befehls T(ext) und [Eingabe] für Betätigung der Taste [Eingabe] steht. Die Zelladresse ist jeweils links angegeben.

Z1S1:	[t]Anfang[Eingabe][Unten 2]
Z3S1:	[t]Multiplan[Eingabe][Unten]
Z4S1:	123[Eingabe][Unten]
Z5S1:	12,3[Eingabe][Unten]
Z6S1:	1,23[Eingabe][Unten]
Z7S1:	0,123[Eingabe][Oben 3][rechts 2]
Z4S3:	12[Eingabe][Unten]
Z5S3:	5+4[Eingabe][Unten]
Z5S4:	[t]Mit[Eingabe][Unten]
Z6S4:	[t]Multiplan[Eingabe][Unten]
Z7S4:	[t]kann man[Eingabe][Unten]
Z8S4:	[t]direkt[Eingabe][Unten]
Z9S4:	[t]rechnen[Eingabe]

5.2 Grundfunktion von Multiplan

Die Grundfunktionen von Multiplan sollen an folgendem Beispiel vermittelt werden:

```
 -1     1         2              3          4            5
  1 POS. BEZEICHNUNG            MENGE      PREIS        TOTAL
  2 ================================================================
  3     1 Stühle                 32     258,30 DM    8.265,60 DM
  4     2 Tische                 25     123,00 DM    3.075,00 DM
  5     3 flipchart               1     450,05 DM      450,05 DM
  6     4 Tafel                   1   1.200,50 DM    1.200,50 DM
  7 ----------------------------------------------------------------
  8     GESAMT                                      12.991,15 DM
  9     MWST                                   14%   1.818,76 DM
 10 ----------------------------------------------------------------
 11     RECHNUNGSBETRAG                             14.809,91 DM
 12 ================================================================
```

Abb. 5: Grundfunktionen am Beispiel RECH.TAB

Die Eintragungen in der Arbeitstabelle beginnen im Feld Z1S1. Dieses
Ausgangsfeld kann man von jeder Position der Tabelle durch Betätigung
der Taste [Pos1] direkt erreichen. Bei den Tabellenüberschriften der
Zeile 1 handelt es sich um Texteintragungen. Da der Befehlszeiger zu
Beginn den ersten Befehl, Text, markiert, ist dies nur durch [Eingabe] zu
bestätigen. Es genügt aber auch die Eingabe des ersten Buchstabens des
Befehlsworts Text, also [t].

        Z1S1:   [t]POS.[Eingabe][Rechts]
        Z1S2:   [t]BEZEICHNUNG[Eingabe][Rechts]

5.2.1 Steuerung des Zellzeigers bei der Eingabe

Der Zellzeiger bleibt nach der Eintragung in der Zelle stehen. Sollen
mehrere Eintragungen nebeneinander oder untereinander gemacht werden, so führt dies leicht dazu, daß mit der nächsten Eintragung die vorherige Eintragung überschrieben wird. Deshalb ist es sicherer und spart
außerdem einen Tastendruck, wenn nicht mit [Eingabe] eingetragen wird,
sondern die Pfeiltaste in die gewünschte Richtung verwendet wird. Diese
Methode hat einen weiteren Vorteil. Die Anzeige TEXT in der
1. Befehlszeile ändert sich in TEXT/WERT-Modus. Von der Eingabe des
nächsten Zeichens hängt es ab, ob der TEXT-Modus erhalten bleibt oder
sich in WERT-Modus ändert. Wird eine der Ziffern 0-9 oder ein mathe-
matisches Rechenzeichen eingegeben, so wird die Eingabe als WERT interpretiert. Bei Eingabe eines Buchstabens bleibt der TEXT-Modus erhalten. Es muß für die Eintragung in der nächsten Zelle nicht vorher [t]
für den Text bestätigt werden.

Mit dem Befehl Zusätze kann bei der Option Text-/Wert-Modus dieser
Modus dauerhaft eingestellt werden. Das ist besonders zu Beginn einer
Arbeit bei der formalen Gestaltung der Tabelle sinnvoll.

Bei Eintragung mit einer Richtungstaste wird in der aktuellen Zelle eingetragen, der Feldzeiger springt aber anschließend in die nächste Zelle
der gewünschten Richtung.

> Z1S3:   [t]MENGE[Rechts]

Der Zellzeiger befindet sich in Zelle Z1S4. Hier soll die nächste Eintragung erfolgen. Der Bildschirm zeigt aufgrund der vorherigen Eintragung
BEZEICHNUNMENGE. Ist das letzte Zeichen von BEZEICHNUNG, der
Eintragung der links daneben liegenden Zelle, überschrieben worden? Das
ist nicht der Fall. Kehrt man mit dem Zellzeiger zur Zelle Z1S2 zurück,
so zeigt die Statuszeile, daß nach wie vor BEZEICHNUNG in der Zelle
steht, nur ist der Text länger als die eingestellte Zeichenbreite der Zelle.
Später wird die Zelle verbreitert, und der komplette Text dann wieder
lesbar. Zunächst soll jedoch der Tabellenkopf vervollständigt werden:

> Z1S4:   PREIS[Rechts]
> Z1S5:   TOTAL[Eingabe]

5.2.2 Spaltenbreite

Die   Spaltenbreite   wird   mit   der   Befehlsfolge   **Format   –
Breite_Der_Spalten** verändert. Die Spalte 1 soll auf 5 Zeichen eingestellt
werden.

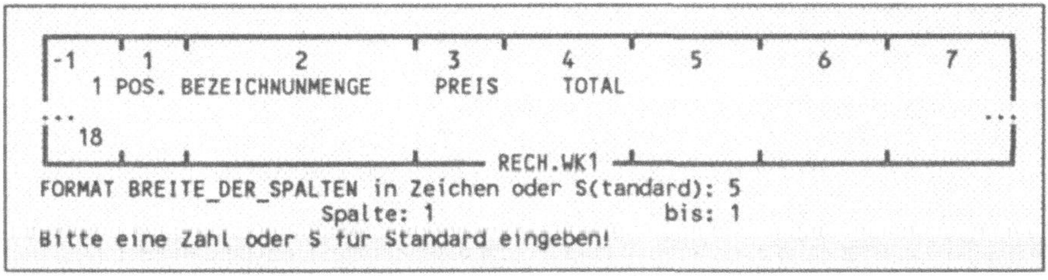

Abb. 6: Menü FORMAT BREITE_DER_SPALTEN

Mit der [Eingabe] wird der Befehl ausgeführt. Die Spalte S2 soll auf 18
Zeichen, Spalte S3 auf 7 Zeichen eingestellt werden. Damit wird dann
auch wieder die vollständige Eintragung BEZEICHNUNG lesbar. Bei der
Einstellung der Spaltenbreite handelt es sich um einen Befehl, der sich
auf die **gesamte Arbeitstabelle** auswirkt. Die Spalte wird dadurch von
Zeile 1 bis 4095 auf die angegebene Spaltenbreite formatiert. Deshalb ist
es bei Einstellung der Spaltenbreite völlig gleichgültig, in welcher Zeile
man sich befindet, nur die Spalte muß vorher angesteuert sein.

Zur Vereinfachung wird beim Protokoll künftig statt der Tastenbezeich-
nung der Tastenschlüssel entsprechend Abb. 3 verwendet, also statt
[Eingabe] die Zeichen 'rt (Return). Wie bereits beschrieben, ist der
Befehlsaufruf in verkürzter Form durch die Eingabe des Anfangsbuchstabens des gewünschten Befehls möglich. Die Kurzform der Befehlsfolge
lautet:

S1:	fb5'rt'nr	'nr = [Pfeiltaste rechts]
S2:	fb18'rt'nr	
S3:	fb7'rt	'rt = Eingabetaste

5.2.3 Kopieren

Unterhalb der Spaltenbeschriftung ist ein doppelter Strich vorgesehen.
Dazu werden in der Zelle S1Z2 im TEXT-Modus 18 Zeichen [=] eingetragen. Das ist die größte Breite einer Spalte der Tabelle.

Z2S1:   t==================='rt

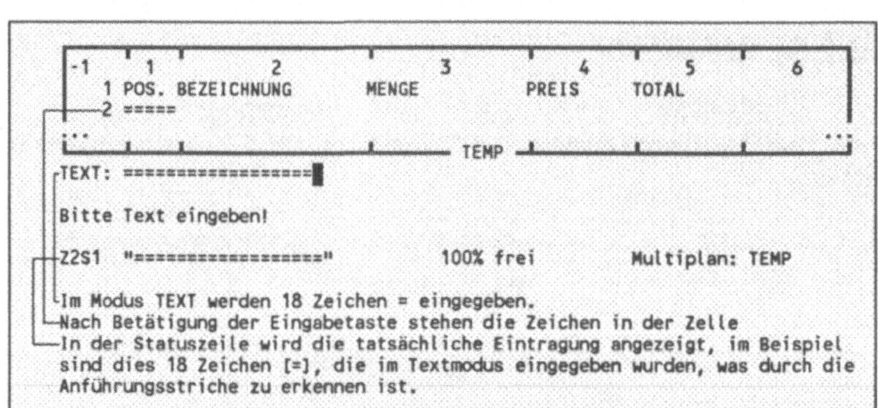

Abb. 7: Beispiel einer Texteintragung

Diese Eintragung kann mit dem Befehl **Kopie** in alle Zellen, in denen der
Abgrenzungsstrich stehen soll, kopiert werden.

Beim Kopierbefehl wird die Option **Rechts** gewählt. Bei **Anzahl Kopien:**
ist die Zahl 4 einzutragen, die Option **Beginn bei:** schlägt bereits Z2S1
vor. Mit [Eingabe] wird der Befehl vollzogen.

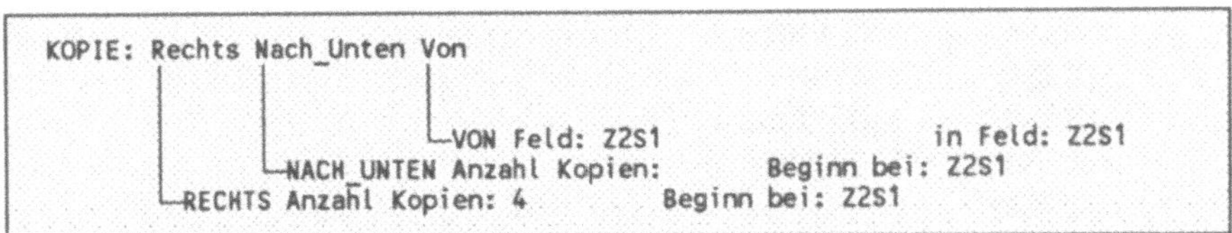

Abb. 8: Menü KOPIE

5.2.4 Bereichsoperator (Erweiterung)

Einfacher geht es in diesem Beispiel, wenn man die Möglichkeit **Kopie - Von** anwendet. Viele Befehle, nicht nur der Kopierbefehl, sollen sich nicht nur auf eine Zelle, sondern einen ganzen **Bereich** der Tabelle auswirken. Ein Bereich wird durch die Positionsangabe zweier Felder, getrennt durch einen **Doppelpunkt [:]**, definiert. Im Kopierbeispiel wird dadurch von der Option **KOPIE VON Feld:** durch die Taste [Tab] in die Option **in Feld:** gewechselt und dort ein Doppelpunkt eingegeben. Die Eintragung Z2S1 wird dadurch nicht überschrieben. Nun wird mit der Taste [Rechts] der Zellzeiger bis Z2S5 bewegt. Es ist auch möglich, das Bereichsende direkt einzugeben. Mit [Eingabe] wird der Kopierbefehl abgeschlossen. Im weiteren Verlauf des Textes wird der Wiederholfaktor in geschweiften Klammern {} angegeben, soll z.B. die Richtungstaste rechts 4mal betätigt werden, so steht im Protokoll 'nr{4}.

          Z2S1:   kv'tb:'nr{4}'rt

Abb. 9: Kopie mit Bereichsoperator

Das Protokoll der weiteren Bearbeitung sieht wie folgt aus:

          Z3S1:   1'nu   'nu = [Pfeiltaste unten]
          Z4S1:   2'nu
          Z5S1:   3'nu
          Z6S1:   4'rt
          Z3S2:   [t]Stühle'nu
          Z4S2:   Tische'nu
          Z5S2:   flipchart'nu
          Z6S2:   Tafel'rt
          Z3S3:   32'nu
          Z4S3:   25'nu
          Z5S3:   1'nu
          Z6S3:   1'rt

Z3S4:	258,3'nu	
Z4S4:	123'nu	
Z5S4:	450,05'nu	
Z6S4:	1200,5'rt	
Z7S1:	t------------------'rt	
Z7S1:	kv'tb:'nr{4}'rt	Kopieren des Strichs
		KopieVon-[Tab]-[:]-{rechts 4}-[Eingabe
Z8S2:	tGESAMT'nu	Eintragung GESAMT [unten]
Z9S2:	MWST'rt	Eintragung MWST [Eingabe]
Z10S1:	kv'no{3}'tb:'nr{4}'rt	Kopie des Strichs Z7
Z11S2:	tRECHNUNGSBETRAG'rt	
Z12S2:	kv'no{10}'tb:'nr{3}'rt	Kopie Doppelstrich Z2

Die Tabelle sollte jetzt eigentlich so aussehen:

```
 -1    1          2           3          4        5
  1 POS. BEZEICHNUNG    MENGE         PREIS    TOTAL
  2 ==================================================
  3    1 Stühle                  32     258,3
  4    2 Tische                  25       123
  5    3 flipchart                1    450,05
  6    4 Tafel                    1    1200,5
  7 --------------------------------------------------
  8      GESAMT
  9      MWST
 10 --------------------------------------------------
 11      RECHNUNGSBETRAG
 12 ==================================================
```

5.2.5 Formeleintragungen

Formeln sind nichts anderes als Rechenvorschriften mit den in Multiplan
zugelassenen Rechenzeichen.

RECHEN-ZEICHEN	BEDEUTUNG	BEISPIELE Eingabe	Ergebnis
^	Potenzierung	45^2	2025
*	Multiplikation	45*2	90
/	Division	45/2	22,5
%	Prozente (Bewirkt Wert/100)	45%	0,45
+	Addition	45+2	47
-	Subtraktion	45-2	43

Abb. 10: Rechenzeichen von Multiplan

In der Spalte TOTAL soll MENGE mit PREIS multipliziert werden. Zur
Definition einer Formel wird mit dem Zellzeiger zunächst das Feld ange-

steuert, in dem das Ergebnis stehen soll. Diese Zelle wird **Ergebnisfeld** genannt. Im Beispiel ist dies die Zelle Z3S5. Mathematisch würde man die Formel so ausdrücken: TOTAL = MENGE * PREIS. Der Zellzeiger steht bereits im Ergebnisfeld TOTAL. Deshalb wird die Formel einfach durch das **Gleichheitszeichen** [=] eröffnet. Der Zeiger wird nun mit [links 2] zur Zelle Z3S3 MENGE geführt. Die nächste Operation ist die Eingabe des Multiplikationszeichens [*]. Dies bewirkt, daß der Zellzeiger in das Ergebnisfeld zurückspringt. Mit [links] wird das Feld PREIS in die Formel aufgenommen. Damit ist die Formel fertig und kann mit [Eingabe] bestätigt werden.

        Z3S5:   ='nl{2}*'nl'rt

Multiplan zeigt in der Zelle das Ergebnis der Berechnung an. Ein Blick auf die Statuszeile zeigt jedoch, daß in der Zelle eine Formel eingetragen ist; dort steht nämlich **ZS(-2)*ZS(-1)**. Die Formel drückt eine Relation aus:

> Nimm den Wert, der zwei Spalten links vom Ergebnisfeld steht (-2), und multipliziere mit dem Wert, der eine Spalte links neben dem Ergebnisfeld steht (-1).

Da diese Relation auch für die anderen Positionen zutrifft, kann die Formel bedenkenlos kopiert werden:

        Z3S5:   kn3'rt   Kopie nach_unten 3 Kopien [Eingabe]

In allen Feldern steht nun das gewünschte Ergebnis, ein Blick in die Statuszeile bestätigt, daß in allen Feldern die Formel ZS(-2)*ZS(-1) steht.

Der Betrag GESAMT wird in der gleichen Systematik formelmäßig eingetragen. Nachdem der Feldzeiger in die Ergebniszelle Z8S5 bewegt wurde, wird die Formel mit [=] eröffnet, der Zellzeiger 5 Felder nach oben bewegt, das Rechenzeichen [+] eingegeben, 4 Felder nach oben [+] usw.

        Z8S5:   ='no{5}+'no{4}+'no{3}+'no{2}'rt

In der Ergebniszelle steht anschließend der Gesamtbetrag, die Statuszeile zeigt die Formel Z(-5)S+Z(-4)S+Z(-3)S+Z(-2)S.

Die Zelle Z9S4 soll den Prozentsatz der Mehrwertsteuer aufnehmen. Dazu wird 14% eingegeben. Im Feld steht dann allerdings 0,14 (vgl. Abb. 10). Die Zelle muß deshalb als Prozentfeld umformatiert werden. Dies geschieht mit der Befehlsfolge **Format - Felder**. Mit [Tab 2] wird die Option **Formatcode:** erreicht und dort **%** als Code festgelegt. Nach [Eingabe] steht wie gewünscht in der Zelle Z9S4: 14% .

```
FORMAT Felder: Z9S4               Ausrichtung:(Stn)Mitte Norm Links Rechts -
  Formatcode: Stnd Zusammen E_Form Fest Norm Ganz Währung *(%) - Dez_Stellen: 0
```

Abb. 11: Formatierung von Prozentzellen

Die Berechnung der Mehrwertsteuer erfolgt im Ergebnisfeld Z9S5. Dort wird die Formel MWST = GESAMT * MWST% eingetragen, in der Schreibweise von Multiplan Z(-1)S*ZS(-1). Der Rechnungsbetrag in Zelle Z11S5 ist die Addition von GESAMT + MWST.

Z9S4:	14%'rt	Eintragung des Wertes
Z9S4:	ff'tb{2}%'tb0'rt	Umformatierung Prozentzelle auf 0 Nachkommastellen
Z9S5:	='no*'nl'rt	Berechnung der Mehrwertsteuer
Z11S5:	='no{3}+'no{2}'rt	Ermittlung Rechnungsbetrag

Damit sind die Berechnungen abgeschlossen. Nun können nach Belieben Mengen und/oder Preise geändert werden, Multiplan aktualisiert sofort die Tabelle, d.h. führt eine komplette Neuberechnung durch. **Was-Wäre-Wenn** auszuprobieren, ist eine generelle Stärke von Tabellenkalkulationsprogrammen.

5.2.6 Formatierungen

Die Bezeichnungen der Felder mit den Wertangaben stehen unglücklich über den Werten. Die Tabelle wäre übersichtlicher, wenn diese Überschriften rechtsbündig justiert wären. Dazu wird zunächst die Zelle Z1S3 angesteuert und anschließend mit der Befehlsfolge **Format - Felder** justiert. Da nicht nur die Zelle Z1S3, sondern der Bereich Z1S3:Z1S5 rechtsbündig ausgerichtet werden soll, wird zunächst der Erweiterungscode [:] eingegeben und mit [rechts 3] drei Zellen nach rechts gefahren. Durch [Tab] erfolgt die Auswahl **Ausrichtung:**. Die Eingabe des Buchstabens [r] legt rechtsbündige Ausrichtung fest. Der Befehl wird durch [Eingabe] ausgeführt.

Z1S3:   ff:'nr{2}'tbr'rt

```
FORMAT Felder: Z1S3:Z1S5           Ausrichtung: Stnd Mitte Norm Links(Rechts)-
  Formatcode:(Stnd)Zusammen E_Form Fest Norm Ganz Währung * % - Dez_Stellen: 0
```

Abb. 12: Ausrichtung der Feldeintragungen

Es stört, daß die Beträge nicht einheitlich mit zwei Nachkommastellen dargestellt sind. Dies kann ebenfalls mit **Format - Felder** behoben werden. Es empfiehlt sich, zunächst die Zelle Z2S3 anzusteuern und erst dann die Befehlsfolge einzugeben. Bei der Option Felder wird mit dem Erweiterungscode [:] und den Pfeiltasten der Bereich Z3S4:Z6S5 markiert. Beim **Formatcode:** wird **Fest** vereinbart und bei **Dez_Stelle: 2** eingestellt.

        Z3S4:   ff:'nr'nu{3}'tb{2}f'tb2'rt
        Z8S5:   ff:'nu{3}'tb{2}f'tb2'rt

```
FORMAT Felder: Z3S4:Z6S5          Ausrichtung:(Stnd)Mitte Norm Links Rechts -
 Formatcode: Stnd Zusammen E_Form(Fest)Norm Ganz Währung * % -  Dez_Stellen: 2
```

Abb. 13: Formatierung auf festgelegte Dezimalstellenzahl

Mit der Formatierung soll weiter experimentiert werden. Im nächsten Versuch wird das Format **Währung** ausgewählt:

        Z3S4:   ff:'nr'nu{3}'tb{2}w'rt
        Z8S5:   ff:'nu{3}'tb{2}w'rt

```
FORMAT Felder: Z3S4:Z6S5          Ausrichtung:(Stnd)Mitte Norm Links Rechts -
 Formatcode: Stnd Zusammen E_Form Fest Norm Ganz(Währung)* % -  Dez_Stellen: 2
```

Abb. 14: Formatierung auf Währungscode

Das Ergebnis überrascht. Es sieht nämlich so aus:

```
POS. BEZEICHNUNG              MENGE    PREIS     TOTAL
==========================================================
    1 Stühle                32 258,30 DM !!!!!!!!!!!
    2 Tische                25 123,00 DM !!!!!!!!!!!
    3 flipchart              1 450,05 DM 450,05 DM
    4 Tafel                  1 !!!!!!!!!!!!!!!!!!!!!!
```

Die Ausrufungszeichen in den Zellen zeigen an, daß die eingestellte Breite der Spalten zu schmal ist, in allen Feldern das gewünschte Ergebnis darzustellen. Wird die Breite der S5 z.B. auf 15 Zeichen eingestellt, so verschwinden die Ausrufungszeichen, und die Darstellung entspricht den Erwartungen.

        S4:   fb15'tb4'tb5'rt

```
FORMAT BREITE_DER_SPALTEN in Zeichen oder S(tandard): 15
              Spalte: 4                bis: 5
```

Abschließend sollen **Tausenderpunkte** die Lesbarkeit noch verbessern. Diese Darstellung wird über **Format - Optionen** eingestellt.

foj'rt

```
FORMAT OPTIONEN Tausenderpunkte:(Ja)Nein    Formeln: Ja(Nein)
```

Abb. 15: Menü FORMAT OPTION Tausenderpunkte

Damit hat die Tabelle endgültig das Aussehen der Abb. 5.

5.2.7 Speichern und Laden von Dateien

Um eine Datei dauerhaft zur Verfügung zu halten, muß diese auf eine Diskette oder die Festplatte gespeichert werden. Die Befehle zum **Speichern** und **Laden** verbergen sich hinter dem Befehl **Übertragen**.

```
ÜBERTRAGEN: Laden Speichern Bildschirmlöschen Dateilöschen Optionen
            Umbenennen Import
```

Abb. 16: Menü ÜBERTRAGEN

Soll die Datei beispielsweise auf die Festplatte C: im Unterverzeichnis \MPT abgelegt werden, so ist dieser Pfad mit einzugeben. Multiplan fügt dem Dateinamen automatisch keine Erweiterung an, wie dies z.B. bei WORD mit der Erweiterung .TXT der Fall ist. Zur besseren Verwaltung der Dateien empfiehlt es sich, für Multiplantabellen eine bestimmte Erweiterung festzulegen und diese bei allen Multiplan-Dateien mit einzugeben, z.B. .TAB für TABelle. Für das Beispiel wird RECH.TAB vorgeschlagen.

```
ÜBERTRAGEN SPEICHERN Dateiname: C:\MPT\RECH.TAB    geschützt: Ja(Nein)
```

Abb. 17: Menü ÜBERTRAGEN SPEICHERN

Um nicht bei jedem Speicher- oder Ladevorgang den gesamten Pfad angeben zu müssen, kann dieser mit **Übertragen - Optionen** fest eingestellt werden. In Abb. 18 wird das Laufwerk B: mit dem Unterverzeichnis \Beispiel zum aktuellen Verzeichnis:

```
ÜBERTRAGEN OPTIONEN Format:(Normal)Symbolisch Fremd
            Laufwerk/Inhaltsverzeichnis: B:\Beispiel
```

Abb. 18: Festeinstellung des aktuellen Laufwerks

Gespeicherte Dateien können mit der Befehlsfolge **Übertragen - Laden** wieder geladen und weiter bearbeitet werden.

```
ÜBERTRAGEN LADEN Dateiname: C:\MPT\RECH.TAB                    Nur Lesen: Ja(Nein)
```

Abb. 19: Menü ÜBERTRAGEN LADEN

5.2.8 Druck

Die fertige Tabelle soll ausgedruckt werden. Der Ausdruck einer Tabelle wird über den Menübefehl **Druck** gesteuert.

```
DRUCK: Drucker Platte/Diskette Randbegrenzung Optionen Kopf-/Fußzeile
```

Abb. 20: Menü DRUCK

Zunächst werden die Randbegrenzungen festgelegt. Abb. 21 zeigt die Einstellmöglichkeiten. Die für den Ausdruck des Beispiels vorgeschlagenen Eintragungen sind den Menüeintragungen zu entnehmen.

```
DRUCK RANDBEGRENZUNG: links: 5        oben: 6       Druckbreite: 90
                      Drucklänge: 54  Seitenlänge: 66   Einrücken: 4
```

Abb. 21: Menü DRUCK RANDBEGRENZUNG

Standardmäßig wird die gesamte Tabelle gedruckt. Soll nur ein definierter Bereich ausgedruckt werden, so wird dies mit **Druck - Optionen** festgelegt. Nach [Pos1] springt der Feldzeiger in die Ausgangszelle Z1S1. Der Bereichsoperator ermöglicht die Erweiterung auf den gewünschten Druckbereich Z1S1:Z12S5. Betätigt man [Eingabe] und wiederholt die Befehlsfolge, so hat sich die Darstellung in Z1:12S1:5 verändert. Diese Darstellung entspricht der Anweisung: Drucke Zeile 1 bis Zeile 12 und Spalte 1 bis 5.

Komplizierter ist die Eintragung bei der Option **Steuerzeichen:**. Leicht haben es Besitzer von Druckern, deren Schriftarten sich über eine Fontwahl am Drucker steuern lassen. Ansonsten ist die Eingabe des Steuerzeichens z.B. für Fettdruck, Schmalschrift und die Schriftarten, über die der angeschlossene Drucker verfügt, erforderlich. Hier hilft nur ein intensiver Blick in das Handbuch des angeschlossenen Druckers und die Tabelle des PC-Zeichensatzes im Anhang. Alle Steuerzeichen sind **Hexadezimal** einzugeben. Jeder Hexdezimalsequenz ist die Zeichenkombination &H voranzustellen. Steuerzeichen kleiner Hexadezimal 20 (entspricht ASCII 32) dürfen nur als Kontrollcode eingegeben werden also z.B. für ESC ^[oder für komprimierte Schrift (Schmalschrift SI) ^O.

In vielen Fällen helfen die folgenden Beispiele, da sie praktisch bei allen Druckern laufen. Es ist natürlich möglich, mehrere Steuerzeichen zu kombinieren, z.B. Schmalschrift mit verdichtetem Zeilenabstand.

Beschreibung	Steuercode
Komprimierte Schrift (SI) 16,5 Zeichen pro Zoll	^O
Normalschrift (DC2) 10 Zeichen pro Zoll	^R
Zeilenabstand 1/6" (ESC 0) 8 Zeilen/Zoll = 8 lpi	^[&30
Zeilenabstand 1/8" (ESC 2) 6 Zeilen/Zollnormaler Zeilenabstand = 6 lpi	^[&32

Abb. 22: Beispiele für Druckersteuerung

Bei größeren Tabellen ist es manchmal erforderlich, eine kleinere Schrift zu wählen und den Zeilenabstand zu verengen. Wählt man Schmalschrift im Index/Potenz-Modus und verkürzt den Zeilenabstand auf 8 Zeilen pro Zoll, bringt man immerhin 136 Zeichen pro Zeile und 88 Zeilen pro Seite auf normalem Endlospapier unter. Für EPSON Drucker müßten dazu folgende Steuerzeichenfolge eingegeben werden: ^[&H53&H30^O^[&H30.

^[&H53&H30	Potenzierte Zeichen ESC S 0)
^O	Schmalschrift SI
[&H30	Zeilenabstand 8 Zeichen pro Zoll ESC 0

Erfreulicherweise ist diese Eingabe nur einmal erforderlich, da die Codierung mit der Arbeitstabelle abgespeichert wird.

Für das Beispiel wird Schmalschrift gewählt, was Hexadezimal OF entspricht. Da dieses Steuerzeichen unter Hexadezimal 20 liegt, ist der Kontrollcode ^O (Buchstabe O) einzutragen. Die Zeilen- und Spaltennummern der Tabelle sollen ebenfalls mit ausgedruckt werden.

```
DRUCK OPTIONEN: Bereich: Z1:12S1:5  Steuerzeichen: ^O
 Anschluß: PRN    Formeln: Ja(Nein)    Z/S-Nummern:(Ja)Nein    Währung:
```

Abb. 23: Menü DRUCK OPTION Druckbereich und Steuerzeichen

Die Tabelle soll eine Kopfzeile erhalten, die auch die Seitennumerierung
enthält. Das ist besonders bei mehrseitigen Berichten wichtig. Im Prinzip
kann jedes Feld für die Eintragung einer Kopfzeile verwendet werden.
Sinnvoll ist es, diese Eintragung jedoch in einem Teil der Tabelle unter-
zubringen, der normalerweise nicht verwendet wird. Im Beispiel soll diese
in Zeile Z15 untergebracht werden, damit die Bildschirmdarstellung erhalten bleibt. Für die Formatierung der Kopf/-Fußzeile stehen folgende
Steuerzeichen zur Verfügung:

Steuerzeichen	Wirkung
&S	Seitennummer
&L	Plaziert die Zeichen an den linken Rand der Zeile
&R	Plaziert die Zeichen an den rechten Rand der Zeile
&M	Plaziert die Zeichen in die Mitte der Seite

Abb. 24: Steuerzeichen für Kopf-/Fußzeilen

In der Zelle Z15S1 wird folgender Text eingetragen:

    Z15S1:   t&L Kopfzeile RECH.TAB Seite: &S'rt

Es ist möglich, auch längere Texteinträge, die über die Feldbegrenzungen
hinausragen, vollständig anzuzeigen. Voraussetzung ist, daß die daneben-
liegenden Felder leer sind. Die Darstellung über die Spaltenbreite der
Zelle hinaus wird mit **FORMAT - Felder - Formatcode: Zusammen** eingestellt.

```
FORMAT Felder: Z15S2:Z15S5        Ausrichtung:(Stnd)Mitte Norm Links Rechts -
       Formatcode: Stnd(Zusammen)E_Form Fest Norm Ganz Währung * % - Dez_Stellen: 0
```

Abb. 25: FORMAT Felder Zusammen

    Z15S2:   ff:'nr{3}'tb{2}z'rt   Formatcode Zusammen

Die Befehlsfolge **Druck - Kopf-/Fußzeile** ermöglicht, die Startnummer
der Seitennumerierung einzugeben und ein geeignetes Numerierungsfor-
mat zu wählen.

```
DRUCK KOPF-/FUSSZEILE: Kopfzeile: Z15S1:Z17S5        Fußzeile:
       Start Numerierung bei: 1        Numerierungsformat:(1)I i A a
```

Abb. 26: Menü DRUCK KOPF-/FUSSZEILE

Statt über den Drucker ist mit **Druck - Platte/Diskette** auch ein Ausdruck auf einen Datenträger möglich. Eine so erstellte **Druckdatei** kann
später unabhängig von Multiplan auf der DOS-Ebene ausgedruckt werden. Vergibt man beim Dateinamen der Druckdatei die Erweiterung
.TXT, so ist ein direktes Einlesen der Druckdatei in WORD und damit
eine Einbindung in eine Textdatei möglich.

Der Befehl **Druck - Drucker** ergibt folgenden Ausdruck:

```
    Kopfzeile RECH.TAB Seite : 1
          1           2                 3            4            5
    1 POS. BEZEICHNUNG                MENGE         PREIS        TOTAL
    2 ===================================================================
    3     1 Stühle                       32      258,30 DM    8.265,60 DM
    4     2 Tische                       25      123,00 DM    3.075,00 DM
    5     3 flipchart                     1      450,05 DM      450,05 DM
    6     4 Tafel                         1    1.200,50 DM    1.200,50 DM
    7 ----------------------------------------------------------------
    8                       GESAMT                          12.991,15 DM
    9                       MWST                       14%    1.818,76 DM
   10 ----------------------------------------------------------------
   11                       RECHNUNGSBETRAG                 14.809,91 DM
   12 ===================================================================
```

Eine interessante Variante des Befehls **Druck - Optionen** ist es, statt der
Ergebnisse die Formeln auszudrucken. Damit lassen sich die Zusam-
menhänge der Berechnung gut nachvollziehen. Das ist gerade für Anfänger besonders wichtig. Da hierfür im Beispiel nur die Spalte 5 interessant
ist, wird der Druckbereich geändert.

```
DRUCK OPTIONEN: Bereich: Z1S5:Z13S5      Steuerzeichen:
       Anschluß: PRN   Formeln:(Ja)Nein    Z/S-Nummern:(Ja)Nein    Währung:
```

Abb. 27: DRUCK OPTIONEN Formeln

Der Ausdruck sieht so aus:

```
ZS(-2)*ZS(-1)
ZS(-2)*ZS(-1)
ZS(-2)*ZS(-1)
ZS(-2)*ZS(-1)
"________________________"
Z(-5)S+Z(-4)S+Z(-3)S+Z(-2)S
Z(-1)S*ZS(-1)
"________________________"
Z(-3)S+Z(-2)S
```

5.3 Erweiterte Anwendungsmöglichkeiten

5.3.1 Standardeinstellungen

Einige erweiterte Anwendungsmöglichkeiten von Multiplan sollen am Beispiel der Datei VERKAUF.TAB beschrieben werden. Alle Werte der Spalten 5-7 und der Zeile 15 wurden formelmäßig berechnet:

```
 -1      1      2      3      4      5      6      7
  1 UMSATZSTATISTIK UND PROVISIONSABRECHNUNG
  2 I. HALBJAHR
  3                      DATUM:  27-Feb-90
  4                      Stand:  15-Feb-90
  5 ==============================================================
  6 MONAT BEZ.1  BEZ.2  BEZ.3   SUMME     MAX     MIN
  7 --------------------------------------------------------------
  8 JAN   40.000 44.000 36.000  120.000  44.000  36.000
  9 FEB   36.000 62.000 39.000  137.000  62.000  36.000
 10 MRZ   65.000 69.000 54.000  188.000  69.000  54.000
 11 APR   67.000 76.000 56.000  199.000  76.000  56.000
 12 MAI   86.000 50.000 61.000  197.000  86.000  50.000
 13 JUN   96.000 87.000 54.000  237.000  96.000  54.000
 14 --------------------------------------------------------------
 15 SUM   390.000 388.000 300.000 1.078.000
 16 ==============================================================
 17
 18 Mittelwert aller Bezirke JAN-JUN                 59.889
 19 Maximum aller Bezirke JAN-JUN                    96.000
 20 Minimum aller Bezirke JAN-JUN                    36.000
 21 Standardabweichung alle Bezirke JAN-JUN          18.075
                          VERKAUF.TAB
```

Abb. 28: Beispiel VERKAUF.TAB

Mit der Befehlsfolge **Format - Standard - Felder** können für die gesamte Arbeitstabelle Standardeinstellungen getroffen werden, die Ausrichtung, Formatcodes und Dezimalstellenzahl umfassen. Außerdem ist eine globale Festlegung der Spaltenbreite möglich.

```
FORMAT STANDARD: Felder Breite_der_Spalten Höhe
```

Abb. 29: Menü FORMAT STANDARD

Auf die gesamte Arbeitstabelle wirkt sich auch der Befehl **Format - Optionen** aus.

```
FORMAT OPTIONEN Tausenderpunkte: Ja(Nein)   Formeln: Ja(Nein)
```

Abb. 30: Menü FORMAT OPTIONEN

Im Beispiel sollen folgende Standardeinstellungen getroffen werden: Feste
Einstellung Dezimalstellenzahl 0; Spaltenbreite 8; Tausenderpunkte: Ja.

Z1S1:	fsf'tbf'tb0'rt	Standard Fest 0 Nachkommastellen
Z1S1:	fsb8'rt	Standardeinstellung Spaltenbreite 8
Z1S1:	foj'rt	Standard Tausenderpunkte (Ja)

Die weitere Bearbeitung enthält inhaltlich keine unbekannten Probleme
und sollte entsprechend Abb. 28 nachvollzogen werden. Bei Unklarheiten
kann das Protokoll der weiteren Bearbeitung herangezogen werden. Hier
werden auch zwei neue Varianten des Kopierbefehls vorgestellt.

Z1S1:	tUMSATZSTATISTIK UND PROVISIONSABRECHNUNG'nu	
Z2S1:	I. HALBJAHR'rt	
Z1S1:	ff:'nr{5}'nu'tb{2}z'rt	Verbreiterung Textanzeige mit Formatcode (Zusammen)
Z3S4:	tDATUM:'nu	
Z4S5:	Stand:'rt	
S1:	fb6'rt	Spaltenbreite 6 einstellen
Z5S1:	t=============='rt	Begrenzungsstrich eintragen
Z6S1:	kv'tb:'nr{6}'rt	Kopieren Begrenzungsstrich
Z6S1:	tMON'nr	
Z6S2:	BEZ.1'nr	
Z6S3:	BEZ.2'nr	
Z6S4:	BEZ.3'nr	
Z6S5:	fb12'rt'tSUMME'nr	Abweichende Spaltenbreite 12
Z6S6:	MAX.'nr	
Z6S7:	MIN.'rt	
Z7S1:	t------------'rt	
Z7S1:	kv'tb:'nr{6}'rt	
Z8S1:	tJAN'nu	
Z9S1:	FEB'nu	
Z10S1:	MRZ'nu	
Z11S1:	APR'nu	
Z12S1:	MAI'nu	
Z13S1:	JUN'rt	
Z14S1:	kv'no{7}:'no{7}'nr{6}'rt	Variante Kopierbefehl
Z15S1:	tSUM'rt	
Z16S1:	kvZ5S1'tb:'nr{6}'rt	Variante Kopierbefehl
Z18S1:	tMittelwert aller Bezirke JAN-JUN'nu	
Z19S1:	Maximum aller Bezirke JAN-JUN'nu	
Z20S1:	Minimum aller Bezirke JAN-JUN'nu	
Z21S1:	Standardabweichung alle Bezirke JAN-JUN'rt	
Z18S1:	ff:'nu{3}'nr{4}'tb{2}z'rt	Verbreiterung Textanzeige

Die Tabelle VERKAUF.TAB hat nach Eintragung der Umsatzzahlen im
Bereich Z8S2 bis Z13S4 folgendes Aussehen:

```
     -1    1      2      3      4      5       6      7
  1 UMSATZSTATISTIK UND PROVISIONSABRECHNUNG
  2 I. HALBJAHR
  3                     DATUM:
  4                     Stand:
  5 ================================================================
  6 MONAT BEZ.1  BEZ.2  BEZ.3  SUMME    MAX     MIN
  7 ----------------------------------------------------------------
  8 JAN   40.000 44.000 36.000
  9 FEB   36.000 62.000 39.000
 10 MRZ   65.000 69.000 54.000
 11 APR   67.000 76.000 56.000
 12 MAI   86.000 50.000 61.000
 13 JUN   96.000 87.000 54.000
 14 ----------------------------------------------------------------
 15 SUM
 16 ================================================================
 17
 18 Mittelwert aller Bezirke JAN-JUN
 19 Maximum aller Bezirke JAN-JUN
 20 Minimum aller Bezirke JAN-JUN
 21 Standardabweichung alle Bezirke JAN-JUN
```

5.3.2 Funktionen

5.3.2.1 Schreibweise einer Funktion

Multiplan verfügt über eine Vielzahl von Funktionen für die ver-
schiedensten Anwendungen. Einige sollen hier vorgestellt werden. Funktionen bestehen aus einem Funktionswort und dem Argument, z.B. der
Bereichsangabe, für die eine Summe gebildet werden soll. Funktionen
müssen im **WERT-Modus** in die Tabelle eingetragen werden.

```
FUNKTIONSWORT(Argument)
     |
     |            └─Bereichsangabe
     └────────Funktionswort, z.B. Beispiel Summe
```

Abb. 31: Schreibweise einer Funktion

5.3.2.2 Statistische Funktionen

Insbesondere bei größeren Tabellen ist die Methode, die Summen über
wiederholte [+]-Verknüpfungen aufzubauen, sehr mühsam. Das geht viel
schneller mit der Funktion **Summe**(*Liste*). Die erste Summe soll in der
Zelle Z15S2 für die Umsätze des BEZ.1 JAN-JUN gebildet werden.

Z15S2:	=	Eröffnung einer Funktionseintragung Modus wechselt in WERT:
	SUMME(	Eintragung des Funktionswortes und Argumentseröffnung
	'no{7}	Bewegen zu Startfeld Berechnung
	:	Erweiterung mit Bereichscode
	'no{2}	Markieren bis Endfeld Berechnung
	)	Beenden Argument
	'rt	Eintragung Summenfunktion

In der Zelle steht nun das Ergebnis der Berechnung, die Statuszeile zeigt
die Formel: SUMME(Z(-7)S:Z(-2)S). Diese Formel kann so bis einschließlich Spalte SUMME kopiert werden.

Z15S2:	kv'tb:'nr{3}'rt

Die Umsätze JAN aller Bezirke werden im Feld Z8S5 nach der gleichen
Systematik summiert:

Z8S5:	=SUMME('nl{3}:'nl)'rt	Eintragung Summenformel
Z8S5:	kv'tb:'nu{5}'rt	Kopieren der Formel

Der höchste Umsatz aller Bezirke im Monat Januar wird mit der Funktion MAX(*Liste*), der niedrigste Umsatz mit der Funktion MIN(*Liste*)
ermittelt:

Z8S6:	=MAX('nl{4}:'nl{2})'rt	Eintragung der Formel
Z8S6:	kv'tb:'nu{5}'rt	Kopieren der Formel
Z8S7:	=MIN('nl{5}:'nl{3})'rt	Eintragung der Formel
Z8S7:	kv'tb:'nu{5}'rt	Kopieren der Formel

Multiplan kann nicht nur zeilen- und spaltenweise Berechnungen durchführen, sondern auch für ganze Bereiche. Dies wird mit den statistischen
Auswertungen in Spalte 7 ab Zeile 18 gezeigt. Zwei weitere statistische
Funktionen werden dabei ebenfalls erprobt, der Mittelwert
MITTELW(*Liste*) und die Standardabweichung STABW(*Liste*)

Z18S7:	=MITTELW(	Eröffnung der Funktion
	'no{10}'nl{5}:'no{5}'nl{3}	Markieren des Bereichs
	)	Beenden der Funktion
	'rt	Eintragung in die Zelle
	MITTELW(Z(-10)S(-5):Z(-5)S(-3))	

Anstatt die Methode des Ausleuchtens anzuwenden, kann der Bereich
auch direkt eingegeben werden.

<pre>
Z19S2:   =MAX(Z8S2:Z13S4)'rt
Z20S2:   =MIN(Z8S2:Z13S4)'rt
Z21S2:   =STABW(Z8S2:Z13S4)'rt
</pre>

5.3.2.3 Datum

Im Feld Z3S5 soll das Datum in der Form eingetragen werden, daß bei jedem Laden der Tabelle jeweils das aktuelle Datum angezeigt wird. Die Zelle Z4S5 zeigt das Datum der letzten inhaltlichen Veränderung der Tabelle. Diese Eintragung soll bis zu einer Änderung konstant bleiben. Multiplan stellt dafür zwei verschiedene Funktionen zur Verfügung JETZT() und DATUM(*Jahr;Monat;Tag*). Diese Funktionen werden in den Zellen eingetragen.

<pre>
Z3S5:   =JETZT()'rt
Z4S5:   =DATUM(1990;2;15)'rt
</pre>

Als Ergebnis erscheinen in den Feldern nicht die gewünschten Daten, sondern Zahlen, z.B. die Zahl 32919. Diese Zahlen zeigen die Zahl der Tage an, die zwischen dem Datumswert 1, dem 1.1.1900 und dem im Feld eingetragenen Datumswert vergangen sind. Seit dem 1.1.1900 und dem 15.2.1990 liegen 32919 Tage. Dies ermöglicht es, z.B. bei Zinsberechnungen, mit dem Datum zu rechnen. Um das Datum in lesbarer Form auszugeben, werden die Felder mit der Befehlsfolge **Format – Zeit_Datum** formatiert werden. Trotz dieser Formatumstellung kann weiter mit dem Datum gerechnet werden.

<pre>
Z3S5:   fzf:'nu   Bereichsfestlegung der Datumsfelder
            'tb   Wechsel in Option Format
            'nr   Auswahl des gewünschten Formats Abb. 32
            'rt
</pre>

```
FORMAT ZEIT_DATUM Felder: Z3S5:Z4S5     Format: t-mmm-jj



                                        └Datumsformate      Beispiel:
            └Bereichsangabe              KEINS
                                        h:mm                5:32
                                        h:mm AM/PM          5:32 AM
                                        h:mm:ss             5:32:18
                                        h:mm:ss AM/PM       5:32:18 AM
                                        mmm-jj              Feb-90
                                        t-mmm               15-Feb
                                        t-mmm-jj            15-Feb-90
                                        t.m                 15.2.
                                        t.m.jj              15.2.90
                                        t.m.jj h:mm         15.2.90 5:32
```

Abb: 32: Menü FORMAT – ZEIT_DATUM

5.3.4 Kopieren von Bereichen

Das Beispiel VERKAUF.TAB soll um eine Provisionsberechnung erweitert werden.

```
-1      1       2       3       4       5
23 PROVISIONSABRECHNUNG
24 PROVISIONSATZ                2,25%
25 =========================================
26 MONAT BEZ.1   BEZ.2   BEZ.3   SUMME
27 ---------------------------------------
28 JAN     900     990     810    2.700
29 FEB     810   1.395     878    3.083
30 MRZ   1.463   1.553   1.215    4.230
31 APR   1.508   1.710   1.260    4.478
32 MAI   1.935   1.125   1.373    4.433
33 JUN   2.160   1.958   1.215    5.333
34 ---------------------------------------
35 SUM   8.775   8.730   6.750   24.255
36 =========================================
```

Nachdem die Eintragungen in den Feldern Z23S1 und Z24S1 erfolgt sind,
werden die daneben liegenden Felder mit dem **Formatcode: (Zusammen)**
versehen, damit der gesamte Text sichtbar wird. Die Zelle Z24S4 wird
Prozentzelle mit 2 Dezimalstellen.

Z23S1:	tPROVISIONSABRECHNUNG'nu	
Z24S1:	PROVISIONSATZ'rt	
Z23S1:	ff:'nu'nr{3}'tb{2}z'rt	Formatcode: (Zusammen)
Z24S4:	ff'tb{2}%'tb2'rt	Formatierung als %-Zelle
Z24S4:	2,25%'rt	

Die weitere Gestaltung der Tabelle entspricht dem Bereich Z5S1 bis
Z16S5. Dieser Bereich kann mit einem einzigen Befehl kopiert werden.
Multiplan läßt nicht nur das Kopieren einzelner Zellen, sondern auch
ganzer Bereiche zu, wobei dies sowohl in der **ZEIGE-Methode** als auch
durch **direkte Zelladressen** möglich ist. Dabei ist es sinnvoll, zunächst
den Feldzeiger in das Ergebnisfeld zu bewegen und erst dann den
Kopiervorgang durchzuführen.

Z25S1:	kv	KOPIE Von
	Z5S1:Z16S5	Direkte Eingabe des Kopierbereichs
	'rt	Beenden des Kopierbefehls

5.3.5 Relative und absolute Adressierung

In den Feldern der Provisionsberechnung stehen die Umsatzwerte sowie
die korrekt ermittelten Summen. Durch das Kopieren vom Quellbereich
in den Zielbereich haben sich die Ergebnisse der formelmäßigen

Berechnungen nicht geändert. Die Relationen der Formeln blieben erhalten. Man nennt dies **relative Adressierung**.

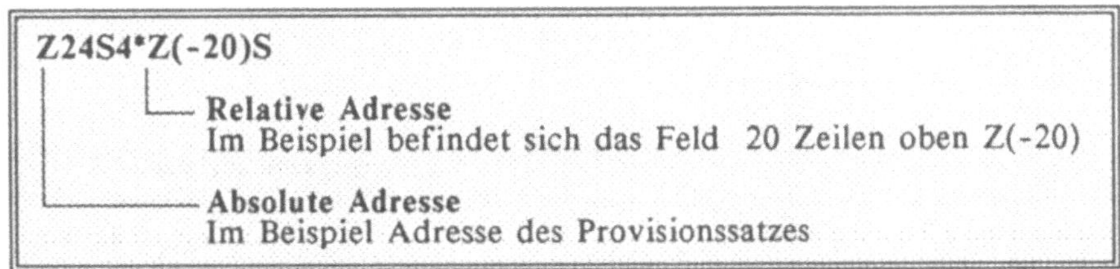

Z(+-n)S(+-n)			
	Adresse	Beschreibung	Beispiel
	ZS(-n)	Vom Ergebnisfeld um n Spalten nach links	ZS(-4)
	ZS(+n)	Vom Ergebnisfeld um n Spalten nach rechts	ZS(+4)
	Z(-n)	Vom Ergebnisfeld um n Zeilen nach oben	Z(-4)
	Z(+n)	Vom Ergebnisfeld um n Zeilen nach unten	Z(+4)

Abb. 33: Relative Adressierung

Die Formel Z(-1)S*ZS(-1) wird von Multiplan als folgende Anweisung interpretiert: Nimm den Wert eine Zeile über dem Ergebnisfeld und multipliziere mit dem Wert eine Spalte links vom Ergebnisfeld. Bei der Provisionsberechnung soll der jeweilige Umsatz des Bereichs Z8S2 bis Z13S4 **immer** mit dem Prozentsatz der Provision multipliziert werden. Der Provisionssatz würde nach der bisher praktizierten Methode als relativ adressierter Bestandteil der Formel behandelt. Beim Kopieren würde sich die Adresse des Provisionssatzes ändern und dadurch falsche Ergebnisse erbringen. Das läßt sich durch **absolute Adressierung** lösen. Die Berechnung wird bei der absoluten Adressierung fest (absolut) mit der angegebenen Adresse durchgeführt.

Ein Bestandteil einer Formel wird durch **direkte Eingabe der Feldadresse** absolut adressiert, z.B. Z24S4. Im Beispiel wird nun die kopierfähige Formel zur Provisionsberechnung eingetragen:

Z28S2:   =Z24S4*'no{20}'rt

Die Statuszeile zeigt die Formeleintragung:

Z24S4*Z(-20)S	
	Relative Adresse Im Beispiel befindet sich das Feld 20 Zeilen oben Z(-20)
	Absolute Adresse Im Beispiel Adresse des Provisionssatzes

Abb. 34: Formel mit absoluter und relativer Adressierung

Die Formel kann nun von Feld Z28S2 in den Bereich Z28S2:Z33S4
kopiert werden. Da die Summenbildung aus dem oberen Teile der Tabelle
mitkopiert wurde, ist diese Summenberechnung bereits korrekt eingetragen. Das Arbeitsblatt wird mit dem Namen VERKAUF.TAB gespeichert.

      Z28S2:   kv'tb:Z28S2:Z33S4'rt
                  üsVERKAUF.TAB'rt

5.3.6 Bereichsnamen

Multiplan bietet die Möglichkeit, einzelnen Feldern oder Bereichen mit
dem Befehl **Name** einen Namen zu geben. Felder mit Namen zu versehen
hat einige Vorteile, auf die später noch eingegangen wird.

```
NAME: Namen eingeben: EINGABE              Bereich: Z8S2:Z13S4
             Makro: Ja(Nein)     Tastenschlüssel:
```

Abb. 35: Menü NAME

In der Tabelle VERKAUF.TAB sollen folgende Namen vergeben werden:

ADRESSE	NAME	EINTRAGUNG
Z8S2:Z13S4	EINGABE	Z8S2: nEINGABE'tb:'nr{2}'nu{5}'rt
Z24S4:	PROVSATZ	24S4: nPROVSATZ'rt
Z4S5	STAND	Z4S5: nSTAND'rt

Wird nach dem Befehlsaufruf **Name** die Richtungstaste [rechts] (Auswahl)
betätigt, so zeigt Multiplan eine Liste der bereits vergebenen Namen.
Versehentlich vergebene oder überflüssige Namen können gelöscht werden, indem in der Auswahlliste der zu löschende Name angesteuert und
nach [Tab] bei der Option **Bereich:** [Entf] betätigt wird.

```
          ┌─────Bereits vergebene Bereichsnamen, TEST ist markiert.
    ┌─EINGABE
    └ PROVSATZ
      STAND
    └ TEST

    NAME: Namen eingeben: TEST                        Bereich: Z15S5─┐
                 └─Mit Auswahl markierter Name
         Adresse des markierten Namens. Mit [Entf] wird der Name gelöscht─┘
```

Abb: 36: Namensliste und Löschen von Namen

5.3.6.1 Direkter Sprung mit GEHEZU

Wichtige Positionen in der Tabelle können bei vergebenen Namen direkt angesteuert werden, auch ohne daß die Zelladresse bekannt ist. Wählt man beim Menü **Gehezu** Option **Name** und gibt dann den vergebenen Namen ein, z.B. EINGABE, so springt der Zellzeiger direkt in das benannte Feld. Handelt es sich um einen Bereich, so wird die **Ankerzelle**, das ist das linke obere Feld eines Bereichs, angesteuert.

```
GEHEZU: Makro Name Zeile_Spalte Ausschnitt
                              └─AUSSCHNITT Ausschnitt Nummer: Zeile: Spalte:
                       └─Zeile:      Spalte:
             └─Name:
    └─Name:
```

Abb. 37: Menü GEHEZU

5.3.6.2 Formeln mit Namen

Ein Feldname kann bei der Definition einer Formel wie eine Adresse verwendet werden. Im Beispiel kann die Provision in Zelle Z28S2 auch über folgende Eingabe berechnet werden.

Z28S2:   =PROVSATZ*'no{20}'rt   Ergibt die Formel
                                          PROVSATZ*Z(-20)S

Gleiches gilt für Berechnungen, die ganze Bereiche betreffen. Statt der unübersichtlichen Formel, die in Zelle Z21S2 eingetragen ist: STABW(Z(-13)S(-5):Z(-8)S(-3), wäre die Berechnung in vereinfachter Form durch die Eingabe STABW(EINGABE) möglich.

5.3.7 Schutz der Tabelle

Um Felder, insbesondere Zellen mit Rechenformeln, vor versehentlichem Überschreiben zu schützen, können diese geschützt werden. Der Schutz wird über den Befehl **Schutz** eingestellt.

```
SCHUTZ: Felder Rechenformeln
                    └─Rechenformeln:
                      Geben Sie bitte J ein um zu bestätigen!█
              └─────Felder: Z27S1          Status: Geschützt(Ungeschützt)
```

Abb. 38: Menü SCHUTZ

Die Tabelle VERKAUF.TAB kann gegen versehentliches Überschreiben
der Rechenformeln durch die Befehlsfolge **Schutz - Rechenformeln (Ja)**
geschützt werden. Will man auch die übrigen Tabellenteile schützen, so
werden zunächst alle Felder der Tabelle geschützt und nur die Eingabefelder für Eintragungen geöffnet. Das wären im Beispiel die Felder und
Bereiche, die auch mit einem Namen versehen wurden. Der Schutz kann
nach der ZEIGE-Methode, der direkten Adressierung oder durch die
vergebenen Namen eingestellt und aufgehoben werden.

	[Pos1]	bewirkt Sprung nach Z1S1
	sf	Schutz Felder
	:	Bereichsoperator
	[Ende]	Sprung in das letzte Feld
	'tbg	Option Status (G)eschützt
	'rt	
Z1S1:	sf'nr{4}'nu{3}'tbu'rt	Aufhebung Schutz ZEIGE-Methode
Z8S2:	sfEINGABE'tbu'rt	Aufhebung Schutz mit NAMEN
Z1S1:	sfZ3S5'tbu'rt	Aufhebung Schutz mit direkter ADRESSANGABE

Beim Versuch, in einem geschützten Feld etwas einzutragen, erscheint
folgende Meldung:

```
Geschützte Felder dürfen nicht geändert werden:
```

5.3.8 Löschen und Einfügen von Zeilen

Folgende Tabelle soll erstellt werden. Die in eckige Klammern [] gesetz-
ten Ziffern geben die Spaltenbreite an. Alle Werte der Spalten 4 und 6
sowie der Zeile 11 sollen berechnet werden.

```
       [15]      [8]     [10]       [12]       [10]        [12]
        1         2       3          4          5           6
 1 NAME        MENGE   DM/St   AKKORDL.  GRUNDLOHN   GESAMTLOHN
 2 ---------------------------------------------------------------
 3 AMEISTER      250    7,00    1750,00     900,00      2650,00
 4 BAUER         271    7,00    1897,00     900,00      2797,00
 5 DORFNER       313    7,00    2191,00     900,00      3091,00
 6 KERLE         297    7,00    2079,00     900,00      2979,00
 7 KUMPEL        312    7,00    2184,00     900,00      3084,00
 8 MEISTER       303    7,00    2121,00     900,00      3021,00
 9 SCHULZE       289    7,00    2023,00     900,00      2923,00
10 ---------------------------------------------------------------
11               2035           14245,00               20545,00
12 ===============================================================
```

Die unter dem Namen LOHN.TAB abgespeicherte Tabelle soll umgebaut werden, um die Berechnungen rationeller durchzuführen. Dazu werden zunächst die Spalten DM/St. (S3) und GRUNDLOHN (S5) mit dem Befehl **Löschen** entfernt. Es ist empfehlenswert, vor dem Aufruf des Befehls die Zeile oder Spalte, die entfernt werden soll, anzusteuern.

```
LÖSCHEN: Zeile Spalte
              |
              └─LÖSCHEN SPALTE Spaltenanzahl: 1        Beginn bei: 3
       |                       von Zeile: 1                    bis: 4095
       └─LÖSCHEN ZEILE Zeilenanzahl: 1        Beginn bei: 1
                        von Spalte: 1                bis: 255
```

Abb. 39: Menü LÖSCHEN

S3:	ls'rt	Löschen-Spalte
	'nr	Ansteuern Spalte GRUNDLOHN
	ls'rt	

Nachdem diese Spalten entfernt wurden, sind die Berechnungen der eingetragenen Rechenformeln nicht mehr durchführbar. Es erscheint in den Ergebnisfeldern deshalb die Meldung **POS!**.

Vor der bisherigen Zeile 1 sollen 4 neue Zeilen eingefügt werden. Der Befehl dazu heißt **Einfügen**.

```
EINFÜGEN: Zeile Spalte
               |
               └─EINFÜGEN SPALTE Spaltenanzahl: 1        vor Spalte: 1
        |                        von Zeile: 1                   bis: 4095
        └─EINFÜGEN ZEILE Zeilenanzahl: 4        vor Zeile: 1
                         von Spalte: 1           bis Spalte: 255
```

Abb. 40: Menü EINFÜGEN

In den eingefügten Zellen werden die Überschriften entsprechend Abb. 41 eingetragen. Die Zelle Z2S4 soll den Namen AKKS (AKKord-Satz), das Feld Z3S4 den Namen GL (GrundLohn) erhalten. Die Formeln für die Berechnung des AKKORDLOHN in Feld Z7S3 und des GESAMTLOHN in Zelle Z7S4 sollen mit den vergebenen Namen definiert werden. Dadurch werden diese Adressen automatisch **absolut adressiert**. Abschließend soll die gesamte Tabelle geschützt und nur die Felder mit den Namen AKKS und GL sowie die Mengen in Spalte 7 von Zeile 7 bis 13 für Eintragungen geöffnet werden.

	[Pos1]	Sprung Anfangszelle
Z1S1:	ez4'rt	Einfügen von 4 Zeilen
Z1S1:	tLOHNABRECHNUNG'nu	
Z2S1:	AKKORDSATZ DM/St'nu	
Z3S1:	GRUNDLOHN'rt	
Z1S3:	tMonat:'rt	
Z2S2:	7'nu	Eintragung 7
Z3S2:	900'rt	Eintragung 900
Z2S2:	nAKKS'rt	Namensvergabe AKKS
Z3S2:	nGL'rt	Namensvergabe GL
Z7S3:	=AKKS*'nl'rt	Formel: AKKS*ZS(-1)
Z7S4:	=GL+'nl'rt	Formel: GL+ZS(-1)
Z7S3:	kv:'nr'tb:'nu{6}'rt	Kopie der Formeln
Z7S3:	ff:[Ende]'tb{2}f'tb2'rt	
Z7S4:	sf[Pos1]:[Ende]'tbg'rt	Schutz Tabelle
Z2S2:	sf:'nu'tbu'rt	Aufhebung Schutz GL AKKS
Z7S2:	sf:'nu{6}'tbu'rt	Aufhebung Schutz Mengen
Z1S4:	sf'tbu'rt	Aufhebung Schutz Monat

```
  -1        1            2         3           4
  1 BRUTTOLOHN                  Monat:
  2 AKKORDSATZ DM/St      7,00
  3 GRUNDLOHN           900,00
  4
  5 NAME                 MENGE   AKKORDL.    GESAMTLOHN
  6 ---------------------------------------------------------
  7 AMEISTER               250    1750,00     2650,00
  8 BAUER                  271    1897,00     2797,00
  9 DORFNER                313    2191,00     3091,00
 10 KERLE                  297    2097,00     2979,00
 11 KUMPEL                 312    2184,00     3084,00
 12 MEISTER                303    2121,00     3021,00
 13 SCHULZE                289    2023,50     2923,00
 14 ---------------------------------------------------------
 15                       2035   14245,00    20545,00
 16 =========================================================
```

Abb. 41: Arbeitstabelle LOHN.TAB

5.3.9 Ordnen

Mit dem Befehl **Ordnen** ist es möglich, die Tabelle nach der gewünschten
Spalte zu sortieren. Die Sortierfolge kann aufsteigend [>] oder abfallend
[<] eingestellt werden. Standardmäßig wird aufsteigend sortiert. Im Beispiel sind die Namen der Arbeiter alphabetisch sortiert. Möchte man z.B.
abfallend nach der produzierten Menge sortieren, so wäre folgende Einstellung erforderlich:

Z7S2:   o2'tb7'tb13'tb<

```
ORDNEN der Spalte: 2  von Zeile: 7  bis: 13   Sortierfolge: >(<)
```

Abb. 42: ORDNEN mit abfallender Sortierfolge

Das Ergebnis dieses Sortiervorgangs sieht so aus:

```
DORFNER        313    2191,00    3091,00
KERLE          312    2184,00    3084,00
MEISTER        303    2121,00    3021,00
KUMPEL         297    2079,00    2979,00
SCHULZE        289    2023,00    2923,00
BAUER          271    1897,00    2797,00
AMEISTER       250    1750,00    2650,00
```

Um wieder die alphabetische Folge herzustellen, müssen die Zeilen 7 bis
13 nach der Spalte 1 in aufsteigender Folge sortiert werden:

```
ORDNEN der Spalte: 1  von Zeile: 7  bis: 13   Sortierfolge:(>)<
```

Abb. 43: ORDNEN mit aufsteigender Sortierfolge

Bei relativen Formeleintragungen gibt es in der Regel bei solchen Sortier-
vorgängen keine Schwierigkeiten. Will man aber sichergehen, daß kein
Zahlensalat entsteht, so kann die automatische Neuberechnung ausgeschaltet werden. Dies geschieht mit der Befehlsfolge **Zusätze - sofort
rechnen: Nein.** Es werden dann die Werte vor dem Ordnen herangezogen.

Die Datei wird in diesem Zustand unter dem Namen LOHN_NAM.TAB
abgespeichert.

5.4 Makros

Makros automatisieren die Arbeit mit Multiplan. Damit können Aufgaben, die sich wiederholen, schnell und sicher erledigt werden. Makros
bieten nicht nur die Möglichkeit, die Anwendungen für den Benutzer zu
optimieren, vielmehr kann über Menümakros ein Arbeitsblatt so gestaltet
werden, daß es auch von einem Benutzer, der mit Multiplan nicht vertraut ist, angewendet werden kann.

5.4.1 Formale Festlegungen

Die meisten Befehle für Makros werden durch Anschlag der entsprechenden Taste definiert. Für Sondertasten, bei denen dies nicht möglich ist,

gibt es Festlegungen. Die dazugehörige Tabelle ist dem Anhang zu entnehmen.

5.4.2 Erstellen von Makros

Makros können auf zwei Arten erstellt werden. Entweder durch direkte Eingabe oder über eine automatische Aufzeichnung durch den **Makro-Recorder**.

Jede Zelle kann bis zu 255 Zeichen aufnehmen. Es ist jedoch aus Gründen der Übersicht und leichteren Fehlerkorrektur zu empfehlen, einen langen Makro in sinnvolle Abschnitte zu gliedern und diese in direkt untereinander liegende Felder zu schreiben. Ein Makrobefehl wird innerhalb eines Feldes von links nach rechts und in einer Spalte von oben nach unten in direkt aufeinanderfolgenden Feldern gelesen. Es darf deshalb kein leeres Feld dazwischen liegen, da dieses den Makroablauf unterbricht. Beendet werden Makros mit dem Befehl 'qu.

Um ein Makro zu definieren, muß zunächst eine geeignete Zelle gefunden werden, in die der Makro plaziert werden soll. Der aktive Teil der Tabelle sollte "atmen" können, d.h., es soll ermöglicht werden, zusätzliche Zeilen und Spalten einzufügen oder die Tabelle zu verkürzen. Wichtig ist, daß diese Operationen durchgeführt werden können, ohne an anderen Stellen, insbesondere dort, wo die Makros stehen, Teile zu zerstören. Deshalb sei folgendes Schema zur **Tabellenarchitektur** empfohlen.

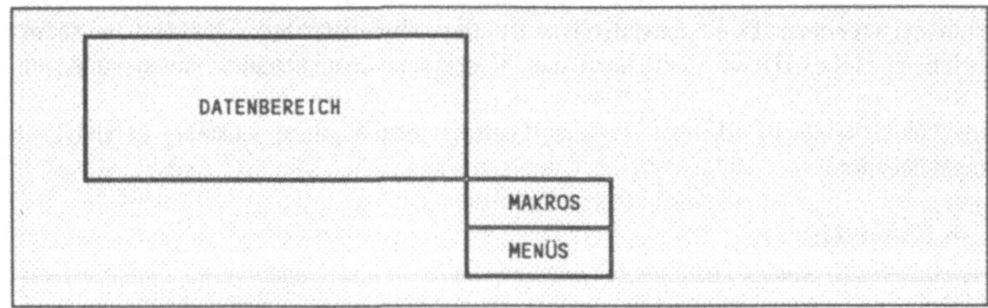

Abb. 44: Tabellenaufbau

5.4.3 Direkte Makroeingabe

Vor der Eingabe eines Makros ist es empfehlenswert, diesen zunächst zu planen. Dies geschieht durch Notizen über den geplanten Verlauf. Am besten, indem die einzelnen Schritte manuell durch die entsprechenden Tastenanschläge durchgeführt und dokumentiert werden.

In Zelle Z1S1 einer neuen Arbeitstabelle soll ein Makro geschrieben werden, der die Spaltenbreite auf 20 Zeichen setzt, anschließend ein Feld
nach rechts springt und diese Spalte auf ein Zeichen formatiert. Der
Makro erhält den Namen **BREIT_20_1** und den Tastenschlüssel **BR**. Mit
dem vereinbarten Tastenschlüssel kann man den Makrobefehl jederzeit
mit **[Alt]+[B][R]** ablaufen lassen. Der Befehlsablauf wird an der Position
des Zellzeigers ausgeführt. Zur besseren Unterscheidung der eigentlichen
Makroanweisungen von der zur Eingabe erforderlichen Zeichen werden
die zur Eintragung der Makros notwendigen Zeichen in eckige Klammern
[] gestellt.

```
                ┌(F)ormat
                ┌(B)reite
                ┌Eingabe 20 Zeichen
                 ┌Eingabetaste
                  ┌Eine Zelle nach rechts
                   ┌(F)ormat
                    ┌(B)reite
                     ┌Eingabe 1
                      ┌Eingabetaste
                       ┌Beenden des Makro
 Z1S1: fb20'rt'nrfb1'rt'qu

 NAME: Namen eingeben: BREIT_20_1            Bereich: Z1S1
             Makro:(Ja)Nein            Tastenschlüssel: BR
```

Abb. 45: Eingabe und Benennung eines Makro

Im nächsten Beispiel soll ein Makro die Wochentage in Kurzform untereinander schreiben. Der Makro soll in Zelle Z3S1 stehen, den Namen
WOCHENTAGE und den Tastenschlüssel WO erhalten:

    Z3S1:   [t]Mo'nuDi'nuMi'nuDo'nuFr'nuSa'nuSo'rt'qu['rt]
    Z3S1:   nWOCHENTAGE'tb{2}j'tbWO'rt Benennung des Makro

Makros sind leicht zu ändern. Soll z.B. beim ersten Makro die Spaltenbreite statt 20 nun 25 Zeichen umfassen, so wird die Zelle mit dem
Makro angesteuert, der Befehl **Verändern** aufgerufen, mit [F9] bzw. [F10]
die zu ändernden Zeichen angesteuert, korrigiert und in die verbesserte
Eintragung in die Zelle zurückgeschrieben.

Der in Kapitel 5.3.9 beschriebene Sortiervorgang der Tabelle
LOHN_NAM.TAB soll als Makro definiert werden. Dazu wird die Arbeitstabelle geladen und der Makro in die Zelle Z19S7 geschrieben.

    Z19S7:   [t]o1'tb7'tb13'tb>'rt'qu['rt]
    Z19S7:   nSORT_NAM'tb'tbjNA'rt   Benennung des Makro

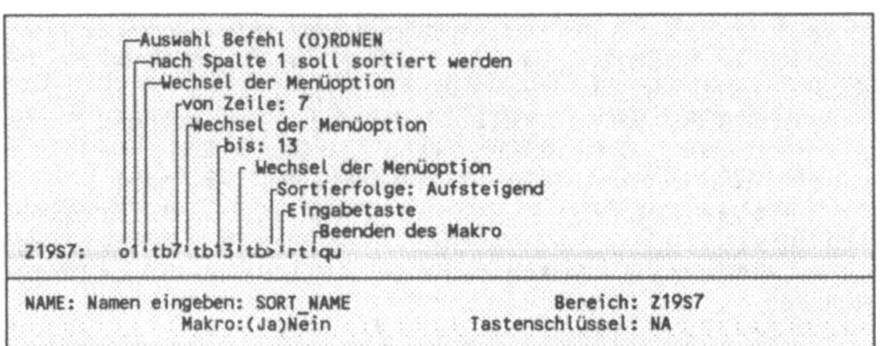

Abb. 46: Beispiel für ein Sortiermakro

5.4.4 Makroaufzeichnung mit dem Makro-Recorder

Die Eingabe eines Makros kann auch mit dem **Makro-Recorder** erfolgen. Anstatt die Zeichen über die Tastatur einzugeben, protokolliert der Recorder die eingegebene Befehlsfolge in allen Teilschritten. Dazu muß zunächst der Bereich festgelegt werden, in dem der Makro aufgezeichnet werden soll. Der Makro für den Sortiervorgang nach MENGE soll im Feld Z21S7 über Makro-Recorder aufgezeichnet werden. Diese Zelle erhält den Namen **Record** und den Tastenschlüssel RC.

Z21S7:   nRECORD'tb'tbj'tbRC'rt

Abb. 47: Namensvergabe für Makro-Recorder

Dieser Name veranlaßt Multiplan den aufzuzeichnenden Makro in diese Zelle oder bei größeren Makros in den vereinbarten Bereich zu schreiben. Die Eingabe ist zwingend. Ohne den mit RECORD festgelegten Namen für den Makrobereich kann der Makro-Recorder nicht gestartet werden. Der Start des Makro-Recorders erfolgt mit **[Umschalt]+[F7]**. In der Statuszeile erscheint dann **MR**, um anzuzeigen, daß man sich im **Makro-Recorder-Modus** befindet. Wurde der Startbereich so nicht definiert, erscheint die Meldung:

Anschließend werden die Befehle in der bisher üblichen Form der Reihe nach eingegeben. Ist die Befehlsfolge abgeschlossen, wird der Makro-Recorder mit [Umschalt]+[F7] wieder abgeschaltet. In das Feld Z21S7 wird von Multiplan dann die in Makro-Schreibweise protokollierte Befehlsfolge geschrieben.

Z21S7:	[Umschalt][F7]	Einschalten Makro-Recorder
	o	Aufruf Befehl ORDNEN
	2	Spalte 2
	[Tab]7	[Tab] von Zeile 7
	[Tab]13	[Tab] bis Zeile 13
	[Tab]<	[Tab] Sortierfolge: abfallend
	[Eingabe]	
	[Umschalt][F7]	Abschalten Makro-Recorder
		bewirkt die Eintragung:

Z21S7:   o2'tb7'tb13'tb<'rt'qu

Der Makro erhält den Namen, **SORT_MENGE** mit dem Tastenschlüssel **ME**. Diese Umbenennung und die anschließende Verlegung des Namens RECORD wird dringend empfohlen, da sonst die Gefahr besteht, daß bei einer erneuten Aufzeichnung eines Makro mit dem Makro-Recorder der bestehende Makro überschrieben wird.

Z21S7:   nSORT_MENGE'tb'tbj'tbME'rt

```
NAME: Namen eingeben: SORT_MENGE          Bereich: Z21S7
         Makro:(Ja)Nein      Tastenschlüssel: ME
```

Abb. 48: Umbenennung eines RECORD-Makro

Ein dritter Makro in der Tabelle LOHN_NAM.TAB automatisiert den Ausdruck. Die Einstellung für den Druck soll die in den folgenden Menübildern eingestellten Befehlscodierungen enthalten.

Vor der Aufzeichnung muß unbedingt der Name RECORD vom bisherigen Feld Z21S7 in den Bereich Z23S7 verlegt werden.

Z23S7:   nRECORD'tbZ23S7'tbj'tbRC'rt

Die Aufzeichnung des Makro über den Makro-Recorder ergibt in Zelle Z23S7 die Eintragung gemäß Abb. 49. Anschließend wird der Makro umbenannt.

Z23S7:   nDRUCK'tbZ23S7'tbj'tbDR'rt

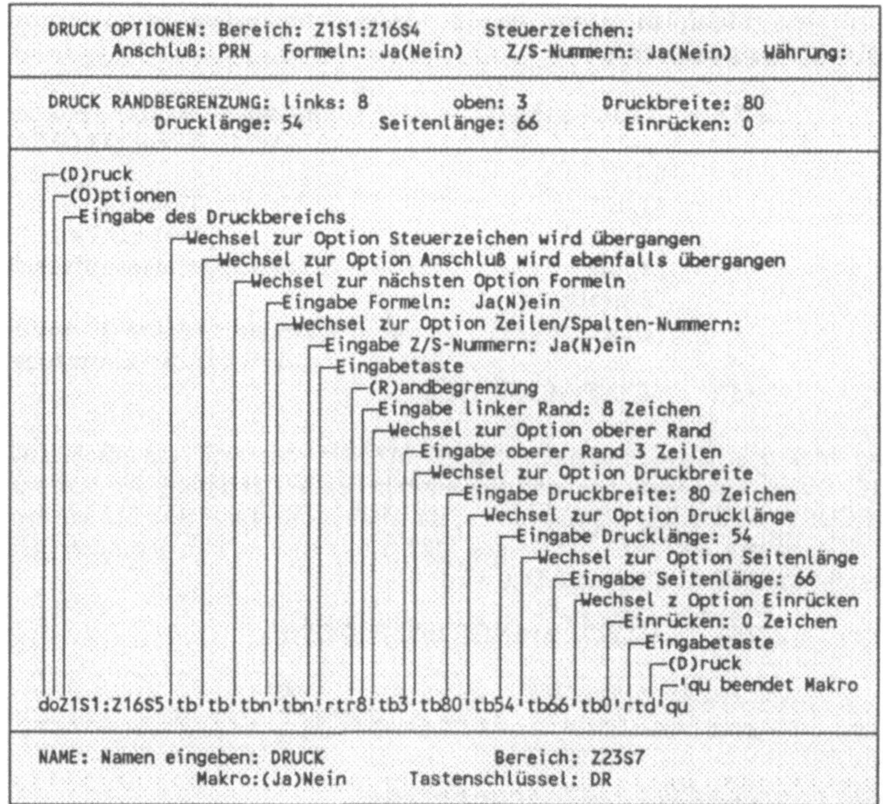

Abb. 49: Beispiel für die Erstellung eines Druckmakro

Makros sind für Ungeübte schwer lesbar. Es wird deshalb empfohlen, den Makrobereich mit Namen und Tastenschlüssel zu dokumentieren. In die rechts neben dem Makro liegende Zelle kann ein Kommentar zum Makro eingetragen werden.

Längere Makros sollten in sinnvolle Abschnitte gegliedert werden. Das kann beispielsweise in der Form geschehen, daß die Befehlsfolge **Druck - Optionen** im Feld Z23S7 und in der Zelle darunter die Befehlsfolge für die **Randbegrenzung** eingetragen wird:

        Z23S7:   doZ1S1:Z16S5'tb'tb'tbn'tbn'rt
        Z24S7:   r8'tb3'tb80'tb54'tb66'tb0'rtd'qu

Der Makrobereich könnte im Beispiel so aussehen:

```
 -1        5         6                          7
  17 NAME        TA-SCHL  MAKRO                  KOMMENTAR
  18 - - - - - - - - - - - - - - - - - - - - - - - - - - - - - - - - - - - - - - - - - - - - - - -
  19 SORT_NAME   NA       o1'tb7'tb13'tb>'rt'qu  Sortiert alphabetisch
  20
  21 SORT_MENGE  ME       o2'tb7'tb13'tb<'rt'qu  Sortiert nach Mengen abfallend
  22
  23 DRUCK       DR       doZ1S1:Z16S5'tb'tb'tbn'tDruckmakro
  24                      r8'tb3'tb80'tb54'tb66'tb
```

Abb. 50: Dokumentation eines Makrobereichs

5.4.5 Interaktive Makros

Die bisher definierten Makros liefen von Beginn bis Ende automatisch
ab. Der Makro SORT_MENGE in Feld Z21S7 bewirkte, daß die Zeilen 7
bis 13 immer in abfallender Folge nach der Spalte 2, also der Menge,
sortiert wurden. Ersetzt man die Eintragung < durch '?, so hält der
Makro während der Bearbeitung an dieser Stelle an und erwartet die
Eingabe [<] oder [>]. Der Anwender kann also entscheiden, ob die
Mengen aufsteigend oder abfallend sortiert werden sollen. Nach der
entsprechenden Eintragung und Betätigung mit [Eingabe] wird der Makro
fortgesetzt.

```
 Z19S7: o2'tb7'tb13'tb'?'rt'qu
                      └─Makrostopp mit Aufforderung zu einer Eingabe
```

Abb. 51: Beispiel interaktives Makro

Vor der weiteren Bearbeitung wird die Tabelle unter dem Namen
LOHN_MAK.TAB abgespeichert.

5.4.6 Menümakros

Mit dem Makrobefehl 'mü können Menümakros erstellt werden, die
genauso aufgebaut sind und ebenso ablaufen wie die Befehlszeilen von
Multiplan. Diese Makros ersetzen das Standardmenü. Der Makrobefehl
'mü Menü hat die Systematik

```
 'müPOSITIONSANGABE'
```

Direkt nach dem Makrobefehl ist also die Adresse anzugeben, an der das
Menü steht. Das Zeichen ['] (Apostroph) muß am Ende der Anweisung
stehen. Menüs können bis zu 12 Befehle enthalten. In Zeile 1 steht das
Befehlswort. Die Zeile 2 enthält den erläuternden Kommentar des ausge-

leuchteten Befehlsworts. Dieser Kommentar wird in der Meldezeile
ausgegeben. In Zeile 3 beginnt der eigentliche Makro. Im Beispiel sollen 6
Menüpunkte eingearbeitet werden.

OPTION	BESCHREIBUNG
Druck	Ausdruck der Tabelle
Menge_Sort	Nach Menge in abfallender Folge sortieren
Name_Sort	Nach Namen in alphabetischer Folge sortieren
Speichern	Speichert die Tabelle in aktuellem Zustand
Unterbrechen	Beendet Makro zurück zu Multiplan Standardmenü
Ende	Beendet Multiplan Arbeitssitzung

Abb. 52: Tabelle Menüoptionen LOHN_MAK.TAB

Die ersten drei Optionen führen die Befehlsfolge der schon eingegebenen
Makros aus. Da es bei Makro-Befehlsabläufen möglich ist, andere Makros
aufzurufen, können die bereits erstellten Makros als "Unterprogramme"
verwendet werden. Der Makrobefehl zum Aufruf anderer Makros lautet
'ma (MakroAufruf) mit der Systematik

```
'maPOSITIONSANGABE'
```

Es ist empfehlenswert, bei der Arbeit mit Makros so weit möglich mit
Bereichsnamen zu arbeiten. Das erleichtert nicht nur die Übersicht, son-
dern hat den weiteren Vorteil, daß beim Löschen oder Einfügen von
Zeilen und Spalten die Adressen nicht immer korrigiert werden müssen.
Die Zelle Z27S7 erhält z.B. den Namen MEN_ANF (MENüANFang)

    Z27S7:   nMEN_ANF'tbZ26S7'tbn'rt

Die Positionsangabe nach 'mü kann dadurch statt mit der Adressangabe
Z27S7 mit der Eingabe MEN_ANF versehen werden.

    Z26S7:   [t]'müMEN_ANF'['rt]

In Zeile 27S7 wird das Befehlswort des ersten Menübefehls eingegeben,
in der Zelle darunter der Kommentar:

    Z27S7:   [t]Druck['nu]
    Z28S7:   Ausdruck der Tabelle['rt]

In Z29S7 erfolgt der Eintrag des eigentlichen Makro. Vor dem Ausdruck wird der Zellzeiger in die Ausgangszelle Z1S2 gesetzt, damit der Anwender die auszudruckende Tabelle auch sieht. Danach erfolgt mit dem Makrobefehl 'ma der Aufruf des Makro DRUCK.

        Z29S7:   [t]'ef'maDRUCK'['rt]

Die Eingabe der weiteren Menüpunkte ist dem Protokoll zu entnehmen:

        Z27S8   [t]Menge_Sort['nu]
        Z28S8:   Nach Menge in abfallender Folge sortieren['nu]
        Z29S8:   'ef'maSORT_MENGE'['rt]
        Z27S9:   [t]Name_Sort['nu]
        Z28S9:   Nach Namen in alphabetischer Folge sortieren['nu]
        Z29S9:   'ef'maSORT_NAME'['rt]

Der Makro für die Option **Speichern** ist noch nicht erstellt. Zunächst soll der Sprung nach Z1S1 erfolgen, anschließend wird folgende Befehlsfolge codiert: **Übertragen - Speichern - [Eingabe] - J**. Der bereits vorgeschlagene Dateiname wird bestätigt und J(a) für Überschreiben eingegeben. Nach dem Speichervorgang soll der Menümakro mit dem Makrobefehlswort 'mf (MenüFortsetzen)

> 'mf*POSITIONSANGABE*'

wieder aufgerufen werden.

        Z27S10:   [t]Speichern['nu]
        Z28S10:   Speichern der Tabelle in aktuellem Zustand['nu]
        Z29S10:   'efüs'rtj'mfMEN_ANF'['rt]

Die Makros der bisher aufgerufenen Unterprogramme werden in gleicher Weise überarbeitet. An die Stelle von 'qu - für Makro beenden - wird 'mfMEN_ANF' eingefügt. Damit ruft sich der Makro nach Abarbeiten der Befehlsfolge wieder selbst auf. Zur Änderung der Makros wird der Befehl **Verändern** genutzt.

        Z19S7:   o1'tb7'tb13'tb>'rt'mfMEN_ANF'
        Z21S7:   o2'tb7'tb13'tb<'rt'mfMEN_ANF'
        Z23S7:   doZ1S1:Z16S5'tb'tb'tbn'tbn'rtZ24S7
        Z24S7:   r8'tb3'tb80'tb54'tb66'tb0'rtd'mfMEN_ANF'['rt]

Der nächste Menüpunkt beendet den Menümakro, um auf das Standardmenü von Multiplan zurückkehren zu können.

        Z27S11:   [t]Unterbrechen['nu]
        Z28S11:   Beendet Makro zurück zu Multiplan
                   Standardmenü['nu]
        Z29S11:   'qu['rt]

Bei der Wahl der Befehlsworte muß bedacht werden, daß der Befehl, wie
im Standardmenü von Multiplan, mit der Eingabe des ersten Buchstabens
des Befehlswortes ausgeführt werden kann. Als Befehlswort kam deshalb
weder Stop noch Standardmenü in Frage, da beide mit dem Buchstaben S
beginnen.

Die letzte Option ist schnell erledigt. Mit QUITT soll die Multiplanar-
beitssitzung beendet werden.

        Z27S12:   [t]Ende['nu]
        Z28S12:   Beenden der Multiplan Arbeitssitzung['nu]
        Z29S12:   q['rt]

Bisher wurden die Eintragungen in den Feldern als Text behandelt. Erst
mit der Namensvergabe mit dem Befehl Name werden diese als Makro
vereinbart. Der Makro erhält den Namen MEN1 mit dem Tastenschlüssel
MA. Für die Definition eines Menümakros genügt es, die Startadresse
festzulegen:

        Z26S7:   nMEN1'tb'tbj'tbMA['rt]

```
NAME: Namen eingeben: MEN1              Bereich: Z26S7
              Makro:(Ja)Nein      Tastenschlüssel: MA
```

Abb. 53: Namensvergabe eines Menümakros

Die Datei wird unter LOHN_MAK.TAB abgespeichert. Das erstellte
Menü kann nun mit [Alt]+[M][A] jederzeit aufgerufen werden.

5.4.7 Autoexec - Makro

Beim Laden einer Tabelle prüft Multiplan zunächst, ob es einen Makro
mit den Namen AUTOEXEC gibt. Ist ein solcher vorhanden, so wird
dieser automatisch ausgeführt. In die Tabelle soll ein Makro eingefügt
werden, der an die Stelle des Standardmenüs den Menümakro setzt. Der
Autoexec-Makro wird in das Feld Z31S7 geschrieben. Er besteht aus der
Anweisung, zunächst in das Feld Z1S1 zu springen und anschließend den
Makro MEN1 aufzurufen. Als Name wird **AUTOEXEC**, als Tastenschlüssel AU vereinbart.

                Z31S7:   [t]'ef'maMEN1'['rt]
                Z31S7:   nAUTOEXEC'tbZ31S7'tbj'tbAU'rt

Die Datei erhält den Namen LOHN_MEN.TAB. Wird nun die Tabelle
neu geladen, so erscheint statt des Multiplan-Standardmenüs der durch
den AUTOEXEC-Makro aufgerufene Menümakro.

```
 -1             1               2          3             4
  1 BRUTTOLOHN                             Monat:
  2 AKKORDSATZ DM/St            7,50
  3 GRUNDLOHN               1200,00
  4
  5 NAME                      MENGE      AKKORDL.      GESAMTLOHN
  6 .................................................................
  7 AMEISTER                    250       1875,00        3075,00
  8 BAUER                       271       2032,50        3232,50
  9 DORFNER                     313       2347,50        3547,50
 10 KERLE                       297       2227,50        3427,50
 11 KUMPEL                      312       2340,00        3540,00
 12 MEISTER                     303       2272,50        3472,50
 13 SCHULZE                     289       2167,50        3367,50
 14 .................................................................
 15                             834       6255,00        9855,00
 16 =================================================================
 ───────────────────────── LOHN_MEN.TAB ─────────────────
Druck Menge_Sort Name_Sort Speichern Unterbrechen Ende
Ausdruck der Tabelle
```

Abb. 54: Arbeitstabelle mit Menümakro

Nachdem die Dokumentation ergänzt wurde, sollte der Tabellenbereich
mit den Makros jetzt wie in Abb. 55 aussehen. Die Spalten mit den
Menüoptionen sind allerdings nicht breit genug, um alle Eintragungen
darzustellen:

```
 -1      5        6     7          8        9       10      11     12
 17 NAME        TA-SCHL MAKRO
 18
 19 SORT_NAME     NA    o1'tb7'tb13'tb>'rt'mfMEN_ANF'
 20
 21 SORT_MENGE    ME    o2'tb7'tb13'tb'?'rt'mfMEN_ANF'
 22
 23 DRUCK         DR    doZ1S1:Z16S5'tb'tb'tbn'tbn'rt
 24                     r8'tb3'tb80'tb54'tb66'tb0'rtd'mfMEN_ANF'
 25
 26 MEN1          MA    'müMEN_ANF'
 27                     Druck       Menge_SorName_SortSpeichernUnterbreEnde
 28                     Ausdruck deNach MengNach NameSpeichernBeendet Beenden d
 29                     'ef'maDRUCK'ef'maSOR'ef'maSOR'efüs'rtj'qu        q
 30
 31 AUTOEXEC      AU    'ef'maMEN1'
```

Abb. 55: Beispiel für einen Makrobereich

5.5 Arbeiten mit mehreren Tabellen

5.5.1 Arbeiten mit Ausschnitten

Für das Beispiel LOHN soll eine Erfassungstabelle erstellt werden, die
folgendes Aussehen hat:

```
-1      1       2       3       4       5       6       7
  1 Erfassungsbeleg Produktion
  2 Monat:       Mai
  3 ==============================================================
  4             Woche 1  Woche 2  Woche 3  Woche 4  Woche 5  Gesamt
  5 ...........................................................
  6 AMEISTER        65       67       62       59                253
  7 BAUER           65       89       70       68                292
  8 DORFNER         79       67       80       76                302
  9 KUMPEL          72       76       77       73                298
 10 KERLE           79       64       75       82                300
 11 MEISTER         72       78       78       80                308
 12 SCHULZE         82       81       74       74                311
 13 ...........................................................
 14             514      522      516      512        0      2064
 15 ==============================================================
                          LOHN_ERF.MOD
```

Abb. 56: Beispiel LOHN_ERF.MOD

Zunächst wird wie bisher der Tabellenkopf (Zeile 1- 5) gestaltet und in
diesem Zustand unter dem Namen LOHN_ERF.MOD gespeichert.

Es ist möglich, mit mehreren Tabellen zugleich zu arbeiten und von einer
Tabelle in eine andere Tabelle zu kopieren. Mit **Ausschnitt - Teilen -
Waagerecht** wird bei Zeile 10 ein Ausschnitt eingerichtet. Die Tabelle in
Ausschnitt 2 soll nicht mit der Tabelle im Ausschnitt 1 verbunden sein:

atw10'tbn'rt

```
AUSSCHNITT TEILEN WAAGRECHT bei Zeile: 10      verbunden: Ja(Nein)
```

Abb. 57: Menü AUSSCHNITT TEILEN WAAGRECHT

Mit [F1] kann man zwischen den einzelnen Ausschnitten wechseln. Die
Nummer des aktuellen Ausschnitts wird oben links invers dargestellt. In
den Ausschnitt 2 wird die Tabelle LOHN_MEN.TAB geladen. Da über
den Makro AUTOEXEC sofort der Menümakro aufgerufen wird, ist
zunächst mit der Menüoption **Unterbrechen** das Multiplan-Standardmenü
aufzurufen. Mit [F1] erfolgt der Rücksprung in den Ausschnitt 1. Die
Liste der Arbeitnehmer soll von der LOHN_MEN.TAB in die Tabelle
LOHN_ERF.MOD kopiert werden. Nach Aufruf der Befehlsfolge

Kopie - Von wird zunächst bei der Option **KOPIE VON Feld:** die Taste **[Entf]** betätigt, um die dortige Vorgabe zu löschen.

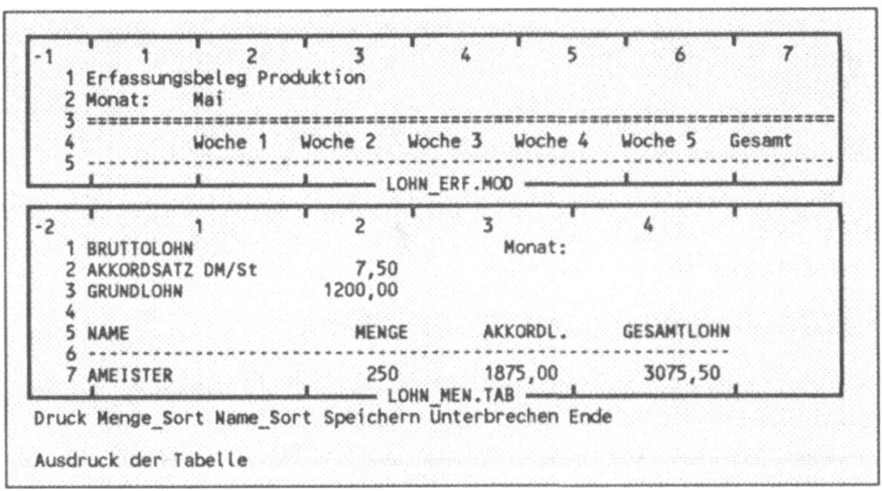

Abb. 58: Beispiel für die Arbeit mit Ausschnitten

Die Eingabe 2: - für Ausschnitt 2 - bewirkt, daß der Zellzeiger von Ausschnitt 1 in Ausschnitt 2 springt. In der Quelltabelle wird der zu kopierende Bereich markiert. Mit [Tab] erfolgt der Rücksprung in die Zieltabelle. Dort wird die Startadresse für die zu kopierenden Daten angesteuert. Nach [Eingabe] stehen die Namen in der Zieltabelle LOHN_ERF.MOD.

Abb. 59: Kopie eines Tabellenbereichs in einen anderen Ausschnitt

Die Datei LOHN_ERF.MOD wird anschließend entsprechend der Abb. 56 um die Zahlenwerte ergänzt.

5.5.2 Verknüpfen von Tabellen

5.5.2.1 Gemeinsame Namensvergabe

Um Tabellen miteinander zu verknüpfen, müssen in Quell- und Zieltabelle gleiche Bereichsnamen für zu kopierende Inhalte vergeben werden.

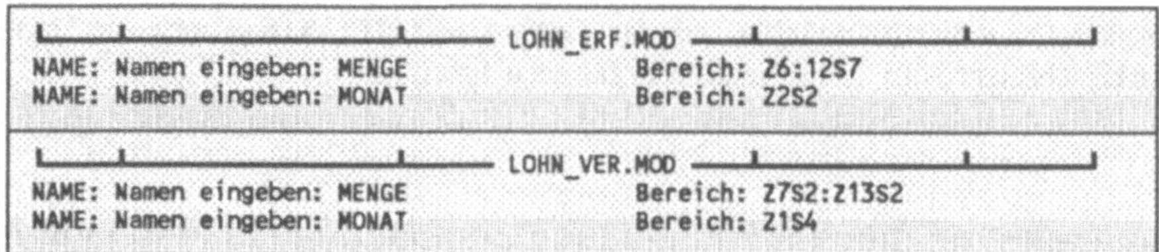

Abb. 60: Gemeinsame Namensvergabe in Quell- und Zieltabelle

Die Tabelle LOHN_MEN.TAB wird mit der Tabelle LOHN_ERF.TAB
in der Form verknüpft, daß aus der Quelltabelle LOHN_ERF.TAB die
Eintragungen MONAT und MENGE kopiert werden.

5.5.2.2 Verknüpfen mit Xtern - Kopie

Die Verknüpfung von Tabellen erfolgt von der Zieltabelle mit dem
Befehl **Xtern - Kopie**. Ist das richtige Laufwerk aktuell, so kann durch
Auswahl mit den Richtungstasten die gewünschte Quelltabelle mit der
Zieltabelle verbunden werden. Im Beispiel befinden sich Quell- und
Zieltabelle auf Laufwerk B:\BEISPIEL. Der im Erfassungsbeleg
LOHN_ERF.MOD eingetragene Abrechnungsmonat mit dem Namen
Bereichsnamen MONAT wird in die Zieltabelle LOHN_MEN.TAB
kopiert. Durch **verbunden: (Ja)** werden die Tabellen dauerhaft verbunden:

Z1S4:   xkB:\BEISPIEL\LOHN_ERF.MOD'tbMONAT'rt

Abb. 61: Menü XTERN KOPIE

Der Versuch, auch den Bereich MENGE auf diese Weise zu kopieren, er-
bringt die Meldung, daß ein Kopieren nur in leere Felder möglich ist.

Abb. 62: XTERN KOPIE in beschriebene Felder

Diese Vorsichtsmaßnahme soll die aktive Tabelle vor versehentlichem Überschreiben schützen. Die Eintragungen in den Feldern Z7:13S2 müssen zuvor gelöscht werden.

> Z2S7:   rZ7S2:Z13S2'rt

Ein Kopieren in geschützte Felder ist ebenfalls nicht möglich. Multiplan meldet in diesem Fall:

```
Geschützte Felder dürfen nicht geändert werden: : Z7S2
```

Nachdem die Verknüpfung hergestellt ist, wird die Tabelle unter einem neuen Namen, z.B. LOHN_VER.MOD abgespeichert werden.

> Z7S2:   xkB:\BEISPIEL\LOHN_ERF.MOD'tbMENGE'tb{2}'rt
> üsB:\BEISPIEL\LOHN_VER.MOD'rt

5.5.2.3 Liste der Verknüpfungen

Mit der Befehlsfolge **Xtern - Liste** werden folgende Abhängigkeiten aufgezeigt:

```
Folgende Tabellen senden Werte an B:\BEISPIEL\LOHN_VER.MOD

LOHN_ERF.MOD

Keine Tabellen sind abhängig von B:\BEISPIEL\LOHN_VER.MOD
```

Abb. 63: XTERN LISTE der Zieltabelle

Lädt man die Datei LOHN_ERF.MOD und gibt die Befehlsfolge **Xtern - Liste** ein, so erhält man folgende Information:

```
Keine Tabellen senden Werte an B:\BEISPIEL\LOHN_ERF.MOD

Folgende Tabellen sind abhängig von B:\BEISPIEL\LOHN_ERF.MOD

B:\BEISPIEL\LOHN_VER.MOD
```

Abb. 64: XTERN LISTE der Quelltabelle

Lädt man erneut die Datei LOHN_VER.MOD, so werden zu Beginn die abhängigen Tabellen durchgesucht und die Zieltabelle aktualisiert.

```
Kopieren...: LOHN_ERF.MOD MENGE
```

Abb. 65: Aktualisierung bei verbundenen Tabellen

5.5.2.4 Lösen von Tabellenverbindungen

Verbindungen zwischen Tabellen werden in der Zieltabelle mit der
Befehlsfolge **Xtern – Kopie** auch wieder gelöst. Dabei wird zunächst wie
bei der Herstellung von Tabellenverbindungen vorgegangen. Bei der
Option **nach:** wird die Verbindung mit der Taste [Entf] gelöst.

```
XTERN KOPIE von Tabelle: LOHN_ERF.MOD  Bereichsname: MENGE
              nach: Z7S2                verbunden:(Ja)Nein

                       └─An dieser Stelle ist zum Lösen von
                         Tabellenverbindungen [Entf] zu betätigen!
```

Abb. 66: Lösen von Tabellenverbindungen

Das Wichtigste
zu Standardprogrammen
unter MS-DOS

- WORD
- Lotus 1-2-3
- Multiplan
- dBASE III+

6 Datenbankverwaltung und Datenbankauswertung mit dem Programm dBASEIII+ (IV)

6.1 Der Aufbau von Dateien und Datenbanken

Im kaufmännischen Betrieb müssen Informationen schnell und unkompliziert aufbewahrt und zu gegebener Zeit abgerufen werden können. Man bedient sich dazu je nach Art der Informationen unterschiedlicher Systeme: Text-, Tabellenkalkulations-, Grafik- und u.a. Datenbankprogramme. **Datenbankprogramme** nehmen insofern eine Sonderstellung ein, als sie es dem Benutzer erlauben, die Struktur der gespeicherten Daten weitgehend selbst zu bestimmen.

dBASE III+ (database, 3.Version) heißt ein weitverbreitetes Datenbankprogramm für Personalcomputer. Mit dBASE III+ wird in den folgenden Abschnitten gearbeitet. dBASE IV ist aufwärtskompatibel zu dBASE III+, d.h., alle im folgenden behandelten Beispiele können auch mit dBASE IV nachvollzogen werden.

6.1.1 Dateien

Eine Datei ist eine **Sammlung sachlich zusammengehörender Daten**. Ganz grob unterscheidet man Dateien nach ihrer Verwendung in

- Programmdateien
- Nutzdateien.

Während man die Programmdatei als **sinnvoll angeordnete Folge von Anweisungen an den Computer** zur Lösung einer Aufgabe bezeichnen kann, enthalten Nutzdateien **Informationen über Personen, Sachen und Sachverhalte**, die der Benutzer für seine Arbeit braucht.

Nutzdateien können aus Briefen, Berichten, Buchungen, Kalkulationen, Personaldaten, statistischen Zahlen u.ä. bestehen. Der Art der gesammelten Daten entsprechend unterscheidet sich der Aufbau von Nutzdateien erheblich. Textdateien etwa sind Aneinanderreihungen von Wörtern, Sätzen, Absätzen usw. in unregelmäßiger Folge. Andere Dateien, wie beispielsweise Personal-, Artikel-, Kundendateien, besitzen eine festgefügte Struktur, wie sie von Karteikarten her bekannt ist.

In der Vergangenheit hat man einen erheblichen Teil betrieblicher Datensammlungen in Karteien festgehalten, z.B. Informationen über Personal, Material, Artikel, Anlagegegenstände, Konten, Buchungen usw. Das Prinzip, Informationen auf Karteikarten zu ordnen, die in Karteikästen in festgelegter Reihenfolge (z.B. in alphabetischer Ordnung) stehen, um

einen schnellen Zugriff darauf zu haben, wurde in die Datenverarbeitung
übertragen.

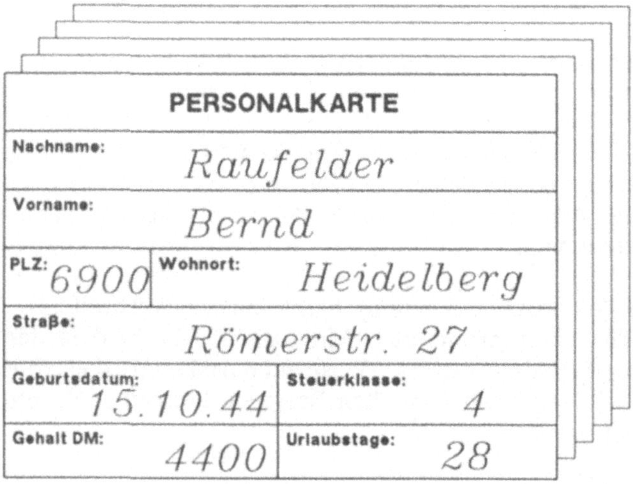

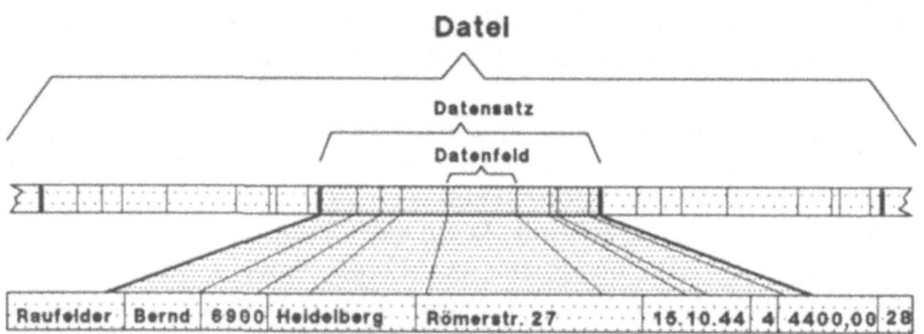

Abb. 1: Struktur einer Personalkartei

Kartei und Datei sind im Prinzip sehr ähnlich aufgebaut. Eine komplette
Kartei entspricht einer **Datei**, die Karteikarte dem **Datensatz** und die
einzelne Rubrik dem **Datenfeld**. Dateien setzen sich aus Datensätzen und
Datensätze wiederum aus Datenfeldern zusammen.

Abb. 2: Struktur einer Personaldatei

Karteien sind im allgemeinen nach einem **Sortiermerkmal** oder **Suchbegriff** geordnet, z.B. alphabetisch nach dem Familiennamen, nach

Personalnummer, Wohnort usw. Eine der Rubriken der Karteikarte muß das Sortiermerkmal enthalten.

Auf dem Datenträger sind die Datensätze ursprünglich in der Reihenfolge ihrer Eingabe angeordnet. Diese Ordnung kann der Benutzer für die Auswertung nach seinen Wünschen dadurch verändern, daß er bestimmte Datenfelder zu Sortiermerkmalen macht. Das Datenbankprogramm legt daraufhin eine entsprechende Sortierfolge automatisch neu fest. Datenfelder, die das Sortiermerkmal enthalten, heißen **Schlüsselfelder** oder kurz **Schlüssel.**

Welches Datenfeld Schlüssel sein soll, richtet sich nach dem Zweck der Anwendung. Beispiele für sinnvolle Sortiermerkmale oder Schlüssel:

Datei	Schlüssel	Zweck
Personal:	Name	Alphabetische Liste des Personals ausgeben
	Geburtsdatum	Liste der Jubilare ausgeben
	Gehalt	Erhöhtes Urlaubsgeld für Geringverdienende zahlen
Kunden:	Postleitzahl	Die Kunden in einem bestimmten Gebiet für die Vertreter auflisten
	Jahresumsatz	Boni an Kunden zahlen
Artikel:	Jahresabsatz	Ladenhüter aussondern
	Artikelbezeichn.	Alphabetischen Artikelkatalog drucken

6.1.2 Datenbank

Bei der Verarbeitung betrieblicher Daten ist der Aufwand für die meist manuelle Datenerfassung erheblich. Um Kosten einzusparen, muß vermieden werden, daß für jede Anwendung und jede Auswertung die gleichen Daten neu erfaßt werden. Diese Forderung führte zur Entwicklung von Datenbanksystemen, mit denen Dateien für verschiedene Anwendungen und unter unterschiedlichen Gesichtspunkten verarbeitet und umgeordnet werden können.

Eine **Datenbank** besteht aus **beliebig vielen Dateien**, die von einem **gemeinsamen Programmsystem** verwaltet werden. Das Programmsystem, **Datenbanksystem** genannt, gestattet es den Benutzern, Dateien nach Wunsch aufzubauen, zu ändern, zu sortieren, zu selektieren, zu mischen und auszugeben.

Relationale Datenbanken haben in den letzten Jahren immer mehr Verbreitung gefunden. Auch dBASE III+ ist ein relationales Datenbanksystem. Bei dieser Art von Datenbank besitzen die Dateien die Erscheinungsform von **Tabellen** (Tabelle = Relation).

Beispiel Artikeldatei:

```
Satz-    ART.NR.        ART.BEZ.              PREIS          BESTAND
Nr.

  1       8001          PC FLASH             6450,00            8
  2       8003          Bildschirm M          350,00            3
  3       8004          Bildschirm C          750,00            5
  4       8007          Tastatur              250,00            8
  5       8011          Disk. 5,25"DD          45,00           15
  6       8012          Disk. 5,25"HD          67,00           25
  7       ...
```

Die Satz-Nr. ist kein Datenfeld, also kein Teil des Datensatzes. Satznummern geben lediglich die Positionen an, auf welcher die Datensätze in die Datei gespeichert wurden. Das Beispiel zeigt, daß Anzahl, Art und Länge der Datenfelder aller Datensätze gleich sind, d.h., alle Datensätze haben die gleiche **Struktur**.

Für eine relationale Datenbank gilt:

- Jeder Datensatz entspricht einer Tabellenzeile.
- Datenfelder bilden die Tabellenspalten.
- Datensätze einer Datei besitzen die gleiche Struktur.

Relationale Datenbanken besitzen die Eigenschaft, die Verknüpfung von Daten aus verschiedenen Dateien zu einer neuen Information auf einfache Weise zuzulassen. Solche Verknüpfungen kann das System dann ausführen, wenn zwei oder mehrere Dateien gleiche Datenfelder aufweisen. Die Datensätze werden dann über die gleichen Inhalte der Datenfelder zu einer neuen Datensicht zusammengeführt.

Beispiel Rechnungsschreibung:

Ein Handelsbetrieb führt eine Artikeldatei, in der alle Artikel mit den wichtigsten Angaben und ihrem Lagerbestand verzeichnet sind.

Alle Aufträge von Kunden werden in die Auftragsdatei aufgenommen.

Das Programm für die Rechnungsschreibung verknüpft die Datensätze beider Dateien über die gemeinsamen Artikelnummern. Dadurch entstehen die Rechnungspositionen.

Die Erstellung einer Rechnung erfordert noch eine weitere Datenverknüpfung. Anhand der Kundennummer in der Bestelldatei sucht das System die entsprechende Kundenanschrift in der Kundendatei, um die Adresse ins Rechnungsformular zu drucken.

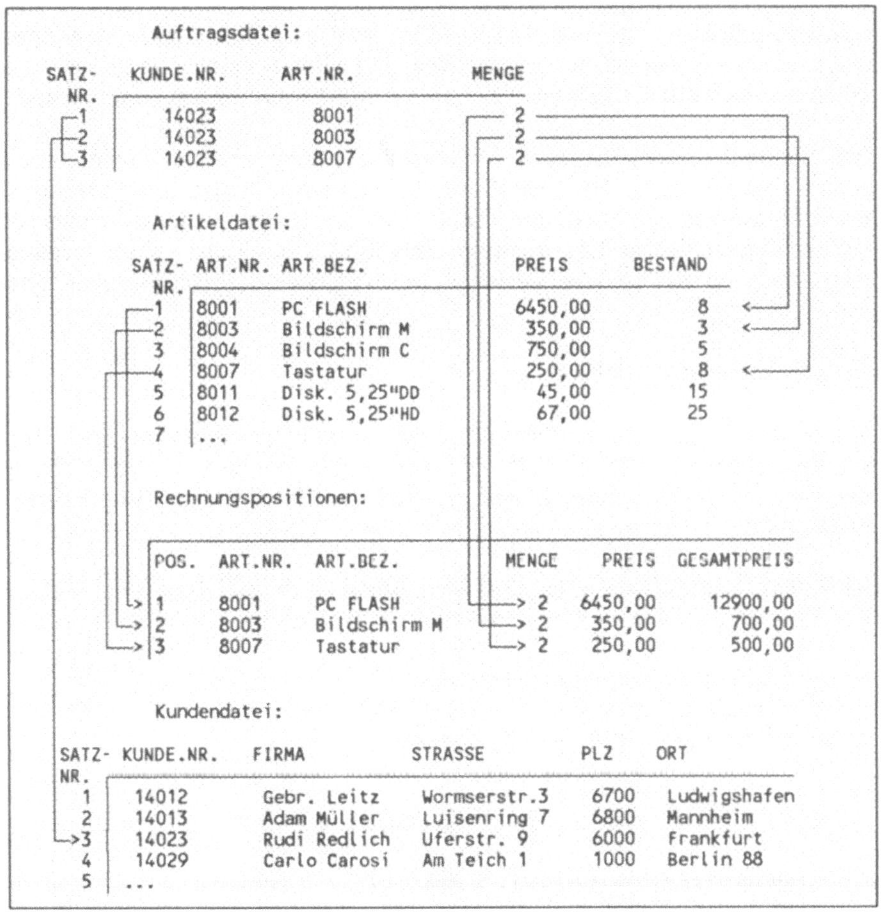

6.2 Elementare Problemstellungen der Datenbankverwaltung

6.2.1 Dateientwurf

Wer eine Kartei anlegen möchte, muß sich zuerst über den Zweck Gedanken machen, die sie erfüllen soll. Dann sind Entscheidungen über das Aussehen der Karteikarte zu treffen, vor allem, welche Rubriken und Spalten sie aufweisen soll und welcher Art die Eintragungen sein werden.

Beim **Entwurf einer Nutzdatei** sind sehr ähnliche Überlegungen anzustellen. Vom Nutzen, den eine Datei bringen soll, hängt die **Einteilung eines Datensatzes**, die Art, der **Inhalt** und die **Größe** seiner Datenfelder ab. Der Benutzer eines Datenbanksystems muß die Anlage seiner Dateien im Hinblick auf die spätere Verwendung der Daten sorgfältig planen und durchführen.

6.2.1.1 Dateistruktur

Die Struktur einer Datei richtet sich nach ihrem Verwendungszweck. Unter **Dateistruktur** versteht man den **Aufbau der Datensätze** (kurz: Sätze) einer Datei. **Anzahl, Name, Länge und Art der Datenfelder** (kurz: Felder) bestimmen die Struktur einer Datei.

Alle Felder werden durch **Feldnamen** eindeutig identifiziert; zwei Felder eines Satzes können nicht den gleichen Namen tragen. Feldnamen sollen möglichst präzise auf den Feldinhalt hinweisen. In dBASE unterliegt die Bildung von Feldnamen folgenden Regeln:

Regeln für die Formulierung von Feldnamen:

Regeln für die Formulierung von Feldnamen
- Die maximale Länge ist 10 Zeichen. - Das erste Zeichen muß ein Buchstabe sein. - Alle anderen Zeichen dürfen Buchstaben, Ziffern und Unterstreichungszeichen sein. - Umlaute, ß und Leerstellen sind nicht erlaubt.

Nehmen Sie als Beispiel die **Kundendatei** eines Produktionsbetriebes. Einige wichtige Informationen über Kunden sind:

Beispiele für Feldnamen:

FELDINHALT	FELDNAME
Kundennummer	KNDNR
Firma	FIRMA
Straße	STRASSE
Postleitzahl	PLZ
Ort	ORT
Umsatz seit 1.1. d. lfd. J.	UMSATZ

Falls Sie sich für die aufgeführten Felder entscheiden, müssen Sie die Informationen über **alle** Kunden des Betriebs in diesem Schema speichern.

Eine weitere Entscheidung ist hinsichtlich der **Feldlängen** zu treffen. Die Feldlänge gibt die Anzahl der Zeichen (Byte) an, die für die **Speicherung** des Feldinhalts zur Verfügung stehen. Beim Beispiel der Kundendatei könnten die folgenden Feldlängen ausreichen:

Beispiele für Feldlängen:

Feldname	Feldlänge
KNDNR	5
FIRMA	16
STRASSE	14
PLZ	4
ORT	13
UMSATZ	9

Der Festlegung der Feldlängen kommt eine wichtige Bedeutung zu. Zu kurze Feldlängen führen zur Verstümmelung von Informationen, wenn sie nicht in voller Länge ins Feld passen. Hätte im angeführten Beispiel das Feld ORT nur eine Länge von 10 Zeichen, würde ein Ortsname wie z.B. "Ludwigshafen" zu "Ludwigshaf" verkürzt. Dagegen beanspruchen unnötig große Feldlängen zuviel Platz auf dem Datenträger.

6.2.1.2 Feldtypen

Eine erste Unterscheidung von Datentypen in der EDV haben Sie im Abschnitt 1.1.1 kennengelernt. Dort wurden **numerische** und **alphanumeri-sche** Daten getrennt. dBASE III+ unterscheidet mehrere numerische und alphanumerische Datentypen. Auf die Felder eines Datensatzes bezogen heißen sie hier **Feldtypen**.

Die Feldtypen von dBASE III+

Feldtyp   **Erläuterung**

Numerisch   Feld für **Zahlen, mit denen gerechnet werden soll.** Dezimalstellen und Dezimalpunkt müssen bei der Feldlänge berücksichtigt werden.

```
Beispiel: Die Zahl 987654.23 ist 9 Stellen lang
```

Datum   Feld für ein **Datum in der Form TT.MM.JJ,** d.h. Tag, Monat und Jahr mit je 2 Zeichen Länge. Mit Datumsfeldern kann gerechnet werden. Man kann die Differenz zwischen zwei Datumsangaben in Tagen ermitteln oder ein Datum durch Addition/Subtraktion einer Anzahl von Tagen zu/von einem anderen Datum berechnen. Ein Datumsfeld ist stets **8 Stellen** lang.

```
Beispiel: 12.12.88
```

Logisch   Feld für die **logische Aussage "wahr"** (true) oder "falsch" (false). Ein logisches Feld akzeptiert nur die folgenden Feldinhalte:

```
Aussage   Feldinhalt
wahr      J (für "ja") oder T (für "true")
falsch    N (für "nein") oder F (für "false")
```

Logische Felder dienen der Speicherung von JA/NEIN-Informationen. Ein logisches Feld ist 1 Zeichen lang.
Beispiel: Besitzt ein Mitarbeiter den Führerschein? Die Antwort kann nur J(T) oder N(F) sein.

Zeichen   Feld für beliebige **alphanumerische Daten.** Namen, Anschriften, Artikelnummern, Produktbeschreibungen, Kontonummern usw. speichert man in Zeichenfeldern. Ein Zeichenfeld kann 254 Zeichen lang sein.

```
Beispiele:
Die Personalnummer: 08123501
Der Buchtitel: Datenbankdesign mit dBASE III+
```

Memo

Feld zum Erfassen von **längeren Texten**. Ein Memo-Feld ist im Datensatz zwar immer nur 10 Stellen lang, doch es stellt die Verbindung zu einer separaten Datei her, die den zum Feld gehörenden Text enthält. Diese Datei trägt die Namenserweiterung DBT. Sie wird nur dann eingerichtet, wenn Sätze einer Datenbankdatei Memofelder besitzen.

```
Beispiel:
Ein Kundensatz soll einen Vermerk erhalten, nachdem der
Reisende den Kunden besucht hat: "Kunde fragte am
23.02.90 um höhere Rabatte nach".
```

6.2.2 dBASE III+ starten

Das Programm dBASEIII+ wird wie ein DOS-Befehl von der DOS-Benutzeroberfläche (DOS-Prompt) aus gestartet:

```
Befehl: DBASE
```

dBASE III+ antwortet mit einem Hinweis auf das Copyright und mit einem Punkt (.). Der Punkt ist der spezifische **Prompt von dBASE**, also die Eingabeaufforderung.

Hinweise: In der Regel ist es vorteilhaft, sich auf der Nutzdatendiskette/Platte ein separates Verzeichnis, z.B. namens DBDATEN, zur Ablage aller dBASE-Nutzdateien anzulegen. In diesem Falle starten Sie dBASE III+ am besten mittels einer der folgenden Stapeldateien, die Sie mit EDLIN (Abschnitt 2.8) erstellen.

Stapeldatei (Name z.B. DB.BAT in A:\) für den Start mit Programmdiskette in Laufwerk A: und Nutzdatendiskette in Laufwerk B:

DOS-Befehle	Bedeutung
b:	Laufwerk B: einstellen
cd \dbdaten	Verzeichnis \DBDATEN einstellen
path a:\	Zugriffspfad A:\ definieren
dbase	dBASE aufrufen
a:	Nach Programmende auf Laufwerk A: zurückstellen

Stapeldatei (z.B. DB.BAT in C:\) für den Start von der Platte C:, wobei das dBASE-Programm im Verzeichnis \DBASE liegt und die Nutzdateien sich im Verzeichnis \DBDATEN befinden:

DOS-Befehle	Bedeutung
cd \dbdaten	Verzeichnis \DBDATEN einstellen
path c:\dbase	Zugriffspfad C:\DBASE definieren
dbase	dBASE aufrufen
cd \	nach Programmende ins Stammverzeichnis zurückwechseln

6.2.3 Datei anlegen

Der Befehl **CREATE** (erzeugen, erschaffen) legt eine Datenbankdatei an. Dabei geben Sie der Datei gleichzeitig einen Namen. Sie sollten immer sprechende Namen wählen, Namen also, die auf den Dateiinhalt hinweisen. Verwenden Sie für die erste Übung die in Abschnitt 6.2.1.1 besprochene Kundendatei, und nennen Sie sie **KUNDEN**. dBASE fügt Ihrem Dateinamen die Namenserweiterung **.DBF** an. Das bedeutet, nach dem Speichern finden Sie die Kundendatei auf der Diskette/Platte unter der Bezeichnung **KUNDEN.DBF** wieder.

dBASE-Befehl: CREATE [Dateiname]

dBASE-Befehle: **Systemreaktion:**

```
. create
```
Name der neuen Datei eingeben:

```
. create kunden
```
dBASE gibt sofort die Maske zur Eingabe der Dateistruktur aus.

Geben Sie den Befehl CREATE und den Dateinamen KUNDEN ein. Die
nun in der oberen rechten Ecke der Bildschirmmaske sichtbare Mitteilung

Restliche Bytes: 4000

bezieht sich auf die maximale Satzgröße. Darunter, abgesetzt, zeigt die
Maske 4 Kästchen mit der für die Bearbeitung nutzbaren Tastenbelegung.
Das Zeichen ^ bedeutet, die angegebene Taste muß in Kombination mit
der Taste Ctrl (Strg) gedrückt werden.

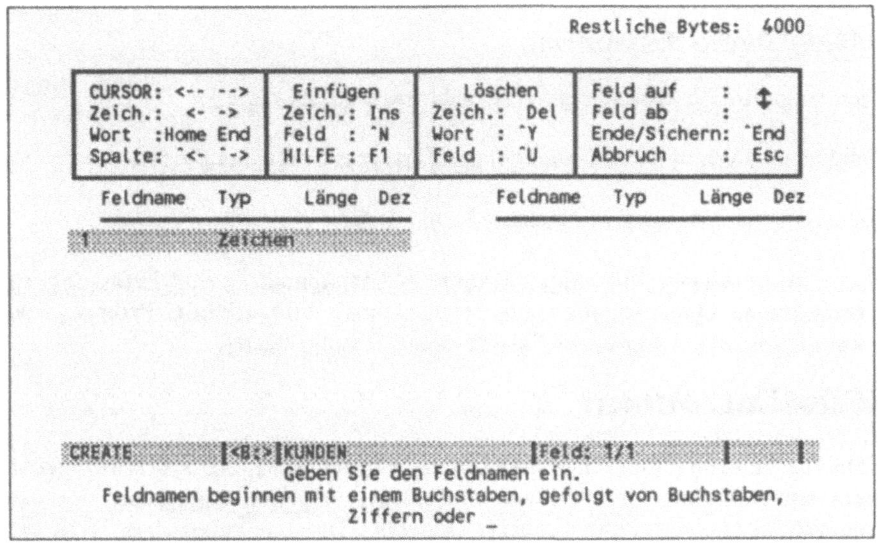

Abb. 3: Maske zum Anlegen einer Datenbankdatei

Die Datei KUNDEN.DBF soll folgende Struktur aufweisen.

Struktur der Kundendatei:

Feld-Nr.	Feldname	Typ	Länge	Dezimalstellen
1	KNDNR	Zeichen	5	
2	FIRMA	Zeichen	16	
3	STRASSE	Zeichen	14	
4	PLZ	Zeichen	4	
5	ORT	Zeichen	13	
6	UMSATZ	Numerisch	9	2

Geben Sie nun die Struktur der Datei KUNDEN ein.

Vorgehensweise:

- **Feldnamen** eingeben, Eingabetaste drücken
- **Typ** mittels Leertaste wählen, Eingabetaste drücken
- **Feldlänge** eingeben, Eingabetaste drücken (entfällt bei den Feldtypen Datum, Logisch und Memo)
- **Dezimalstellen** angeben, Eingabetaste drücken (nur beim Feldtyp Numerisch)
- Nach Eingabe des letzten Feldes nur die Eingabetaste drücken

dBASE fordert Sie jetzt auf:

Bestätigen Sie mit RETURN oder weiter mit jeder anderen Taste

Nach dem Drücken der Eingabetaste (Return) fragt das System:

Wollen Sie jetzt Datensätze eingeben? (J/N)

Auf die Antwort J hin zeigt dBASE die Eingabemaske zur Erfassung von Datensätzen. Die Eingabe von N wird mit dem dBASE-Prompt, dem Punkt, quittiert. Antworten Sie für diese Übung mit N.

6.2.4 Datei öffnen

Die Bearbeitung einer Datenbankdatei setzt voraus, daß sie zuvor **geöffnet** wurde. Unter dem **Öffnen einer Datei** versteht man einen Vorgang, der alle Voraussetzungen schafft, um eine Datei zu verändern. Wird eine Datei geöffnet, so reserviert das System einen Speicherbereich im Arbeitsspeicher, den sog. **Ein-/Ausgabepuffer (E/A-Puffer)**. In diesen Bereich werden Datensätze nach dem Lesen von der Diskette/Platte zwischengespeichert, bevor das Programm sie weiterverarbeitet. Vor dem schreibenden Disketten-/Plattenzugriff legt das Programm ebenfalls Datensätze in den E/A-Puffer. Erst wenn der Puffer voll ist oder die Datei geschlossen wird, überträgt das System die Daten vom Puffer zum Datenträger.

In der dBASE-Befehlssprache heißt der Befehl zum Öffnen einer Datei **USE** (benutzen, gebrauchen).

dBASE-Befehl: USE Dateiname

Dem Befehl USE folgt der Name der Datei, die Sie bearbeiten wollen. Es
genügt, den Dateinamen ohne die Erweiterung DBF anzugeben.

dBASE-Befehl: **Systemreaktion:**

```
. use kunden
```
. (Anzeige des dBASE-Prompts)
Die Datei KUNDEN.DBF wurde ge-
öffnet.

6.2.5 Daten erfassen

Im kaufmännischen Betrieb werden Daten im allgemeinen durch **Eingabe**
über die Tastatur erfaßt. Ein dBASE-Befehl für die Datenerfassung ist
APPEND.

> dBASE-Befehl: **APPEND**

Nachdem Sie den Befehl APPEND eingetippt haben, zeigt der Bildschirm
die folgende **Datenerfassungsmaske**.

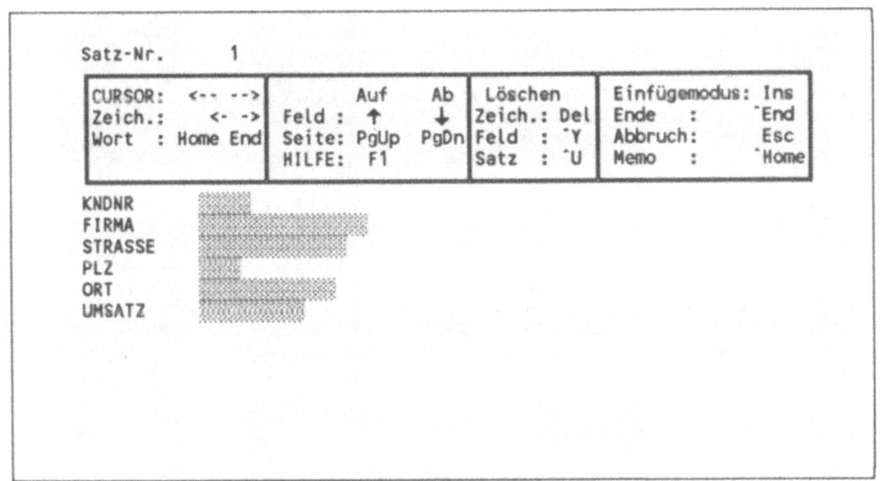

Abb. 4: Eingabemaske des APPEND-Befehls

Der Befehl zeigt die Felder der gerade geöffneten Datei in Form einer
Eingabemaske an. Über der Eingabemaske stehen die Satznummer und
das Hilfe-Menü.
Die Dateneingabe für jedes Feld schließen Sie nur dann mit der Eingabetaste ab, wenn die Daten das Feld nicht ausfüllen. Entspricht die Anzahl

der eingegebenen Zeichen der Feldlänge, reagiert das Program mit einem
Piepton. Der Ton zeigt an daß das Feld voll ist und die Eingabetaste
nicht zusätzlich betätigt werden soll.

Felder vom **Typ Zeichen** nehmen jedes Zeichen an, **numerische Felder**
nur Ziffern, Dezimalpunkt und Vorzeichen. Bei **Datumsfeldern** wird die
Gültigkeit des Datums geprüft. **Logische Felder** akzeptieren J,N,T und F.
In **Memofelder** kann man durch Betätigen der Tasten Ctrl+Home
(Strg+Pos1) beliebige Texte eingeben. Innerhalb der Eingabemaske können
Datenfelder mit den **üblichen Korrekturtasten**, wie Lösch (Del) und
Rücksetztaste (Backspace), verändert werden. Die Taste Ins (Einfg) schal-
tet zwischen Einfügemodus und Überschreibemodus hin und her. Beach-
ten Sie die genannten Hinweis, und geben Sie die folgenden Datensätze
ein:

KNDNR	FIRMA	STRASSE	PLZ	ORT	UMSATZ
14001	RAKA-Werke GmbH	Hochstr. 43	6000	Frankfurt	112563.50
14002	AKL Technik GmbH	Odenwaldstr. 7	6950	Mosbach	65342.60
14003	Helwig & Co.	Heerstr. 58	6000	Frankfurt	25934.20
14004	TRAVE GmbH	Bäckergrube 1	2400	Lübeck 1	325.60
14005	Weber & Landry	Am Norddeich 7	2300	Kiel	83845.00
14006	Berner & Co. KG	Dragonerstr.13	3000	Hannover	121572.00
14007	Hobbymarkt OHG	Am Kloster 16	4421	Reken 2	35176.40
14008	Rotopack GmbH	Luisenring 5	6800	Mannheim 1	30519.00
14009	Freizeitmarkt KG	Gutachweg 13	6900	Heidelberg	231846.90
14010	Sportex GmbH	Feldstr. 67	6000	Frankfurt	183654.00
14011	Wohnen & Leben	Rather Str. 78	4000	Düsseldorf 1	8764.70
14012	Schaffer & Koch	Kohlhökerstr.9	2800	Bremen 21	12865.50
14013	City-Sport	Stadtring 99	1000	Berlin	87612.60
14014	Wikingtuch GmbH	Schützenstr.54	2350	Neumünster	45865.20
14015	Else-Plastik	Drubbel 17-18	4400	Münster	0.00
14016	Helwig & Co.	Hochstr. 43	6000	Frankfurt	12006.80
14017	Willy Wolf	Hinterm Esel 7	6720	Speyer	3419.00
14018	Arnold GmbH	Rathenaustr. 9	6120	Michelstadt	164094.20
14019	Fidelitas GmbH	Moltkestr. 13	7500	Karlsruhe	254369.00
14020	Alpha GmbH	Gartenstr. 40	7080	Aalen	976.20
14021	Atropa GmbH	Kanalweg 6	7100	Heilbronn	0.00
14022	GREIF-ZU GmbH	Amalienstr. 93	7500	Karlsruhe	39165.50
14023	Sport-Menzel	Ludwigstr.56	7980	Ravensburg	0.00
14024	Impex GmbH	Luisenstr. 76	7730	Villingen	5319.90

6.2.6 Daten ausgeben

Sie können die Datensätze einer Datei ganz nach Bedarf auf unterschiedliche Art und Weise sichtbar machen. Datensätze lassen sich **anzeigen**
oder **drucken**. Sie haben außerdem die Wahl, die Datensätze

- einzeln
- alle zugleich
- in Gruppen oder
- nach bestimmten Kriterien selektiert

auszugeben. Ein vielseitiger Befehl für die Ausgabe ist der Befehl **DIS-PLAY** (anzeigen).

Ausgabe bestimmter Datenbereiche

> dBASE-Befehl: DISPLAY [Bereich]

Mit einer **Bereichsangabe** legen Sie einen Dateibereich fest. Mit folgenden Befehlszusätzen können Sie Bereiche angeben.

Bereichsangaben in dBASE III+

Bereichsangabe	Bedeutung
ALL	alle Datensätze der Datei
NEXT n	die nächsten n Sätze
RECORD n	der n-te Datensatz
REST	die restlichen Datensätze von der aktuellen Position bis zum Dateiende

Der DISPLAY-Befehl **ohne** Bereichsangabe zeigt nur **einen** Datensatz an. Unmittelbar nach dem Öffnen der Datei mit USE ist dies der erste Satz der Datei. Testen Sie:

dBASE-Befehle:	**Systemreaktion:**
. use kunden	Öffnen der Datei KUNDEN.DBF
. display	Anzeige des 1. Datensatzes
. display next 8	Anzeige der Sätze 1 - 8
. display record 9	Anzeige des 9. Datensatzes
. display next 8	Anzeige der Sätze 9 - 16
. display rest	Anzeige der Sätze 16 - 24
. display all	Anzeige aller Sätze mit Pause nach jedem 19. Satz

Hinweise

Für eine **rationellere** Arbeit bei der Eingabe von dBASE-Befehlen folgende Tips:

- Sie dürfen dBASE-Sprachelemente **auf 4 Zeichen verkürzen**. Das System erkennt die Befehle trotzdem.

  Beispiel: **DISP RECO 7** anstatt **DISPLAY RECORD 7**

- dBASE speichert standardmäßig bis zu **20 der zuletzt eingegebenen Befehle**. Mit den folgenden Pfeil-Tasten holen Sie bereits getippte Befehle in die Befehlszeile zurück. Mehrmaliges Betätigen der Pfeil-nach-oben-Taste fördert die jeweils vorangegangenen Befehle zutage.

Die Pfeil-nach-unten-Taste führt von den zuerst eingegebenen zu den zuletzt benutzten Befehlen zurück. Oft erweist es sich als notwendig, **die gleichen Befehle mehrmals** einzugeben. Das wird mit den erwähnten Tasten bequem erledigt. Wollen Sie einen vorangegangenen Befehl **in veränderter Form** erneut erteilen, korrigieren Sie ihn schnell mit den bekannten Editiertasten. Das gilt auch für **falsch eingegebene Befehle**. Die Editiertasten sind:

> **Ins** (Einf), **Del** (Lösch, Entf), **Rücktaste** (<--),
> **Home** (Pos1) und **End** (Ende).

Testen Sie die beschriebenen Tips aus. Benutzen Sie die Pfeil- und Editiertasten, um Befehle zu wiederholen und abzuändern. Die Spaltenüberschrift "Satznummer" wurde bei den folgenden Beispielen aus Platzgründen zu "Satz" verkürzt.

```
. use kunden
. disp
Satz KNDNR FIRMA             STRASSE         PLZ  ORT         UMSATZ
   1 14001 RAKA-Werke GmbH   Hochstr. 43     6000 Frankfurt  112563.50

. disp next 5
Satz KNDNR FIRMA             STRASSE         PLZ  ORT         UMSATZ
   1 14001 RAKA-Werke GmbH   Hochstr. 43     6000 Frankfurt  112563.50
   2 14002 AKL Technik GmbH  Odenwaldstr. 7  6950 Mosbach     65342.60
   3 14003 Helwig & Co.      Heerstr. 58     6000 Frankfurt   25934.20
   4 14004 TRAVE GmbH        Bäckergrube 1   2400 Lübeck 1      325.60
   5 14005 Weber & Landry    Am Norddeich 7  2300 Kiel        83845.00
```

```
. disp next 5
Satz KNDNR FIRMA            STRASSE         PLZ  ORT            UMSATZ
   5 14005 Weber & Landry   Am Norddeich 7 2300 Kiel          83845.00
   6 14006 Berner & Co. KG  Dragonerstr.13 3000 Hannover     121572.00
   7 14007 Hobbymarkt OHG    Am Kloster 16  4421 Reken 2       35176.40
   8 14008 Rotopack GmbH     Luisenring 5   6800 Mannheim 1  30519.00
   9 14009 Freizeitmarkt KG Gutachweg 13    6900 Heidelberg  231846.90

. disp reco 20
Satz KNDNR FIRMA            STRASSE         PLZ  ORT            UMSATZ
  20 14020 Alpha GmbH       Gartenstr. 40  7080 Aalen          976.20

. disp rest
Satz KNDNR FIRMA            STRASSE         PLZ  ORT            UMSATZ
  20 14020 Alpha GmbH       Gartenstr. 40  7080 Aalen          976.20
  21 14021 Atropa GmbH      Kanalweg 6     7100 Heilbronn        0.00
  22 14022 GREIF-ZU GmbH    Amalienstr. 93 7500 Karlsruhe    39165.50
  23 14023 Sport-Menzel     Ludwigstr.56   7980 Ravensburg       0.00
  24 14024 Impex GmbH       Luisenstr. 76  7730 Villingen      5319.90
```

dBASE kennt zwei **Optionen** (Wahlmöglichkeiten), mit deren Hilfe Sie die Ausgabe beeinflussen können.

Ausgabeoptionen:

Option	Bedeutung
OFF	unterdrückt die Anzeige der Datensatznummer
TO PRINT	sendet die Ausgabe außer zum Bildschirm auch zum Drucker (Abkürzung: TO PRIN)

Beispiel:

```
.use kunden
.disp next 5 off to prin
KNDNR FIRMA            STRASSE         PLZ  ORT            UMSATZ
14001 RAKA-Werke GmbH  Hochstr. 43    6000 Frankfurt     112563.50
14002 AKL Technik GmbH Odenwaldstr. 7 6950 Mosbach        65342.60
14003 Helwig & Co.     Heerstr. 58    6000 Frankfurt      25934.20
14004 TRAVE GmbH       Bäckergrube 1  2400 Lübeck 1         325.60
14005 Weber & Landry   Am Norddeich 7 2300 Kiel           83845.00
```

Der Befehl **LIST** des dBASE hat annähernd die gleiche Funktion wie DISPLAY. LIST und DISPLAY unterscheiden sich jedoch in einigen Punkten.

dBASE-Befehl: **LIST [Bereich]**

Unterschiede zwischen LIST und DISPLAY:

> - LIST gibt, ohne Bereichsangabe verwendet, **alle Sätze** der Datei aus.
> - LIST gibt Daten **nicht bildschirmweise** aus.
> - LIST eignet sich **besser für Druckerausgabe**, weil es nicht
>   nach jedem 19. Satz anhält.
> - DISPLAY läßt Sie größere Dateien bequemer am Bildschirm anzeigen.

Ausgabe bestimmter Felder und Ausdrücke

Manchmal ist es sinnvoll, gewisse Teile von Datensätzen beim Auflisten wegzulassen, sei es aus Gründen des Datenschutzes, sei es eines schöneren Listbildes wegen. Oft sind Datensätze auch zu lang, Sie können sie nicht vollständig auf dem Bildschirm oder auf dem Drucker in einer Zeile anzeigen lassen. In diesen Fällen hilft Ihnen dBASE, indem es die **Beschränkung der Ausgabe auf bestimmte Felder** des Datensatzes zuläßt.

Durch die Angabe von Ausdrücken, z.B. Rechenausdrücken, können Sie auch eine **Erweiterung der Ausgabe** um Spalten vorsehen. Der Datensatz bleibt davon unberührt. Nehmen Sie an, am Jahresende soll der durchschnittliche monatliche Umsatz mit einem Kunden als separate Spalte zusätzlich in die Artikelliste aufgenommen werden. Sie formulieren statt einer Feldangabe den Ausdruck:

> **UMSATZ / 12**

Oder für alle Artikel soll der Wert des augenblicklichen Bestandes aufgelistet werden. Die Artikeldatei enthält die Felder PREIS und BESTAND. Statt einer Feldangabe schreiben Sie in diesem Fall den Ausdruck:

> **PREIS * BESTAND**

> dBASE-Befehl: LIST [Feld],[Ausdruck],...

Die Ausgabe mittels **DISPLAY** kann auf die gleiche Weise durch Feldangaben und Ausdrücke eingeschränkt bzw. erweitert werden. Wenn Sie Rechenausdrücke formulieren, benutzen Sie folgende **arithmetischen Operatoren** für die vier Grundrechenarten:

Arithmetische Operatoren:

Operator	Bedeutung
+	Addition (+)
-	Subtraktion (-)
*	Multiplikation (· oder x)
/	Division (: oder Bruchstrich)

dBASE-Befehle:

Systemreaktion:

. use kunden — Datei KUNDEN.DBF öffnen

. list next 6 firma,ort to prin — Die 6 ersten Kunden mit Firma und Ort ausdrucken

. disp all firma,umsatz — Alle Kunden mit Firma und Umsatz bildschirmweise anzeigen

. disp all firma,umsatz,umsatz*4 — Alle Kunden mit Firma, Umsatz und dem voraussichtlichen Jahresumsatz anzeigen (Annahme: der derzeitige Umsatzbetrag bezieht sich auf 1/4 Jahr)

Testen Sie auch die folgenden Beispiele:

```
. use kunden
. disp reco 6 firma,strasse,plz,ort
Satznummer  firma              strasse         plz  ort
        6    Berner & Co. KG   Dragonerstr.13  3000 Hannover

. list next 3 firma,umsatz off to prin
firma                 umsatz
Rotopack GmbH          30519.00
Freizeitmarkt KG      231846.90
Sportex GmbH          183654.00

. disp next 6 firma,umsatz,umsatz*4
Satznummer  firma              umsatz     umsatz*4
        1    RAKA-Werke GmbH   112563.50  450254.00
        2    AKL Technik GmbH   65342.60  261370.40
        3    Helwig & Co.       25934.20  103736.80
        4    TRAVE GmbH           325.60    1302.40
        5    Weber & Landry     83845.00  335380.00
        6    Berner & Co. KG   121572.00  486288.00
```

Selektive Ausgabe von Datensätzen

Die tägliche Arbeit im Büro verlangt es häufig, Datensätze aus einer Datei nach verschiedenen Gesichtspunkten auszuwählen. Einmal sollen alle Adressen eines bestimmten Postleitzahlgebietes zusammengestellt wer-

den, ein anderes Mal wird eine Liste von allen Kunden verlangt, mit
denen kein Umsatz gemacht wurde. **Solche Selektionen nach bestimmten
Merkmalen** lassen sich mit der Option **FOR Bedingung** durchführen, die
man den Befehlen LIST und DISPLAY anfügt.

> dBASE-Befehl: **LIST FOR Bedingung**

Eine **Bedingung** ist ein aus drei Teilen bestehender Vergleichsausdruck.

Bestandteile einer Bedingung

Feldname	Vergleichsoperator	Wert

Beispiel für die Formulierung einer Bedingung:

Feldname	Vergleichsoperator	Wert
UMSATZ	=	100000

Vergleichsoperatoren in dBASE III+

Vergleichsoperator	Bedeutung
=	gleich
<	kleiner als
>	größer als
<=	kleiner oder gleich
>=	größer oder gleich
<>	ungleich

Beispiele:

Annahme: Sie sollen Listen anfertigen von:

1. allen Kunden ohne Umsatz im lfd. Jahr

2. allen Kunden aus Frankfurt

Führen Sie die entsprechenden Befehle aus:

```
. use kunden
. list off for umsatz=0 to prin
KNDNR FIRMA            STRASSE         PLZ  ORT              UMSATZ
14015 Else-Plastik     Drubbel 17-18   4400 Münster          0.00
14021 Atropa GmbH      Kanalweg 6      7100 Heilbronn        0.00
14023 Sport-Menzel     Ludwigstr.56    7980 Ravensburg       0.00

.disp off for ort="Frankfurt" to prin
KNDNR FIRMA            STRASSE         PLZ  ORT              UMSATZ
14001 RAKA-Werke GmbH  Hochstr. 43     6000 Frankfurt     112563.50
14003 Helwig & Co.     Heerstr. 58     6000 Frankfurt      25934.20
14010 Sportex GmbH     Feldstr. 67     6000 Frankfurt     183654.00
14016 Helwig & Co.     Hochstr. 43     6000 Frankfurt      12006.80
```

Die **Vergleichsoperatoren** können ebenso auf numerische Felder wie auf Zeichen-Felder angewendet werden. In Vergleichsausdrücken stehen **Zeichenketten** immer in Anführungszeichen, **numerische Werte** dagegen nicht.

Beispiele für Vergleichsausdrücke:

Vergleichs- ausdrücke:	Bedeutung: "Die Auswahl erfolgt für Datensätze
ORT = "Mannheim"	nur falls die Ortsangabe Mannheim ist."
UMSATZ < 100000	mit einem Umsatz unter 100000."
UMSATZ <= 1500	mit einem Umsatz bis 1500."
KNDNR > "14100"	mit Kundennummern über 14100."
KNDNR >= "14500"	mit Kundennummern ab 14500."
PLZ <> "1"	deren Postleitzahl nicht mit 1 beginnt."

Es kann auch vorkommen, daß Sie **mehrere Merkmale** gleichzeitig für die Auswahl heranziehen müssen. In diesem Falle verknüpfen Sie mehrere Vergleichsausdrücke durch **logische Operatoren.**

Logische Operatoren von dBASE III+

Logischer Operator	Bedeutung
.AND.	und
.OR.	oder
.NOT.	nicht

Beispiele:

Gesetzt den Fall, Sie wollen folgende Kunden ohne die Satznummern anzeigen lassen:

1. die Kunden aus Heilbronn ohne Umsatz im lfd. Jahr
2. die Kunden aus den Postleitzahlgebieten 2 und 3
3. die Kunden aus dem Postleitzahlgebiet 7, die bereits Umsatz gemacht haben

Führen Sie die entsprechenden Beispiele aus:

```
. list off for plz="7100" .and. umsatz=0
  KNDNR FIRMA              STRASSE         PLZ  ORT              UMSATZ
  14021 Atropa GmbH        Kanalweg 6      7100 Heilbronn          0.00

. list off for plz="2" .or. plz="3"
  KNDNR FIRMA              STRASSE         PLZ  ORT              UMSATZ
  14004 TRAVE GmbH         Bäckergrube 1   2400 Lübeck 1         325.60
  14005 Weber & Landry     Am Norddeich 7  2300 Kiel           83845.00
  14006 Berner & Co. KG    Dragonerstr.13  3000 Hannover      121572.00
  14012 Schaffer & Koch    Kohlhökerstr.9  2800 Bremen 21      12865.50
  14014 Wikingtuch GmbH    Schützenstr.54  2350 Neumünster     45865.20

. list off for plz="7" .and. .not. umsatz=0
  KNDNR FIRMA              STRASSE         PLZ  ORT              UMSATZ
  14019 Fidelitas GmbH     Moltkestr. 13   7500 Karlsruhe     254369.00
  14020 Alpha GmbH         Gartenstr. 40   7080 Aalen            976.20
  14022 GREIF-ZU GmbH      Amalienstr. 93  7500 Karlsruhe      39165.50
  14024 Impex GmbH         Luisenstr. 76   7730 Villingen       5319.90
```

6.2.7 Datei schließen und dBASE verlassen

Nach der Arbeit mit dBASE-Dateien ist es wohl das Wichtigste, die Früchte dieser Arbeit auch zu konservieren, d.h. die Datei mit allen neuen Datensätzen und Veränderungen zu speichern. Wie bereits in Abschnitt 6.2.4 erwähnt, schreibt das dBASE-Programm Datensätze nur dann auf die Platte, wenn entweder der E/A-Puffer voll ist oder die Datei vom Benutzer geschlossen wird. Sollte vorher eine Stromunterbrechung oder ein Gerätedefekt die Arbeit am PC unterbrechen, können Daten verlorengehen. Auch zum Schließen einer Datei verwendet dBASE den Befehl USE. Im Unterschied zum USE für das Öffnen einer Datei wird hier jedoch die **Dateiangabe weggelassen**.

> dBASE-Befehl: USE

Der Befehl **QUIT** dient zum Beenden des dBASE-Programms. Der Befehl prüft sicherheitshalber, ob noch geöffnete Dateien vorhanden sind und schließt diese, bevor er das Programm stoppt.

> dBASE-Befehl: **QUIT**

Nach dem Befehl QUIT kehrt das System auf die DOS-Befehlsebene zurück, es zeigt den DOS-Prompt.

Wichtige Hinweise

> - Dateien sollen vor dem Verlassen des PC immer geschlossen werden.
> - Die Nutzdatendiskette darf nicht aus dem Laufwerk genommen werden, bevor alle Dateien geschlossen sind.

6.3 Datenbankveränderungen

Eine Datenbank ist in einem ständigen Wandel begriffen. Daten veralten und sind zu überarbeiten oder zu löschen, neue Daten kommen hinzu. Selbst die Struktur einer Datei muß einmal angepaßt werden, weil eine neue Sachlage andere Informationen verlangt als die bisher gespeicherten. Vielleicht möchten Sie eines Tages plötzlich weitere Informationen über Kunden, Lieferer oder Artikel speichern. dBASE führt derartige Veränderungen bequem und schnell durch.

6.3.1 Dateistruktur abändern

In der in Abschnitt 6.2.3 angelegten Kundendatei fehlt ein Feld, das Auskunft über den individuellen Umsatzbonus gibt, der dem Kunden am Jahresende zusteht. Der Bonussatz kann von verschiedenen Faktoren abhängen, z.B. von Vereinbarungen, vom Umsatz und von der Treue. Das neue Feld namens BONUS soll den Bonussatz speichern.

Der Befehl **MODIFY STRUCTURE** (kurz: modi stru) dient zur Veränderung der Dateistruktur.

> dBASE-Befehl: **MODIFY STRUCTURE**

dBASE-Befehle: **Systemreaktion:**

. use kunden   Öffnen der Datei KUNDEN.DBF
. modi stru   Ausgabe der bereits vom CREATE-
                                            Befehl her bekannten Eingabemaske

Grundsätzlich können Sie alle Angaben über die Struktur der Datei ändern. In der Regel werden Sie aber neue Felder einfügen, Felder in der
Länge verändern oder löschen. Die zur Änderung und erneuten Speicherung notwendigen Tastenfunktionen zeigt das Hilfemenü der Eingabemaske an. Um das neue Feld BONUS einzufügen, gehen Sie so vor:

-   Cursor auf Feld 6 setzen
-   Tasten Ctrl+N (Strg+N) drücken
-   Feldname BONUS, Numerisch, Länge 4 und Dezimalstellen 1 ein-
    geben
-   Tasten Ctrl+End (Strg+End) drücken
-   Eingabetaste (Return) drücken

dBASE kopiert nun die bisherigen Inhalte in die neue Form der Datei.

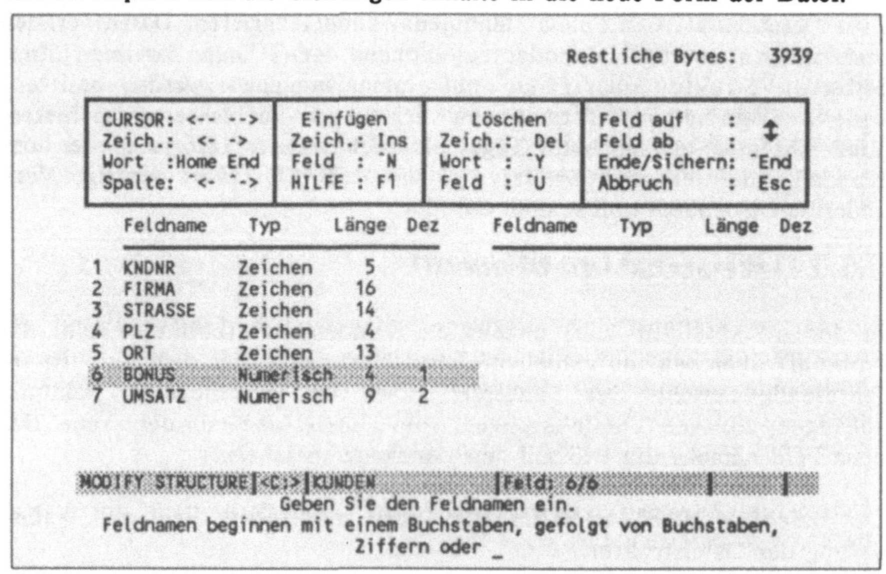

Abb. 5: Eingabemaske des Befehls MODIFY STRUCTURE

Überprüfen Sie die neu strukturierte Datei auf ihren Inhalt. Die Bonus-
felder sind noch leer.

```
. use kunden
. display all off
KNDNR FIRMA                STRASSE          PLZ  ORT           BONUS    UMSATZ
14001 RAKA-Werke GmbH      Hochstr. 43      6000 Frankfurt            112563.50
14002 AKL Technik GmbH     Odenwaldstr. 7   6950 Mosbach              65342.60
14003 Helwig & Co.         Heerstr. 58      6000 Frankfurt            25934.20
...
```

Wichtige Hinweise

- Werden Feldnamen geändert, so können die bisherigen Inhalte der Felder verlorengehen.
- Nach dem Kürzen von Zeichen-Feldern schneidet dBASE die bisherigen Feldinhalte rechts bis auf die neue Länge ab.
- Nach dem Kürzen von numerischen Feldern gehen die bisherigen Feldinhalte verloren, wenn die neue Feldlänge kürzer ist als die gespeicherte Zahl.
- Beim Ändern des Feldtyps von Zeichen auf numerisch gehen die bisherigen Daten verloren, wenn das Feld nicht reine Zahlenwerte enthält.
- Im umgekehrten Falle werden die Zahlen in Zeichenketten umgewandelt.

6.3.2 Dateiinhalte ändern

6.3.2.1 Datensätze pflegen

Ändern durch Ersetzen

Dateien inhaltlich auf dem laufenden zu halten, heißt sie zu **pflegen**. Ein Befehl, mit dem Sie eine Datei sehr schnell aktualisieren, ist der Befehl **REPLACE ... WITH** (ersetze ... mit).

---

dBASE-Befehl: REPLACE [Bereich] Feldname WITH Ausdruck
                [FOR Bedingung]

Ausdruck kann in diesem Falle ein dem Feldtyp entsprechender **Wert** oder **Rechenausdruck** sein. Die Optionen **Bereich** und **FOR Bedingung** kennen Sie schon von den Befehlen LIST und DISPLAY.

Nehmen Sie zunächst an, alle Kunden erhalten den gleichen Jahresbonus, nämlich 1,5% vom Umsatz.

```
. use kunden
. repl all bonus with 1.5
    24 Sätze ersetzt
```

Realistischer ist die Annahme, daß Ihr Betrieb eine Bonusstaffel nach
dem Jahresumsatz hat.

Beispiel:

Umsatz DM	Bonussatz %
bis 100000	1,5
über 100000 bis 200000	2,5
über 200000	3,5

Da jeder Bonussatz bestimmten Umsätzen zugeordnet werden muß, wenden Sie die FOR-Option an. Um die Kundensätze der Bonusstaffel anzupassen, geben Sie ein:

```
. repl bonus with 2.5 for umsatz > 100000
    6 Sätze ersetzt
. repl bonus with 3.5 for umsatz > 200000
    2 Sätze ersetzt
```

Überprüfen Sie den Erfolg Ihrer Bemühungen:

```
. disp all off
KNDNR FIRMA              STRASSE          PLZ  ORT         BONUS     UMSATZ
14001 RAKA-Werke GmbH    Hochstr. 43      6000 Frankfurt    2.5   112563.50
14002 AKL Technik GmbH   Odenwaldstr. 7   6950 Mosbach      1.5    65342.60
14003 Helwig & Co.       Heerstr. 58      6000 Frankfurt    1.5    25934.20
14004 TRAVE GmbH         Bäckergrube 1    2400 Lübeck 1     1.5      325.60
14005 Weber & Landry     Am Norddeich 7   2300 Kiel         1.5    83845.00
14006 Berner & Co. KG    Dragonerstr.13   3000 Hannover     2.5   121572.00
14007 Hobbymarkt OHG     Am Kloster 16    4421 Reken 2      1.5    35176.40
14008 Rotopack GmbH      Luisenring 5     6800 Mannheim 1   1.5    30519.00
14009 Freizeitmarkt KG   Gutachweg 13     6900 Heidelberg   3.5   231846.90
...
```

Der Kunde mit der Nummer 14016 hat für DM 13036,- Ware gekauft.
Das muß zu seinem bisherigen Umsatz hinzugezählt werden:

```
. list off for kndnr="14016"
KNDNR FIRMA             STRASSE       PLZ  ORT          BONUS    UMSATZ
14016 Helwig & Co.      Hochstr. 43   6000 Frankfurt     1.5  12006.80

. repl umsatz with umsatz+13036 for kndnr="14016"
    1 Satz ersetzt

. list off for kndnr="14016"
KNDNR FIRMA             STRASSE       PLZ  ORT          BONUS    UMSATZ
14016 Helwig & Co.      Hochstr. 43   6000 Frankfurt     1.5  25042.80
```

Mit dem Bonussatz läßt sich auch gleich der Jahresbonus für jeden Kunden berechnen und ausgeben:

```
. disp all firma,bonus,umsatz,umsatz*bonus/100
Satznummer  firma          bonus    umsatz umsatz*bonus/100
         1  RAKA-Werke GmbH  2.5 112563.50         2814.088
         2  AKL Technik GmbH 1.5  65342.60          980.139
         3  Helwig & Co.     1.5  25934.20          389.013
...
```

Beim DISPLAY- oder LIST-Befehl können Sie statt Feldnamen auch Rechenausdrücke angeben und so **neue Informationen** erzeugen, die in dieser Form nicht im Datensatz enthalten sind. Im Beispiel wurde die Formel zur Berechnung des Prozentwertes Jahresbonus aus dem Grundwert "UMSATZ" und dem Prozentsatz "BONUS" angesetzt. dBASE gibt das Ergebnis mit 3 Stellen nach dem Komma aus, weil die miteinander multiplizierten Datenfelder zusammen 3 Dezimalstellen besitzen.

Um alle Änderungen in der Datei KUNDEN.DBF auf der Platte zwischenzuspeichern, benutzen Sie den Befehl USE. Dazu empfiehlt sich die folgende Methode:

dBASE-Befehl: **Systemreaktion:**

```
use kunden
```
                                     dBASE speichert und öffnet die Datei
                                     sofort aufs neue.

Ändern durch Editieren

Weitere Möglichkeiten der Dateipflege bieten die Befehle **EDIT** (editieren, bearbeiten) und **BROWSE** (schmökern, blättern). Beide Befehle haben Vorzüge. Welchen Befehl man benutzt, hängt immer von der jeweiligen Situation ab. Mit dem EDIT-Befehl können Sie Datensätze **ansehen, ändern und zum Löschen markieren**.

> **dBASE-Befehl: EDIT [Bereich] [FOR Bedingung]**

Wird der EDIT-Befehl ohne Bereichsangabe und FOR-Option benutzt, erscheint der Datensatz am Bildschirm, auf welchen der Satzzeiger eingestellt ist. Nach dem Befehl USE ist das der erste Satz.

dBASE-Befehle:	**Systemreaktion:**
. use kunden	KUNDEN.DBF geöffnet
. edit	Satz-Nr. 1 wird editiert
. edit 5	Satz-Nr. 5 wird editiert
. edit for kndnr="14005"	Der Satz mit dem Inhalt 14005 im Feld KNDNR wird editiert

Beispiel:

Der Kunde mit der KNDNR 14021, Satznummer 21, ist vom Kanalweg 6 in die Hauptstr. 34 umgezogen. Mit EDIT hat man die Wahl, einen Satz nach seiner **Satznummer** oder aufgrund eines **Feldinhaltes** auszuwählen. Die folgenden drei Befehle des Beispiels führen zum gleichen Ergebnis:

. edit 21
. edit for kndnr="14021"
. edit for firma="Atropa"

Nach der Befehlseingabe zeigt das System die EDIT-Maske:

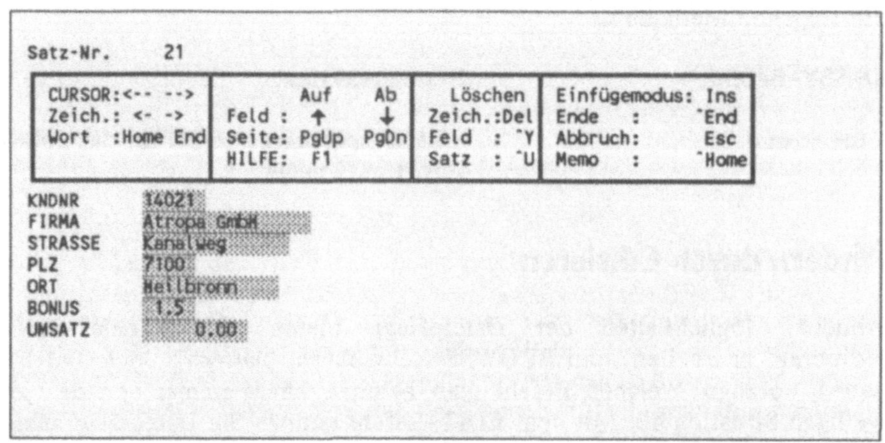

Abb. 6: Eingabemaske des EDIT-Befehls

Ändern Sie die Anschrift auf folgende Weise:

- Cursor mit Taste Cursor-nach-unten auf das Feld STRASSE setzen
- Das Feld ändern in Hauptstr. 34
- Speichern und Befehl beenden mit Strg+Ende (Ctrl+End)

Nun kontrollieren Sie das Ergebnis der Änderung:

```
. list off for kndnr="14021"
  KNDNR FIRMA            STRASSE         PLZ  ORT          BONUS    UMSATZ
  14021 Atropa GmbH      Hauptstr. 34    7100 Heilbronn     1.5      0.00
```

Der EDIT-Befehl ist auch nützlich, um sich über einzelne Datensätze zu informieren. Die Tasten 9 (Bild-aufwärts) und 3 (Bild-abwärts) auf dem Zifferntastenblock dienen in der EDIT-Maske dazu, um satzweise vorwärts und rückwärts zu "blättern".

Ändern und Blättern ist auch mit dem Befehl **BROWSE** möglich. Während Sie beim EDIT-Befehl jeden Satz einzeln vor sich sehen, zeigt der BROWSE-Befehl die Sätze zeilenweise wie in einer Tabelle angeordnet. Mit dem BROWSE-Befehl lassen sich Datensätze **ansehen, ändern, zum Löschen markieren** und **hinzufügen**.

> dBASE-Befehl: BROWSE [FIELDS Feld,...]

Da der BROWSE-Befehl jeden Satz in einer Zeile anzeigt, ragen Sätze, die einschließlich der trennenden Leerzeichen länger als 80 Zeichen sind, über den Bildschirmrand hinaus, d.h., sie sind nicht mehr sichtbar. Mit den Tasten Strg (Ctrl)+Pfeil-nach-rechts macht man diese Felder zugänglich (siehe Hilfemenü des BROWSE-Befehls). Oder man hilft sich mit der **FIELDS-Option**. Sie bietet die Möglichkeit, nur ausgewählte Felder anzeigen zu lassen.

dBASE-Befehle:	**Systemreaktion:**
`. brow`	Editiert Datensätze mit allen Feldern
`. brow fiel kndnr,firma,umsatz`	Editiert lediglich die Datenfelder KNDNR, FIRMA und UMSATZ

Wenn Sie den Befehl BROWSE (kurz BROW) ohne Feldbeschränkung eingeben, eröffnet das System den folgenden Bildschirm:

```
CURSOR: <-- -->                Auf    Ab      Löschen     Einfügemodus: Ins
Zeich.:   <- ->      Satz  : ↑      ↓     Zeich.: Del   Ende    : ^End
Feld  :Home End      Seite :PgUp  PgDn   Feld  : ^Y     Abbruch :  ESC
Spalte: ^<- ->^      HILFE : F1          Satz  : ^U     Optionen: ^Home

KNDNR FIRMA---------- STRASSE------- PLZ- ORT------- BONUS UMSATZ---
14001 RAKA-Werke GmbH Hochstr. 43     6000 Frankfurt    2.5 112563.50
14002 AKL Technik GmbH Odenwaldstr. 7 6950 Mosbach      1.5  65342.60
14003 Helwig & Co.    Heerstr. 58     6000 Frankfurt    1.5  25934.20
14004 TRAVE GmbH       Bäckergrube 1  2400 Lübeck 1     1.5    325.60
14005 Weber & Landry  Am Norddeich 7 2300 Kiel          1.5  83845.00
14006 Berner & Co. KG Dragonerstr.13 3000 Hannover      2.5 121572.00
14007 Hobbymarkt OHG  Am Kloster 16  4421 Reken 2       1.5  35176.40
14008 Rotopack GmbH    Luisenring 5  6800 Mannheim 1    1.5  30519.00
14009 Freizeitmarkt KG Gutachweg 13  6900 Heidelberg    3.5 231846.90
14010 Sportex GmbH     Feldstr. 67   6000 Frankfurt     2.5 183654.00
14011 Wohnen & Leben   Rather Str. 78 4000 Düsseldorf 1 1.5   8764.70


BROWSE          |<C:>|KUNDEN          |Satz: 1/11      |       |
                    Felder anzeigen und ändern.
```

Abb. 7: Eingabemaske des BROWSE-Befehls

Beispiele:

Folgende Änderungen sollen an der Datei KUNDEN.DBF vorgenommen
werden:

A   Die Firma Else-Plastik, Satz 15, wurde liquidiert. Sie soll aus unserer
    Kundendatei gelöscht werden.
B   Die Firma Helwig & Co ist in den Mainweg 76 umgezogen. Der Da-
    tensatz wird insofern aktualisiert.
C   Wir haben neue Kunden gewonnen. Die folgenden Sätze sollen zur
    Datei hinzugefügt werden:

```
KNDNR    FIRMA          STRASSE        PLZ  ORT        BONUS   UMSATZ
14025    Riedel-Sport KG Blücherstr. 41 7500 Karlsruhe   1.5   16753.00
14026    Surf-Shop GmbH  Kaiserring 44  6800 Mannheim 1  1.5   33831.20
14027    Sport-Seibel    Goethestr. 3   6901 Eppelheim   1.5    8944.75
```

Vorgehensweise:
```
. use kunden
. browse
```

zu A   - Satz 15, Firma Else-Plastik, aufsuchen
           - Mit den Tasten Ctrl+U (Strg+U) erhält der Satz eine
             Löschmarkierung (ein 2. Mal Ctrl+U entfernt die
             Löschmarkierung wieder!)

zu B   - Satz 16, Firma Helwig & Co, aufsuchen
           - Cursor mit der End-Taste zum Feld STRASSE bewegen
             (die Pos1-oder Home-Taste bewegt den Cursor feld-
             weise zurück)
             Feldinhalt ändern in: Mainweg 76

zu C   - Cursor mit Taste Bild-nach-unten (PgDn) zum letzten
             Satz der Datei bewegen
           - Taste Cursor-abwärts betätigen
           - Auf die Frage

```
===> Neue Sätze hinzufügen? (J/N)
```

             mit J antworten
           - Die neuen Kunden in die Felder eintragen
           - Mit Ctrl-End (Strg-End) speichern

Es empfiehlt sich, die Änderungen in der Datei mit dem DISPLAY-Befehl zu überprüfen.

Die wichtigsten Unterschiede zwischen den Befehlen EDIT und BROWSE:

Unterschiede zwischen EDIT und BROWSE:

EDIT	BROWSE
Anzeige einzelner Sätze	Anzeige von 11 Sätzen
Anzeige aller Felder eines Datensatzes	Anzeige von maximal 80 Zeichen eines Datensatzes
Aufsuchen eines Satzes mittels einer FOR-Option möglich	Angabe einer FOR-Option nicht möglich
Gestattet kein Anfügen von Datensätzen	Erlaubt das Anfügen von Datensätzen

6.3.2.2 Datensätze löschen

Die Befehle EDIT und BROWSE gestatten es, einzelne editierte Datensätze mittels der Tasten Ctrl+U (Strg+U) zum Löschen zu markieren. Ein
Beispiel dafür wurde in der Datei KUNDEN.DBF schon ausgeführt, der
Datensatz 15 besitzt bereits eine Löschmarkierung. Das Anbringen einer
Löschmarkierung ist der erste Schritt zum Löschen eines Satzes. Dieser
Vorgang entfernt den Datensatz jedoch nicht aus der Datei. Um markierte Sätze **physisch**, also endgültig zu löschen, wenden Sie den Befehl
PACK (zusammenpacken) auf die Datei an. PACK reorganisiert, indem er
eine Kopie der bisherigen Datei erstellt und dabei die löschmarkierten
Sätze ausläßt. Äußerlich erkennen Sie die Löschmarkierung durch ein
Sternchen (*, Asterisk), das bei der Anzeige des gelöschten Satzes links
vor dem Datensatz steht.

Wir wollen im folgenden von **Löschen** sprechen, wenn ein Satz zum
Löschen markiert wird. **Reorganisieren** nennen wir das Umkopieren
durch den Befehl PACK (Abschnitt 6.3.2.4), welches das physische Entfernen der markierten Sätze einschließt.

Beispiel:

```
. use kunden
. disp reco 15 off
  KNDNR FIRMA           STRASSE        PLZ  ORT           BONUS    UMSATZ
 *14015 Else-Plastik    Drubbel 17-18  4400 Münster         1.5      0.00
```

Neben den Befehlen EDIT und BROWSE, die das Löschen einzelner
Datensätze zulassen, bietet dBASE den Befehl **DELETE** an, der das
gleichzeitige Löschen mehrerer Sätze erlaubt.

```
dBASE-Befehl: DELETE [Bereich] [FOR Bedingung]
```

Die Anwendung der Bereich- und der FOR-Optionen ist Ihnen schon von
den Befehlen REPLACE und EDIT her bekannt. Beide Optionen funktionieren auch beim DELETE-Befehl.

dBASE-Befehl: **Systemreaktion:**

```
. use kunden
```
                                    Datei KUNDEN ist geöffnet
```
. dele next 5
```
                                    5 Sätze gelöscht
Die ersten 5 Sätze der Datei wurden
gelöscht

```
. dele for firma="TRAVE"
```
                                              1 Satz gelöscht
                                              Der Datensatz der Firma
                                              TRAVE GmbH ist gelöscht

Die Kunden, die im laufenden Jahr keinen Umsatz mehr mit uns gemacht haben, sollen gelöscht werden.

```
. use kunden
. dele for umsatz=0
     3 Sätze gelöscht
```

6.3.2.3 Löschung aufheben

Ebenso einfach wie Sie Datensätze löschen, ist es Ihnen möglich, die Löschung durch **RECALL** wieder rückgängig zu machen. Der Befehl RECALL wird wie der Befehl DELETE benutzt, jedoch mit umgekehrter Wirkung.

> dBASE-Befehl: **RECALL [Bereich] [FOR Bedingung]**

Der Befehl entfernt die Löschmarkierungen wieder, solange der PACK-Befehl noch nicht auf die Datei angewendet wurde. Nach dem PACK-Befehl bleibt RECALL auf die dann physisch gelöschten Sätze ohne Wirkung.

dBASE-Befehle: **Systemreaktion:**

```
. reca all
```
                                      n Sätze wiedergewonnen
                                      Die Löschmarkierung von n Sätzen
                                      wurde entfernt

```
. reca reco 10
```
                                      1 Satz wiedergewonnen
                                      Die Löschmarkierung am Satz 10
                                      wurde entfernt

```
. reca for umsatz > 0
```
                                      n Sätze wiedergewonnen
                                      Die Löschmarkierung an allen Sätzen,
                                      bei denen ein Umsatz vorliegt, wurde
                                      beseitigt

Gesetzt den Fall, Ihr Bezirksvertreter hat mit dem Einkäufer der Firma Atropa, Satz 21, gesprochen und die Firma als Kunden zurückgewonnen. Sie wollen die Firma Atropa nun nicht mehr als gelöscht führen.

```
. reca for firma="Atropa"
     1 Satz wiedergewonnen
```

oder:

```
. reca reco 21
     1 Satz wiedergewonnen
```

6.3.2.4 Datei reorganisieren

Am Jahresende soll die Datei KUNDEN **reorganisiert** werden. Das geschieht mit dem Befehl **PACK**. Der Befehl entfernt gelöschte Datensätze
unwiderruflich.

```
dBASE-Befehl: PACK
```

```
. pack
     25 Sätze kopiert
```

Überprüfen Sie die Datei:

```
. disp off for umsatz = 0
  KNDNR FIRMA                STRASSE        PLZ  ORT           BONUS    UMSATZ
  14021 Atropa GmbH          Hauptstr. 34   7100 Heilbronn      1.5      0.00
```

Die Datensätze der Firmen Sport-Menzel und Else-Plastik wurden **vollständig entfernt**.

6.3.3 Dateien umordnen

Im Laufe der Zeit entsteht durch ständiges Hinzufügen und Löschen von
Sätzen in einer Datenbank eine **chaotische Reihenfolge der Datensätze**.
Für die verschiedenen Anwendungsfälle des kaufmännischen Betriebs
sind aber sinnvolle Anordnungen der Datensätze unabdingbar. Zum Bei-
spiel sollte in jedem Betrieb eine nach Kundennummern und eine nach
Firmenbezeichnung geordnete Kundenliste greifbar sein. Den Vertrieb
könnte eine nach Umsatzgrößen sortierte Liste interessieren und für den
Bezirksvertreter wäre zusätzlich eine nach Ort und Firma angelegte
Aufstellung nützlich. Sortierte Listen können Sie mit den Befehlen für
Sortierung und Indizierung erstellen. Eine weitere Umstellungsmöglichkeit
bietet das **Kopieren von Dateien**. Dabei können Sie wählen, ob Sie die
Struktur und den Inhalt einer Datei vollständig oder nur teilweise in eine
neue Datei übertragen wollen.

6.3.3.1 Dateien sortieren

Beim Sortieren entsteht neben der geöffneten Datei, der **Ursprungsdatei**, eine weitere Datei, die **Zieldatei**. Die Zieldatei enthält alle oder ausgewählte Sätze der Ursprungsdatei in der gewünschten Sortierfolge. Das Datenfeld, nach welchem sich die Sortierfolge richtet, nennt man **Schlüsselfeld** oder kurz **Schlüssel** (im nachstehenden Befehlsformat Feld genannt).

---

dBASE-Befehl: **SORT ON Feld[,Feld,...][FOR Bedingung] TO Zieldatei**

---

dBASE-Befehl: **Systemreaktion:**

```
. use kunden
```
Ursprungsdatei KUNDEN.DBF geöffnet

```
. sort on ort to kundort1
```
```
100% sortiert
25 Sätze sortiert
```
Die nach dem Schlüssel ORT sortierte Zieldatei KUNDORT1.DBF wurde erzeugt.

```
. sort on ort for
  plz="7" to kundort2
```
```
100% sortiert
6 Sätze sortiert
```
Die nach dem Schlüssel ORT sortierte Datei KUNDORT2.DBF enthält nur die 6 mit der FOR-Option ausgewählten Sätze.

```
. sort on ort,firma to
  kundort3
```
```
100% sortiert
25 Sätze sortiert
```
Die Datei KUNDORT3.DBF ist nach zwei Schlüsseln, ORT und FIRMA, sortiert.

Das 2. Beispiel könnte man in deutscher Sprache frei übersetzen:

Sortiere (SORT) anhand (ON) des Schlüssels ORT falls (FOR)
PLZ = "7" in (TO) die Datei KUNDORT2

Im 3. Beispiel wird ein zusammengesetzter Schlüssel verwendet. dBASE sortiert in diesem Fall **erstrangig** nach dem Schlüssel, der zuerst genannt wurde, nämlich ORT. Sind an einem Ort mehrere Firmen ansässig, so werden diese wiederum alphabetisch nach Firmennamen geordnet.

Weitere Beispiele:

Für die Vertriebsabteilung wollen Sie eine alphabetisch nach der Firma geordnete Kundenliste erzeugen. Das Feld FIRMA ist hier der Schlüssel.

```
. sort on firma to kundfirm
  100% sortiert     25 Sätze sortiert
```

Überprüfen Sie die Sortierfolge:

```
. use kundfirm
. list off
KNDNR FIRMA                STRASSE        PLZ  ORT          BONUS    UMSATZ
14002 AKL Technik GmbH Odenwaldstr. 7 6950 Mosbach          1.5   65342.60
14020 Alpha GmbH       Gartenstr. 40  7080 Aalen            1.5     976.20
14018 Arnold GmbH      Rathenaustr. 9 6120 Michelstadt      2.5  164094.20
14021 Atropa GmbH      Hauptstr. 34   7100 Heilbronn        1.5       0.00
14006 Berner & Co. KG  Dragonerstr.13 3000 Hannover         2.5  121572.00
14013 City-Sport       Stadtring 99   1000 Berlin           1.5   87612.60
14019 Fidelitas GmbH   Moltkestr. 13  7500 Karlsruhe        3.5  254369.00
14009 Freizeitmarkt KG Gutachweg 13   6900 Heidelberg       3.5  231846.90
14022 GREIF-ZU GmbH    Amalienstr. 93 7500 Karlsruhe        1.5   39165.50
14016 Helwig & Co.     Mainweg 76     6000 Frankfurt        1.5   25042.80
...
```

Einem Ihrer Bezirksvertreter liegt daran, eine nach Postleitzahlen geordnete Liste für alle Kunden zu erhalten, die im Postleitzahlgebiet 6 liegen.

```
. use kunden
. sort on plz for plz = "6" to kundplz
  100% sortiert     11 Sätze sortiert

. use kundplz
. list off
KNDNR FIRMA                STRASSE        PLZ  ORT          BONUS    UMSATZ
14010 Sportex GmbH     Feldstr. 67    6000 Frankfurt        2.5  183654.00
14001 RAKA-Werke GmbH  Hochstr. 43    6000 Frankfurt        2.5  112563.50
14003 Helwig & Co.     Heerstr. 58    6000 Frankfurt        1.5   25934.20
14016 Helwig & Co.     Mainweg 76     6000 Frankfurt        1.5   25042.80
14018 Arnold GmbH      Rathenaustr. 9 6120 Michelstadt      2.5  164094.20
14017 Willy Wolf       Hinterm Esel 7 6720 Speyer           1.5    3419.00
14008 Rotopack GmbH    Luisenring 5   6800 Mannheim 1       1.5   30519.00
14026 Surf-Shop GmbH   Kaiserring 44  6800 Mannheim 1       1.5   33831.20
14009 Freizeitmarkt KG Gutachweg 13   6900 Heidelberg       3.5  231846.90
14027 Sport-Seibel     Goethestr. 3   6901 Eppelheim        1.5    8944.75
14002 AKL Technik GmbH Odenwaldstr. 7 6950 Mosbach          1.5   65342.60
```

Eine weitere Liste soll erstrangig nach dem Ort **und** in zweiter Linie nach der Firma sortiert sein.

```
. use kunden
. sort on ort,firma to kundorfi
  100% sortiert      25 Sätze sortiert

. use kundorfi
. disp all ort,firma off
  ort            firma
  Aalen          Alpha GmbH
  Berlin         City-Sport
  Bremen 21      Schaffer & Koch
  Düsseldorf 1   Wohnen & Leben
  Eppelheim      Sport-Seibel
  Frankfurt      Helwig & Co.
  Frankfurt      Helwig & Co.
  Frankfurt      RAKA-Werke GmbH
  Frankfurt      Sportex GmbH
  ...
```

Folgende **Sortierregel** wird von dBASE standardmäßig eingehalten:

Sortierregel in aufsteigender Reihenfolge:

> Ziffern
> Großbuchstaben alphabetisch
> Kleinbuchstaben alphabetisch
> Sonderzeichen

Diese dem ASCII-Code folgende, aufsteigende Reihenfolge kann, falls notwendig, in eine absteigende umgekehrt werden. Außerdem können Sie festlegen, daß das System Groß- und Kleinbuchstaben bei der Sortierung nicht unterscheiden soll. Zu diesem Zweck fügen Sie dem **Namen des Schlüsselfeldes** entsprechende **Parameter** an. Folgende Parameter verursachen von der Norm abweichende Sortierfolgen:

Parameter für die Sortierfolge:

Parameter	Sortierfolge
/D	Absteigend (Descending)
/C	Groß- und Kleinschreibung bleibt unberücksichtigt
/DC	Absteigend und keine Berücksichtigung von Groß- und Kleinschreibung

Beispiel:

Die Vertriebsabteilung möchte eine nach Umsätzen geordnete Kundenliste. Die Kunden mit den größten Umsätzen sollen am Anfang stehen.

```
. use kunden
. sort on umsatz/d to kundums
  100% sortiert      25 Sätze sortiert
. use kundums
. list off
KNDNR FIRMA               STRASSE        PLZ  ORT          BONUS    UMSATZ
14019 Fidelitas GmbH      Moltkestr. 13  7500 Karlsruhe     3.5 254369.00
14009 Freizeitmarkt KG    Gutachweg 13   6900 Heidelberg    3.5 231846.90
14010 Sportex GmbH        Feldstr. 67    6000 Frankfurt     2.5 183654.00
14018 Arnold GmbH         Rathenaustr. 9 6120 Michelstadt   2.5 164094.20
14006 Berner & Co. KG     Dragonerstr.13 3000 Hannover      2.5 121572.00
14001 RAKA-Werke GmbH     Hochstr. 43    6000 Frankfurt     2.5 112563.50
14013 City-Sport          Stadtring 99   1000 Berlin        1.5  87612.60
14005 Weber & Landry      Am Norddeich 7 2300 Kiel          1.5  83845.00
14002 AKL Technik GmbH    Odenwaldstr. 7 6950 Mosbach       1.5  65342.60
...
```

6.3.3.2 Dateien indizieren

Index ist das Fremdwort für **Verzeichnis**. Sachwortverzeichnisse findet
man häufig in Sachbüchern. Sie haben die Aufgabe, den Leser einen Begriff schnell auffinden zu lassen. Im Sachwortverzeichnis bzw. Index eines Buches stehen die wichtigsten Fachbegriffe in alphabetischer Reihenfolge mit den Nummern der Seiten versehen, auf denen die Begriffe
abgehandelt werden.

Beispiel

Begriff	Seite
Aktuelle Datei	23
Anzeigen	13
Auswerten	17
Betriebssystem	21
Bewegungsdaten	137
Codierung	71
usw.	

dBASE kann ganz ähnliche Verzeichnisse mit Schlüsselfeldern anlegen.
Solche Verzeichnisse heißen **Indexdateien**. In Indexdateien listet dBASE
die Schlüsselfelder in sortierter Folge und vermerkt dazu die entsprechende Satznummer. Auf die bereits bekannte Kundendatei bezogen
würde eine Indexdatei für das **Schlüsselfeld FIRMA** folgendermaßen
aussehen.

Beispiel

FIRMA	Satznummer
AKL Technik GmbH	2
Alpha GmbH	19
Arnold GmbH	17
Atropa GmbH	20
Berner & Co. KG	6
City-Sport	13
Fidelitas GmbH	18
Freizeitmarkt KG	9
GREIF-ZU GmbH	21
Helwig & Co.	3
usw.	

dBASE vermerkt zum Schlüsselfeld eines jeden Satzes, an welcher Stelle der Datei der Satz steht. Wir entnehmen dem Index, daß die Sätze dann nach der Firma sortiert ausgegeben werden, wenn sie in der Reihenfolge der Datensatznummern erscheinen.

Eine andere Reihenfolge ergibt sich, wenn das Feld PLZ zum Schlüssel wird. Ein Index nach PLZ zeigt diese Reihenfolge:

Beispiel

PLZ	Satznummer
1000	13
2300	5
2350	14
2400	4
2800	12
3000	6
4000	11
usw.	

Vereinfacht ausgedrückt gilt für dBASE-Indexdateien:

> Die Indexdatei ist die Kopie der sortierten Schlüsselfelder und der Satznummern der Ursprungsdatei.

Indexdateien erstellen

Der **INDEX**-Befehl erzeugt eine Indexdatei zur Ursprungsdatei und stellt deren Datensätze gleichzeitig in eine neue Sortierfolge für die Ausgabe.

> **dBASE-Befehl: INDEX ON Schlüssel TO Datei**

Erzeugen Sie eine Indexdatei für das Schlüsselfeld FIRMA und prüfen Sie die neue Sortierfolge:

```
. use kunden
. index on firma to kundfirm
  100% indiziert            25 Sätze indiziert

. list firma,strasse,plz,ort
Satznummer  firma              strasse         plz  ort
        2   AKL Technik GmbH  Odenwaldstr. 7  6950 Mosbach
       19   Alpha GmbH        Gartenstr. 40   7080 Aalen
       17   Arnold GmbH       Rathenaustr. 9  6120 Michelstadt
       20   Atropa GmbH       Hauptstr. 34    7100 Heilbronn
        6   Berner & Co. KG   Dragonerstr.13  3000 Hannover
       13   City-Sport        Stadtring 99    1000 Berlin
       18   Fidelitas GmbH    Moltkestr. 13   7500 Karlsruhe
  ...
```

Eine weitere Indexdatei für das Schlüsselfeld PLZ:

```
. index on plz to kundplz
  100% indiziert            25 Sätze indiziert

. list firma,strasse,plz,ort
Satznummer  firma              strasse         plz  ort
       13   City-Sport        Stadtring 99    1000 Berlin
        5   Weber & Landry    Am Norddeich 7  2300 Kiel
       14   Wikingtuch GmbH   Schützenstr.54  2350 Neumünster
        4   TRAVE GmbH        Bäckergrube 1   2400 Lübeck 1
       12   Schaffer & Koch   Kohlhökerstr.9  2800 Bremen 21
        6   Berner & Co. KG   Dragonerstr.13  3000 Hannover
  ...
```

Wie beim SORT-Befehl gibt es auch beim INDEX-Befehl **zusammengesetzte Schlüssel**. Doch hier werden die Schlüsselbegriffe nicht mit dem Komma, sondern mit dem Pluszeichen (+) verknüpft.

dBASE-Befehl: **Systemreaktion:**

```
. index on plz+firma to kundplfi      100% indiziert
                                      25 Sätze indiziert
```

Die Datei wurde erstrangig nach Postleitzahl und innerhalb gleicher Post-
leitzahlen nach dem Firmennamen indiziert. Haben Sie die oben gezeigten
Beispiele durchgeführt, so existieren jetzt neben der Ursprungsdatei drei
Indexdateien namens KUNDFIRM.NDX, KUNDPLZ.NDX und KUND-
PLFI.NDX.

Sie sollten nun einmal einen Blick auf Ihre Sammlung von Dateien werfen. Dazu benutzen Sie den Befehl **DIR** des dBASE. Dieser DIR-Befehl
reagiert etwas anders als der gleichnamige Befehl des DOS.

---

dBASE-Befehl: **DIR** [Dateiname]

Wird der DIR-Befehl ohne Dateiname eingegeben, zeigt dBASE nur die
Dateien mit der Erweiterung .DBF an. **Dateiname** kann auch durch Ausdrücke mit den aus DOS bekannten Jokern * und ? ersetzt werden. Dann
gelten die gleichen Regeln wie in DOS.

```
. dir
Datenbank Dateien    # Sätze    Letzte Änderung   Größe
KUNDEN.DBF              25        01.10.88         2048
ARTIKEL.DBF            13        02.10.88         1024
KUNDFIRM.DBF           25        03.10.88         1908
KUNDPLZ.DBF            11        03.10.88          984
KUNDUMS.DBF            25        03.10.88         1908
KUNDORFI.DBF           25        03.10.88         1908

   9780 Bytes in 6 Dateien.
1245184 Bytes übrig auf Laufwerk.

. dir k*
Datenbank Dateien    # Sätze    Letzte Änderung   Größe
KUNDEN.DBF             25        01.10.88         2048
KUNDFIRM.DBF           25        03.10.88         1908
KUNDPLZ.DBF            11        03.10.88          984
KUNDUMS.DBF            25        03.10.88         1908
KUNDORFI.DBF           25        03.10.88         1908

   8756 Bytes in 5 Dateien.
1245184 Bytes übrig auf Laufwerk.

. dir K*.*
KUNDEN.DBF         KUNDFIRM.DBF        KUNDPLZ.DBF        KUNDUMS.DBF
KUNDORFI.DBF       KUNDFIRM.NDX        KUNDPLZ.NDX        KUNDPLFI.NDX

  94335 Bytes in 8 Dateien.
1245184 Bytes übrig auf Laufwerk.
```

```
. dir *.ndx
KUNDFIRM.NDX          KUNDPLZ.NDX          KUNDPLFI.NDX

   6192 Bytes in 3 Dateien.
1245184 Bytes übrig auf Laufwerk.
```

Wenn ausschließlich .DBF-Dateien angezeigt werden, fügt dBASE Informationen über Anzahl der Sätze pro Datei, das Datum der letzten Änderung und die Dateigröße an.

Öffnen indizierter Dateien

Indizierte Dateien öffnen Sie meist so, daß alle zugehörigen Indexdateien gleichzeitig aktiviert werden. Meistens wollen Sie ja die Datenbankdaten nicht in der Reihenfolge pflegen oder ausgeben, in welcher sie eingegeben wurden. Wenn Indexdateien existieren, können Sie die Sortierfolge wählen. Sie öffnen indizierte Nutzdateien mit dem Befehl USE...INDEX.

> **dBASE-Befehl: USE Datei INDEX Indexdatei[,Indexdatei,...]**

Die Sortierfolge der geöffneten indizierten Datei richtet sich nach der ersten gleichzeitig aktivierten Indexdatei.

dBASE-Befehl:	**Systemreaktion:**
`. use kunden index kundfirm`	Öffnet die Datei KUNDEN.DBF nach Firmennamen sortiert.
`. use kunden index kundplz`	Die Datei erscheint nach PLZ sortiert.
`. use kunden index kundplfi`	Die Sortierfolge richtet sich nach PLZ, in 2. Linie nach FIRMA
`. use kunden index kundfirm, kundplz, kundplfi`	Alle Indexdateien der Datei KUNDEN.DBF sind aktiviert und werden gepflegt. Die Sortierfolge für die Ausgabe wird jedoch von der **erstgenannten** Indexdatei, also von KUNDFIRM.NDX bestimmt.

Beim Hinzufügen und Löschen (APPEND, PACK) von Datensätzen werden **alle** aktivierten Indexdateien mitgepflegt, d.h. entsprechend aktualisiert. Falls mehrere Indexdateien gleichzeitig aktiviert wurden, richtet sich der Sortierindex nach der **erstgenannten** Indexdatei.

Hinweis:

> Falls für eine Datenbankdatei Indexdateien bestehen, ist darauf zu
> achten, daß diese gepflegt werden. Deshalb sind Indexdateien mit der
> Datenbankdatei zusammen zu aktivieren (Befehl: USE ... INDEX),
> wenn Sätze hinzugefügt, gelöscht oder geändert werden. Ein anderer
> Weg ist das nachträgliche Aktivieren und Neuindizieren der Index-
> dateien (Befehle: SET INDEX TO, REINDEX)

Mit dem Befehl **SET INDEX TO** können Indexdateien zu einer Datenbankdatei auch nach dem Öffnen jederzeit aktiviert werden.

> dBASE-Befehl: **SET INDEX TO Indexdatei[,Indexdatei,...]**

dBASE-Befehl:	**Systemreaktion:**
. use kunden	Datei wurde geöffnet.
. set index to kundplz,kundfirm	Zwei Indexdateien wurden aktiviert. Die steuernde Indexdatei ist KUND-PLZ.NDX.

Den Befehl SET INDEX TO verwenden Sie auch, um für die Ausgabe
einer Datenbankdatei von einer Sortierfolge auf eine andere
"umzuschalten".

```
. use kunden
. disp all off firma,strasse,plz,ort
  firma               strasse          plz   ort
  RAKA-Werke GmbH     Hochstr. 43      6000  Frankfurt
  AKL Technik GmbH    Odenwaldstr. 7   6950  Mosbach
  Helwig & Co.        Heerstr. 58      6000  Frankfurt
  TRAVE GmbH          Bäckergrube 1    2400  Lübeck 1
  Weber & Landry      Am Norddeich 7   2300  Kiel

  ...

. set index to kundfirm
. disp all off firma,strasse,plz,ort
  firma               strasse          plz   ort
  AKL Technik GmbH    Odenwaldstr. 7   6950  Mosbach
  Alpha GmbH          Gartenstr. 40    7080  Aalen
  Arnold GmbH         Rathenaustr. 9   6120  Michelstadt
  Atropa GmbH         Hauptstr. 34     7100  Heilbronn
  Berner & Co. KG     Dragonerstr.13   3000  Hannover
  City-Sport          Stadtring 99     1000  Berlin
  Fidelitas GmbH      Moltkestr. 13    7500  Karlsruhe

  ...
```

```
. set index to kundplz
. disp all off firma,strasse,plz,ort
  firma              strasse          plz  ort
  City-Sport         Stadtring 99     1000 Berlin
  Weber & Landry     Am Norddeich 7   2300 Kiel
  Wikingtuch GmbH    Schützenstr.54   2350 Neumünster
  TRAVE GmbH         Bäckergrube 1    2400 Lübeck 1
  Schaffer & Koch    Kohlhökerstr.9   2800 Bremen 21
  Berner & Co. KG    Dragonerstr.13   3000 Hannover
  Wohnen & Leben     Rather Str. 78   4000 Düsseldorf 1
  Hobbymarkt OHG     Am Kloster 16    4421 Reken 2
  RAKA-Werke GmbH    Hochstr. 43      6000 Frankfurt
...
```

Indexdateien aktualisieren

Die Befehle USE...INDEX und SET INDEX TO öffnen Indexdateien.
Veränderungen der Datenbankdateien führen dann auch zu einer Aktualisierung der zugehörigen Indexdateien. Je mehr Datenbankdateien wach-
sen, desto größer werden auch ihre Indexdateien. Fügt man Datensätze zu
einer Datei hinzu, so muß das System für jeden neuen Satz alle geöffneten Indexdateien pflegen. Bei großen Datenbankdateien von mehreren
hundert oder gar Zehntausenden von Sätzen nimmt die Indexpflege viel
Zeit in Anspruch. Der Benutzer muß nach jedem hinzugefügten
Datensatz warten, bis das System die Indexdateien aktualisiert hat.
Diesem Problem geht man mit dem Befehl **REINDEX** aus dem Weg.

> **dBASE-Befehl: REINDEX**

Am besten öffnen Sie große Dateien, denen Sie Sätze anfügen oder aus
denen Sie Sätze physisch löschen möchten, mit USE. Nach abge-
schlossener Pflege aktivieren Sie alle Indexdateien der Datei mit SET
INDEX TO. Der darauf eingegebene Befehl REINDEX aktualisiert alle
aktivierten Indexdateien in einem Arbeitsgang.

```
. use kunden
. delete for kndnr="14016"
      1 Satz gelöscht
. pack
     24 Sätze kopiert
. append
```

Geben Sie nun den folgenden Satz ein, und fahren Sie mit den unten
aufgezeigten Befehlen fort:

```
KNDNR FIRMA            STRASSE      PLZ  ORT          BONUS   UMSATZ
14026 Markert & Kahn   Q7,8         6800 Mannheim 1   1.5   9261.80
```

```
. set index to kundfirm,kundplz,kundplfi
. reindex
Index wird neu aufgebaut - C:kundfirm.ndx
   100% indiziert            25 Sätze indiziert
Index wird neu aufgebaut - C:kundplz.ndx
   100% indiziert            25 Sätze indiziert
Index wird neu aufgebaut - C:kundplfi.ndx
   100% indiziert            25 Sätze indiziert
```

6.3.3.3 Dateien kopieren

Sind Daten erst einmal irgendwo im Betrieb erfaßt, so taucht oft der
Wunsch auf, sie auch an anderer Stelle zu verwenden. Dateien werden
kopiert, um zeitraubende Zweiterfassungen zu vermeiden. Der Befehl
COPY kopiert Datenbankdateien vollständig oder auszugsweise und kann
dabei sogar die Struktur der Zieldatei verändern. Die mit USE geöffnete
Datei ist **Quelldatei**, die **Zieldatei** wird im COPY-Befehl spezifiziert.

> dBASE-Befehl: COPY [FIELDS Feld,Feld,...] [FOR Bedingung]
>   TO Datei

dBASE-Befehl:	**Systemreaktion:**
. use kunden	Datei öffnen
. copy to kund1	26 Sätze kopiert Die Zieldatei KUND1.DBF hat den gleichen Inhalt wie die Datei KUNDEN.DBF.
. copy for plz="6" to kund2	11 Sätze kopiert In die Datei KUND2.DBF wurden nur die Sätze aus dem PLZ-Bereich 6 kopiert.
. copy fields kndnr,firma, strasse,plz,ort to kund3	26 Sätze kopiert Die Datei KUND3.DBF besitzt eine andere Struktur als die Quelldatei.

Beispiel:

Ein Vertreter Ihres Betriebs möchte auf seinem PC die Kunden aus seinem Postleitzahlgebiet (7) führen und bittet Sie, ihm eine dBASE-Datei
mit Kunden-Nummer, Anschrift und Umsatz auf Diskette zuzusenden.

```
. use kunden
. copy fields kndnr,firma,strasse,plz,ort,umsatz for plz="7" to kunden7
     6 Sätze kopiert
. use kunden7
. list off
  KNDNR FIRMA              STRASSE         PLZ  ORT              UMSATZ
  14019 Fidelitas GmbH     Moltkestr. 13   7500 Karlsruhe     254369.00
  14020 Alpha GmbH         Gartenstr. 40   7080 Aalen            976.20
  14021 Atropa GmbH        Hauptstr. 34    7100 Heilbronn          0.00
  14022 GREIF-ZU GmbH      Amalienstr. 93  7500 Karlsruhe      39165.50
  14024 Impex GmbH         Luisenstr. 76   7730 Villingen       5319.90
  14025 Riedel-Sport KG    Blücherstr. 41  7500 Karlsruhe      16753.00
```

6.3.4 Besondere Feldtypen

In vielen Fällen werden Sie mit den Feldtypen **Zeichen** und **numerisch**
auskommen. Oftmals können aber auch die Typen **logisch**, **Datum** und
MEMO sehr hilfreich sein. Da diese Feldtypen teilweise eine spezielle
Behandlung bei der Ein- und Ausgabe verlangen, werden sie hier gesondert an einem Beispiel behandelt.

Felder hinzufügen

Ihr Vertreter legt Wert auf weitere Felder in seinen Datensätzen, d.h., er
will die Struktur der Datei KUNDEN7.DBF verändern. Er möchte drei
neue Felder hinzufügen, und zwar

- zur Unterscheidung von Groß- und Einzelhändlern
- für das Datum des letzten Kundenbesuchs und
- für Notizen über den Kundenbesuch.

Verwenden Sie wieder den Befehl MODIFY STRUCTURE, den Sie bereits aus dem Abschnitt 6.3.1 kennen, und schaffen Sie folgende Datenfelder neu.

Logisches Feld

Für die Feststellung, ob ein Unternehmen ein Einzel- oder ein Großhan-
delsunternehmen ist, genügt ein **logisches** Feld. Logische Felder können
die Information .T. bzw. .F. (wahr bzw. falsch) speichern und verbrau-
chen dafür nur 1 Byte. Die Feldlänge 1 legt dBASE automatisch fest.

Nennen Sie das neue Feld EIN (Einzelhändler), und belegen Sie es später
mit J (.T.), wenn es sich um eine Einzelhandelsfirma handelt, und mit N
(.F.) bei einem Großhandelsbetrieb.

Datumsfeld

Ein Feld des Typs **Datum** mit dem Namen BESUCH soll das Datum des
letzten Vertreterbesuchs speichern. Die Länge von Datumsfeldern beträgt
immer **8 Bytes**. Die Eingabe eines Datums in ein Datumsfeld veranlaßt
dBASE, die Gültigkeit des Datums sofort zu prüfen. So kann sich nie ein
falsches Datum einschleichen.

Memofeld

Richten Sie ein Feld für Notizen als **MEMO**-Feld mit dem Namen
NOTIZ ein. MEMO-Felder sind immer **10 Zeichen** lang. Dennoch kön-
nen sie relativ große Texte (max. 5000 Bytes) speichern. Der Trick: Alle
Eingaben in die MEMO-Felder einer Datei werden in einer separaten
Datei gleichen Namens, jedoch mit der Namenserweiterung .DBT ge-
speichert.

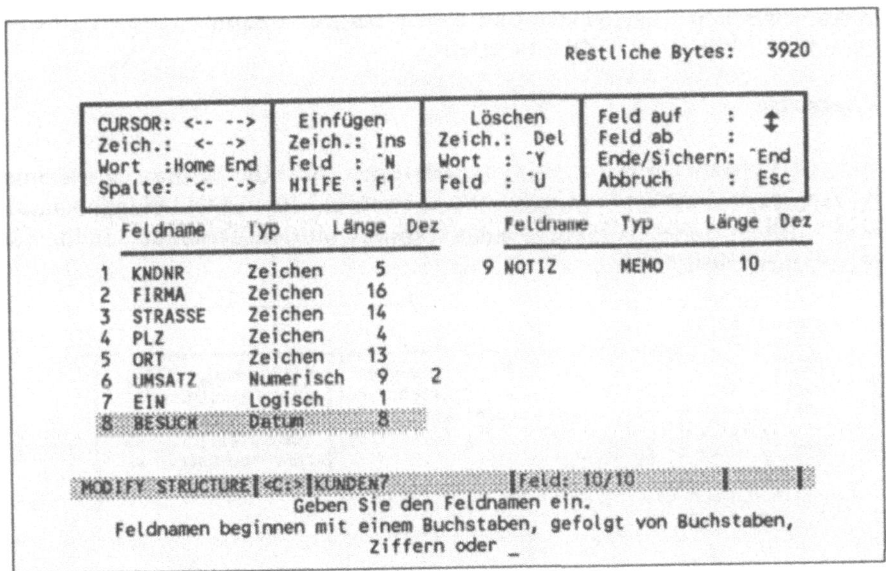

Abb. 8: Erfassungsmaske des Befehls MODIFY STRUCTURE

Nach der Veränderung der Dateistruktur speichern Sie mit Ctrl+End
(Strg+Ende). Das System antwortet mit dem Hinweis:

    6 Sätze addiert

Damit meldet dBASE, daß es die Inhalte der bisherigen Datei in die neue Struktur übernommen hat.

Nun füllen Sie die neuen Datenfelder mit Informationen. Dafür eignet sich der **EDIT**-Befehl, z.B. EDIT 1.

Daten eingeben

Logisches Feld

Die Kunden mit den Nummern 14019 und 14025 sind Großhändler. Bei ihnen wird das Feld EIN mit N ausgefüllt. Bei allen anderen mit J.

Datumsfeld

Füllen Sie das Feld BESUCH nach Belieben aus, und versuchen Sie auch einmal, ein falsches Datum einzugeben, z.B.: 31.06.90 oder 29.02.91. Die Punkte zwischen Tag, Monat und Jahr sind nur dann einzugeben, wenn Tag oder Monat aus 1 Ziffer besteht.

Memofeld

Um das Memofeld zu öffnen, betätigen Sie die Tasten Ctrl+Home (Strg+Pos1), wenn der Cursor im Memofeld der EDIT-Eingabemaske steht. dBASE zeigt dann eine neue Maske mit Hilfe-Menü, in die Sie Texte schreiben können.

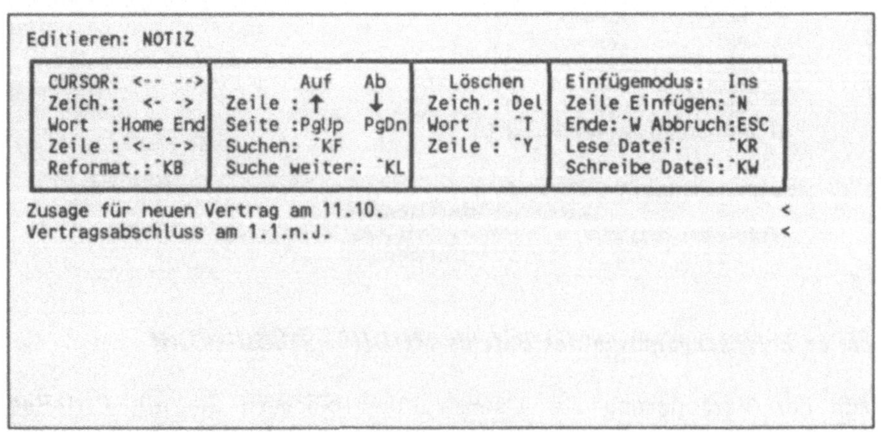

Abb. 9: Eingabemaske des geöffneten MEMO-Feldes

Das Hilfe-Menü zeigt die Tastenbelegung. Man erkennt, daß dBASE hier eine einfache Textverarbeitung anbietet. Jedoch ist der Umfang eines Memotextes auf 5000 beschränkt, etwa 2-3 A4-Seiten. Das Menü weist unter den bereits bekannten Funktionen auch solche zum Einlesen einer Textdatei in den Memotextbereich (Ctrl+KR) und zum Schreiben des Memotextes in eine Datei mit der Namenserweiterung .TXT (Ctrl+KW) auf.

Geben Sie jetzt einen Text Ihrer Wahl ein, und schließen Sie mit Ctrl+End oder Ctrl+W (Strg+Ende, Strg+W) ab. Der Text wird gespeichert und die EDIT-Maske erscheint wieder. Auf die beschriebene Weise können Sie nun zu allen Datensätzen Notizen eintragen.

Daten ausgeben

Logisches Feld

Werden logische Felder gelistet, so zeigt dBASE J in Form von .T. (true) und N als .F. (false) an, obwohl J(a) und N(ein) eingegeben wurde. Diese scheinbare Verwandlung ist gewöhnungsbedürftig.

```
. disp all firma,ein
Satznummer  firma              ein
         1  Fidelitas GmbH     .F.
         2  Alpha GmbH         .T.
         3  Atropa GmbH        .T.
         4  GREIF-ZU GmbH      .T.
         5  Impex GmbH         .T.
         6  Riedel-Sport KG    .F.
```

Logische Felder haben den Vorzug, die Formulierung von FOR-Optionen zu vereinfachen. Um alle Firmen aufzulisten, die Einzelhändler sind, lautet die Eingabe nicht :

. list for ein = J   oder: . list for ein = .T.

sondern einfacher:

. list for ein

also frei übersetzt: "Liste für den Fall, daß es sich um Einzelhändler handelt."

Um alle Großhändler anzuzeigen, weist man dBASE an:

. list for .not. ein

Frei übersetzt: "Liste für den Fall, daß es **nicht Einzelhändler sind**." Das
logische **.not.** (nicht) steht immer zwischen zwei Punkten.

```
. use kunden7
. list firma,ort,umsatz,besuch off for ein
  firma              ort              umsatz besuch
  Alpha GmbH         Aalen            976.20 07.09.88
  Atropa GmbH        Heilbronn          0.00 24.08.88
  GREIF-ZU GmbH      Karlsruhe       39165.50 02.10.88
  Impex GmbH         Villingen        5319.90 12.09.88

. list firma,ort,umsatz,besuch off for .not. ein
  firma              ort              umsatz besuch
  Fidelitas GmbH     Karlsruhe      254369.00 12.11.88
  Riedel-Sport KG    Karlsruhe       16753.00 16.06.88
```

Datumsfeld

Ein Datumsfeld kann nur ein gültiges Datum enthalten. Eine weitere Besonderheit des Datumsfeldes: Man kann mit dem Datum rechnen. Das
Datumsfeld ist ein numerisches Feld besonderer Art.

Zählt man zu einem Datumsfeld beispielsweise die Zahl 5 hinzu, wird die
Zahl 5 als eine Anzahl von Tagen betrachtet und das Datum für 5 Tage
später berechnet. Entsprechend funktioniert eine Subtraktion. Es läßt sich
auch ein Datumsfeld von einem anderen abziehen, man erhält so die
Differenz in Tagen.

```
. use kunden7
. disp besuch
Satznummer   besuch
        1    25.06.90

. disp besuch + 10
Satznummer   besuch + 10
        1    05.07.90

. disp besuch - 35
Satznummer   besuch - 35
        1    21.05.90
```

Ein Vertreter möchte sich einen Terminkalender drucken. Damit er daran
denkt, seine Kunden regelmäßig alle 6 Wochen zu besuchen, läßt er sich
die Firmen mit dem Datum des letzten Besuchs, und zwar vermehrt um
jeweils 42, 84, 126, 168 und 210 Tage, ausgeben. Nun besitzt er einen
Terminkalender für das nächste Halbjahr, jeweils gerechnet vom letzten
Besuch:

```
. use kunden7
. list off firma, besuch+42,besuch+84,besuch+126,besuch+168,besuch+210
 firma          besuch+42 besuch+84 besuch+126 besuch+168 besuch+210
 Fidelitas GmbH  06.08.90  17.09.90  29.10.90  10.12.90  21.01.91
 Alpha GmbH      31.07.90  11.09.90  23.10.90  04.12.90  15.01.91
 Atropa GmbH     11.07.90  22.08.90  03.10.90  14.11.90  26.12.90
 GREIF-ZU GmbH   13.08.90  24.09.90  05.11.90  17.12.90  28.01.91
 Impex GmbH      25.06.90  06.08.90  17.09.90  29.10.90  10.12.90
 Riedel-Sport KG 24.07.90  04.09.90  16.10.90  27.11.90  08.01.91
```

Memofeld

Um den zu einem Memofeld gehörenden Text sichtbar zu machen, sind
die Befehle DISPLAY oder LIST anwendbar. Ist das Memofeld im Befehl
nicht aufgeführt, wird statt des Inhalts nur ein Hinweis auf den Feldtyp
MEMO angezeigt. Es ist also immer notwendig, den Namen des Memo-
feldes in der Feldliste des Ausgabebefehls zu nennen.

```
. disp reco 1 off
 KNDNR FIRMA           STRASSE        PLZ  ORT            UMSATZ
 EIN BESUCH   NOTIZ
 14019 Fidelitas GmbH  Moltkestr. 13  7500 Karlsruhe     254369.00
 .F. 25.06.90 MEMO

. disp reco 1 off firma, notiz
 firma           notiz
 Fidelitas GmbH  Zusage für neuen Vertrag am 11.06.
                 Vertragsabschluss am 1.10.d.J.

. disp off firma, notiz for firma="Fide"
 firma           notiz
 Fidelitas GmbH  Zusage für neuen Vertrag am 11.06.
                 Vertragsabschluss am 1.10.d99.J.
```

6.4 Datenbankabfrage

6.4.1 Zugriff zu einzelnen Datensätzen

Zugriff nennt man sowohl den **Schreib-** als auch den **Lesevorgang** auf
dem Datenträger. Da die meisten zu verarbeitenden Daten nicht dauernd
im Zentralspeicher liegen können, muß das System immer wieder auf die
Diskette oder Festplatte zugreifen. Je nach der Art der zu verarbeitenden
Daten, dem verwendeten Datenträger und der Anwendung werden unterschiedliche Zugriffsformen benutzt, der **sequentielle**, der **direkte** und der
indiziert direkte Zugriff, kurz **indizierte** Zugriff.

Die im folgenden behandelten Befehle stellen den sogenannten **Satzzeiger**
auf den nach erfolgreicher Suche gefundenen Satz ein. Der Satzzeiger ist
ein der Datei nach dem Öffnen zugeordneter Speicherplatz, der eine

ganze Zahl enthält. Sie entspricht immer der Satznummer des gerade auf-
gesuchten Satzes. Das System verwaltet diesen Speicherplatz automatisch,
d.h., es stellt den Zeiger immer neu ein, wenn der Benutzer einen anderen Satz aufgesucht hat. Der Satzzeiger ist eine **Systemvariable** des
dBASE, ein veränderlicher Speicherplatz, den das dBASE-System selbständig einrichtet.

6.4.1.1 Sequentieller Zugriff

Sequentieller Zugriff oder **Reihenfolgezugriff** bedeutet Lesen oder
Schreiben von Daten in starrer Reihenfolge (Sequenz).

Beispiel: Wenn Sie einen einfachen Walkman besitzen, können Sie Musik-
stücke von Kassetten nur in der Reihenfolge abspielen (lesen lassen), in
welcher sie aufgenommen (gespeichert) wurden. Auf keinen Fall können
Sie die vorgegebene Reihenfolge ändern. Einfache Kassettenrecorder kennen nur die sequentielle Zugriffsform.

Durchsucht ein Programm eine Datei sequentiell nach einem bestimmten
Datensatz, z.B. nach einem bestimmten Kunden, so müssen **alle vor dem
gesuchten Datensatz gespeicherten Datensätze gelesen und geprüft** werden, bis der richtige gefunden ist.

In den vorhergehenden Abschnitten benutzten Sie meist Befehle mit se-
quentiellem Zugriff. Damit haben Sie in der Reihenfolge zugegriffen, wie
die Sätze in der Datei stehen. Bei großen Datenbanken mit mehreren
hundert oder Tausenden von Sätzen würde das sequentielle Suchen von
Daten viel zu lange dauern. Deshalb müssen oft andere Zugriffsverfahren
benutzt werden.
Der Befehl EDIT greift sequentiell zu, wenn Sie mit der PgDn- oder der
PgUp-Taste von Satz zu Satz blättern. Beim BROWSE kommen Sie mit
den Cursortasten von Satz zu Satz. Sequentiell sucht das System auch,
wenn Sie eine FOR-Option etwa zum Listen (LIST) oder Löschen
(DELETE) verwenden. Das System prüft der Reihenfolge nach jeden
Satz, ob die angegebene Bedingung erfüllt ist. Sie kennen also schon
einige Befehle für sequentiellen Zugriff. Ein weiterer Befehl, SKIP, tut
nichts als den Satzzeiger sequentiell einzustellen. Er wird häufiger beim
Programmieren in dBASE, weniger im Befehlsmodus angewendet.

---

dBASE-Befehl: SKIP

Bei den folgenden Beispielen wird deutlich, daß der SKIP-Befehl den
Satzzeiger jeweils um einen Satz weiterrückt. Oder anders ausgedrückt:
SKIP vermehrt die Satzzeigervariable um 1.

```
. use kunden
. disp off
 KNDNR FIRMA               STRASSE         PLZ ORT           BONUS    UMSATZ
 14001 RAKA-Werke GmbH     Hochstr. 43     6000 Frankfurt     2.5 112563.50

. skip
Satz-Nr.       2
. disp off
 KNDNR FIRMA               STRASSE         PLZ ORT           BONUS    UMSATZ
 14002 AKL Technik GmbH    Odenwaldstr. 7 6950 Mosbach        1.5  65342.60

. skip
Satz-Nr.       3
. disp off
 KNDNR FIRMA               STRASSE         PLZ ORT           BONUS    UMSATZ
 14003 Helwig & Co.        Heerstr. 58     6000 Frankfurt     1.5  25934.20
```

Mit einer anderen Form des SKIP-Befehls kann man den Satzzeiger um mehrere Sätze vor- oder zurückstellen.

---

dBASE-Befehl: SKIP Zahl

Zahl kann positiv oder negativ (-) sein. Negative Werte vermindern den Satzzeiger.

```
. use kunden
. skip 15
Satz-Nr.      16
. disp firma,plz,strasse,ort
Satznummer    firma           plz  strasse          ort
       16     Arnold GmbH     6120 Rathenaustr. 9 Michelstadt

. skip -3
Satz-Nr.      13
. disp firma,plz,strasse,ort
Satznummer    firma           plz  strasse          ort
       13     City-Sport      1000 Stadtring 99    Berlin
```

6.4.1.2 Direkter Zugriff

Beim **direkten Zugriff** kann der Benutzer auf einen Datensatz in beliebiger Position unmittelbar zugreifen. Der gesuchte Datensatz wird ohne Umweg über die vorangehenden Datensätze aufgrund seiner Lage in der Datei gefunden. Die **Position, die ein Datensatz in einer Datei einnimmt,** nennt man **Satznummer.** Der 1. Satz einer Datei hat die Nummer 1, der 2. Satz die Nummer 2 usw.

Auch den direkten Zugriff haben Sie schon kennengelernt. Zum Beispiel mit Befehlen wie DISPLAY RECORD 5 oder EDIT 5. Diese Befehle stellen den Satzzeiger **direkt** auf den gewünschten Satz ein, also ohne den

Umweg über die sequentielle Suche. Ein anderer Weg zur Beeinflussung
des Satzzeigers führt über die Befehle **GOTO** oder **GO**.

```
dBASE-Befehl:    GOTO Satznummer
oder:            GO Satznummer
oder:            Satznummer
```

Alle drei Befehlsformate erledigen die gleiche Aufgabe. Die im Befehl
verwendete **Satznummer** setzt den Satzzeiger. **Der Satzzeiger ist eine
numerische Variable des dBASE-Systems (Systemvariable), die immer die
Satznummer des gerade aktuellen Satzes speichert.**

```
. use kunden
. goto 16
. disp firma,strasse,plz,ort
Satznummer  firma            strasse        plz  ort
       16   Arnold GmbH      Rathenaustr. 9 6120 Michelstadt

. go 20
. disp firma,strasse,plz,ort
Satznummer  firma            strasse         plz  ort
       20   GREIF-ZU GmbH    Amalienstr. 93 7500 Karlsruhe

. 13
. disp firma,strasse,plz,ort
Satznummer  firma            strasse        plz  ort
       13   City-Sport       Stadtring 99  1000 Berlin

. goto 35
Satz überschreitet belegten Bereich der Datenbank.
```

Der GO(TO)-Befehl kann auch benutzt werden, um den Satzzeiger auf
den Anfang (den ersten Satz) oder auf das Ende (den letzten Satz) einer
Datei zu stellen. **TOP** (Gipfel, oberes Ende) bezeichnet den ersten, **BOT-
TOM** (Boden, unteres Ende) den letzten Satz.

```
dBASE-Befehl:    GO TOP
                 GO BOTTOM
```

Hinweis:

> In nicht indiziert geöffneten Dateien ist TOP identisch mit der
> Satznummer 1, BOTTOM mit der größten Satznummer. Wird zur Datei
> eine Indexdatei aktiviert, weist TOP auf den im Index an erster
> Stelle und BOTTOM auf den laut Index an letzter Stelle
> rangierenden Satz.

```
. use kunden
. go bottom
. disp firma,strasse,plz,ort
Satznummer   firma              strasse          plz  ort
      25     Markert & Kahn     Q7,8             6800 Mannheim 1

. go top
. disp firma,strasse,plz,ort
Satznummer   firma              strasse          plz  ort
       1     RAKA-Werke GmbH    Hochstr. 43      6000 Frankfurt

. set index to  kundfirm
. go bottom
. disp firma,strasse,plz,ort
Satznummer   firma              strasse          plz  ort
      11     Wohnen & Leben     Rather Str. 78   4000 Düsseldorf 1

. go top
. disp firma,strasse,plz,ort
Satznummer   firma              strasse          plz  ort
       2     AKL Technik GmbH   Odenwaldstr. 7   6950 Mosbach
```

6.4.1.3 Indizierter Zugriff

Der **indizierte Zugriff** benutzt ein Verzeichnis, die **Indextabelle**, mit dem
eine Zuordnung von Suchbegriffen wie Personalnummer, Name, Artikelnummer usw. zu Satznummern vorgenommen wird. Zum Auffinden des
gesuchten Datensatzes sind **mehrere Zugriffe notwendig**, Zugriffe zum
Schlüsselbegriff in der Indextabelle und einen weiteren direkten Zugriff
zum Datensatz. Beim indizierten Zugriff handelt es sich im Grunde um
einen direkten Zugriff, dem die Suche in einer Indextabelle vorgeschaltet
ist.

Bei der folgenden Indextabelle fällt auf, daß sie **nach dem Schlüssel aufsteigend sortiert** wurde. Dies ist für alle Indextabellen die Regel.

Beispiel für indizierten Zugriff:

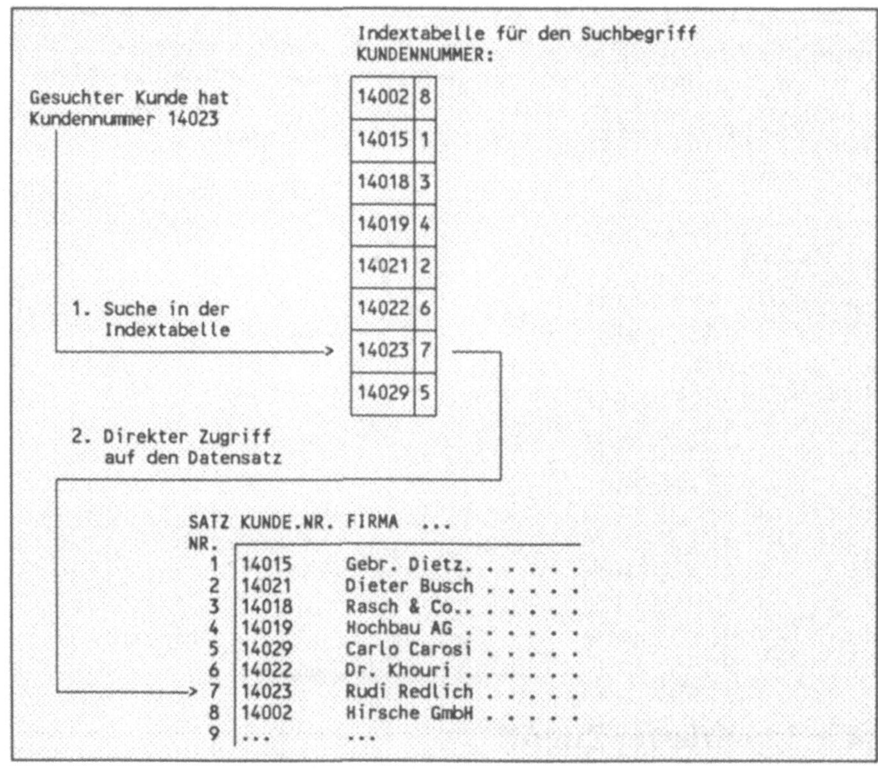

Das Verfahren erscheint auf den ersten Blick zeitaufwendig, weil zuerst
die Indextabelle nach dem Suchbegriff durchsucht werden muß, um die
Satznummer zu finden. Dieser Suchvorgang fällt jedoch kaum ins Ge-
wicht. Der indizierte Zugriff ist aus drei Gründen besonders effizient:

1. In der nach dem Schlüssel sortierten Indextabelle wird der
   gesuchte Begriff nach dem Verfahren des sog. "binären"
   Suchens aufgefunden. Binäre Suchverfahren kürzen das Suchen
   in großen Dateien drastisch ab.
2. Die Indexdatei enthält nur Schlüsselfelder und Satznummern.
   Indextabellen sind deshalb in der Regel kleiner als die dazugehörenden Datenbankdateien. Folglich muß eine geringere
   Datenmenge durchsucht werden.
3. In der Regel wird die Indextabelle während der Verarbeitung
   im Zentralspeicher resident gehalten.

Ein Beispiel aus dem Alltag soll die Methode des indizierten Zugriffs mittels binärer Suche illustrieren:

Beispiel:

Angenommen, Sie suchen die Postleitzahl für den Ort **Unterpfaffenhofen**. Das Postleitzahlenbuch gleicht einem nach Ortsnamen sortierten Index. Es soll 256 Seiten besitzen.
Sie werden sicher nicht ab Seite 1 zu suchen beginnen, sondern teilen 256 durch 2 und schlagen die Mitte, Seite 128 auf, um das Suchverfahren abzukürzen. Seite 128 zeigt Langenich-Latendorf. Da U nach L folgt, teilen Sie die verbleibenden 128 Seiten durch 2 und suchen 64 Seiten weiter auf Seite 192 (=128+64). Dort finden Sie Rorup-Rothenburg. U ist "größer" als R. Sie setzen die Suche auf Seite 224 (=192+32) fort. Ergebnis: Trebel-Türkenfeld. Der nächste Suchpunkt liegt auf Seite 240 (=224+16). Dort steht Wehringdorf-Weildorf. Nun muß ein Stück nach vorne geblättert werden, denn U kommt vor W. Also gehen Sie zur Seite 232 (=240-8). Sie lesen Ventschau-Völlinghausen. Ihr Zeigefinger, hier mit dem Satzzeiger vergleichbar, wandert zur Seite 228 (=232-4). Sie finden Untergermaringen-Unternschreez. Ein weiterer Zugriff zur Seite 230 (=228+2): Unterthingau-Uttenhofen. Nun bleibt nur noch eine Seite, die Seite 229 (=230-1). Dort ist die Postleitzahl von Unterpfaffenhofen verzeichnet.

Es waren 8 Suchvorgänge nötig. Das ist die höchste Anzahl für 256 zu durchsuchende Datensätze bei dieser Methode. Das Verfahren heißt **binäres Suchen**, weil die verbleibende Anzahl zu durchsuchender Datensätze immer wieder durch **zwei** geteilt wird. Für jede Anzahl von Datensätzen läßt sich die maximal notwendige Anzahl von Zugriffen leicht berechnen.

Anzahl von Datensätzen	Potenz zur Basis 2	Max. Anzahl Zugriffe zur Indexdatei
256	2^8	8
4096	2^{12}	12
65536	2^{16}	16
1048576	2^{20}	20

War das System in der Indexdatei fündig, so erfolgt mittels der dort aufgefundenen Satznummer noch ein direkter Zugriff zur Hauptdatei. Die Anzahl der insgesamt nötigen Zugriffe vermehrt sich deshalb immer um 1.

Der indizierte Zugriff ist wahrscheinlich die in der Praxis am häufigsten angewendete Zugriffsart. Dafür gibt es vor allem zwei Gründe.

> 1. Der sequentielle Zugriff ist in großen Datenbanken unwirtschaft-
>   lich. Ob nun manuell durch "Blättern" in den Datensätzen oder au-
>   tomatisch mit der FOR-Option, im Extremfall muß eine ganze
>   Datei gelesen werden, will man einen bestimmten Datensatz finden.
> 2. Die Benutzer von Datenbanken wissen in der Regel nicht, welche
>   Satznummer ein gesuchter Datensatz hat. Sie kennen eher Namen,
>   Kundennummern, Artikelbezeichnungen usw. Der direkte Zugriff
>   wird deshalb selten von Nutzen sein.

Der Befehl **SEEK** (suche) sucht in einer indiziert geöffneten Datei sehr schnell nach einem Schlüsselbegriff.

> dBASE-Befehl: SEEK Schlüssel

SEEK braucht eine aktivierte Indexdatei. Der im Befehl angegebene **Schlüssel** muß mit dem Inhalt eines Schlüsselfeldes des Indexes übereinstimmen, andernfalls meldet dBASE

```
Nicht gefunden.
```

Das bedeutet, der gesuchte Satz ist nicht vorhanden oder der Schlüssel wurde falsch geschrieben.

```
. use kunden index kundfirm
. seek "City-Sport"
. disp firma,strasse,plz,ort
Satznummer  firma                 strasse        plz  ort
      13     City-Sport           Stadtring 99   1000 Berlin

. seek "Roto"
. disp firma,strasse,plz,ort
Satznummer  firma                 strasse        plz  ort
       8     Rotopack GmbH         Luisenring 5   6800 Mannheim 1

. seek "ATROPA"
Nicht gefunden.

. set index to kundplz
. seek "2350"
. disp firma,strasse,plz,ort
Satznummer  firma                 strasse        plz  ort
      14     Wikingtuch GmbH  Schützenstr.54 2350 Neumünster

. seek "6000"
. disp firma,strasse,plz,ort
Satznummer  firma                 strasse        plz  ort
       1     RAKA-Werke GmbH  Hochstr. 43    6000 Frankfurt
```

```
. skip
Satz-Nr.      3
. disp firma,strasse,plz,ort
Satznummer    firma              strasse          plz  ort
        3     Helwig & Co.       Heerstr. 58      6000 Frankfurt

. skip
Satz-Nr.     10
. disp firma,strasse,plz,ort
Satznummer    firma              strasse          plz  ort
       10     Sportex GmbH       Feldstr. 67      6000 Frankfurt

. skip
Satz-Nr.     16
. disp firma,strasse,plz,ort
Satznummer    firma              strasse          plz  ort
       16     Arnold GmbH        Rathenaustr. 9 6120 Michelstadt
```

Primärschlüssel
Bei der Suche nach der Postleitzahl 6000 hat sich gezeigt, daß mehrere
Firmen in Frage kommen. Dem Schlüssel PLZ ist also eine Firma nicht
eindeutig zugeordnet. Eindeutig identifizierend wäre der Schlüssel PLZ
nur, falls unser Betrieb immer nur eine Firma pro Ort beliefern würde.
Dagegen identifiziert die Kundennummer (KNDNR) jeden Kunden eindeutig. Es dürfen auf keinen Fall zwei Kunden die gleiche Kundennummer besitzen, sonst würden zwei Kunden über ein Debitorenkonto verbucht. Eindeutig identifizierende Schlüssel heißen **Primärschlüssel**. Weitere Beispiele: Artikel-, Personal-, Kontonummer, Kfz-Kennzeichen.

Sekundärschlüssel
In der Datei KUNDEN.DBF enthalten die Felder für Postleitzahl, Ort,
Bonus usw. Sekundärschlüssel. **Sekundärschlüssel** nennt man alle Schlüssel, über die der Zugriff nicht mit Gewißheit unmittelbar zu einem ganz
bestimmten Satz führt.

Regeln für den Befehl SEEK:

1. SEEK beginnt die Suche beim ersten Satz der aktivierten Indexdatei.
2. SEEK vergleicht den gesuchten Begriff mit dem Feldinhalt
   exakt auf Groß- und Kleinschreibung. Das Beispiel "ATROPA"
   zeigt, daß abweichende Schreibweise zu erfolglosem Suchen führt.
3. Falls es sich um einen Schlüssel des Typs Zeichen handelt,
   genügt es, die ersten Zeichen des Schlüsselbegriffs zu
   schreiben. Der Vergleich findet bei Feldern des Typs Zeichen
   nur in der Länge der angegebenen Zeichenkette statt.
4. Verwendet man Sekundärschlüssel, wie im Beispiel Postleitzahl 6000, stellt SEEK den Satzzeiger auf den ersten passenden
   Satz. Die nachfolgenden zutreffenden Sätze werden
   sequentiell mit SKIP aufgesucht.

6.4.2 Berichterstellung

dBASE besitzt einen **Berichtgenerator**, mit welchem **Listen** in unterschiedlicher Form erstellt und ausgegeben werden können. Zwar lassen
sich Listen auch mit dem Befehl LIST anzeigen und drucken, doch der
dBASE-Berichtgenerator kann Listen mit Überschriften, Paginierung,
Druckdatum, Spaltensummen und beliebigen Spaltenüberschriften ausgeben.

6.4.2.1 Festlegen des Berichtsformats

Den Aufbau einer Liste definieren Sie menüorientiert mit dem Befehl
MODIFY REPORT.

```
dBASE-Befehl: MODIFY REPORT [Formdatei]
```

Formdatei ist der Name für eine Datei, die alle Angaben des Benutzers
zur Form des Berichts speichert. Der Dateiname erhält vom System die
Erweiterung **FRM**. Für eine Datenbankdatei (DBF) kann es mehrere
Formdateien, also mehrere Berichtsformate geben.

Ist keine DBF-Datei geöffnet, so fordert der Befehl MODIFY REPORT
(kurz MODI REPO) den Namen der Datei an, für die das Berichtsformat
erstellt werden soll. Wird bei Befehlseingabe der Name der **Formdatei**
weggelassen, fragt das System auch nach diesem Namen.

dBASE-Befehl: **Systemreaktion:**

```
. modi repo              Keine Datenbank geöffnet
                         Dateiname eingeben: kunden
                         REPORT-Dateiname eingeben: kundrepo
```

                         Jetzt wird die Eingabemaske angezeigt.

Die Eingabemaske zeigt die Menüpunkte **Format, Gruppe, Spalte, Aus-
wahl, Ende** und das Hilfe-Menü im unteren Teil des Bildschirms. Der
Cursor markiert den ersten Hauptmenüpunkt. Darunter erkennen Sie ein
Untermenü.

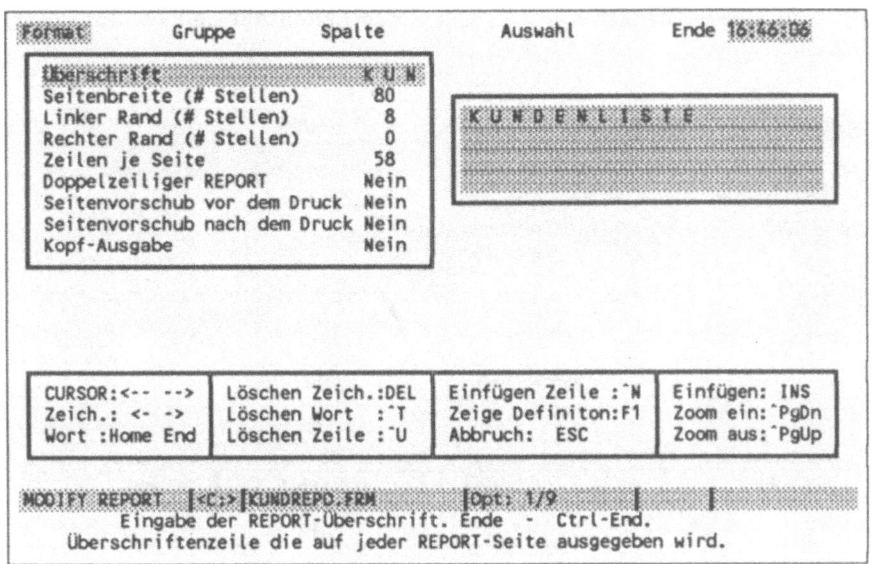

Abb. 10: Maske des MODIFY REPORT-Befehls mit Menüpunkt Auswahl

Sobald der Cursor mittels der Cursortasten (Cursor rechts, Cursor links) zum nächsten Punkt bewegt wird, öffnet sich das jeweils entsprechende Untermenü. Diese Form der Menütechnik nennt sich **Pull-Down-Menü** (pull down = herunterziehen). Beim Erreichen eines Hauptmenüpunktes wird das Untermenü sofort eingeblendet. Die Untermenüpunkte wählen Sie mit den Cursortasten (Cursor auf, Cursor ab) aus.

Menüpunkt Format

Der erste Punkt des Format-Untermenüs dient der Eingabe einer **Berichtsüberschrift**. Die Zeile "Überschrift" ist bereits markiert. Sobald Sie die Returntaste tippen, erscheint ein weiteres Fenster für die Eingabe der Überschrift. Sie darf vierzeilig sein.

Weitere 5 Menüpunkte benutzen Sie zur Einstellung der **Seitenränder** und des **Zeilenabstandes**. Die vorgegebenen Werte können übernommen werden. Bei **Zeilen je Seite** ist nicht die Länge des verwendeten Papierformates anzugeben, sondern die Anzahl Druckzeilen bis zum nächsten Seitenvorschub. Bei Verwendung von DIN-A4-Papier sollten Sie die Zahl 64 nicht überschreiten (3 Zeilen Rand je oben und unten). Ratsam ist es, **Seitenvorschub vor dem Druck** auf Nein zu setzen, sonst kann eine leere Seite verschwendet werden. **Seitenvorschub nach dem Druck** steht vorteilhaft auf Ja, damit nicht ein Teil der letzten Seite im Drucker bleibt.

Stellt man **Kopf-Ausgabe** auf JA, so werden Seitenzahl und Datum unterdrückt.

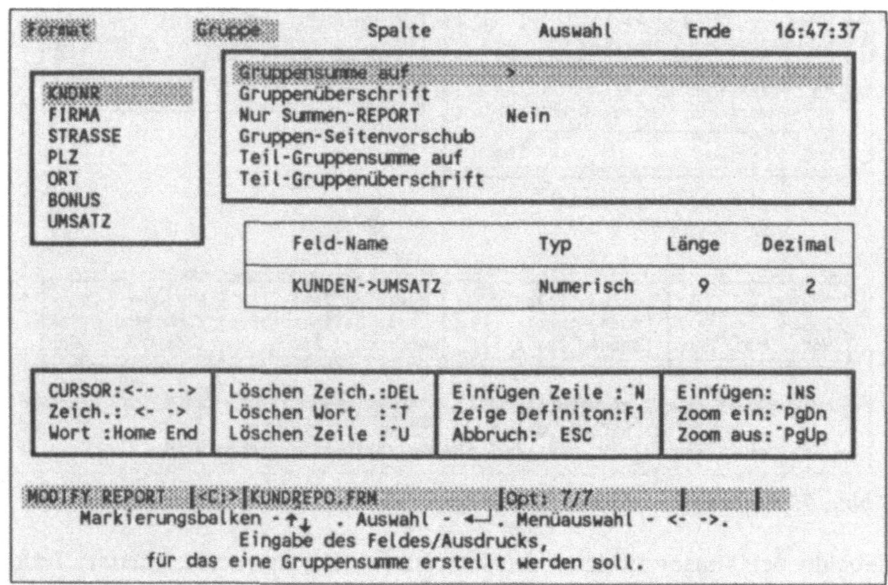

Abb. 11: Maske des MODIFY REPORT-Befehls mit Menüpunkt Gruppe

Menüpunkt Gruppe

Den Menüpunkt Gruppe brauchen Sie nur, wenn Sie eine Liste mit **Gruppensummen** bzw. Teilgruppensummen erwarten. Andernfalls lassen Sie diesen Menüpunkt aus.

Beispiel:

Eine Artikeldatei soll aufgelistet werden. Die Artikel wurden in 4 Hauptgruppen eingeteilt und gekennzeichnet: Tennis, Tauchsport, Surfing und Skilauf. Zusätzlich gibt es 3 Untergruppen (Teilgruppen) für alle Hauptgruppen: Sportgeräte, Sportbekleidung und Zubehör. Mit dem Untermenü Gruppe ist es nun möglich, dBASE zu veranlassen, die Gruppensummen und Teilgruppensummen für den Wert der Ware am Lager auf der Liste auszugeben.

Um Gruppensummen auszuwählen, gehen Sie so vor:

- Cursor auf die erste Zeile und die Returntaste tippen, eine Pfeilspitze wird als Prompt sichtbar

- Taste F10 öffnet ein Fenster mit den möglichen Feldern
- Mittels der Cursortasten und der Returntaste ein Feld auswählen
- Gruppenüberschrift eingeben
- Nur Summen-REPORT bleibt Nein, sonst werden nur Summen angedruckt
- Für Teilgruppensummen gehen Sie ebenso vor wie für Gruppensummen

Wichtig: Die ausgewertete Datei muß nach dem unter **Gruppensumme auf** genannten Feld sortiert oder indiziert sein.

Menüpunkt Spalte

Im Spalte-Menü legen Sie fest, welche **Spalten** die Liste besitzen soll. Sie können statt Feldnamen auch Ausdrücke wie etwa: UMSATZ*BONUS/100 vorschreiben. So wird's gemacht:

-Cursor auf die erste Zeile, wo Sie den Inhalt der Spalte definieren
-Returntaste, eine Pfeilspitze wird sichtbar
-F10 Taste öffnet die Feldübersicht
-Auswahl mittels Cursortasten und Returntaste
-Spaltenüberschrift (Kopf) eingeben
-Spaltenbreite eingeben oder Vorgabewert belassen
-Bei numerischen Spalten: Dezimalstellen bestimmen
-Und wenn Summen erwünscht, bei Gesamt mit J antworten

Sobald Sie das Pull-Down-Menü Spalte anwählen, verschwindet das Hilfemenü und macht der Anzeige des REPORT-Formates Platz. Die >-Zeichen zeigen die linke Randbreite an. Darauf folgen alle Spaltenüberschriften. Im unteren Teil der Darstellung erkennen Sie die Anzeige der Spaltenbreiten. X-Zeichen markieren Zeichenfelder, die Ziffer 9 numerische Felder und #-Zeichen numerische Felder mit Summenbildung.

Nachdem Sie alle notwendigen Spalten definiert haben, ist der Bericht bereits fertig. Er muß nur noch als FRM-Datei gespeichert werden.

Menüpunkt Auswahl

Das Auswahl-Menü benutzen Sie nur, wenn Sie eine Spalte ändern wollen. Sie wählen im Pull-Down-Menü die Spalte. Daraufhin werden die Einstellungen der jeweiligen Spalte zur Änderung angeboten.

Menüpunkt Ende

Hier können Sie das Reportformat speichern oder den Befehl MODIFY
REPORT ohne Speicherung abbrechen.

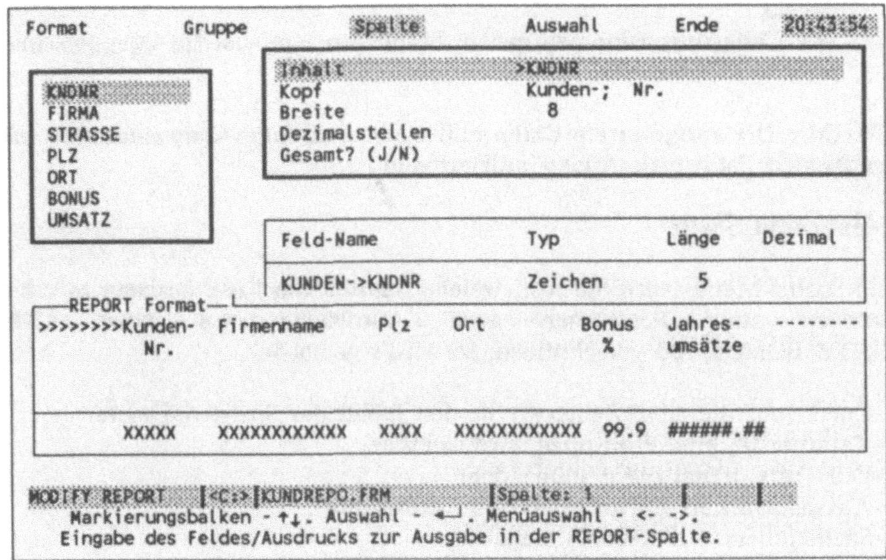

Abb. 12: Maske des MODIFY REPORT-Befehls mit Menüpunkt Spalte

6.4.2.2 Bericht ausgeben

Der Befehl **REPORT FORM** gibt einen Bericht mit Hilfe der Formdatei
aus. Die mit dem Bericht ausgewertete Datenbankdatei muß geöffnet
sein. Soll die Liste sortiert ausgegeben werden, aktivieren Sie die entsprechende Indexdatei, oder Sie sortieren vorher die Hauptdatei. Den
Befehl REPORT FORM (kurz REPO FORM) können Sie durch eine
Vielzahl von Optionen modifizieren. Hier werden nur die wichtigsten
dargestellt.

> dBASE-Befehl: **REPORT FORM** Formdatei [FOR Bedingung]
> [TO PRINT]

Die Optionen **FOR Bedingung** und **TO PRINT** sind Ihnen schon vom
LIST-Befehl her bekannt. Sie haben bei REPORT FORM die gleiche
Wirkung. Es ist ratsam, jeden Report zunächst über den Bildschirm aus-
zugeben und zu prüfen, ob er die gewünschte Form aufweist. Die

Listenanzeige läßt sich mit den Tasten Ctrl+C (Strg+C) jederzeit anhalten
und mit einer anderen Taste erneut starten.

```
. use kunden
. repo form kundrepo

     Seite      1
     04.07.90
                          K U N D E N L I S T E


     Kunden-  Firmenname      Postl. Ort           Bonus       Jahres-
       Nr.                                           %         umsätze


     14001    RAKA-Werke GmbH 6000   Frankfurt      2.5       112563.50
     14002    AKL Technik GmbH 6950  Mosbach        1.5        65342.60
     14003    Helwig & Co.    6000   Frankfurt      1.5        25934.20
     usw.

       ...

     14026    Surf-Shop GmbH  6800   Mannheim 1     1.5        33831.20
     14027    Sport-Seibel    6901   Eppelheim      1.5         8944.75
     14028    Markert & Kahn  6800   Mannheim 1     1.5         9261.80
       ***   Gesamt   ***

                                                              1582021.75
```

Abb. 13: Bericht zur Datei KUNDEN.DBF mit Summierung der
Umsatzfelder

6.4.3 Etikettendruck

Eine sehr häufig genutzte Einrichtung des dBASE ist das Drucken von
Etiketten unterschiedlicher Größe, beispielsweise in Form von Adressaufklebern für Serienbriefe. Ähnlich wie bei der Berichterstellung muß
zunächst eine Datei angelegt werden, die alle formalen Vorschriften für
das gewünschte Etikett enthält. Der Befehl **MODIFY LABEL** erzeugt eine
solche Datei. Mit dem Befehl **LABEL FORM** drucken Sie Etiketten.

6.4.3.1 Festlegen von Form und Inhalt der Etiketten

Der **MODIFY LABEL**-Befehl erleichtert dem Benutzer die Arbeit durch
eine Menüsteuerung. dBASE fragt alle möglichen Einstellungen selbst ab.

---

dBASE-Befehl: **MODIFY LABEL** Labeldatei

Labeldatei ist der Name für eine Datei, die alle Angaben des Benutzers
zu Form und Inhalt des Etiketts speichern soll. Der Dateiname wird vom
System um die Erweiterung **.LBL** ergänzt. Der Befehl MODIFY LABEL
(kurz MODI LABE) erwartet, daß die Datenbankdatei geöffnet ist, für

welche die LBL-Datei erstellt werden soll. Andernfalls fordert das System
einen Namen an.

Die Maske des MODIFY LABEL-Befehls bietet die drei Menüpunkte
Auswahl, Inhalt, Ende und das **Hilfe-Menü** an. Jeder der Menüpunkte
besitzt ein Pull-Down-Untermenü. Ein Untermenü, das Pull-Down-Menü
des Menüpunktes Auswahl, ist direkt nach Befehlsausführung bereits geöffnet. Der Markierungsbalken (kurz Cursor) steht auf dem Untermenü-
punkt **Größe definieren.**

dBASE-Befehle: **Systemreaktion:**

```
. use kunden
```
DBF-Datei wurde geöffnet
```
. modi labe
```
LABEL-Dateiname eingeben: kundlabe
Nun wird die Eingabemaske angezeigt

Abb.14: Maske des MODIFY LABEL-Befehls mit Menüpunkt Auswahl

Menüpunkt Auswahl

Mit dem Menüpunkt Auswahl legen Sie **Größe und Ränder** von Etiketten
fest. Gehen Sie so vor:

-    Cursor auf die erste Zeile: **Größe definieren**

-   Returntaste so oft tippen, bis die gewünschte Etikettengröße ange-
    zeigt wird. Alle üblichen Etikettengrößen auf Trägerband sind vorge-
    geben in der Form: Breite(mm) x Höhe(mm) x Stück (nebeneinander-
    liegend).

-   Die **Breite des LABELs** in Druckstellen und die **Höhe des LABELs** in
    Druckzeilen stellt das System passend zur Etikettengröße selbst ein.
    Dennoch können Sie, falls nötig, selbst korrigierend eingreifen. Das
    geht so: Cursor auf die entsprechende Zeile, Returntaste, Eingabe
    einer Zahl, Returntaste.

-   Einstellung des linken Randes: Cursor auf **Linker Rand**, Return, Zahl
    tippen, Return.

In der gleichen Weise nehmen Sie die übrigen Einstellungen vor.

Menüpunkt Inhalt

In diesem Menüpunkt geben Sie den **Inhalt des Etiketts** ein. Bei Adressaufklebern werden Sie Feldnamen und Leerzeilen einsetzen, bei Preisetiketten Artikelnummer, Artikelbezeichnung und Preis usw. Das folgende
Beispiel geht von Adressaufklebern für Drucksachen aus.

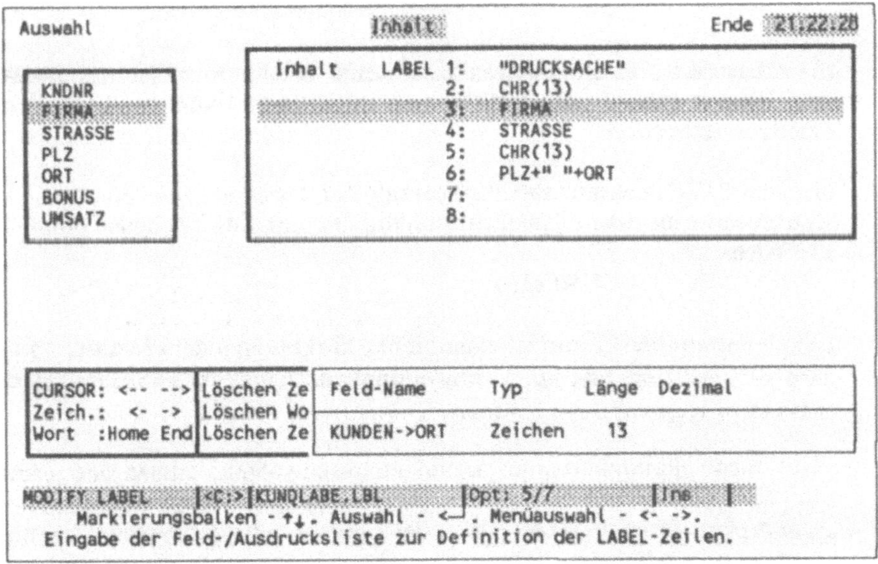

Abb. 15: Maske des MODIFY LABEL-Befehls mit Menüpunkt Inhalt

Vorgehensweise:

- Cursor auf die 1. Zeile des Pull-Down-Menüs.

- Sollen konstante Texte unabhängig vom Datensatz auf alle Etiketten gedruckt werden, so sind sie in Anführungszeichen zu setzen. Beispiel: "Drucksache".

- Eine Leerzeile entsteht auf dem Etikett nicht dadurch, daß Sie eine Zeile frei lassen! Am besten setzen Sie ein Zeichen in die Zeile, das eine Zeilenschaltung verursacht. Die Returntaste sendet ein solches Zeichen an das System. Sie erkennen das, wenn Sie auf DOS-Ebene einen Befehl tippen und ihn mit der Returntaste absenden. Unglücklicherweise verwendet das System das von der Returntaste stammende Zeichen aber auch als Merkmal für das Ende einer Tastatureingabe. Wenn Sie nun die Returntaste tippen, ohne zuvor etwas einzugeben, nimmt das System das als Hinweis dafür, daß Sie nichts eingeben wollten.

Eine Möglichkeit dieses Hindernis zu umgehen, besteht im "Verpacken" des Returnzeichens mit der Character-Funktion:

CHR(Zeichennummer)

Die Character-Funktion (character, engl. Zeichen) weist das System an: "Erzeuge das Zeichen mit der entsprechenden Nummer in der PC-Zeichensatztabelle."

In der PC-Zeichensatztabelle hat das Returnzeichen die Nummer 13. Sie müssen nun dem System mitteilen: "Erzeuge das Zeichen Nummer 13." Also:

CHR(13)

Jetzt kommt das Returnzeichen nicht direkt von der Tastatur, sondern es wird erst bei der Verarbeitung durch das dBASE-Programm erzeugt.

- Um einen Feldinhalt zum Drucken auszuwählen, tippen Sie zuerst Return, dann Taste F10, und sofort erscheint die Feldauswahl in einem Fenster. Sie setzen dort den Cursor auf das Feld (FIRMA), betätigen wieder die Returntaste. Der Feldname wird sofort übernommen. Beispiel: Zeile 3 der abgebildeten MODIFY-LABEL-Maske.

- Wollen Sie Feldinhalte durch Leerstellen trennen, ist folgendes zu tun
  (z.B. Zeile 6 der abgebildeten Maske). Wählen und übertragen Sie den
  1. Feldnamen (PLZ) wie erwähnt. Tippen Sie nacheinander: +-Zei-
  chen, Anführungszeichen, Leertaste(n), Anführungszeichen, +-Zei-
  chen. Nun folgt wieder Taste F10 und die Auswahl des nächsten Feldes (ORT). Beispiel: PLZ+" "+ORT. Das +-Zeichen verbindet Feldinhalte und Leerstelle(n) zu einer Zeichenkette.

Menüpunkt Ende

Dieser Menüpunkt läßt Ihnen die Wahl zwischen Beenden mit oder ohne
Speichern.

6.4.3.2 Etiketten ausgeben

Etiketten geben Sie mit dem Befehl **LABEL FORM** aus. Zur Kontrolle
wählen Sie am besten zunächst die Bildschirmausgabe. Sind Sie mit dem
Ergebnis zufrieden, können Sie ein Probeetikett drucken lassen, um zu
prüfen, ob die Ränder und die Druckereinstellung stimmen.

```
dBASE-Befehl: LABEL FORM Labeldatei [SAMPLE]
              [FOR Bedingung][TO PRINT]
```

Labeldatei ist die mit dem Befehl MODIFY LABEL erzeugte Datei mit
der Erweiterung LBL. Die Option **SAMPLE** bewirkt, daß zuerst ein
Probeetikett ausgegeben wird. Sie benutzen sie immer, um den Drucker
korrekt justieren zu können. Die beiden anderen Optionen (FOR, TO
PRINT) wurden bereits besprochen.

Die Menge der ausgegebenen Etiketten beschränkt sich auf ein Stück je
Datensatz. Das reicht fürs Drucken von Adressaufklebern in der Regel
aus. Wer etwa Preisetiketten zur Auszeichnung von Waren in Stückzahlen
braucht, mag enttäuscht sein. Wenn mehrere Etiketten pro Datensatz zu
drucken sind, ist es zweckmäßig, dafür ein Programm zu schreiben.

```
. use kunden index kundfirm
. label form kundlabe for plz="6000" sample to print
        ********************************************
        ********************************************
        ********************************************
        ********************************************
        ********************************************
        ********************************************
        ********************************************
        ********************************************

Wünschen Sie weitere Beispiele? (J/N) N

    DRUCKSACHE

    Helwig & Co.
    Heerstr. 58

    6000 Frankfurt


    DRUCKSACHE

    RAKA-Werke GmbH
    Hochstr. 43

    6000 Frankfurt


    DRUCKSACHE

    Sportex GmbH
    Feldstr. 67

    6000 Frankfurt
```

6.5 Programmieren in dBASE III+

6.5.1 Gründe für die Programmierung

In den vorangegangenen Kapiteln haben Sie dem Computer immer wieder
einzelne Anweisungen gegeben. Jede Anweisung führte der Computer
aus, dann wartete er auf die nächste Anweisung. Häufig waren es immer
wieder die gleichen Anweisungen, die Sie in einer festgelegten Reihenfolge eingegeben haben. Beispiel: Eine nach Firma sortierte Kundenliste
soll gedruckt werden.

Beispiel:

```
use kunden index kundfirm
list off to print
use
```

Im Umgang mit der Datenbank haben Sie häufig Anweisungsfolgen dieser
Art einzugeben, die sich fast täglich wiederholen. Es liegt nahe, immer
wieder in der gleichen Weise ablaufende Arbeitsgänge zu automatisieren.
Sie können die notwendigen Anweisungen in der gewohnten Reihenfolge
in Dateien zusammenfassen und den Computer den Inhalt dieser Dateien
abarbeiten lassen.

Solche Dateien heißen **Programmdateien**. Sie erhalten von dBASE die Namenserweiterung **PRG**, eine Kennzeichnung, die sie als **PRoGramme** aus-
weist. Programmdateien werden in dBASE mit dem Befehl

```
DO Programmdateiname
```

aktiviert. Das System führt dann alle in der Datei gespeicherten Anweisungen aus. Vielleicht erinnern Sie sich an Abschnitt 2.9, und Sie erkennen die Ähnlichkeit zu Stapeldateien des MS-DOS.

Die einfachsten Programme bestehen aus "Stapeln" von Befehlen wie im
oben gezeigten Beispiel. Höher entwickelte Programme geben dem Benutzer Gelegenheit, selbst steuernd auf den Ablauf der im Programm zu-
sammengefaßten Anweisungen einzuwirken. Programme bringen dem Benutzer mehr Komfort bei seiner Datenbankverwaltung.

Wichtige Vorteile der Programmierung:

Zeitersparnis: Die zeitraubende Eingabe von Befehlsfolgen entfällt.
Womöglich mußte man bisher bei komplizierten Anweisungen die
richtige Schreibweise im Handbuch nachschlagen. Hat man ein
Programm, so genügt ein Aufruf mit dem DO-Befehl.

Wiederholbarkeit: Programme lassen sich beliebig oft anwenden. Sie
führen stereotyp immer wieder die gleichen Anweisungen aus.

Fehlervermeidung: Jeder kennt wohl den Fall: Man tippt eine lange
Anweisung und erwartet den entsprechenden Erfolg. Und dann zeigt
der Bildschirm eine Fehlernachricht! Schlimmer kann es werden, wenn
man versehentlich einen Befehl benutzt, der Daten zerstört. Solche
Ärgernisse erspart man sich mit Programmen.

6.5.2 Der Begriff Programm

Ein **Programm** ist eine **sinnvoll** angeordnete **Folge von Anweisungen** an
das EDV-System **zur Lösung einer Aufgabe**. Ein Programm wird in Form
einer Datei abgelegt.
Ein Programm legt den Benutzer zwar auf eine bestimmte Anwei-
sungsfolge fest. Doch können Programme immer wieder an veränderte
Benutzerbedürfnisse angepaßt werden. Das ist in dBASE besonders einfach zu bewerkstelligen. Programme können sehr wenige oder sehr viele
Anweisungen enthalten. Programme mit mehreren hundert Anweisungen
sind keine Seltenheit. Die Größe eines Programms hängt vom erwarteten
Komfort, von Sicherheitsaspekten und von seiner Vielseitigkeit ab.

dBASE-Programme sind nur unter dBASE lauffähig. Das bedeutet, wenn
Sie ein dBASE-Programm starten wollen, so muß das dBASE-Programm-
system aktiv sein. Es gibt aber auch die Möglichkeit, dBASE-Programme
mittels eines Übersetzungsprogramms (Compiler) in Maschinensprache zu
übersetzen. Die Programme erhalten nach ihrer Übersetzung die Namenserweiterung EXE und sind dann unter MS-DOS ablauffähig. Vorteil einer
Überführung in Maschinensprache ist der Geschwindigkeitsgewinn beim
Programmablauf. In diesem Zustand arbeitet das Programm direkt mit
dem Prozessor. Die dBASE-Software wird nicht mehr als Mittler zwischen Programm und Prozessor gebraucht. Nachteilig wirkt sich die Tatsache aus, daß das Programm nicht mehr im Klartext vom Menschen gelesen und unmittelbar verändert werden kann. Die Übersetzung eines
dBASE-Programms in Maschinensprache lohnt sich nur bei aufwendigen
Programmen mit vielen Anweisungen.

6.5.3 Stufen der Programmentwicklung

Sobald Sie beginnen, Programme zu verfassen, sollten Sie einige Vorüber-
legungen anstellen, um sich unnötigen Arbeitsaufwand zu sparen. Für gewöhnlich beschreitet der Verfasser eines Programms folgende Stufen der
Programmentwicklung.

1. Schritt: Problembeschreibung

Erster Schritt ist die Beschreibung der anstehenden Aufgabenstellung.
Zunächst muß präzisiert werden, welche Aufgaben das Programm erfüllen soll. Die Problemstellung wird meist in der Umgangssprache dargestellt.

2. Schritt: Problemanalyse

Das Problem ist dann in Teilaufgaben zu zerlegen. Der Vorgang wird als Problemanalyse bezeichnet. Die folgenden Fragestellungen sind dabei behilflich, die Programmieraufgabe für den nachfolgenden Programmentwurf zu gliedern:

Fragestellungen zur Problemanalyse:

> - Welche Daten bilden die Eingabe und woher kommen sie?
> - Wie läuft die Verarbeitung der Daten ab?
> - Welche Daten gehen wohin zur Ausgabe?

Diese Gliederung richtet sich nach dem EVA-Prinzip der Datenverarbeitung. Es bestimmt den Programmaufbau.

3. Schritt: Programmdesign

Es folgt der Entwurf des Programms (Programmdesign) in einer allgemein verständlichen Form. Es ist möglich, das Programm in der Umgangssprache zu beschreiben oder zu zeichnen. In der Regel wird die grafische Darstellung als **Struktogramm** nach DIN 66261 vorgezogen. Struktogramme nennt man auch **Nassi-Shneiderman-Diagramme**, weil sie von den Herren Nassi und Shneiderman entwickelt wurden. In den folgenden Sinnbildern bedeuten:

V	Verarbeitung, ein oder mehrere Anweisungen
B	Bedingung, Vergleichsoperationen
./.	Es findet keine Verarbeitung statt

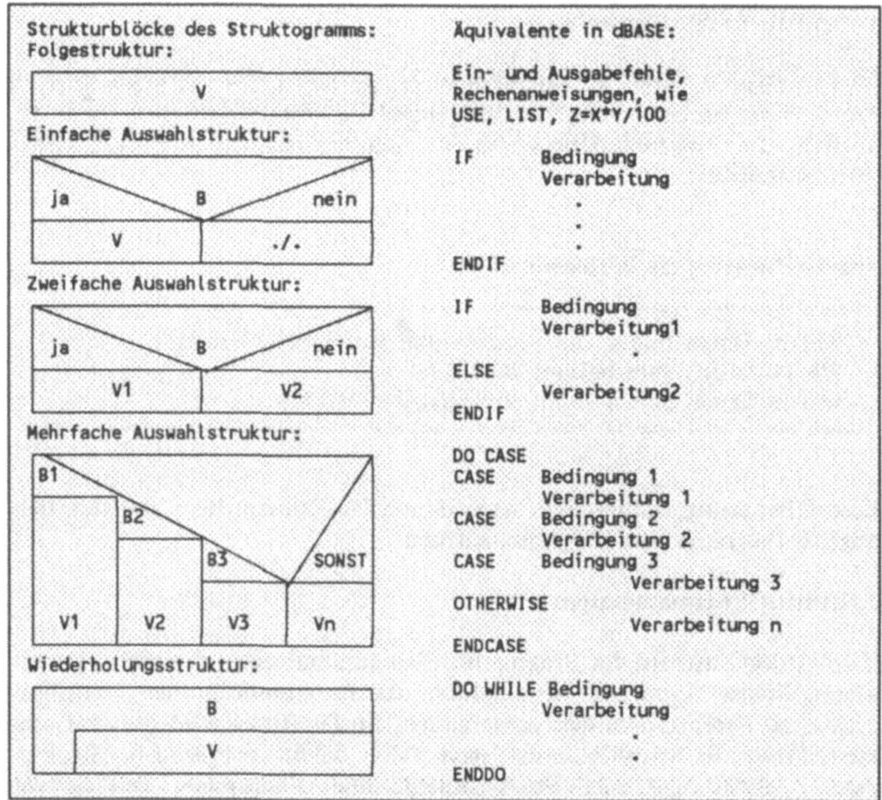

Struktogramme üben im wesentlichen 2 Funktionen aus:

Konstruktionsfunktion: Sie erleichtern die Programmierung. Sie helfen dem Programmierer, seinen Entwurf unabhängig von der Programmiersprache übersichtlich darzustellen. Anhand des Struktogramms läßt sich ein sog. Schreibtischtest durchspielen. Damit ist schon eine gewisse Garantie gegeben, daß das Programm richtig läuft. Beim Schreibtischtest geht man das Programm in allen Details durch und erzeugt die Ergebnisse soweit möglich manuell bzw. gedanklich.

Dokumentationsfunktion: Struktogramme haben die Aufgabe, die Programmpflege zu vereinfachen. Wenn Programme nach ihrer Fertigstellung später einmal geändert werden müssen, findet sich der betroffene Programmierer schneller im Struktogramm zurecht als im Programmcode.

4. Schritt: Codierung

Nun wird das Programm codiert, also in die Programmiersprache umgesetzt. In unserem Falle heißt das, die Strukturblöcke des Nassi-Shneider-
man-Diagramms werden in die Anweisungen der dBASE-Sprache übertragen. Jeder Strukturblock schlägt sich in einer oder mehreren gleich-
artigen dBASE-Anweisungen nieder. Es gibt mitunter auch Anweisungen,
die nicht der Dokumentation durch das Struktogramm bedürfen, z.B.
Anweisungen, die nur kosmetische Funktion haben.

5. Schritt: Programmtest

Schließlich wird das Programm ausgetestet. Der Test besteht darin, daß
das Programm mit unterschiedlichen Daten ausprobiert wird. Dabei muß
natürlich im voraus klar sein, welche Ergebnisse das Programm erzielen
soll, die Kontrolldaten müssen bekannt sein. Komplexe Programmpakete
bedürfen intensiver Tests. Trotzdem kommen immer wieder Fehler auch
in Programmen vor, die renommierte Softwarehäuser geliefert haben. Bisher wurde kein Testverfahren entwickelt, das 100% einwandfreie Ergebnisse liefert. Deshalb übernimmt kein Softwarehaus die Garantie für die
Fehlerlosigkeit seiner Produkte.

Bei kleineren Programmiervorhaben leuchtet es Anfängern oft nicht recht
ein, weshalb er alle Stufen der Programmentwicklung für jedes Programm
aufs neue konsequent durchlaufen soll. Tatsächlich wird die strikte Einhaltung der Entwicklungsschritte um so wichtiger, je komplexer die Problemstellungen werden. An den folgenden Beispielen werden die Stationen der Programmentwicklung durchgespielt.

6.5.4 Programme mit Folgestruktur

Angenommen, die Angestellten Ihrer Marketing-Abteilung tun sich
schwer, die Schreibweise der einzelnen dBASE-Befehle dauerhaft aus-
wendig zu lernen. Die Befehle für die Dateipflege, für den Druck der
benötigten Listen und für die Abfrage von Informationen sind zwar
immer wieder die gleichen, aber wenn das Gedächtnis nachläßt, muß
immer wieder das Handbuch zu Rate gezogen werden.

Problembeschreibung

Zunächst wollen Sie das Drucken der nach Postleitzahlen sortierten
Kundenlisten automatisieren. Die Vertreter brauchen diese Listen immer
wieder auf dem neuesten Stand. Nur die für Ihre Vertreter wesentlichen
Felder werden gedruckt.

Problemanalyse

Sie gliedern die wesentlichen Arbeitsgänge nach dem EVA-Prinzip, um sich einen Überblick zu verschaffen:

Eingabe:	Die gewünschten Daten sind aus der Datei KUNDEN.DBF einzulesen. Die Daten der Indexdatei KUNDPLZ.NDX werden ebenfalls benötigt.
Verarbeitung:	Die Datensätze in aufsteigender Reihenfolge ordnen. Aus der Gesamtheit der eingelesenen Daten sind nur die Datenfelder KNDNR, FIRMA, STRASSE, PLZ, UMSATZ zu verwerten.
Ausgabe:	Die Liste wird ohne Satznummern gedruckt.

Programmdesign

Sie entwerfen das Struktogramm:

```
Datei KUNDEN.DBF öffnen und
Indexdatei KUNDPLZ.NDX aktivieren

Die Felder KNDNR,FIRMA,STRASSE,PLZ,ORT,UMSATZ
auf dem Drucker listen

Datei KUNDEN.DBF schließen
```

Codierung

Nun ist das Struktogramm in ein dBASE-Programm umzusetzen. Wie schon erwähnt, müssen die dBASE-Anweisungen in einer Datei erfaßt werden. In MS-DOS haben Sie den Editor EDLIN.COM benutzt, um eine Datei anzulegen (Abschnitt 2.8). EDLIN könnten Sie hier auch anwenden. Das setzt aber voraus, daß Sie jeweils dBASE mit QUIT beenden und die DOS-Ebene aufsuchen, um EDLIN zu starten, ein umständliches Verfahren.

dBASE besitzt einen eigenen Editor, der mit mehr Komfort aufwartet. Man startet ihn mit dem Befehl **MODIFY COMMAND** (kurz: MODI COMM). Der dBASE-Editor erzeugt reine Textdateien, sog. ASCII-Dateien. Von dBASE werden diese Dateien infolge ihrer Namenserweiterung PRG als Programmdateien interpretiert.

```
dBASE-Befehl: MODIFY COMMAND Programmdatei
```

dBASE-Befehl: **Systemreaktion:**

.modi comm kundlist   dBASE öffnet ein Editierfenster mit
                                     Hilfemenü für das dBASE-Programm
                                     KUNDLIST.PRG

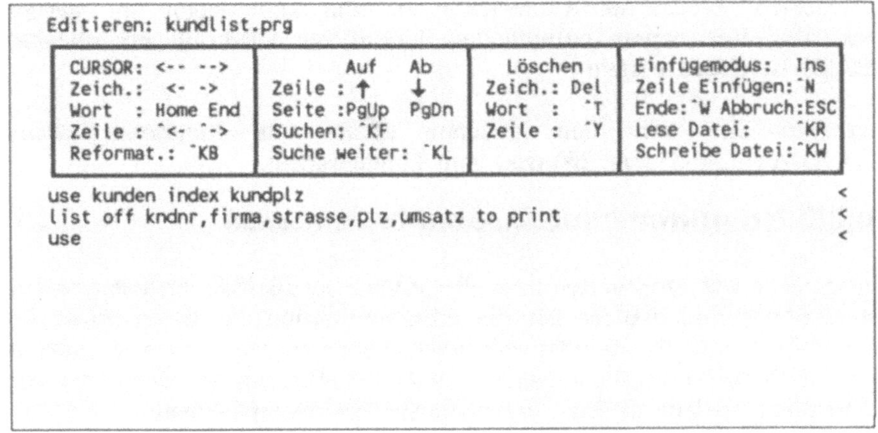

Abb. 16: Editierfenster des Befehls MODIFY COMMAND

Achten Sie bei der Eingabe des Programms auf folgende Punkte:

- Die Erweiterung PRG fügt der Editor dem Dateinamen automatisch
  an, wenn man keine Erweiterung angibt.
- Beim Korrigieren arbeitet man zeitsparend im Einfüge-Modus (Taste
  Einf bzw. Ins einmal betätigen).
- Schließen Sie jede Zeile mit Return (Eingabetaste) ab.
- Speichern Sie mit Strg+W (^W) oder Strg+Ende (^End).

Test

Da es sich bei dem Beispiel um ein unkompliziertes Programm handelt,
ist auch das Testen einfach. Das Programm wird mit dem **DO-Befehl**
zum Ablauf gebracht. Achten Sie darauf, den Drucker vorher einzuschal-
ten.

dBASE-Befehl: **DO Programmdatei**

dBASE-Befehl: **Systemreaktion:**

.do kundlist   Ausgabe der Kundenliste auf Bild-
                                     schirm und Drucker

Der Befehlsinterpreter des dBASE arbeitet alle in der Programmdatei gespeicherten Befehle der Reihe nach ab. Man kann sagen: Sie verfügen
nun über einen neuen individuellen Befehl, der wiederum aus einzelnen
dBASE-Befehlen besteht.

Erzeugen Sie nach dem gleichen Muster ein Programm namens
KUNDAPPE.PRG zum Erfassen von Kundensätzen.

6.5.5 Programme mit Auswahlstrukturen

Wenn Sie etwas anspruchsvollere Programme in dBASE verfassen wollen,
ist es notwendig, daß Sie für die Programmierung charakteristische Da-
tenobjekte und Programmanweisungen kennenlernen. Jedes Programm,
das auf Benutzereingaben reagiert, muß die Wünsche des Benutzers vorübergehend speichern. Dazu brauchen Sie **Speichervariablen**.

Speichervariablen

Alle Daten, die Sie dem Computer eingeben, muß dieser zunächst einmal
speichern, bevor er sie weiterverarbeiten kann. Darin ist der Computer
uns Menschen ähnlich. Wenn wir eine Information lesen oder hören, nehmen wir sie mindestens vorübergehend im Gedächtnis auf. Vielleicht verarbeiten wir sie später, oder wir vergessen sie. Um eine Information zwischenzuspeichern, benutzt der Computer Speicherplätze im RAM. Die
Speicherplätze für vorübergehend zu speichernde Daten werden mit
Namen (sog. "symbolische Adressen") versehen, damit die Daten unter
ihren Namen abgerufen werden können.

Der Sachverhalt ist einer Briefkastenanlage in einem Hochhaus vergleichbar. Dort werden auch Informationen (Briefe) unter Namen (der Mieter)
vorübergehend bis zu Abholung deponiert.

In allen Programmiersprachen, so auch in dBASE, können Sie Speicherplätze im RAM für Daten reservieren. Man nennt solche Speicherplätze,
die über Namen ansprechbar sind, **Speichervariablen** (variabel: veränder-
lich). Variablen (Veränderliche) heißen sie, weil ihr Inhalt sich während
des Programmablaufs ändern kann.

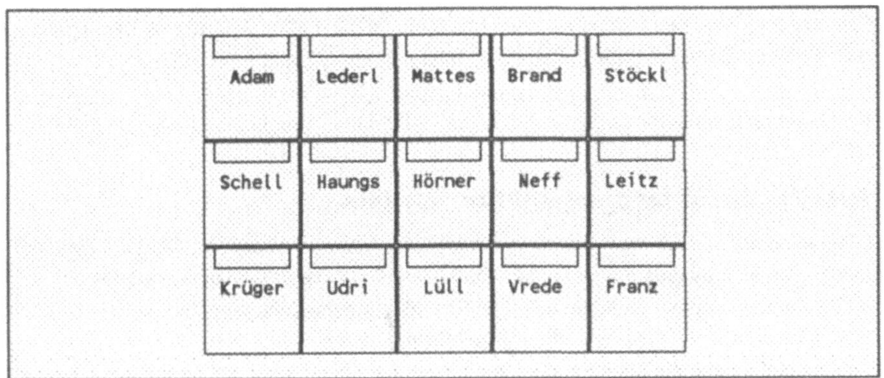

Abb. 17: Briefkastenanlage als Beispiel für Speicherplätze

Machen Sie nun einige Versuche mit Variablen. dBASE erlaubt es, Variablen in der Befehlszeile einzurichten. Beispiel: Eine Variable namens PREIS soll den Wert 120 erhalten.

```
. preis=120
120
```

Das Gleichheitszeichen ordnet dem Wert 120 den Namen PREIS zu. Man sagt: Das Gleichheitszeichen bewirkt in diesem Fall eine **Wertzuweisung**. Anschließend antwortet das System durch Ausgabe des Wertes. Das bestätigt lediglich die richtige Befehlsausführung. Um den Inhalt der Variablen PREIS anzuzeigen, verwendet man die **Ausgabeanweisung ?** (Fragezeichen).

```
. ? preis
        120
```

Der Versuch zeigt, der Wert 120 wurde unter dem Namen PREIS abgelegt. Legen Sie nun eine weitere Variable ab.

```
. anzahl=7
7
```

Als nächstes probieren Sie eine Multiplikation mit dem Multiplikationszeichen * (asterisc):

```
. ? anzahl*preis
        840
```

Auf diese Weise können Sie dBASE als Tischrechner mit Speicher verwenden. Auch Zeichenketten können gespeichert werden:

```
. gruß="Hallo, Fans!"
Hallo, Fans!
```

Regeln für die Bildung von dBASE-Variablen:

- Es gibt 4 Variablentypen: Zeichen, Numerisch, Datum, Logisch
- Variablennamen müssen mit einem Buchstaben beginnen, es dürfen Ziffern und Unterstreichungszeichen folgen
- Variablennamen dürfen 10 Zeichen lang sein
- Leerzeichen sind in Namen nicht erlaubt
- Existieren ein Datenfeld und eine Variable mit denselben Namen, so hat das Datenfeld Vorrang. Deshalb ist es ratsam, Variablen immer mit einem S_ (für Speichervariable) beginnen zu lassen. Beispiel: S_PREIS

6.5.5.1 Programme mit einfacher Auswahl

Gehen wir davon aus, daß in Ihrer Abteilung immer wieder Datensätze verlorengehen, weil der Befehl PACK oft bedenkenlos eingesetzt wird. Oder Mitarbeiter übersehen, daß nach PACK auch die Indexdateien neu geordnet werden müssen. Sie vergessen, die Indexdateien im USE-Befehl aufzuführen. Im Rahmen eines gesamten Software-Paketes für die Pflege der Kundendaten wollen Sie künftig mit einem Programm für die Reorganisation neuen Ärger verhindern.

Hinweis:

In den folgenden Abschnitten werden dBASE-Befehle, dBASE-Programmanweisungen und dBASE-Funktionen unterschieden.
dBASE-Befehle benutzen Sie sowohl im Direktmodus (nach dem dBASE-Prompt) als auch in Programmen (Beispiele: USE, LIST).
Dagegen verwenden Sie dBASE-Programmanweisungen nur innerhalb von Programmen (Beispiele: IF ... ENDIF, WAIT).
dBASE-Funktionen sind eingebaute Unterprogramme (Kennzeichen Klammern!), die ebenfalls gewöhnlich in Programmen Einsatz finden (Beispiele: LOWER(), CHR()).

Problembeschreibung

Es ist ein Programm zu entwickeln, das die Dateireorganisation durchführt. Das Programm soll den Benutzer fragen, ob die Sätze mit Löschkennzeichen entfernt werden sollen. Falls gewünscht, wird die Löschung durchgeführt. Es ist sicherzustellen, daß alle korrespondierenden Indexdateien gepflegt werden. Das Programm erhält den Namen KUNDREO.PRG.

Problemanalyse

Eingabe: Tastatureingabe: Eingabe von "j" oder "n" auf die Frage, ob das Programm fortgesetzt werden soll.

          Dateieingabe: Einlesen der Datensätze der Datei KUNDEN.DBF und Aktivieren der dazu gehörenden Indexdateien KUNDNR.NDX und KUNDFIRM.NDX

Verarbeitung: Aus der Hauptdatei KUNDEN.DBF sind die zum Löschen gekennzeichneten Datensätze zu entfernen, die Indexdateien sind gleichzeitig zu korrigieren.

Ausgabe: Bildschirmausgabe: Systemmeldungen
          Dateiausgabe: Die reorganisierten Dateien KUNDEN.DBF, KUNDNR.NDX und KUNDFIRM.NDX.

Programmdesign:

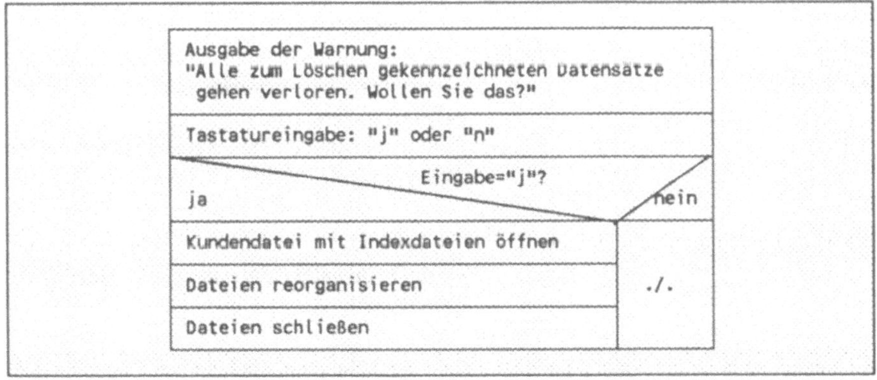

Codierung

Tastatureingaben steuern Programme nach den Wünschen des Benutzers.
Sie werden in Variablen zwischengespeichert. Je nach Art der Daten, die
gespeichert werden sollen, sind entsprechende Befehle einzusetzen.

Programmanweisung zur Speicherung der Tastatureingabe

Für unser nächstes Programmbeispiel soll die Eingabe eines Zeichens ausreichen. Wie das Struktogramm zeigt, wird im Programm die Frage gestellt: "Wollen Sie das?". Der Benutzer soll entweder "j" oder "n" tippen.
Im weiteren Programmablauf muß geprüft werden, was der Benutzer eingetippt hat. Das bedeutet, die Tastatureingabe ist zwischenzuspeichern.
Zur Speicherung von nur einem Zeichen von der Tastatur gibt es die
Programmanweisung **WAIT TO**.

dBASE-Programmanweisung: **WAIT ["Text"] [TO Variable]**

Die Anweisung WAIT, ohne weitere Parameter benutzt, hält den Programmablauf an, gibt eine Systemnachricht aus und wartet auf eine Taste.
Verbunden mit der Anweisung TO Variable speichert die Anweisung den
Wert der angeschlagenen Taste unter dem Variablennamen. Gibt man
hinter der Anweisung einen Text an, so wird der Text am Bildschirm
ausgegeben, bevor das System den Programmablauf stoppt.

dBASE-Programmanweisungen: **Systemreaktion:**

```
wait                              Irgendeine Taste drücken um
                                  weiterzumachen...


wait to s_jn                      Irgendeine Taste drücken um
                                  weiterzumachen...
```
                                  Die Variable S_JN speichert den Wert
                                  der Taste.

```
wait "Beenden?(j/n)" to s_jn      Beenden?(j/n)
```
                                  Die Variable S_JN speichert den Wert
                                  der Taste.

Im Programm KUNDREO.PRG benutzen Sie den Befehl wie im 3. Beispiel gezeigt, nämlich mit Text und Variable.

Programmanweisung für die einfache Auswahl

Gemäß Struktogramm soll das Programm auf die Benutzerantwort "j" hin
die Kundendatei reorganisieren. Falls die Antwort anders lautet, soll
nichts geschehen. Man nennt eine derartige Unterscheidung von zwei
Fällen eine einfache Auswahl. Wenn die Programmanweisung IF ...
ENDIF (Falls ... Ende von Falls) benutzt wird, nimmt das Programm eine
einfache Auswahl vor.

```
dBASE-Programmanweisung:   IF Bedingung
                              Anweisung(en)
                           ENDIF
```

Ein aus dem Alltag gegriffenes Beispiel mag den Sachverhalt verdeutlichen. Wenn eine bestimmte Bedingung erfüllt ist bzw. ein Ereignis ein-
tritt, ist daraufhin eine entsprechende Reaktion notwendig, andernfalls
soll nichts geschehen.

Beispiel:

```
Angenommen, Ihr Chef erwartet heute einen Scheck über einen
größeren Betrag und sagt zu Ihnen:

"Wenn der besagte Scheck kommt,
     benachrichtigen Sie mich sofort.
Das wär's!"
```

dBASE-Programmanweisungen: **Systemreaktion:**

```
if s_jn="j"
   use kunden
   pack
endif
```

Wenn die Variable S_JN den Wert
"j" hat, werden die folgenden
Anweisungen durchgeführt, andernfalls passiert nichts.

Die IF-Anweisung eignet sich dafür, die Ausführung von nachfolgenden
Befehlen von einer Bedingung abhängig zu machen. Falls die Bedingung
zutrifft, kommen die zwischen IF und ENDIF stehenden Befehle zur
Ausführung, andernfalls werden sie übergangen. dBASE fährt dann mit
dem Befehl fort, welcher dem ENDIF folgt.

Die Bedingung ist immer ein Vergleich, wie wir ihn bereits aus der
FOR-Klausel kennen. Die Bedingung in der IF-Anweisung folgt den
gleichen Regeln.

Befehl für Bildschirmausgabe

Bei den Versuchen mit Variablen benutzten wir das Fragezeichen (?), um Variableninhalte anzuzeigen. Mit demselben Befehl gibt man auch Leerzeilen und Texte (Zeichenketten) aus.

```
dBASE-Befehl:  ?
               ? Ausdruck
```

Ausdruck kann ein Datenfeld, eine Variable, eine Zeichenkette oder eine Formel sein.

dBASE-Befehle:	Systemreaktion:
. ?	Ausgabe einer Leerzeile
. ? "Reorganisation"	Der in Anführungszeichen eingeschlossene Text wird ausgegeben.
. ? firma	Ausgabe des Inhalts von Datenfeld FIRMA
. ? s_preis*s_anzahl	Der Bildschirm zeigt das Produkt der Variablen S_PREIS und S_ANZAHL an.

Jetzt haben Sie alle Befehle und Programmanweisungen zusammen, um das Struktogramm in ein Programm umzusetzen. Sie starten jetzt den Editor und geben das vollständige Programm ein:

```
? "WARNUNG!"
? "Alle zum Löschen gekennzeichneten Sätze gehen verloren."
wait "Wollen Sie das? (j/n) " to s_jn
if s_jn="j"
   use kunden index kundnr,kundfirm
   pack
   use
endif
```

Test

Starten Sie das Programm. Es muß folgendermaßen ablaufen:

```
. do kundreo
WARNUNG!
Alle zum Löschen gekennzeichneten Sätze gehen verloren.
Wollen Sie das? (j/n) j
     25 Sätze kopiert
Index wird neu aufgebaut - C:kundnr.ndx
   100% indiziert          25 Sätze indiziert
   Index wird neu aufgebaut - C:kundfirm.ndx
   100% indiziert          25 Sätze indiziert
```

Das Programm läuft einwandfrei, solange der Benutzer ein kleines j ein-
gibt. Da dBASE Klein- und Großbuchstaben streng unterscheidet, funktioniert das Programm nur bei Eingabe von Kleinbuchstaben richtig. Für
diesen Fall ist durch die Funktion LOWER() vorgesorgt. **Funktionen** sind
in eine Sprache eingebaute Hilfsprogramme, die einen Wert verändern
oder erzeugen. Übergibt man der Funktion LOWER() einen oder mehrere
Großbuchstaben, wandelt sie diese in Kleinbuchstaben um.

---

dBASE-Funktion: **LOWER(Zeichen)**

---

dBASE-Befehl: **Systemreaktion:**

```
.? lower("Ja")                          ja
```

Ein weiterer, eher kosmetischer Nachteil des Programms ist die Tatsache,
daß es nicht auf leerem Bildschirm startet und daß es mit einer Frage beginnt, ohne dem Benutzer den Programmstart anzuzeigen. Um den Bildschirm leerzumachen, verwenden Sie die Programmanweisung CLEAR.

---

dBASE-Programmanweisung: **CLEAR**

Nach den kosmetischen Korrekturen und nach Hinzufügen von CLEAR
und LOWER() bringt das folgende Programm jetzt zufriedenstellende Ergebnisse. Ändern Sie das Programm KUNDREO.PRG mittels des Befehls
MODIFY COMMAND entsprechend und testen Sie es nochmal:

```
clear
? "******* Programm Reorganisation der Kundendatei *******"
?
? "WARNUNG!"
? "Alle zum Löschen gekennzeichneten Sätze gehen verloren."
wait "Wollen Sie das? (j/n)" to s_jn
if lower(s_jn)="j"
   use kunden index kundnr,kundfirm
   pack
   use
endif
?
? "********************* Programmende ********************"
```

6.5.5.2 Programme mit zweifacher Auswahl

Bald hat sich Ihr Unternehmen vergrößert. Viele Kunden sind
dazugekommen. Wenn Sie Datensätze verändern wollen, dauert es zu
lange, sich mit den Befehlen EDIT und BROWSE bis zum gesuchten

Datensatz durchzuarbeiten. Es ist zuviel verlangt, dabei auch noch konzentriert den Bildschirm zu beobachten, um den gesuchten Datensatz zu identifizieren.

Sie gehen dazu über, die nach dem Feld FIRMA indizierte Datei KUN-DEN.DBF zuerst mit dem Befehl SEEK abzusuchen und dann den Befehl EDIT zu benutzen. Oft passiert es, daß sich die Benutzer bei der Eingabe der Firma vertippen. Der Befehl muß wiederholt werden. Kurzum, Sie denken darüber nach, wie Sie mit einem Programm rationalisieren können.

Problembeschreibung

Es ist ein Programm zur Datenpflege zu entwickeln, das folgende Merkmale aufweist:

- Das Programm sucht für den Benutzer einen gewünschten Datensatz. Suchkriterium ist die Firma.
- Das Programm editiert den Datensatz.
- Anschließend wird der Datensatz gespeichert.

Problemanalyse

Eingabe: Tastatureingabe: Auf die Frage nach der gesuchten Firma wartet das System auf die Eingabe des Firmennamens.

                            Dateieingabe: Datendatei KUNDEN.DBF, Indexdateien KUNDFIRM.NDX und KUNDNR.NDX. KUNDFIRM.NDX muß an erster Stelle stehen.

Verarbeitung: Suche nach dem gewünschten Datensatz.
                            Falls Satz gefunden: Satz editieren und speichern.
                            Sonst: Nachricht "Nicht gefunden." ausgeben.
                            In jedem Falle anschließend die Dateien schließen und das Programm beenden.

Ausgabe: Bildschirmausgabe: Editiermaske
                            Dateiausgabe: Die geöffneten Dateien werden auf den Datenträger zurückgeschrieben.

Programmdesign

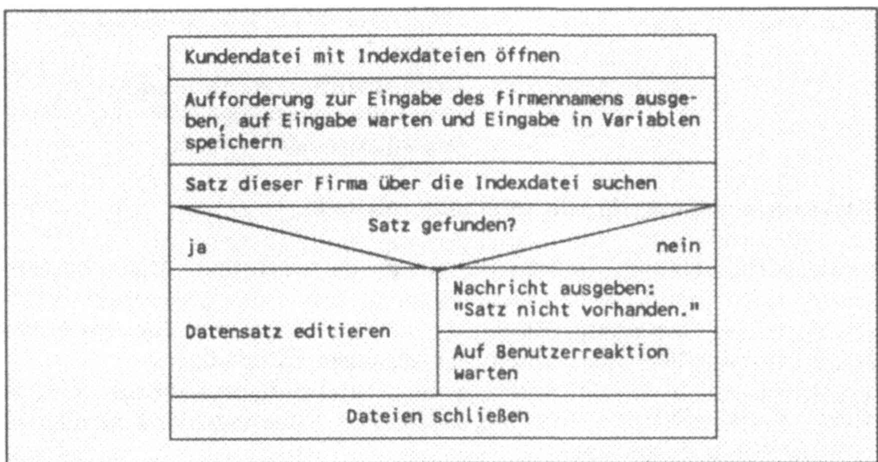

Codierung

Befehl zum Speichern einer eingegebenen Zeichenkette

Die meisten Befehle zur Codierung dieses Programms sind bereits bekannt. Zusätzlich brauchen Sie einen Befehl für die Eingabe des Firmennamens, also einer Zeichenkette. Der im vorangegangenen Programm benutzte Befehl WAIT kann nur 1 Zeichen entgegennehmen und speichern. Firmennamen können aber aus einer unterschiedlichen Menge von Zeichen bestehen. Zur Speicherung von **mehreren Zeichen von der Tastatur** (Zeichenkette) verwenden Sie den Befehl ACCEPT TO.

---

dBASE-Programmanweisung: ACCEPT "Text" TO Variable

ACCEPT stoppt den Programmablauf, bis der Benutzer eine Eingabe gemacht hat. "Text" ist in der Regel eine Aufforderung an den Benutzer, eine Eingabe zu tätigen. Erst wenn der Benutzer seine Eingabe mit Return abgeschlossen hat, läuft das Programm weiter. ACCEPT speichert die Tastatureingabe in der Variablen als einen **Wert vom Typ Zeichen.** Dies gilt auch dann, wenn Zahlen bzw. Ziffern eingegeben wurden.

dBASE-Programmanweisung: **Systemreaktion:**

`accept "Postleitzahl?" to s_plz`   Programm stoppt und gibt aus:
                                       `Postleitzahl?`
                                       Dann speichert es die Eingabe des
                                       Benutzers als Zeichenkette unter dem
                                       Variablennamen S_PLZ.

Programmanweisung für die zweifache Auswahl

Gemäß Struktogramm muß das Programm die Anweisung "Datensatz editieren" durchführen, wenn die Bedingung "Datensatz gefunden?" erfüllt
ist. Wenn die Bedingung falsch ist, hat das Programm die Anweisung
"Nachricht ausgeben" und weitere Anweisungen zu erledigen.
In solchen Fällen spricht man von einer **zweiseitigen Auswahl**. Hier ist
wieder die **IF-ENDIF**-Anweisung angebracht. Allerdings wird sie hier um
die Anweisung **ELSE** ergänzt.

```
dBASE-Programmanweisung:  IF Bedingung
                                  Anweisung(en)
                          ELSE
                                  Anweisung(en)
                          ENDIF
```

Ein einfaches Beispiel aus dem Alltag erklärt den Sachverhalt:

Nehmen Sie an, Sie kommen eines Morgens ins Büro. Ihr Chef ist gut
gelaunt und wendet sich an Sie:

"Wenn Sie heute mit Flott & Flink das Geschäft machen,
    dürfen Sie morgen zu Hause bleiben,
andernfalls
    müssen Sie dem Kunden morgen ein neues Angebot machen.
Das wär's."

dBASE-Programmanweisungen: **Systemreaktion:**

```
if kndnr=s_kndnr
   delete
else
   display
endif
```

Wenn KNDNR gleich S_KNDNR ist,
        Satz löschen,
andernfalls
        Satz anzeigen,
Wenn-Block beenden

Funktion FOUND()

Um innerhalb des Programm prüfen zu können, ob ein gesuchter Datensatz gefunden wurde, ist die Funktion **FOUND()** notwendig. Die Funktion liefert den logischen Wert .T. (true), wenn die Suche erfolgreich war, andernfalls .F. (false).

---

dBASE-Funktion: **FOUND()**

Die Klammern sind typische Merkmale von dBASE-Funktionen. Auch wenn die Funktion, wie in diesem Falle, kein Argument braucht, werden Klammern gesetzt.

Nach Umsetzung des Struktogramms in das entsprechende Programm namens **KUNDEDI.PRG** ergibt sich:

```
use kunden index kundfirm,kundnr
accept "Firmenname? : " to s_firma
seek s_firma
if found()
   edit
else
   ? "Diese Firma existiert nicht in der Kundendatei."
   wait
endif
use
```

Test

Nach Eingabe von DO KUNDEDI zeigt der Programmablauf folgendes Ergebnis, falls ein nicht existierender Kunde eingegeben wurde:

```
.do kundedi
Firmenname?: Seibert
Nicht gefunden.
Diese Firma existiert nicht in der Kundendatei.
Irgendeine Taste drücken um weiterzumachen...
```

Wurde der Kunde richtig benannt, beginnt das Programm unmittelbar mit der bekannten EDIT-Maske.

```
.do kundedi
Firmenname?: Atropa
```

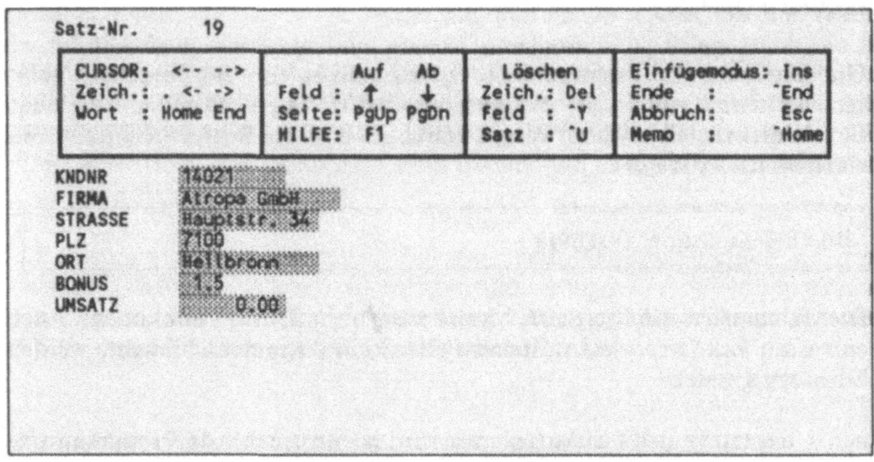

Abb. 18: Die Editiermaske des Programms KUNDEDI.PRG

Das Erscheinungsbild des Programms ist noch ein wenig verbesserungsbe-
dürftig. Beispielsweise fehlt dem Programm noch die Ausgabe einer ein-
leitenden Titelzeile, die dem Benutzer bestätigt, daß er sich im richtigen
Programm befindet. Nach einigen kosmetischen Korrekturen macht das
Programm mehr her.

```
clear
? "************** Programm Kundenpflege ***************"
?
use kunden index kundfirm,kundnr
accept "Firma: " to s_firma
seek s_firma
if found()
   edit
   clear
else
   ? "Diese Firma existiert nicht in der Kundendatei."
   wait
endif
use
?
? "****************** Programmende *******************"
```

6.5.5.3 Programme mit mehrfacher Auswahl und mit Unterprogrammstruktur

Im Laufe der Zeit entstehen so viele Programme, daß Sie als Benutzer beginnen, die Übersicht zu verlieren. Allein für die Verarbeitung der Kundendatei besitzen Sie nun 4 Programme, und das sind nur die notwendigsten. Für die Verarbeitung anderer Dateien brauchen Sie ebenso viele oder noch mehr Programme. Wünschenswert wäre ein einziges Programm, das Ihnen die Wahl läßt, welche Verarbeitung Sie wünschen. Ein Programm, das selbst wieder alle anderen Programme aufrufen kann, und zwar nach Ihrer freien Wahl, würde Ihr Problem lösen.

In den meisten Anwendungsprogrammen wird diese Aufgabe mit einer "Menü"-Steuerung gelöst. Unter "Menü" versteht man eine Liste von Wahlmöglichkeiten, die das Programm dem Benutzer anzeigt. Mit bestimmten im Menü vorgegebenen Tasten kann der Benutzer einen Menüpunkt seiner Wahl eingeben.

Problembeschreibung

Es soll ein Menüprogramm entstehen, das folgende Funktionen durchführt:

- Das Programm zeigt dem Benutzer Wahlmöglichkeiten an.
- Es prüft die Benutzereingabe.
- Der Benutzereingabe entsprechend ruft das Programm spezifische Programme auf.
- Bei ungültiger Eingabe erhält der Benutzer eine Fehlernachricht.

Problemanalyse

Eingabe: Tastatureingabe: Das System nimmt ein durch das Menü vorgegebenes Zeichen (bestimmte Taste), in der Regel eine Ziffer, entgegen.
Dateieingabe: keine

Verarbeitung: Das eingegebene Zeichen wird auf Gültigkeit geprüft, d.h. auf sein Vorhandensein in der Menüliste. Falls das eingegebene Zeichen gültig ist, wird das gewünschte Programm gestartet, andernfalls verzweigt das Programm zu einer Fehlernachricht.

Ausgabe: Bildschirmausgabe: In Normalfall keine. Ist die Benutzereingabe ungültig, erfolgt Fehlernachricht und das Programm endet.
Dateiausgabe: keine

Programmdesign

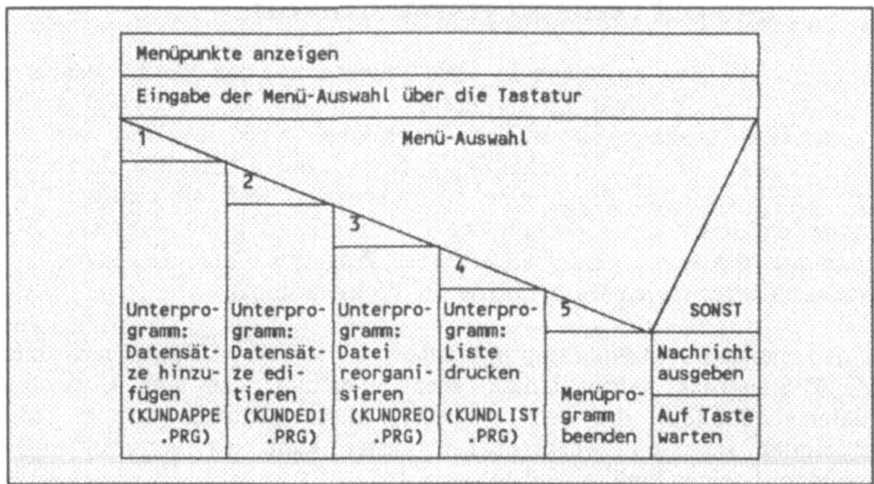

Codierung

Befehl für die mehrfache Auswahl

Die Anweisung für die mehrfache Auswahl hat in ihrer Funktionsweise
große Ähnlichkeit mit der zweifachen Auswahl (IF..ELSE..ENDIF). Im
Gegensatz zu dieser gestattet sie allerdings beliebig viele Fallunterschei-
dungen.

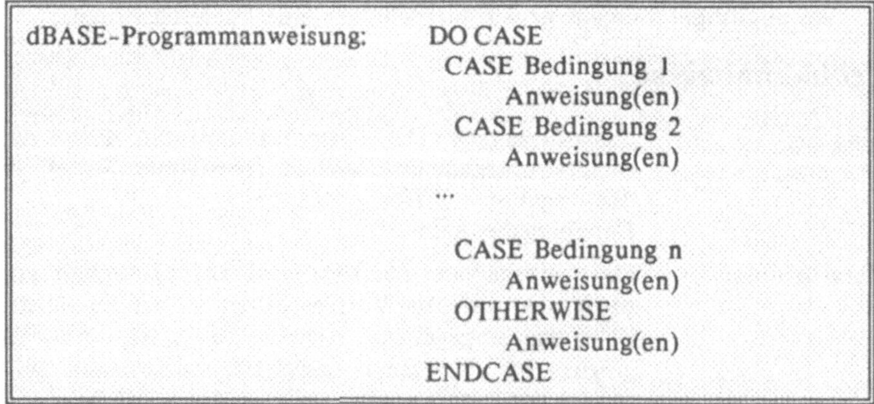

DO CASE und **ENDCASE** bilden den Anfang und das Ende der Anweisung, sie dienen nur der Abgrenzung und Strukturierung. Die Anweisung
CASE (Falls) prüft, ob die angegebene Bedingung zutrifft. Falls ja, wer-

den die nachfolgenden Anweisungen bis zum nächsten CASE durchgeführt. Falls nein, wird die nächste CASE-Bedingung geprüft. Ist keine der CASE-Bedingungen zutreffend, kommen die unter OTHERWISE (Sonst) stehenden Anweisungen zur Ausführung.

Aufruf von Unterprogrammen

In dBASE sind, wie in allen höheren Programmiersprachen, Programmaufrufe innerhalb von Programmen erlaubt. Man nennt diese Möglichkeit **Unterprogrammtechnik.** Die Unterprogrammtechnik läßt einen "modularen" Programmaufbau zu (Modul = Funktionseinheit). **Modularer Programmaufbau** bedeutet, daß sich ein Programm, das Hauptprogramm, u.a. aus mehreren Einzelprogrammen zusammensetzt, wobei jedes dieser Unterprogramme eine bestimmte Funktion wahrnimmt. Durch modularen Aufbau gewinnt ein Programm an Übersichtlichkeit, und die Programmpflege und Programmrevision wird vereinfacht.
Um ein Programm als Unterprogramm in einem anderen Programm, dem Hauptprogramm aufzurufen, verwenden Sie den bereits bekannten DO-Befehl. Grundsätzlich darf jedes Programm in einem anderen Programm aufgerufen werden. Es ist auch möglich, in Unterprogrammen weitere Programme zu aktivieren (Schachteln von Programmen).
Ihr neues Programm soll **KUNDMENU.PRG** heißen. Mit Hilfe des Befehls MODIFY COMMAND geben Sie die Codierung gemäß Struktogramm ein:

```
clear
? "******************** Menü Kundendateipflege ********************"
?
? "                    1 Datensätze hinzufügen"
? "                    2 Datensätze editieren"
? "                    3 Datei reorganisieren"
? "                    4 Liste drucken"
? "                    5 Programm beenden"
?
? "**************************************************************"
?
wait "Ihre Wahl? " to s_ant
do case
    case s_ant="1"
        do kundappe
    case s_ant="2"
        do kundedi
    case s_ant="3"
        do kundreo
    case s_ant="4"
        do kundlist
    case s_ant="5"
        return
    otherwise
        ? "Ungültige Eingabe."
endcase
```

Test

Um das korrekte Verhalten von KUNDMENU.PRG zu überprüfen,
wählen Sie nach jedem neuen Programmstart einen anderen richtigen und
zuletzt einen falschen Menüpunkt, z.B. 9. Das **Programm zeigt** sich mit
folgendem Bild am Monitor, sobald Sie den Befehl **DO KUNDMENU** eingegeben haben:

```
******************* Menü Kundendateipflege *********************
           1  Datensätze hinzufügen
           2  Datensätze editieren
           3  Datei reorganisieren
           4  Liste drucken
           5  Programm beenden

***************************************************************
Ihre Wahl? █
```

6.5.5.4 Programme mit Wiederholstruktur

Das Programm KUNDMENU.PRG aus dem vorangegangenen Abschnitt
bringt im Hinblick auf Benutzerfreundlichkeit bei der Datenbankverwaltung eine ganze Menge. Dennoch gibt es eine weitere Ver-
besserungsmöglichkeit, um die Arbeit mit dem Programm noch kom-
fortabler zu machen.

Unbefriedigend ist die Tatsache, daß das Programm nach der Auswahl
des Menüpunktes und nach dessen Ablauf einfach endet. Häufig wollen
Sie ohne neuen Aufruf des Programms weitere Menüpunkte auswählen.
Besser wäre es, wenn das Menüprogramm nach jedem abgearbeiteten
Menüpunkt stets das Menü aufs neue anzeigt, und zwar so lange, bis der
Benutzer den Menüpunkt "Programmende" tippt.

Problembeschreibung

Das bestehende Menüprogramm soll so verändert werden, daß die
Menüanzeige so lange wiederholt wird, bis der Benutzer das Programmende wählt.

Problemanalyse

Eingabe
Tastatureingabe: Das Programm nimmt ein durch das Menü vorgegebenes Zeichen entgegen.
Dateieingabe: keine

Verarbeitung
Die eingegebenen Zeichen werden auf Gültigkeit, d.h. auf Vorhandensein in der Menüliste geprüft. Falls das eingegebene Zeichen vorkommt, wird das dem Menüpunkt entsprechende Programm gestartet. Nach Ablauf dieses Programm erscheint wieder das Menü. Bei ungültiger Eingabe erfolgt Fehlernachricht, und das Menü wird erneut angezeigt.

Ausgabe
Bildschirmausgabe: Das Menü zur Kundendateipflege, falls die Benutzereingabe fehlerhaft ist, eine Fehlernachricht.
Dateiausgabe: keine

Programmdesign

Das folgende Struktogramm hat große Ähnlichkeit mit dem Programm aus dem vorhergehenden Abschnitt.

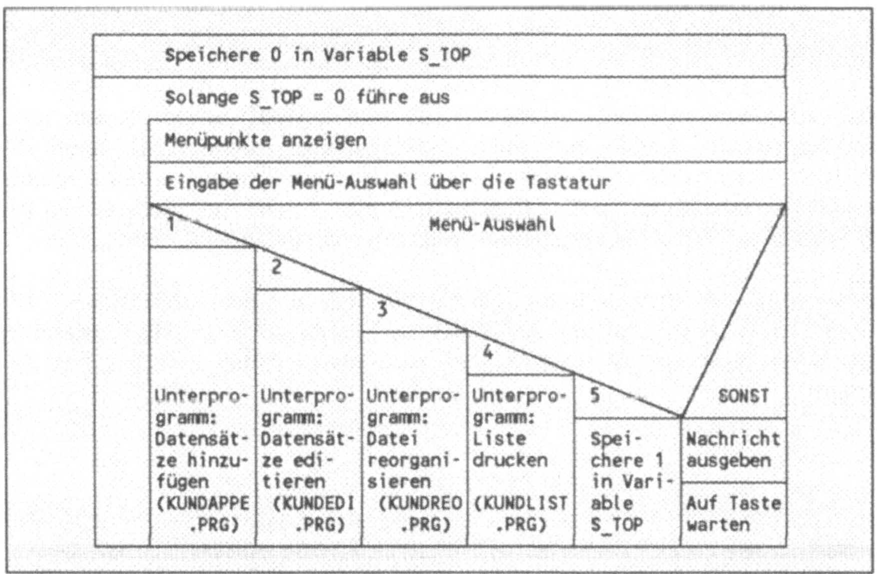

Jenes Struktogramm wurde hier in eine Wiederholstruktur "geschachtelt". Die Wiederholstruktur bewirkt, daß die Anzeige, Eingabe und Prüfung

der Menüpunkte sowie das Aufrufen der Unterprogramme solange
durchgeführt wird, wie die Variable S_TOP den Wert 0 besitzt. Wählt
der Benutzer den Menüpunkt 5 (Programmende), nimmt die Variable
S_TOP den Wert 1 an, was zum Abbruch der Wiederholung (Schlei-
fenende) führt.

Codierung

Programmanweisung für die Wiederholung (WHILE-Schleife)

Die Wiederholanweisung, man sagt auch "WHILE-Schleife", besteht aus
zwei Teilen, welche die zu wiederholenden Anweisungen einschließen.

```
dBASE-Programmanweisung:  DO WHILE Bedingung
                                   Anweisung(en)
                          ENDDO
```

DO WHILE Bedingung heißt soviel wie "Tue, solange die Bedingung zutrifft". **Bedingung** kann beispielsweise sein:

```
- ein Vergleichsausdruck wie: S_VAR < 100
- eine Funktion oder ein Ausdruck, der den Wert .T. oder .F. liefert,
  wie: FOUND() oder .NOT. EOF() (s. a. Abschnitt 6.5.6)
```

Alle Anweisungen, die von **DO WHILE** und **ENDDO** eingeschlossen sind,
werden immer wieder aufs neue durchgeführt, solange die dem DO
WHILE zugeordnete Bedingung zutrifft. In einer Schleife können andere
Strukturanweisungen, z.B. IF..ENDIF oder - wie in diesem Falle -
DO CASE..ENDCASE eingebettet, man sagt "verschachtelt" sein.

Ändern Sie das Programm KUNDMENU.PRG mit dem Befehl MODIFY
COMMAND so ab, wie das nachfolgende Listing es zeigt. Die Umsetzung
des Struktogramms in den dBASE-Programmcode führt zu folgendem Ergebnis:

```
s_top=0
do while s_top=0
  clear
  ? "******************** Menü Kundendateipflege ********************"
  ?
  ? "          1   Datensätze hinzufügen"
  ? "          2   Datensätze editieren"
  ? "          3   Datei reorganisieren"
  ? "          4   Liste drucken"
  ? "          5   Programm beenden"
  ?
  ? "**************************************************************"
  wait "Ihre Wahl? " to s_ant
  do case
     case s_ant="1"
       do kundappe
     case s_ant="2"
       do kundedi
     case s_ant="3"
       do kundreo
     case s_ant="4"
       do kundlist
     case s_ant="5"
       s_top=1
     otherwise
       ? "Ungültige Eingabe."
       wait
  endcase
enddo
```

Test

Starten Sie das Programm mit **DO KUNDMENU**, und geben Sie testhalber einen falschen Menüpunkt ein:

```
******************** Menü Kundendateipflege ********************
          1   Datensätze hinzufügen
          2   Datensätze editieren
          3   Datei reorganisieren
          4   Liste drucken
          5   Programm beenden

**************************************************************
Ihre Wahl? 9
Ungültige Eingabe.
Irgendeine Taste drücken um weiterzumachen...
```

Nach dem Drücken einer Taste wird das Menü erneut angezeigt. Testen Sie nun Menüpunkt 5, Programm beenden.

```
******************* Menü Kundendateipflege *******************

              1  Datensätze hinzufügen
              2  Datensätze editieren
              3  Datei reorganisieren
              4  Liste drucken
              5  Programm beenden

*****************************************************************
Ihre Wahl? 5
1
```

Das Menü-Programm endet wie vorgesehen. Dabei fällt jedoch auf, daß
nach Eingabe der 5 in der nächsten Zeile eine 1 angezeigt wird. Die Anweisung S_TOP=1, die der Anweisung CASE S_ANT="5" folgt, verursacht diesen Effekt. dBASE meldet normalerweise immer die Zuweisung
eines Wertes (hier 1) an eine Variable (hier S_TOP).
In einem Programm vermeidet man solche Meldungen lieber. Dafür hält
dBASE eine Anweisung bereit, die Systemnachrichten unterdrückt:

> dBASE-Programmanweisung: **SET TALK OFF**

Sie setzen diesen Befehl an den Anfang des Haupt- bzw. Menüprogramm.
An das Ende des gleichen Programms schreiben Sie den folgenden entsprechenden Befehl, um die Unterdrückung der Systemnachrichten
wieder aufzuheben:

> dBASE-Programmanweisung: **SET TALK ON**

Die SET TALK-Anweisung wird als "Schalter"-Anweisung bezeichnet,
mit ihr schaltet man Systemnachrichten ein (on) und aus (off). Das
Menüprogramm hat nach dieser Änderung seine endgültige Form. Das
Programm kann nun als Muster für alle weiteren Menüprogramme gelten.

```
set talk off
s_top=0
do while s_top=0
     .    .
     .    . usw. wie oben
enddo
set talk on
```

6.5.6 Programme für den Datenaustausch

Die drei Standardanwendungen Textverarbeitung, Tabellenkalkulation und Datenbankverwaltung verarbeiten Daten in unterschiedlichen Formaten. Sie erzeugen Dateien von unterschiedlicher Struktur. Was tun, wenn der Bedarf entsteht, Dateien, die in einem Programmsystem entstanden sind, in einem anderen zu verwenden?

Angenommen, Sie brauchen eine Tabelle aus Lotus 1-2-3 in einem WORD-Dokument. Oder Sie wollen Adressen aus einer dBASE-Datei für die Serienbrieffunktion von WORD verwenden. In solchen Fällen wird ein Datenaustausch zwischen den Programmsystemen notwendig. Die Tabelle zeigt die gängigsten Möglichkeiten des Datenimports/-exports zwischen den Programmsystemen:

Von den beschriebenen Möglichkeiten der Datenübertragung ist die letzte, der Datenexport aus dBASE III zur Weiterverarbeitung mit WORD, die komplizierteste. Die notwendigen Einzelbefehle sollten Sie zu einem Programm zusammenfassen. Dabei wird der LIST-Befehl durch die Ausgabeanweisung ? (Fragezeichen) in einer Wiederholstruktur ersetzt.

Die unterschiedlichen Verwendungszwecke der dBASE-Daten in der Textverarbeitung - z.B. Adressen für Serienbriefe oder Listen in Berichten - erfordern verschiedene Befehlsfolgen. Deshalb müssen die in der Tabelle genannten dBASE-Befehle oft noch ergänzt werden. Dieser Umstand spricht ebenfalls für die Entwicklung entsprechender Programme, denn Sie sollten nicht immer neu über bereits früher gelöste Probleme nachdenken müssen.

Quelldatei	Zieldatei	Notwendige Aktionen
*.DBF	*.???	Mit der Befehlsfolge in Multiplan: **Übertragen-Import-Dateiname** erfolgt eine direkte Übertragung der Daten.
*.WK1	*.TXT	Aufruf von Lotus 1-2-3. Die Befehlsfolge **Output-Ausspuldatei-Drucken** erzeugt eine *.PRN-Datei. Diese kann in WORD durch **Übertragen-Zusammenführen** geladen werden.

Quelldatei	Zieldatei	Notwendige Aktionen
*.WK1	*.DBF	Aufruf von Lotus Dienstprogramm **Translate** (im Eingangsmenü), Auswahl im Translatemenü: Quelle: Lotus 1-2-3 Version 2.0 Ziel: dBASEIII
*.DBF	*.WK1	Aufruf von Lotus Dienstprogramm- **Translate** (im Hauptmenü), Auswahl im Translatemenü: Quelle: dBASEIII Ziel : Lotus 1-2-3 Version 2.0
*.DBF	*.TXT	Wichtige Befehle zum Datenexport aus der aktuell geöffneten Datei sind: **SET ALTERNATE TO Name, SET ALTERNATE ON, LIST, CLOSE ALTERNATE. SET ALTERNATE TO** erzeugt die Protokolldatei **Name.TXT. SET ALTERNATE ON** schaltet die Protokollierung ein. Die durch **LIST** ausgegebene Liste wird direkt in diese Datei protokolliert.Diese Datei kann von WORD eingelesen werden. **CLOSE ALTERNATE** schließt die Protokoll-datei. (s.a. das folgende dBASE-Programm)

Problembeschreibung

Um die Kunden durch WORD-Serienbriefe anschreiben zu können, soll ein Programm erstellt werden, das die Kundenanschriften aus der Kundendatei in eine Steuerdatei im WORD-Format überführt. Folgende Merkmale kennzeichnen Steuerdateien in WORD:

- Der erste Satz der Steuerdatei ist ein sog. Steuersatz.
- Jeder Datensatz ist ein Absatz.
- Felder werden durch Strichpunkte getrennt.

Die exportierte Datei soll diese Merkmale aufweisen.

Problemanalyse

Eingabe:
: Tastatureingabe: keine
Dateieingabe: Die Daten werden aus der Datei KUNDEN.DBF eingelesen.

Verarbeitung:
: Eine Protokolldatei wird erzeugt und geöffnet. Der Steuersatz ist zu bilden. Alle überflüssigen Leerstellen der Datenfelder werden entfernt. Die Protokolldatei wird nach Auflisten aller Datensätze geschlossen.

Ausgabe:
: Bildschirmausgabe: Die für WORD aufgebaute Steuerdatei.
Dateiausgabe: Das System schreibt die Steuerdatei in die Protokolldatei.

Programmdesign

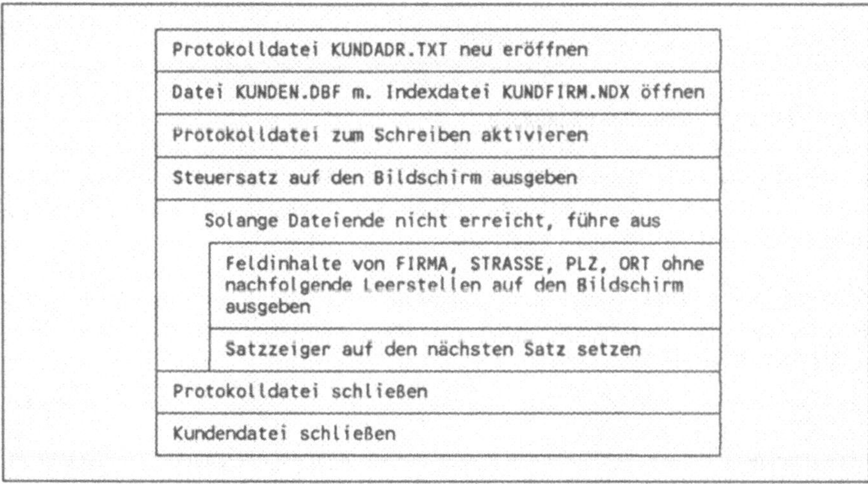

Codierung

Befehle zum Öffnen, Aktivieren und Schließen einer Protokolldatei

Das Öffnen und Anlegen einer Protokolldatei erfolgt ganz anders als bei einer Datenbankdatei. Die Protokolldatei besitzt keine feste Struktur wie eine Datenbankdatei. Sie ist eine sog. ASCII-Textdatei, eine unformatierte

Textdatei, wie sie auch von Textverarbeitungsprogrammen und Editoren erzeugt werden kann.

> **dBASE-Befehl: SET ALTERNATE TO Dateiname**

Dateiname bezeichnet die Protokolldatei. Sie erhält automatisch die Erweiterung **TXT**. Wird der Name einer bereits existierenden Protokolldatei verwendet, löscht der Befehl die alte Protokolldatei ohne Warnung.

Um die Protokolldatei zum Schreiben zu aktivieren, wird der Befehl **SET ALTERNATE ON** benutzt. Der Befehl, der das Schreiben in die Protokolldatei unterbricht, heißt **SET ALTERNATE OFF**.

> **dBASE-Befehl: SET ALTERNATE ON/OFF**

Das Schließen der Protokolldatei besorgt der Befehl CLOSE ALTERNATE.

> **dBASE-Befehl: CLOSE ALTERNATE**

Funktion zur Dateiendeabfrage

Sie entnehmen dem Struktogramm, daß der Ausgabevorgang solange wiederholt wird, wie das Dateiende noch nicht erreicht wurde. Wie kann festgestellt werden, ob das Dateiende erreicht wurde?

Die Funktion **EOF()** liefert den logischen Wert .T. (true), wenn der Dateizeiger auf das Dateiende weist. In allen anderen Fällen ist der Wert von EOF() .F. (false).

> **dBASE-Funktion: EOF()**

Die Abfrage, ob das Dateiende noch nicht erreicht wurde, muß dann lauten: .NOT. EOF(). Die Argumentklammer der EOF-Funktion bleibt leer.

Funktion zur Beseitigung nachfolgender Leerstellen

Unausgenutzter Platz in Datenfeldern vom Typ Zeichen wird von dBASE
immer mit Leerstellen aufgefüllt, damit die Feldlängen stimmen. Diese
Leerstellen stören in vielen Fällen. Eine Anschrift z. B. in der Form

     Benny   Bless

sieht sehr unprofessionell aus, weil das Datenfeld für den Vornamen
i.d.R. mehr als fünf Zeichen lang ist.

Die Funktion **TRIM()** entfernt nachfolgende Leerstellen in Zeichenketten
bzw. aus Feldinhalten für die Ausgabe. Die Feldinhalte selbst bleiben dabei stets unverändert.

---

dBASE-Funktion: **TRIM(Zeichenkette)**

Beispiele:

```
. ? trim("ABC   ")+"DEF"
ABCDEF

. use kunden
. go 4
. ? firma,ort
TRAVE GmbH          Lübeck 1

. ? trim(firma),ort
TRAVE GmbH Lübeck 1
```

Das Programm soll **KUNDEXPO.PRG** heißen. Das Struktogramm wird
nun in den dBASE-Code umgesetzt. Dabei ist die erste Anweisung wieder
SET TALK OFF, das die vom SKIP-Befehl kommenden Meldungen
unterdrückt.

```
set talk off
set alternate to kundadr
use kunden index kundfirm
set alternate on
? "firma;strasse;plz;ort"
do while .not. eof()
   ? trim(firma)+";"+trim(strasse)+";"+plz+";"+trim(ort)
   skip
enddo
close alternate
use
set talk on
```

Test

Sie testen das Programm durch Eingabe von **DO KUNDEXPO**.

```
. do kundexpo
firma;strasse;plz;ort
AKL Technik GmbH;Odenwaldstr. 7;6950;Mosbach
Alpha GmbH;Gartenstr. 40;7080;Aalen
Arnold GmbH;Rathenaustr. 9;6120;Michelstadt
Atropa GmbH;Hauptstr. 34;7100;Heilbronn
Berner & Co. KG;Dragonerstr.13;3000;Hannover
City-Sport;Stadtring 99;1000;Berlin
...
```

Prüfen Sie Ihren Datenträger. Dort muß sich nun die neue Datei **KUNDADR.TXT** befinden, eine Steuerdatei für WORD-Serienbriefe.

7 Rechnerkonfigurationen

7.1 Einplatzsysteme

In den letzten Jahren haben sog. **Arbeitsplatzcomputer** Einzug ins Büro gehalten. Ein Arbeitsplatzcomputer ist ein Rechner, der dem Inhaber eines Arbeitsplatzes voll zur Verfügung steht. Arbeitsplatzcomputer können Personalcomputer, Textautomaten oder andere für spezielle Zwecke konstruierte Rechner sein. Sie dienen Sekretärinnen dazu, Briefe zu schreiben, Sachbearbeitern Kalkulationstabellen und Grafiken zu entwickeln, Technikern Zeichnungen anzufertigen usw. Benutzer von Arbeitsplatzcomputern sind unabhängig von anderen Rechnern, sie müssen die Rechnerleistung mit niemandem teilen.

Gewöhnlich sind Arbeitsplatzcomputer **Einplatzsysteme**, das bedeutet, sie sind hinsichtlich Hardware und Betriebssystem (Single-User-Betriebssystem) für einen Benutzer ausgelegt. Sie bestehen meist aus Zentraleinheit, Bildschirm, Tastatur, Disketten- und Festplattenlaufwerk und Drucker oder Plotter.

7.2 Mehrplatzsysteme

Groß- und Minicomputer stellen die zentralen Rechner für **Mehrplatzsysteme**. Die Zentraleinheit steht meist in einem separaten, eigens dafür eingerichteten Raum oder Gebäude, dem Rechenzentrum. In unmittelbarer Nähe befinden sich auch die Massenspeicher (Magnetplatten-, Magnetbandeinheiten) und schnelle Drucker (Zeilendrucker, Seitendrucker). Das Betriebssystem eines Mehrplatzsystems kann mehrere Benutzer gleichzeitig bedienen, es ist "multi-user"-fähig.

Mehrere, oft einige hundert Dialoggeräte sind durch Datenleitungen mit der **"zentralen Intelligenz"**, der Zentraleinheit, verbunden. Häufig werden auf die gleiche Weise zusätzlich Ausgabegeräte (Nadeldrucker, Plotter) für spezielle Arbeitsplätze angeschlossen. Die Datenendgeräte (Dialoggeräte, Drucker, Plotter) befinden sich entweder auf dem gleichen Grundstück wie das Rechenzentrum, oder sie stehen an entfernten Orten und senden und empfangen Daten durch Postleitungen (Datenfernübertragung).

Mehrplatzsysteme setzt man in der Regel dort ein, wo ein zentraler Datenbestand an mehreren Arbeitsplätzen gebraucht wird. Typische Beispiele sind Buchhaltung und Rechnungswesen von Großbetrieben, Platzbuchungssysteme der Reiseveranstalter und Informationssysteme.

Das Wichtigste zu Standardprogrammen unter MS-DOS

- WORD
- Lotus 1-2-3
- Multiplan
- dBASE III+

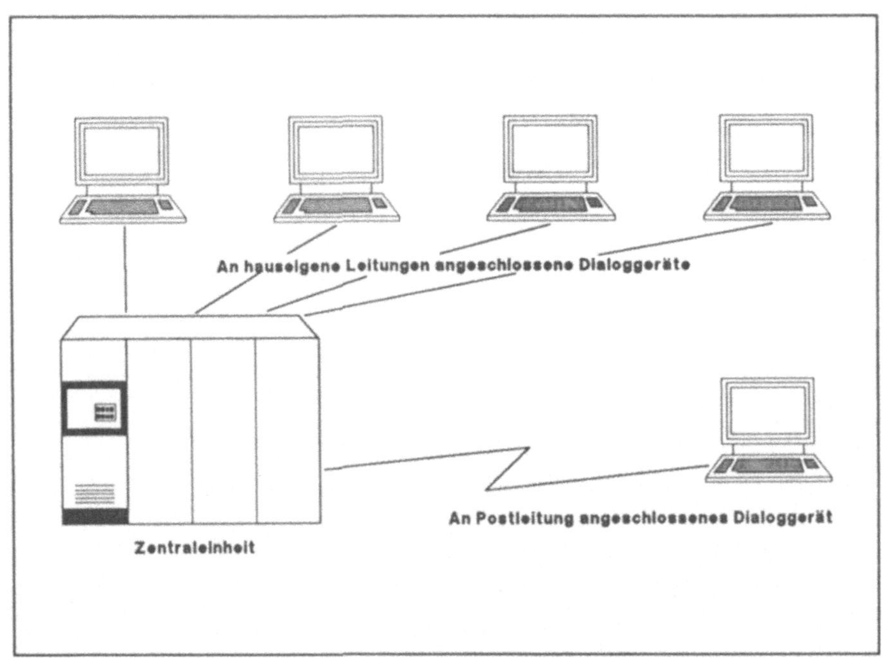

Abb. 1: Mehrplatzsystem mit zentralem Rechner

7.3 Lokale Netze

LANs (Local Area Network, lokales Netz) sind in jüngster Zeit immer beliebter geworden. Sie haben vielfach kleinere Mehrplatzsysteme ersetzt. Ein Vorzug lokaler Netze: Jeder Teilnehmer im LAN benutzt ein "intelligentes" Gerät. Im LAN ist die **"Intelligenz verteilt"** (dezentral) im Gegensatz zum Mehrplatzsystem. Auch bei Ausfall eines Rechners können alle anderen Computer ihre Arbeit fortsetzen und untereinander kommunizieren. Im LAN sind mehrere Computer, in der Regel PC's, miteinander verbunden. Der Computer eines Teilnehmers im Netz heißt Arbeitsstation oder Netz-Station (workstation, netstation). Meist ist ein Netz-Server-Rechner - oft ebenfalls ein PC - im LAN vorhanden, der die Verwaltung zentraler Datenbestände und Betriebsmittel bewältigt. Der Netz-Server ist entweder mit einer LAN-Software ausgestattet, die das jeweilige Betriebssystem ergänzt, oder er besitzt ein spezielles LAN-Betriebssystem. Jeder Teilnehmer am Netzbetrieb kann auf die Datenbestände und Betriebsmittel (Magnetplatten, Drucker, Plotter) des Netz-Servers zugreifen. Alle Teilnehmer können sich miteinander durch elektronische Post (E-Mail) verständigen und beliebige Datenmengen austauschen.

Ein weit verbreiteter LAN-Typ ist das Busnetz. Dabei werden alle Stationen an eine durchgehende Leitung (Bus) angeschlossen. Die Nachrichtenübertragung erfolgt in beide Richtungen ohne Verzögerung durch andere angeschlossene Stationen. Die Station, an welche die Nachricht gerichtet ist, nimmt die Nachricht an. Durch Rechner mit spezieller Software (Gateway) kann ein LAN mit einem anderen LAN oder mit einem Mehrplatzsystem verbunden sein.

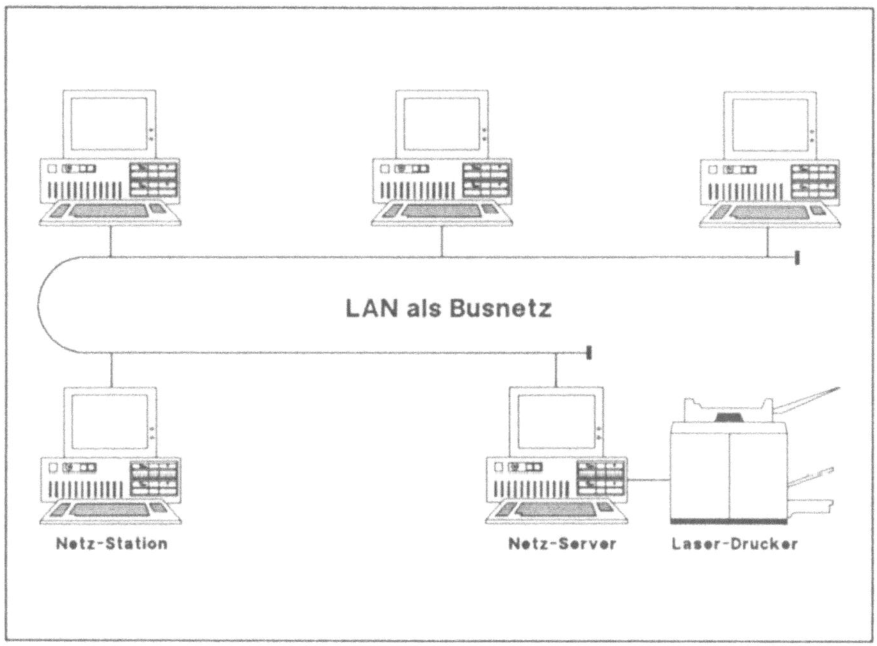

Abb. 2: Lokales Netz mit Laserdrucker am Netz-Server

In der folgenden Übersicht werden die Merkmale der wichtigsten Rechnerkonfigurationen zusammenfassend beschrieben.

Einplatzsystem:	Computersystem für einen Benutzer, z.B. Personalcomputer, Textautomat, Single-User-Betriebssystem.
Mehrplatzsystem:	Zentraler Rechner mit mehreren angeschlossenen Dialogstationen. Multi-User-Betriebssystem. Alle Datenbestände befinden sich auf zentralen Massenspeichern. Alle Betriebsmittel werden vom zentralen Rechner verwaltet.
Lokales Netz:	Dezentralisierte Rechnerkonfiguration. Alle intelligenten Arbeitsstationen sind miteinander und mit dem Netz-Server verbunden und können untereinander Daten austauschen. Die Arbeitsstationen können selbst Daten halten und Peripherie besitzen. Ein oder mehrere Netz-Server verwalten zentrale Datenbestände und Betriebsmittel. Netz-Server sind mit besonderer Server-Software oder speziellen LAN-Management-Betriebssystemen ausgestattet.

Das Wichtigste
zu Standardprogrammen
unter MS-DOS

- WORD
- Lotus 1-2-3
- Multiplan
- dBASE III+

8 Organisationsformen der Datenverarbeitung

8.1 Betriebsarten

EDV-Systeme können auf sehr verschiedene Art betrieben werden. Das hängt von der Größe der Anlage und vom Betriebssystem ab. Mit einem einfachen Personalcomputer kann der Benutzer immer nur ein Programm ausführen lassen. Will er ein zweites Programm starten, muß er warten, bis das erste vollständig abgelaufen ist. Diese Betriebsart heißt **Einprogrammbetrieb** oder Singleprogramming.

Bei Micro-Computern mit höher entwickelter Technik, einem MDT-Computer (**MDT** = **Mittlere DatenTechnik**) oder einem Großcomputer ist es möglich, mehrere Programme parallel zu starten, die abwechselnd zu den verschiedenen Betriebsmitteln (Prozessor, Peripherie) zugreifen. Man spricht dann vom **Mehrprogrammbetrieb** oder von Multiprogramming.

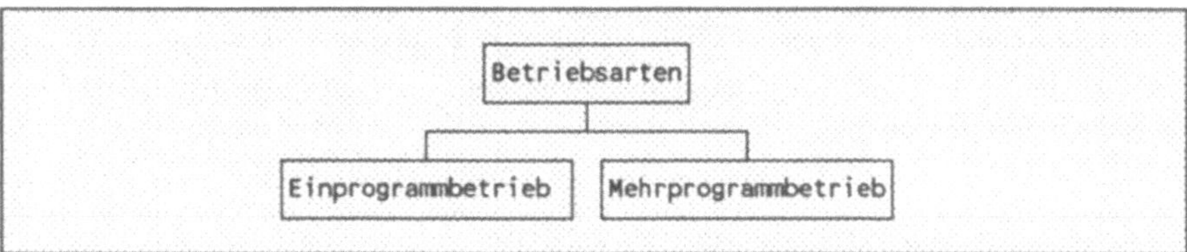

8.1.1 Einprogrammbetrleb

MS-DOS ist ein Beispiel für Betriebssysteme, die nur den Einprogramm-betrieb (singleprogramming) zulassen. Das Betriebssystem ist relativ ein-fach aufgebaut und hat einen niedrigen Zentralspeicherbedarf, unter 100KB. Betriebssysteme dieser Art werden sinnvoll bei Einplatzsystemen eingesetzt, weil der Benutzer dort kaum in die Lage kommt, mehrere Programme gleichzeitig anzuwenden.

Für größere EDV-Systeme, meist Mehrplatzsysteme, kommt der Einpro-grammbetrieb nicht in Betracht, die Betriebsmittelauslastung der Anlage ist dabei zu ungünstig. Beispielsweise bleibt der Zentralprozessor unbe-schäftigt, solange ein Drucker arbeitet oder eine Festplatte speichert. Oder Peripheriegeräte stehen still, wenn der Zentralprozessor eine auf-wendige Berechnung zu bewältigen hat.

Merkmale des Einprogrammbetriebs:

> - Nur ein Programm befindet sich im Arbeitsspeicher
> - Ein Programm nach dem andern wird vollständig abgearbeitet
> - Jedem Programm stehen zu jeder Zeit alle Betriebsmittel zur
>   Verfügung
> - Schlechte Auslastung der Betriebsmittel durch Wartezeiten
> - Übliche Betriebsart bei Einplatzsystemen (Personalcomputern)

8.1.2 Mehrprogrammbetrieb

Betriebssysteme, die den Mehrprogrammbetrieb (multiprogramming) unterstützen, können mehrere Programme gleichzeitig in den Arbeitsspeicher laden und ablaufen lassen. Das Betriebssystem teilt den Programmen die Betriebsmittel abwechselnd zu, um den Zeitbedarf der Programme zu reduzieren. Die Programme werden miteinander zeitlich verzahnt bearbeitet. Die E/A-Werke sorgen weitgehend selbständig für die Abwicklung der Ein- und Ausgabevorgänge, so daß der Prozessor dadurch kaum belastet wird.

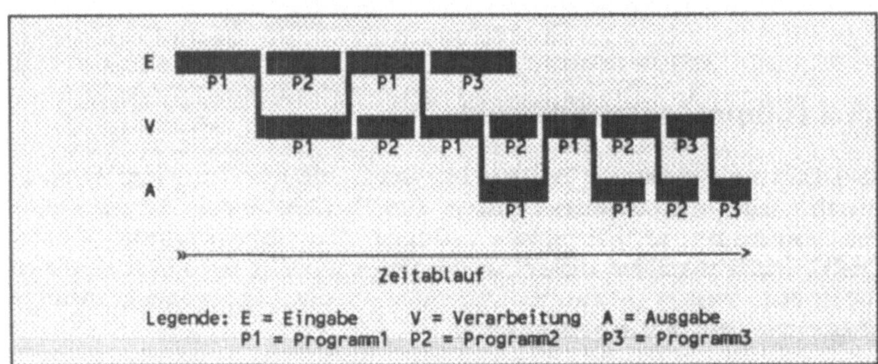

Abb. 1: Verzahnte Verarbeitungsvorgänge im Mehrprogrammbetrieb

Das Betriebssystem besitzt die Fähigkeit, die Zuteilung der Betriebsmittel zu den Programmen selbsttätig zu optimieren, d.h. in ein bestmögliches Verhältnis zu bringen. Dem Benutzer steht darüber hinaus die Möglichkeit offen, Programme mit Prioritäten (Rangstufen) zu versehen. Infolgedessen werden bestimmte Programme bevorzugt bedient. Im oben abgebildeten Diagramm hat Programm 1 die höchste Priorität, es folgen in der Priorität Programm 2 und 3. In einem Mehrplatzsystem kann man beispielsweise das Managementinformationssystem mit dem Rang 1 versehen, um der Geschäftsleitung immer den schnellsten Zugriff zu den aktuellen Daten der Unternehmung zu gewähren.

Naturgemäß sind Betriebssysteme für den Mehrprogrammbetrieb komplexer und aufwendiger als Einprogramm-Betriebsysteme. Ihr Hauptspeicherbedarf liegt heute im Megabytebereich.

Merkmale des Mehrprogrammbetriebs:

```
- Mehrere Programme befinden sich im Arbeitsspeicher
- Die Programme werden miteinander zeitlich verzahnt abgearbeitet
- Das Betriebssystem teilt den Programmen die Betriebsmittel zu
- Die Programmausführung kann durch Prioritäten geregelt werden
- Günstige Auslastung der EDVA, Wartezeiten fallen weitgehend fort
- Übliche Betriebsart für Mehrplatzsysteme (MDT- und Großcomputer)
```

Eine Sonderform des Mehrprogrammbetriebs ist unter dem Namen **Multiprocessing** bekannt. Dabei muß der Mehrprogrammbetrieb nicht von nur einem Zentralprozessor bewältigt werden. Mehrere Zentralprozessoren haben in **Mehrprozessorsystemen** (Computern mit mehr als einem Zentralprozessor) direkten Zugang zum gemeinsamen Hauptspeicher und den E/A-Werken. Das Betriebssystem teilt den Prozessoren die abzuarbeitenden Programme oder Programmteile zu. Bei Ausfall eines Prozessors übernehmen intakte Prozessoren die Arbeit. Im Multiprocessing läuft **"echte Parallelverarbeitung"** von Programmen ab, während man beim Multiprogramming von **"unechter Parallelverarbeitung"** spricht. Multiprocessing wird sich wegen der Zeitvorteile und wegen **des** Sicherheitsaspekts künftig auf Großrechnern zunehmend durchsetzen.

8.2 Verarbeitungsarten

Im kaufmännischen Betrieb fallen täglich Belege an. Die Belege spiegeln Vorgänge im Betrieb wider. Einige Vorgänge, Umsätze, Zahlungseingänge und andere Kontenbewegungen sind für die Lenkung des Unternehmens so ausschlaggebend, daß sie schnell verarbeitet werden müssen. Die Verarbeitung anderer Vorgänge kann wieder nur in periodischen Zeitabständen erfolgen, wie zum Beispiel die monatliche Lohnabrechnung. Man unterscheidet die Verarbeitungsarten nach der **Zeitspanne** zwischen Datenanfall und Verarbeitung.

Wenn Daten gesammelt und zu einem späteren Zeitpunkt verarbeitet werden, spricht man von **Stapelverarbeitung** (batch processing). Dagegen ist **Dialogverarbeitung** (interactiv processing) eine Vorgehensweise, bei der man Daten unmittelbar bei ihrem Auftreten erfaßt und verarbeitet. Bei der Dialogverarbeitung unterscheidet man drei Formen: **Einbenutzerbetrieb, Teilhaberbetrieb** und **Teilnehmerbetrieb.**

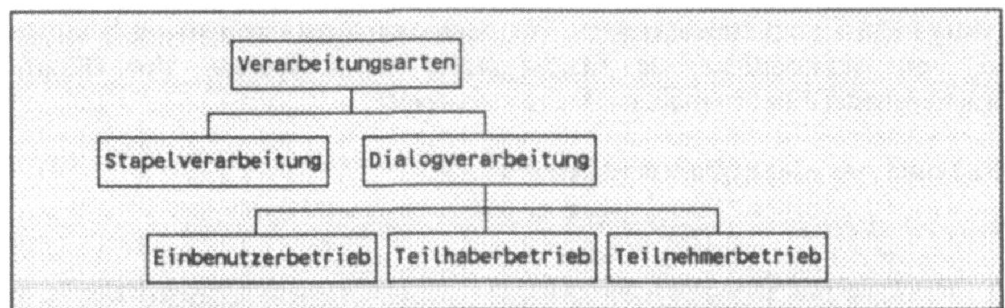

8.2.1 Stapelverarbeitung

Heute ist es nicht mehr wie in den frühen Jahren der EDV üblich, daß
Betriebe ihre EDV-Anlagen ausschließlich für die Stapelverarbeitung einsetzen. Doch wird die Stapelverarbeitung als für bestimmte Anwendungen
unentbehrliche Verarbeitungsart auch heute überall genutzt. Es findet
eine Aufteilung statt in Arbeitsaufträge, die sofort, und in solche, die pe-
riodisch ausgeführt werden müssen. Aufträge zur Verarbeitung aktueller
Daten erledigt man im Dialog. Periodische Arbeitsaufträge führt man der
Stapelverarbeitung zu.

Bei der Stapelverarbeitung wartet der Anwender bis zu einem bestimmten
Zeitpunkt (z.B. Monatsende) oder bis genügend Daten eingegangen sind.
Dann läßt er alle bis dahin angefallenen Daten verarbeiten. Wenn die
Daten für die einzelnen Arbeitsaufträge erfaßt und den entsprechenden
Programmen zugeordnet wurden, laufen die Programme ohne weitere
Eingriffe des Anwenders ab. Die Folge ist ein **günstiger Durchsatz**
(Zeitspanne für die Erledigung eines bestimmten Aufgabenumfangs durch
das EDVS).

Merkmale der Stapelverarbeitung

- Sammlung der Daten bis zum Verarbeitungszeitpunkt
- Verarbeitung der Daten in periodischen Zeitabständen
- Anwender hat keinen Einfluß auf den Programmablauf
- Günstiger Durchsatz

Typische Beispiele für die Stapelverarbeitung:

> Personalabrechnung
> Abschreibungen buchen
> Betriebsstatistik
> Provisionsabrechnungen
> Datensicherung

8.2.2 Dialogverarbeitung

Bei der Dialogverarbeitung kommuniziert der Anwender über einen Bildschirm mit einem Programm. Das Programm signalisiert seine Bereitschaft Daten anzunehmen, der Anwender gibt Daten ein. Das Programm prüft die Eingaben, quittiert falsche Eingabedaten mit einer Nachricht, legt Daten in Dateien ab oder gibt Daten aus. Der Anwender beherrscht den Dialog in jedem Zeitpunkt, er kann ihn abbrechen oder ihm durch bestimmte Eingabedaten eine neue Wendung geben. Die Arbeitsaufträge an den Computer werden schrittweise unter ständiger Kommunikation mit dem EDVS abgewickelt. Das EDVS muß so ausgelegt sein, daß der Dialog nicht durch lange Antwortzeiten (im Durchschnitt 1 sec.) behindert wird.

Die Dialogverarbeitung setzt die Mitarbeiter eines Betriebs in die Lage, jederzeit Rechnerleistung zur Bewältigung ihrer Aufgaben zu nutzen. Voraussetzung ist die Ausstattung der Arbeitsplätze mit Bildschirmterminals oder Mikrocomputern. Die verschiedenartigen, täglich anfallenden Daten werden sofort verbucht, der Benutzer ist in der Lage, jederzeit entsprechende Programme zu aktivieren. So kann er eben noch ein Programm benutzen, das Ausgangsrechnungen verbucht, und im nächsten Augenblick ein anderes Programm zur Verbuchung von Zahlungseingängen starten. Die Dialogverarbeitung trägt auf diese Weise viel zur **Aktualität** der betrieblichen Datenbestände bei.

Merkmale der Dialogverarbeitung

> - Sofortige Erfassung und Verarbeitung aller Daten
> - Datenbestände sind immer auf dem letzten Stand
> - Anwender nimmt Einfluß auf den Programmablauf
> - Hoher Bedienungskomfort

Abhängig von der Größe des Computersystems und dem Betriebssystem kennt man drei verschiedene Ausprägungen der Dialogverarbeitung: den **Einbenutzerbetrieb, Teilhaberbetrieb** und **Teilnehmerbetrieb.**

Einbenutzerbetrieb

Der Einbenutzerbetrieb (single user mode) ist die Nutzungsform eines
EDVS, die Sie vom Personalcomputer her kennen. Ein Benutzer verfügt
über das System. Das Betriebssystem erledigt nur Aufgaben, die dieser
Benutzer ihm stellt. Betrachten Sie die im vorliegenden Buch behandelten
Standardprogramme als Anwendungsbeispiele.

Teilhaberbetrieb

Beim Teilhaberbetrieb (real time mode) bearbeiten mehrere Benutzer das
gleiche Aufgabengebiet mit einem oder mehreren Anwendungsprogrammen. Eine Vielzahl gleichartiger Vorgänge, die sich auf den gleichen
Datenbestand beziehen, wird an mehreren nahen oder fernen Datenstationen abgewickelt. In der Regel setzt man den Teilhaberbetrieb ein, wenn
mehrere Mitarbeiter mit derselben Datenbank arbeiten sollen. Jeder Mitarbeiter löst durch spezielle Kommandos an seiner Datenstation sogenannte Transaktionen (auf die Datenbank bezogene Anweisungsfolgen)
aus, die den Datenbestand der Datenbank verändern oder ihn in gewünschter Weise ausgeben.

Typische Anwendungsbeispiele für die Dialogverarbeitung im Teilhaberbetrieb:

> Personalverwaltung
> Lagerbestandsführung
> Platzbuchungssysteme
> Managementinformationssysteme
> Verwaltung der Datenbank des Rechnungswesens

Teilnehmerbetrieb

Die Benutzer eines Systems mit Teilnehmerbetrieb (time sharing mode)
arbeiten unabhängig voneinander an **verschiedenen Aufgabenstellungen.**
Die Benutzer setzen für ihre Zwecke ganz unterschiedliche Programme
ein. Es existiert kein gemeinsamer Datenbestand. Jeder Benutzer verwendet das EDVS, als stünde es ihm alleine zur Verfügung. Eine Besonderheit dieses Verfahrens: Jedem Teilnehmer wird eine bestimmte Zeitspanne
(Sekundenbruchteile) die Prozessorleistung zugeteilt.

Typische Anwendungsbeispiele für die Dialogverarbeitung im Teilnehmerbetrieb:

- Interaktives Programmieren. Programmierer entwickeln und testen
  Programme an Datenstationen, die an dieselbe EDVA angeschlossen
  sind.
- Naturwissenschaftliche Forschung. Z.B. Nutzung von Programmen
  zur Vorausberechnung von physikalischen Zuständen.
- Anwendungen in Ingenieurbüros. Z.B. hat ein Büro für Baustatik eine
  Vielzahl unterschiedlicher Einzelberechnungen für Bauprojekte
  durchzuführen.

8.3 EDV im und außer Haus

Jeder Unternehmer sieht sich vor die grundsätzliche Entscheidung ge-
stellt, ob er die betrieblichen Daten im eigenen Haus mit eigener oder
gemieteter EDVA verarbeiten möchte, oder ob er sie einem Dienst-
leistungsunternehmen anvertraut. Auch Mischformen dergestalt, daß
Daten im Betrieb erfaßt und außer Haus verarbeitet werden, sind üblich.
Ausschlaggebend ist oft die Betriebsgröße, Großbetriebe tendieren zur
EDV im Haus, Klein- und Mittelbetriebe nutzen dagegen häufig fremde
Rechenzentren.

Gründe für eine DV im eigenen Haus:

- Eigene Computer können nicht nur für die wichtigsten Aufgaben,
  wie Finanzbuchhaltung, Personalverwaltung- und abrechnung,
  sondern für weitere betriebsspezifische Zwecke, z.B.
  Bürokommunikation und Textverarbeitung, genutzt werden.
- Eigene individuelle Software kann den betrieblichen Bedürfnissen
  genau angepaßt werden.
- Verarbeitung und Auswertung von Daten gehen ohne
  Zeitverlust vonstatten. Hohe Aktualität der Daten.
- Der unmittelbare Zugriff zu den betrieblichen Daten ist
  jederzeit möglich.
- Es entstehen keine Kosten für Datentransport oder
  Datenfernverarbeitung
- Keine Abhängigkeit von den Leistungen eines Service-
  Rechenzentrums. Zeitpunkt und Verfahren der Verar-
  beitung werden selbst festgelegt.
- Die Gefahr des Zugriffs Fremder auf die eigenen Daten ist
  geringer. Die Maßnahmen der Datensicherung bestimmt
  der Unternehmer selbst.

Gründe für die DV außer Haus:

- Der Kauf einer EDVA entfällt. Da Computer schnell veralten,
  ist das Risiko hoch, bald auf neue Anlagen umstellen zu
  müssen. Außerdem entstehen keine Erweiterungsbeschaffungen
  infolge von Kapazitätsengpässen.
- Kosten für Softwarebeschaffung und aufwendige Programmpflege
  werden eingespart.
- Die eingesetzte Hard- und Software des Service-Rechenzentrums
  ist immer auf dem neuesten Stand.
- Die Anschaffung einer EDVA erfordert zusätzliche Kosten für
  den Umbau von Räumen und für die Installation. Diese Kosten
  entfallen.
- Die Einstellung eines oder mehrerer EDV-Spezialisten
  (Programmierer, Operateure) erübrigt sich ebenso, wie die
  permanente Schulung eigenen Personals.
- Die Kalkulation der durch die EDV außer Haus entstehenden
  Kosten ist einfacher und mit weniger Risiko behaftet.
- Der Umfang der notwendigen Datensicherungsmaßnahmen
  ist relativ gering.

8.4 Kommunikationstechniken

Ob per Buschtrommel, Rauchsignal oder Brieftaube, Menschen haben von
jeher versucht, über große Entfernungen zu kommunizieren, also Informationen auszutauschen. Heute haben elektronische Datentransportwege
die Aufgabe der Informationsübertragung übernommen. Das Bedürfnis,
Daten elektronisch in möglichst kurzer Zeit zu übermitteln, wächst ständig. Neben dem ältesten elektronischen Kommunikationsmedium, dem
Telefon, sind ganz neue Techniken entwickelt worden. Sie erschließen
bisher ungeahnte Möglichkeiten.

Beispiele für die Nutzung neuer Kommunikationstechniken:

> - Mit einem Anschluß an den Btx-Dienst (Bildschirmtext) der Bundes-
>   post kann jedermann Bestellungen bei Versandhäusern oder
>   Überweisungsaufträge bei seiner Bank tätigen.
> - Ein Angestellter auf Reisen schließt seinen tragbaren PC
>   (Portable) mit einem Akustikkoppler (besondere
>   Schnittstelle) an das Telefonnetz an, um mit dem Com-
>   puter seines Unternehmens in Verbindung zu treten.
> - Eine Streifenwagenbesatzung überprüft einen Verdächtigen über
>   eine Datenstation in ihrem Fahrzeug und fragt dazu beim Computer
>   des Bundeskriminalamts Daten ab.
> - Um die Lieferung eines Ersatzteils zu beschleunigen, übermittelt
>   der Techniker eine Konstruktionszeichnung mit einem Fernkopierer
>   (Telefax).
> - In einem Reisebüro läßt sich ein Kunde zentral beim Reise-
>   veranstalter gespeicherte Angebote anzeigen.

Telex

Das Fernschreib- oder Telexnetz besteht schon seit über 50 Jahren. Das
Telexnetz bietet **grenzüberschreitende Textkommunikation** und ist für
diesen Zweck das bisher am weitesten verzweigte Netz. Mit einem Vorrat
von 54 Zeichen ist der Telex-Code sehr eingeschränkt (nur Groß- oder
Kleinschreibung). Die Übertragungsgeschwindigkeit beträgt 50 Bit/s, also
ca. 6 Zeichen in der Sekunde. Jeder Teilnehmer braucht einen besonderen
Postanschluß und ein Fernschreibgerät.

Teletex

Bei dem internationalen Teletexdienst, dem **Bürofernschreiben** der Post,
können Textverarbeitungssysteme miteinander kommunizieren. Der Zeichenvorrat beträgt über 300 Zeichen, die Übertragungsgeschwindigkeit
2400 Bit/s. Eine volle DIN-A4-Seite wird in ca. 10 Sekunden übertragen.
Die empfangenen Dokumente sind hinsichtlich Inhalt und Layout mit
denen des Senders identisch. Teletex nutzt das DATEX-Netz mit Leitungsvermittlung. Die notwendige Geräteausstattung des Teletexteil-
nehmers kann aus einer Speicherschreibmaschine, einem Textsystem oder
aus einem Rechner (z.B. PC) bestehen.

Teletex integriert das Fernschreiben stärker als Telex in die laufende
Büroarbeit. Die Teletexgeräte sind immer empfangsbereit. Ihr Empfangs-

speicher nimmt ankommende Texte auf und speichert sie, bis der Benutzer sie anzeigen, drucken oder extern speichern läßt. Eingehende Nachrichten unterbrechen gerade laufende Arbeiten am Textsystem nicht. Das teletexfähige Gerät wird mehrfach genutzt, als Schreibmaschine oder Textverarbeitungssystem und als Empfangsstation für Fernschreiben. Ein weiterer Vorteil: Teletex-Texte sind immer auf magnetischen Datenträgern verfügbar.

Die Kommunikation zwischen Teletex- und Telexendgeräten ist problemlos möglich, verlangt allerdings Code- und Geschwindigkeitsumwandlungen, die von einer postseitigen Übergangseinrichtung zwischen Teletex- und Telexnetz durchgeführt werden.

Telefax

Telefax, das **Fernkopieren**, versetzt den Anwender in die Lage, **schriftliche und grafische Dokumente** durch das Telefonnetz über große Entfernungen hinweg zu übermitteln. Das sendende Gerät tastet die Kopiervorlagen optisch ab und überträgt die entsprechenden Signale über das Telefonnetz. Das empfangende Gerät wandelt die Signale in Bildinformation um und gibt eine naturgetreue Kopie der Vorlage aus. Jedes Telefaxgerät ist in der Lage, zu übertragen und zu empfangen. Durch Anschluß eines Telefaxgerätes an einen PC kann der Anwender auf dem PC erfaßte oder gespeicherte Informationen direkt in das Telefaxgerät einspeisen und senden. Der Umweg über eine Kopiervorlage entfällt dann.

Die Übertragungsrate bei modernen Fernkopierern beträgt 4800 Bit/s, das bedeutet 1 Minute pro DIN-A4-Seite. Die Geräte empfangen automatisch, in der Regel laufen sie Tag und Nacht. Dadurch kann man kostengünstige Übertragungszeiten ausnützen. Einige Geräte können auch automatisch zu vorgewählten Zeiten senden.

Telebox

Der Teleboxdienst (mailbox system, electronic mail) gestattet es, von einem Terminal oder PC Mitteilungen und Dateien an andere Teilnehmer zu versenden. Die Mitteilungen gelangen über lokale und/oder externe Netze in die "elektronischen Postfächer" der Empfänger. Die elektronischen Postfächer liegen in der Regel in einem Zentralrechner des jeweiligen Netzes. Die Empfänger greifen über ein Terminal oder einen PC auf die Mitteilungen zu. Die notwendige Software ermöglicht dem Benutzer, Texte einzugeben, auszugeben, zu editieren, zu speichern, zu versenden und zu empfangen.

Weltweit gibt es eine Vielzahl von Mailboxsystemen, die für einen registrierten Personenkreis arbeiten. Zwischen den Mailboxsystemen existieren Verbindungen, so daß elektronische Post international über verschiedene Netze hinweg zu dem Rechner mit der adressierten Postbox versandt werden kann.

Die Deutsche Bundespost (DBP) bietet einen **Teleboxdienst** mit Zugang über das Telefon-, DATEX-L und DATEX-P-Netz. Jeder Benutzer läßt sich registrieren und erhält eine Box (elektr. Postfach). Der Zugang ist paßwortgeschützt. Post kann an einen oder gleichzeitig an mehrere Adressaten geschickt werden. Eine Mitteilung darf höchstens rd. 130KB groß sein. Die Box speichert beliebig viele Mitteilungen. Ein **"schwarzes Brett"** (Box für alle) nimmt Mitteilungen an, die alle Teleboxteilnehmer oder bestimmte Benutzergruppen lesen sollen.

Bildschirmtext

Bildschirmtext (Btx) ist ein Fernmeldedienst der DBP, der über das Telefon- und das DATEX-P-Netz verschiedene Leistungen anbietet.

Einige Leistungsangebote von Btx:

- **Informationsangebote:** Informationen aus Zeitschriften und von Nachrichtenagenturen, Daten aus Anschriftenverzeichnissen und Informationen über Veranstaltungen, Bildungs- und Freizeitangebote können jederzeit abgerufen werden. Ebenso Angebote über Reisen, Personenbeförderung und Unterkünfte. Ferner lassen sich aktuelle Börsen- und Wirtschaftsdaten abrufen.
- **Waren- und Dienstleistungsangebote:** Unternehmen von Handel, Handwerk, Industrie und des Gaststättengewerbes bieten dem Benutzer Waren und Dienstleistungen über Btx an.
- **Rat und Hilfe:** Beratungsstellen für die Familie und für Verbraucher, für Gesundheitsberatung und andere Sozialbereiche halten Informationen für Interessenten bereit.
- **Kontaktaufnahme:** Kontaktsuchende mit unterschiedlichen Interessenlagen können Verbindung untereinander aufnehmen. Sie "treffen sich" auf elektronischem Wege in bestimmten Rechnern und tauschen online (online=mit der Zentraleinheit verbunden) Informationen miteinander aus.
- **Bankdienste:** Bankkunden bedienen sich des Btx-Systems, um ihre Konten einzusehen und Überweisungen vorzunehmen. Sie können auch Geldanlageangebote ihrer Bank wahrnehmen.
- **Rechendienste:** Gewerbliche Anbieter stellen Programme für vielfältige Berechnungsprobleme und Programme für den Selbstunterricht kostenpflichtig zu Verfügung.

- **Computerspiele:** Computerspiele runden die Angebotsvielfalt des Btx-Dienstes und seiner gewerblichen Teilnehmer ab.

Als Datenendgeräte setzt man **Fernsehgeräte mit Decoder** und Tastatur, **Terminals** oder **Mikrocomputer** ein. Private Benutzer wählen das Btx-System über den Telefonanschluß an, größere gewerbliche Teilnehmer nutzen DATEX-P, um ihre Rechner (sog. externe Rechner) anzuschließen. Die gewerblichen Teilnehmer offerieren mit ihren Rechnern Dienste, die über die Angebotsbreite der DBP hinausgehen. Die Rechner in den Btx-Zentralen der DBP (interne Rechner) führen Zugangsberechtigungsprüfungen durch, erstellen Gebührenabrechnungen, regeln den Datenverkehr zwischen den Teilnehmern, externen Rechnern und Rechnern anderer Btx-Zentralen usw. Informationen werden "seitenweise" angeboten. Vor der Ausgabe kostenpflichtiger Seiten wird ihr Preis angezeigt, damit sich der Interessent entscheiden kann.

Netze für die Datenübertragung

Die Telekommunikationsdienste bedienen sich unterschiedlicher Fernmeldenetze. Während das **Telefonnetz** ursprünglich für die Sprachübertragung gedacht war, heute jedoch auch Daten transportiert, sind DATEX-L (Datex mit Leitungsvermittlung) und DATEX-P (Datex mit Paketvermittlung) speziell für die Datenübertragung geschaffene Wählnetze.

DATEX-L

DATEX-L ermöglicht die Kommunikation zwischen Anschlüssen durch eine Direktverbindung von Leitungen (Leitungsvermittlung) wie im Telefonnetz. Gegenüber dem Telefonnetz hat DATEX-L jedoch den Vorzug größerer Übertragungssicherheit und -geschwindigkeit (bis 64 KBit/s). Die miteinander kommunizierenden Anschlüsse müssen mit gleicher Geschwindigkeit senden und empfangen. DATEX-L eignet sich für kurzfristige Verbindungen (zeit- und entfernungsabhängige Gebühren). Beispiele für die Nutzung von DATEX-L sind der Belegverkehr der Banken oder die stapelweise Übertragung von Daten bei Großkaufhäusern zum Nachttarif.

DATEX-P

Mit DATEX-P hat die DBP 1980 ein modernes Verfahren des Datenaustauschs auf Basis einer weltweiten Norm (X.25) eingeführt. DATEX-P-Anschlüsse werden über die Adressen von "Datenpaketen" (Paketvermittlung) miteinander verbunden. Die Datenpakete der Teilnehmer enthalten außer dem nutzbaren Inhalt (maximal 1024 Bits) Angaben über Ursprung, Bestimmung, Länge des Datenblocks usw. Die sendende Datenstation gibt die Pakete an eine Datenvermittlungsstelle auf. Von dort werden sie an die Datenvermittlungsstelle weitergereicht, an die der Empfänger angeschlossen ist. Die kommunizierenden Datenstationen dürfen mit unterschiedlichen Übertragungsgeschwindigkeiten arbeiten. Die Gebühren für DATEX-P sind abhängig von der übermittelten Datenmenge, Entfernung und Zeit spielen dabei keine Rolle. Interessant ist DATEX-P für Anwendungen, bei denen relativ kleine Datenmengen übertragen werden, z.B. Reisebuchungen und Datenbankabfragen.

ISDN

Wie andere Industriestaaten führt die DBP seit 1988 das ISDN (Integrated Services Digital Network) genannte **digitale Fernmeldenetz** ein. Damit wird ein unökonomischer Zustand beseitigt, der durch das Betreiben mehrerer voneinander unabhängiger Fernmeldenetze entstanden ist. ISDN nutzt die bestehenden Telefonleitungen. Die über dieses Netz übermittelten Nachrichten, Sprache und Daten, werden künftig in digitaler Form übertragen. Besondere Verfahren ermöglichen es, mehrere digitale Datenströme auch dann getrennt zu halten, wenn sie durch eine gemeinsame Leitung fließen. Die Dienste Telex, Teletex, Telefax, DATEX-P usw. verwenden künftig ebenfalls das digitale Telefonnetz. ISDN ist also nichts anderes als ein digitales Fernsprechnetz für alle Sprach- und Datenübertragungsdienste. Die wichtigsten Vorzüge von ISDN: Der Benutzer braucht nur eine Teilnehmernummer, unter der man bis zu 8 Endgeräte für Daten, Sprach- oder Bildinformation erreicht; hohe Übertragungsgeschwindigkeit (bis 128 KBit/s); zwei Endgeräte können gleichzeitig betrieben werden; einheitliche Schnittstellen für alle Endgeräte.

Übersicht:

Telex	Fernschreibdienst, eigenes Netz, nur Text-übermittlung, weit verbreitet, niedrige Über-tragungsgeschwindigkeit, Endgerät: Fernschreiber.
Teletex	Fernmeldenetz für Textverarbeitungssysteme, nutzt DATEX-L, gegenüber Telex hohe Über-tragungsgeschwindigkeit und großer Zeichen-vorrat, Endgeräte: Speicherschreibmaschine, Textsystem, PC.
Telefax	Fernkopieren, überträgt Grafiken und Text, nutzt Telefonnetz, Endgerät: Telefaxgerät
Telebox	Elektronische Post, weltweit existiert eine Vielzahl von Mailboxsystemen, Zugang meist für registrierten Personenkreis, grenzüber-schreitender Postversand, die DBP bietet Tele-boxdienst über Telefonnetz, DATEX-L und DATEX-P an, Endgeräte: Terminal, PC
Btx	Bildschirmtext, spezielles System der DBP, bie-tet Zugang zu Waren- und Dienstleistungsan-geboten, Datenbanken, Servicerechenzentren usw., nutzt Telefon- und DATEX-P-Netz, Endgeräte: Fernseher mit Tastatur, Terminal, PC.
DATEX-L	Fernmeldenetz für Datenübertragung mit Lei-tungsvermittlung, Kommunikation führt über eine zwischen den Teilnehmern geschaltete Leitung.
DATEX-P	Fernmeldenetz für Datenübertragung mit Paketvermittlung, Kommunikation zwischen den Teilnehmern geschieht durch Übermittlung adressierter Datenpakete.
ISDN	Integrated Services Digital Network, Inter-nationales digitales Fernmeldenetz für alle Fernmeldedienste auf der Basis des existieren-den Telefonnetzes.

8.5 Methoden der Datenerfassung

Die Datenerfassung wird oft als der "Flaschenhals" der Datenverarbeitung bezeichnet. Vergleicht man den Zeitaufwand für Verarbeitung, Speicherung und Ausgabe von Daten mit deren Erfassung, so wird deutlich, daß die Tätigkeiten der **Datenerfassung am meisten Zeit** brauchen. Der Begriff Datenerfassung kennzeichnet alle Vorgänge, die notwendig sind, um Informationen für die maschinelle Verarbeitung vorzubereiten.

8.5.1 Direkte und indirekte Datenerfassung

Direkte Datenerfassung

Das heute bekannteste Datenerfassungsverfahren ist die **Erfassung im Dialog**. Die Erfassung geschieht online meist an Datenstationen (Bildschirmgeräten). Aber auch Zeiterfassungsgeräte, Magnetstreifenleser und Meßeinrichtungen (z.B. Betriebsdatenerfassung) sind Geräte für die Direkterfassung. Im günstigsten Fall erfaßt man Daten zum Zeitpunkt und am Ort ihrer Entstehung. Für viele Geschäftsfälle wird vor der Erfassung kein separater Beleg erstellt, er entsteht erst durch die Eingabe in den Rechner (z.B. Ausgangsrechnung). Im Gegensatz zur indirekten Erfassung wird kein Datenzwischenträger (maschinenlesbarer Beleg, Magnetbandkassette, Diskette) gebraucht.

Der Dialog vieler Benutzer durch Direkterfassung belastet die Zentraleinheit erheblich. Um dennoch vertretbare Antwortzeiten zu erhalten, sind leistungsfähige EDVS eine Voraussetzung. Direkterfassung findet man vorwiegend bei Anwendungen, die eine hohe Aktualität der Datenbestände erfordern.

Beispiele für Direkterfassung:

- Erfassung von Geschäftsfällen in einer Echtzeitfinanzbuchhaltung
- Platzbuchungssysteme
- Kontenführung der Banken
- Managementinformationssysteme
- Anwesenheitserfassung

Indirekte Datenerfassung

Eingangsrechnungen, Bankbelege, Personalakten usw. sind sogenannte "Urbelege". Sie entstehen vor ihrer Erfassung, fern vom Ort der Datenerfassung und oft ohne Rücksicht auf die Belange der EDV. Um sie in eine maschinenlesbare Form zu bringen, bedient man sich entweder der

Direkterfassung oder der indirekten Datenerfassung. Indirekte Datenerfassung hat den Vorzug, daß der Erfassungsvorgang manuell oder unter
Einsatz von Offline-Erfassungsgeräten geschieht. Das bedeutet, geringere
Belastung der EDVA. Der Erfassungsvorgang läuft in mehreren Stufen
ab:

- Erstellen des Originalbelegs, des Urbelegs
- Übertragen der Daten des Urbelegs auf ein maschinenlesbares
  Medium (Datenzwischenträger), z.B. Klarschriftbelege, Markierungsbeleg, Lochkarte
- Transport der Datenträger zum Rechenzentrum, wo sie von speziellen
  Eingabegeräten (Klarschrift-, Markierungs-, Lochkartenleser) eingelesen werden

Wenn der Urbeleg auch gleichzeitig Datenträger ist (z.B. Lottoschein,
Euroscheck), entfällt der Vorgang des Übertragens der Urbelegdaten. Die
Verarbeitung der im indirekten Erfassungsverfahren gewonnenen Datenträger erfolgt im Stapelbetrieb. Nachteile der indirekten Erfassung ergeben sich aus der Fehlerquote bei der Übertragung der ursprünglichen
Daten auf den Datenträger.

Beispiele für die indirekte Datenerfassung:

- Ausfüllen von Lottoscheinen
- Erfassen von Buchungen auf Diskette mit einem Erfassungsgerät
  und Versand der Diskette zum Rechenzentrum
- Übertragen von Inventurdaten auf einen maschinenlesbaren
  Handschriftbeleg (genormte Handschrift)
- Scheck mit Spezialschreibmaschine (OCR-A-Schrift) ausfüllen

Direkte Datenerfassung:	Erfassung im Dialog ohne Datenzwischenträger, Erfassung und Eingabe am selben Ort zur gleichen Zeit, geringe Fehlerquote, starke Belastung der EDVA, hohe Aktualität des Datenbestandes
Indirekte Datenerfassung:	Erfassung der Daten auf Datenzwischenträgern, Erfassung und Eingabe an verschiedenen Orten zeitlich nacheinander, höhere Fehlerquote, geringe Belastung der EDVA, geringe Aktualität des Datenbestandes

8.5.2 Zentrale und dezentrale Datenerfassung

Die zunehmend verbesserten Kommunikationstechniken führen dazu, daß die dezentrale Datenerfassung die zentrale immer mehr in den Hintergrund drängt. Datenübertragungsnetze ersetzen den Transport der Daten vom Ort ihrer Entstehung zum Ort ihrer Erfassung. Die Folge: Daten können sofort und am Ort ihrer Entstehung erfaßt und der Verarbeitung zugeführt werden.

Zentrale Datenerfassung

Bei der **zentralen Datenerfassung** sammelt ein Betrieb Belege, um sie einer zentralen Erfassungsstelle zuzuleiten. In den Erfassungsstellen geben Datentypisten/-innen die Belegdaten an Offline-Erfassungsgeräten (z.B. PC's) ein, welche die Daten auf magnetische Datenträger (z.B. Diskette, Magnetbandkassette) speichern. Zwischen Erfassung und Verarbeitung gibt es Zeitverzögerungen, die die Aktualität des Datenbestandes beeinträchtigen. Die Tatsache, daß die Datentypisten/-innen die den Daten zugrunde liegenden Vorgänge nicht kennen, führt vermehrt zu Falscheingaben.

Für die zentrale Datenerfassung sprechen Kostenerwägungen. Es werden weniger Erfassungsgeräte benötigt als bei dezentraler Erfassung. Außerdem müssen weniger Mitarbeiter geschult werden und Datentypisten/-innen erbringen in der Regel höhere Eingabeleistungen.

Dezentrale Datenerfassung

Die räumliche Einheit des Orts der Entstehung der Daten und des Orts ihrer Erfassung und Verarbeitung kennzeichnet die **dezentrale Datenerfassung**. Dort, wo Daten anfallen, stehen Datenstationen für ihre Erfassung. Sowohl "dumme" Terminals als auch "intelligente" PC's können als Datenstationen dienen. Über Kommunikationsnetze (eigene Datenleitungen, lokale Netze, Postnetze) fließen die Daten zur zentralen EDVA, wo sie sofort verarbeitet werden.

Mit fallenden Anschaffungskosten für Datenstationen (Terminals, PC) löst die dezentrale Datenerfassung die zentrale mehr und mehr ab. In die gleiche Richtung wirken neue komfortable Anwendungsprogramme, für die nur noch ein geringer Schulungsaufwand betrieben werden muß. In allen Anwendungsfällen, wo Aktualität der Datenbestände gefragt ist, herrscht heute dezentrale Datenerfassung vor: Kontenführung durch verschiedene Abteilungen (Einkauf, Verkauf, Lager, Rechnungswesen) im Dialog, Erfassung der Bewegungen in verteilten Lägern, Flug- und Fahrkartenverkauf, Online-Bestellwesen der Apotheken usw.

Zentrale Datenerfassung	Alle Daten werden am Ort ihrer Entstehung gesammelt, durch eine zentrale Stelle erfaßt, zur EDVA gebracht und schließlich ihrer Verarbeitung zugeführt.
Dezentrale Datenerfassung	Am Ort ihrer Entstehung werden alle Daten sofort erfaßt und über Datenleitungen an einen zentralen Rechner zur Verarbeitung übertragen.

**Das Wichtigste
zu Standardprogrammen
unter MS-DOS**

- WORD
- Lotus 1-2-3
- Multiplan
- dBASE III+

9 Datenschutz und Datensicherung

9.1 Datenschutz

9.1.1 Gründe für den Datenschutz

Sie erhalten jeden Monat eine Überweisung über ein bestimmtes Nettogehalt und fahren einen Mittelklassewagen. Jedes Jahr buchen Sie einen Skiurlaub. Vor kurzem wurden Sie in einen Tennisklub aufgenommen. Gerade haben Sie sich eine Kreditkarte zugelegt. Bald darauf flattern Ihnen Angebote von Kfz-Händlern und Sportgeschäften ins Haus. Die Angebote klären Sie darüber auf, daß Ihre Kreditkarte willkommen ist und Sie in Ihrer Gehaltsklasse bestimmte Kreditkonditionen in Anspruch nehmen können. Da wird Ihnen klar, daß Informationen über Sie in falsche Hände gekommen sind. Vielleicht beschleicht Sie nun das Gefühl, für Ihre Umwelt transparent geworden zu sein, und Sie erinnern sich an die Vision des "Großen Bruders" aus Orwells "1984".

Man spricht in diesem Zusammenhang vom **"gläsernen Bürger"**, der seine Lebensumstände, Verhältnisse und Gewohnheiten nicht vor seinen Mitmenschen zu verbergen vermag. Die Vorstellung, alle Informationen über die eigene Person könnten für andere verfügbar sein, ist erschreckend. Es gibt eine Menge Informationen, die wir gerne vor Mitmenschen geheimhalten. Dem Wunsch jedes Menschen, die eigene Privatsphäre vor dem Eindringen der Öffentlichkeit zu schützen, trägt auch das Grundgesetz Rechnung. In Artikel 2 verbürgt es das Recht auf freie Entfaltung der Persönlichkeit.

In den letzten Jahrzehnten hat der Informationsbedarf in Wirtschaft und Verwaltung zugenommen. Immer mehr Daten sind notwendig, um Wirtschaftsprozesse zu steuern. Ohne die EDV ist das nicht möglich. Alle Unternehmungen und Verwaltungsstellen bauen Datenbanken auf, in denen sie Daten über Bürger speichern. Telekommunikation verbindet Rechner miteinander. Schnell sind Daten aus verschiedenen Quellen zusammengestellt und ausgewertet. Alle über einen Bürger gespeicherten Daten könnten zu einer Art Biographie vereint werden. Die über Personen gesammelten Daten bedeuten stärkere Kontrollmöglichkeiten, also Macht.

Um die mißbräuchliche Verwendung von Angaben über die Verhältnisse von Personen (personenbezogene Daten) besser bekämpfen zu können, ist im Jahre 1979 das Bundesdatenschutzgesetz (BDSG) in Kraft getreten. Die Bestimmungen des BDSG ergänzen bereits früher erlassene Vorschriften des Strafgesetzbuches und der Abgabenordnung über den Schutz von persönlichen Informationen.

> Unter Datenschutz versteht man die Vorkehrungen und Maßnahmen
> zum Schutz persönlicher Angaben über Bürger bei der Datenver-
> arbeitung vor widerrechtlicher Verwendung und Weitergabe.

9.1.2 Schutzbedürftige Personen und Daten

Den Vätern des BDSG kam es in erster Linie auf den Schutz des Bürgers
an. In § 1 hebt es auf die "schutzwürdigen Belange der Betroffenen", d.h.
der Bürger, ab. Um die Interessen der Bürger zu wahren, will das BDSG
ihre "personenbezogenen Daten vor Mißbrauch" bei der
Datenverarbeitung schützen. Der Schutz bezieht sich nur auf Daten von
im juristischen Sinne "natürlichen" Personen.

Doch nicht alle Angaben über Personen genießen den gleichen Schutz.
Namen, Titel, akademische Grade, Geburtsdatum, Berufsbezeichnung,
Anschrift und Telefonnummer gelten als sogenannte "freie" Daten. Sie
dürfen weitergegeben werden, wenn die Betroffenen kein berechtigtes
Interesse an ihrer Geheimhaltung haben. Die meisten dieser Daten stehen
sowieso im öffentlichen Adress- oder Telefonbuch.

Daten, die nicht natürliche Personen betreffen, z.B. Betriebsgeheimnisse,
patentierte Rezepturen usw. schützt das BDSG nicht. Auch Daten juristi-
scher Personen, wie Firmen, bezieht das BDSG nicht mit ein.

Eine wichtige Ausnahme bildet eine Bestimmung, wonach das BDSG seinen Schutz dann verweigert, wenn persönliche Angaben durch Presse,
Rundfunk oder Film veröffentlicht werden. Hier wurde ein Zugeständnis
an die Pressefreiheit gemacht.

9.1.3 Rechte der Betroffenen

Das BDSG ist für den Bürger da. Aus diesem Grund gibt es dem Bürger
Rechte an die Hand, damit er den Datenschutz kontrollieren kann.

Recht auf Benachrichtigung

Wenn Daten erstmalig gespeichert werden, ist der Betroffene davon zu
benachrichtigen, es sei denn er erhält auf andere Weise Kenntnis von der
Speicherung seiner Daten (z.B. durch Geschäftsbedingungen beim Ver-
tragsabschluß). Speichern Behörden erstmalig persönliche Daten über
einen bestimmten Personenkreis, sind sie verpflichtet, diese Maßnahme
durch Veröffentlichung bekannt zu machen.

Recht auf Auskunft

Grundsätzlich ist jede private oder öffentliche Stelle verpflichtet, dem Betroffenen Auskunft über die zu seiner Person gespeicherten Daten zu geben. Davon ausgenommen: Verfassungsschutz, Bundesnachrichtendienst, militärischer Abschirmdienst, Bundeskriminalamt, Staatsanwaltschaft, Polizei und Finanzbehörden.

Recht auf Berichtigung

Unrichtige Daten müssen auf Antrag des Betroffenen berichtigt werden. Er muß die Unrichtigkeit der Daten selbst nachweisen.

Recht auf Sperrung

In Fällen, in denen sich weder die Richtigkeit noch die Unrichtigkeit von Daten zweifelsfrei feststellen läßt, muß die speichernde Stelle die entsprechenden Angaben sperren. In der Regel eine vorübergehende Maßnahme. Die Sperrung geschieht durch einen Sperrvermerk. Daten mit Sperrvermerk dürfen nur noch in besonderen Fällen (Beweisnot, wissenschaftliche Zwecke) verwendet werden.

Auch wenn Daten für ihren ursprünglichen Zweck nicht mehr gebraucht werden (z.B. Vertragsverhältnis beendet), sind sie zu sperren, wenn eine Löschung aus vertraglichen oder gesetzlichen Gründen nicht in Frage kommt.

Recht auf Löschung

Hat eine Stelle Daten unrichtig oder unzulässig gespeichert, muß sie die Daten löschen. Auch wenn der Grund für eine Speicherung von Daten entfällt, kann der Betroffene die Löschung verlangen. Dabei sind jedoch Aufbewahrungsfristen nach anderen Gesetzen zu beachten.

Recht auf Anrufung

Das BDGS sieht Kontrollinstanzen vor, die die Einhaltung der Datenschutzbestimmungen sicherstellen sollen. Unterste Instanz ist der/die **Datenschutzbeauftragte eines Betriebs** oder einer Behörde. Er/Sie ist dafür verantwortlich, daß die verarbeitende Stelle die notwendigen Maßnahmen zum Datenschutz ergreift. Die **Landesaufsichtsbehörden für den Datenschutz** kontrollieren private Betriebe, während der/die **Bundesbeauftragte für den Datenschutz** für alle Bundesbehörden zuständig ist. Die **Landesbeauftragten für den Datenschutz** prüfen die öffentlichen

Stellen der Länder. Fühlt sich ein Bürger in seinen Rechten verletzt, kann er sich an das zuständige Kontrollorgan wenden und einen Antrag auf Prüfung stellen. Als weitere Möglichkeit steht ihm offen, über die Gerichte sein Recht zu erstreiten.

9.1.4 Pflichten speichernder Stellen

Das BDSG verlangt von der speichernden Stelle, das Datengeheimnis zu wahren. Sie steht in der Verantwortung und muß ihre mit der Datenverarbeitung befaßten Mitarbeiter schriftlich zur Einhaltung des Datengeheimnisses verpflichten. Sie hat Ihre Mitarbeiter über ihre Pflichten zu belehren und für ihre Aufgaben zu schulen. Damit will das BDSG das Bewußtsein der Mitarbeiter für den Datenschutz aktivieren.

Ein Datenschutzbeauftragter ist von jedem Betrieb zu bestellen, der mindestens 5 Mitarbeiter mit der automatischen Verarbeitung personenbezogener Daten beschäftigt. Wird die Mitarbeiterzahl nicht erreicht, muß sich der Unternehmer selbst um die Einhaltung der Datenschutzvorschriften kümmern. Vom Datenschutzbeauftragten verlangt das BDSG Fachkunde und Zuverlässigkeit (Führungszeugnis).

Verstöße gegen Datenschutzvorschriften ahndet das BDSG mit **Geld- und Freiheitsstrafen**, sowie **Geldbußen**. Freiheitsstrafe bis zu einem Jahr oder Geldstrafe droht dem, der zu schützende Daten sich beschafft, weitergibt oder verändert. Wenn er in der Absicht handelt, sich oder andere zu bereichern oder jemandem Schaden zuzufügen, kann die Freiheitsstrafe bis zu zwei Jahre betragen.

9.2 Datensicherung

9.2.1 Gründe für die Datensicherung

Vielleicht haben Sie auch schon einmal eine Diskette formatiert und später festgestellt, daß sie Dateien enthielt, die Sie noch benötigten. Zu spät! Oder eine schlecht verkabelte Steckdose schmort. Kurzschluß und Ihr PC verabschiedet sich, wobei er Stunden mühevoller Arbeit schlicht vergißt. Schlimmer noch, ein Magnetkopf berührt Ihre Festplatte. Headcrash, die Daten schmelzen dahin. 20, 40 oder mehr Megabyte an Programmen und Nutzdaten sind auf einen Schlag unwiederbringlich verloren.

Mißgünstige Zeitgenossen können Ihnen mit illegalen Mitteln Schaden zufügen. Ein weitverbreitetes Übel sind Computerviren, kleinere Programme, die sich in Programmen einnisten und von dort aus selbst reproduzieren. Entweder sofort oder zu einem vorbestimmten Zeitpunkt können sie wichtige Teile der Festplatte (z.B. FAT) zerstören. Ganz anders geartet sind Schäden durch Datendiebstahl und Weitergabe von geheimen Informationen über Personen oder Betriebsgeheimnisse.

Der Katalog der möglichen Gefährdungen ließe sich beliebig fortsetzen. Doch die Beispiele zeigen schon, daß der Sicherung wichtiger Datenbestände gegen Verlust, Diebstahl, Verfälschung und unbefugte Weitergabe große Bedeutung zukommt. Das BDSG fordert von datenverarbeitenden Stellen besondere Maßnahmen zur Sicherung personenbezogener Daten. Darüber hinaus muß jeder Betrieb und jede Behörde weitere Datensicherungsmaßnahmen ergreifen, um auch sachbezogene Daten zu schützen (z.B. die Daten der Finanzbuchhaltung, über Fertigungsverfahren, Baupläne usw.).

> Unter Datensicherung versteht man alle Vorkehrungen und Maßnahmen, die Daten vor Verlust, Diebstahl und Verfälschung schützen.

9.2.2 Maßnahmen der Datensicherung

Das BDSG verpflichtet speichernde Stellen, die im Gesetz aufgelisteten **"zehn Gebote"** des Datenschutzes zu beachten. Zehn besondere Maßnahmen unterstützen die Ausführung des Gesetzes.

1. Zugangskontrolle

Der Zugang zu DV-Anlagen, mit denen personenbezogene Daten verarbeitet werden, unterliegt der Kontrolle. Nur ein befugter Personenkreis hat Zutritt.

Mögliche Maßnahmen: Closed-Shop-Betrieb mit automatischen Ausweislesern

2. Abgangskontrolle

Das unbefugte Entwenden von Datenträgern muß verhindert werden.

Mögliche Maßnahmen: Kontrolle von Taschen und Gepäckstücken der Beschäftigten.

3. Speicherkontrolle

Das unbefugte Speichern von Daten sowie die Kenntnisnahme, Veränderung und Löschung von Daten ist zu unterbinden.
Mögliche Maßnahmen: Prüfung der Zugriffsberechtigung mit Paßwort, Verschlüsseln von Daten.

4. Benutzerkontrolle

Unbefugte sollen DV-Anlagen, die personenbezogene Daten verarbeiten, nicht benutzen dürfen.

Mögliche Maßnahmen: Berechtigungsprüfung, Räume nachts verschließen.

5. Zugriffskontrolle

Diese Bestimmung soll sicherstellen, daß alle Personen an Datenstationen nur auf die Datenbestände zugreifen, für welche sie eine Zugriffsberechtigung besitzen.

Mögliche Maßnahmen: Für jede Datenstation Zugriffsprotokoll mit Zeitpunkt des Zugriffs.

6. Übermittlungskontrolle

Jederzeit muß festzustellen sein, woher und wohin personenbezogene Daten durch Datenstationen übertragen werden.

Mögliche Maßnahmen: Protokollierung der Datenübertragung, Festlegung der Aufgaben für bestimmte Datenstationen.

7. Eingabekontrolle

Nachträglich muß nachgewiesen werden können, von wem und zu welcher Zeit personenbezogene Daten eingegeben wurden.

Mögliche Maßnahmen: Protokollierung von Datenstationkennung, Benutzerkennung und Eingabezeit.

8. Auftragskontrolle

Verarbeitet eine Firma in fremdem Auftrag personenbezogene Daten, hat sie sich strikt an die Weisungen des Auftraggebers zu halten.

Mögliche Maßnahmen: vertragliche Vereinbarungen, Anweisungen an die Mitarbeiter.

9. Transportkontrolle

Bei der Übermittlung und beim Transport personenbezogener Daten dürfen diese nicht von Unbefugten gelesen, verändert oder gelöscht werden.

Mögliche Maßnahmen: Verschlüsseln von Daten zur Übermittlung, abgeschlossene Transportbehälter für Datenträger.

10. Organisationskontrolle

In den Behörden und Betrieben sind organisatorische Maßnahmen zu treffen, die den Anforderungen des Datenschutzes gerecht werden.

Mögliche Maßnahmen: vertragliche Verpflichtung der Mitarbeiter, Katalog von Verarbeitungsregeln aufstellen.

Die vom Gesetzgeber im BDSG vorgeschriebenen Maßnahmen für die Sicherung personenbezogener Daten reichen nicht aus. Auch sachbezogene Daten der Behörden und Betriebe brauchen Sicherung vor Diebstahl, Verlust und Verfälschung. Maßnahmen der Datensicherung können **technischer**, **programmtechnischer** und **organisatorischer** Art sein. Beispiele: Das Abschließen einer Datenstation ist eine technische Maßnahme, die Prüfung eines Paßworts eine programmtechnische und die Kontrolle des Zugangs zum Rechenzentrum eine organisatorische. Die folgende Liste von Maßnahmen ist nicht vollständig, sie zeigt einige Beispiele organisatorischer, programmtechnischer und technischer Art.

Beispiele:

Technische Maßnahmen	Einbruchsicherungen Tresore Feuerschutz Bunker gegen Sprengstoffattentate Kontrollbit Parallelrechnersystem
Programmtechnische Maßnahmen.	Berechtigungskontrolle Paßwortschutz Prüfziffern Plausibilitätskontrolle Logging Generationenprinzip
Organisatorische Maßnahmen	Zugangsberechtigungen zu Datenträgern Closed-Shop-Betrieb Personalkontrollen Liste v. Verhaltensregeln Mitarbeiterschulung Datenschutzbeauftragter

1 - 1 Übersicht über die verwendeten DOS-Befehle

```
BUFFERS=Anzahl                  Konfigurationsbefehl, legt Anzahl der
                                E/A-Puffer fest
CD Pfad                         Verzeichnis wechseln
CHKDSK                          Diskette/Platte prüfen
CLS                             Bildschirm löschen
COPY Quelle [Ziel]              Dateien kopieren
COUNTRY=Landescode              Konfigurationsbefehl, legt Datum- und
                                Zeitformat fest
DATE                            Datum anzeigen und einstellen
DEL                             Datei(en) löschen
DIR [Laufwerk] [/P][/W]         Verzeichnis anzeigen
DISKCOPY Quellendsk. Zieldsk.   Kopie einer Diskette herstellen
EDLIN Dateibenennung            Textdatei anlegen und ändern
FILES=Anzahl                    Konfigurationsbefehl, max. Anzahl eröffneter
                                Dateien festlegen
FORMAT Laufwerk [/S]            Diskette/Platte formatieren
KEYB Parameter                  Tastatur anpassen, GR ist der Parameter
                                für Deutschland
LABEL                           Diskette/Platte mit einem Namen versehen
MD Pfad                         Verzeichnis anlegen
PATH Pfad [;Pfad] ...           Suchpfad für Programmdateien festlegen
PRINT Datei [Datei]...          Textdatei(en) drucken
PROMPT [Text][Metazeichen]      Systemprompt festlegen
RD Pfad                         Verzeichnis löschen
REN Datei1 Datei2               Datei umbenennen
TIME                            Zeit anzeigen und einstellen
TYPE Datei                      Inhalt einer Textdatei anzeigen


EDLIN-Befehle:
 x,y,z[,n]C                     Zeile x bis Zeile y vor die Zeile z
                                [n mal] kopieren
 x[,y]D                         Zeile x [bis Zeile y] löschen
 E                              Datei speichern und EDLIN beenden
 [x]I                           Neue Zeilen [vor Zeile x] einfügen, # bedeutet
                                Dateiende
 x,y,zM                         Zeile x bis Zeile y vor die Zeile z verlegen
 [x][,y]P                       Datei [von Zeile x] [bis Zeile y]
                                bildschirmweise anzeigen
 Q                              EDLIN ohne Speichern verlassen
```

2 - 1 ASCII-Code: 0 bis 127 in sechs Darstellungen: Grafikzeichen, Dezimal (D), Strg (^) bzw. Text("), Oktal (O), Hexadezimal (H), Binär (B)

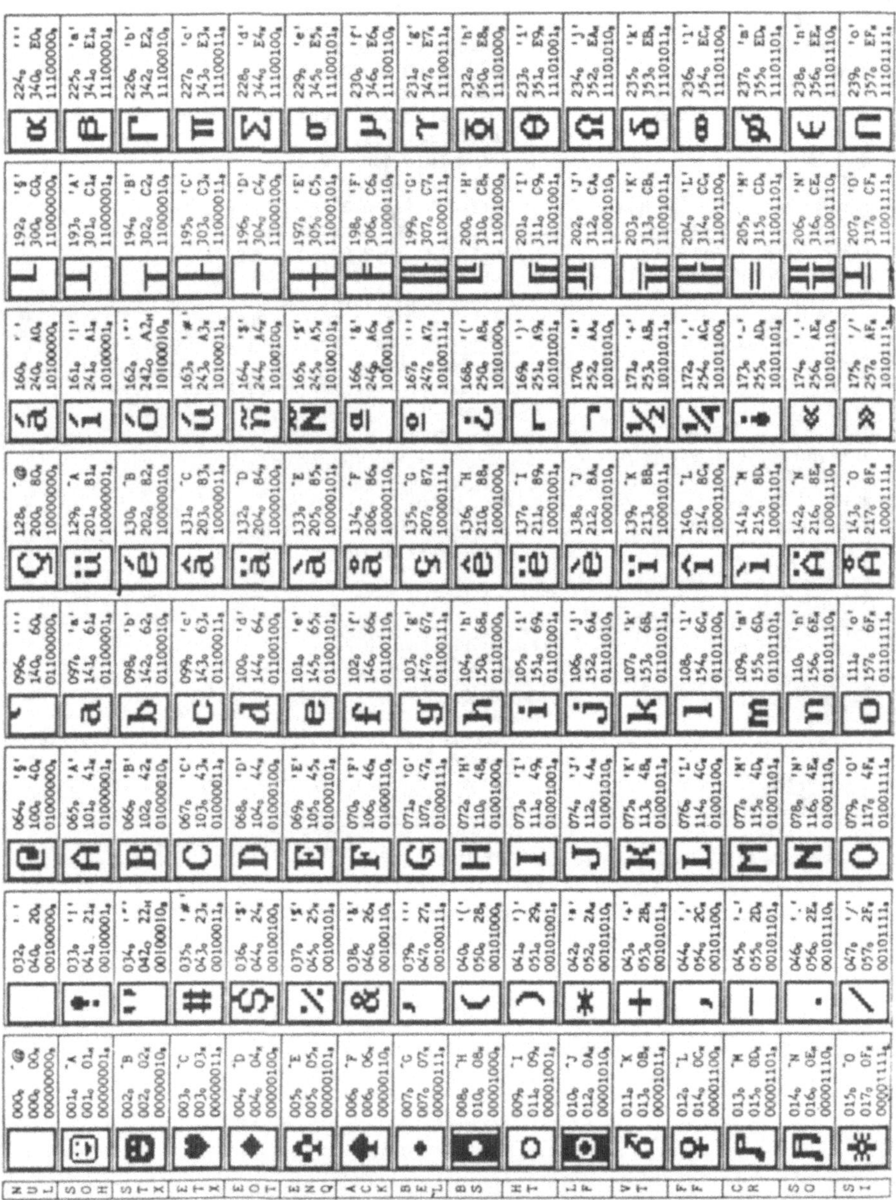

2 - 1 ASCII-Code: 128 bis 255 in sechs Darstellungen: Grafikzeichen, Dezimal (D), Strg (^) bzw. Text("), Oktal (O), Hexadezimal (H), Binär (B)

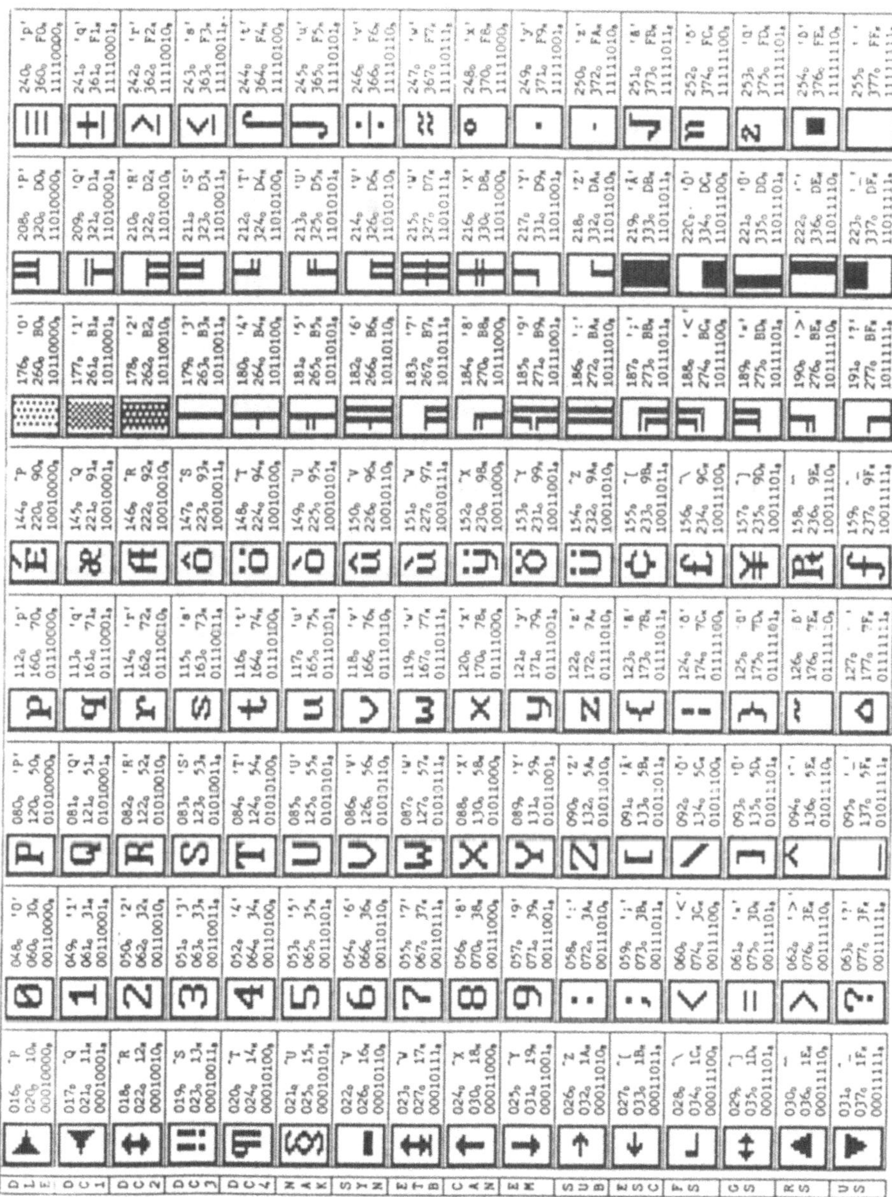

3 - 1 WORD: Direkte Absatzformatierung

ABSATZFORMATIERUNG	TASTENKOMBINATION
Absatzabstand (Leerzeile zwischen Absätzen)	<alt> + O
Blocksatz	<alt> + b
Einzug Einzug erste Zeile 1,5cm Einzug vergrößern linken Einzug Einzug verkleinern linken Einzug Einzug negativ für erste Zeile	<alt> + e <alt> + g <alt> + m <alt> + y
Linksbündig	<Alt> + l
Rechtsbündig	<alt> + r
Standardabsatz	<alt> + n
Zentriert	<alt> + z
Zweizeilig (Doppelter Zeilenabstand)	<alt> + 2

WORD: Direkte Zeichenformatierung

ZEICHENFORMATIERUNG	TASTENKOMBINATION
Doppelt unterstrichen	<alt> + d
Durchgestrichen	<alt> + s
Fett	<alt> + f
Hochgestellt	<alt> + h
Kapitälchen	<alt> + k
Kursiv	<alt> + i
Standardeinstellung	<alt> + <leertaste>
Tiefgestellt	<alt> + t
Unterstrichen	<alt> + u

3 - 2 WORD: Tastaturstatus

STATUS	BEDEUTUNG	BESCHREIBUNG	EIN/AUS
BA	BildlaufArretierung	Rollierender Bildlauf	<scrollLock>
ER	ERweiterung	Erweiterungsstatus beim Markieren	<F6>
ES	EinzelSchrittmodus	Ermöglicht Test von Makros	<ctrl><F3>
KM	KorrekturMarkierung	Kennzeichnet Textstellen, die geändert wurden	Format Überarbeitun Optionen
LZ	LinienZeichnen	Zeichnet Linien Der Befehl ZUSÄTZE ermöglicht die Einstellung der Linienart	<ctrl><F5>
MA	MakroAufzeichnung	Aufzeichnung von Makros	<ctrl><F3>
SM	SpaltenMarkierung	Ermöglicht Spaltenmarkierung zum Löschen/Versetzen/Formatieren.	<umschalten> <F6>
UA	UmschaltArretierung	Schreiben von Großbuchstaben	<CapsLock>
ÜB	ÜberSchreiben	Zeichen werden überschrieben	<F5>
ZA	ZahlenArretierung	Zifferneingabe über numerisches Tastenfeld möglich	<NumLock>
ZM	AusschnittZoomen	Aktueller Ausschnitt wird auf Bildschirmseite vergrößert werden	<ctrl><F1>

3 - 3 WORD: Wichtige Funktionstastenbelegungen

BEFEHLSFOLGE / FUNKTIONSBESCHREIBUNG	CODIERUNG>
Ausschnitt Fußnotenausschnitt zoomen	<ctrl><F1>
Ausschnitt wechseln	<F1>
Ausschnitt zoomen	<ctrl><F1>
Auswahl	<F1>
Druck - Drucker	<ctrl><F8>
Druck - Umbruch - Seite	<ctrl><F9>
Einzelschritt	<ctrl><F3>
Format - Bereich - Seitenrand	<alt><F4>
Format - Tabulator - Setzen	<alt><F1>
Format - Zeichen	<alt><F8>
Format - Druckformat - festhalten	<alt><F10>
Gliederung Ansicht	<umschalten><F2>
Gliederung bearbeiten	<umschalten><F5>
Linienzeichnen	<ctrl><F5>
Makro aufzeichnen	<umschalten><F3>
Markierung aktuelle Zeile	<umschalten><F9>
Markierung aktueller Absatz	<F10>
Markierung Erweiterung	<F6>
Markierung folgender Satz	<umschalten><F8>
Markierung gesamter Text	<umschalten><F10>
Markierung linkes Wort	<F7>
Markierung rechtes Wort	<F8>
Markierung Spalten	<umschalten><F6>
Markierung vorhergehender Absatz	<F9>
Markierung vorhergehender Satz	<umschalten><F7>
Rechnen ausführen	<F2>
Rückgängig letzter Befehl	<umschalten><F1>
Sprung Anfang Bildschirmseite	<ctrl><pos1>
Sprung Textanfang	<ctrl><sno>
Sprung Textende	<ctrl><snu>
Suchbefehl wiederholen	<umschalten><F4>
Textbaustein einfügen	<F2>
Überschreiben	<F5>
Übertragen - Laden	<ctrl><F7>
Übertragen - Speichern	<ctrl><F10>
Wiederholen letzte Aktion	<F4>

4 - 1 Lotus 1-2-3: Wichtige Funktionen und Tastenbelegungen

BESCHREIBUNG	TASTENBELEGUNG	MAKROCODIERUNG
Abfrage		{ABFRAGE}
Absolute Adressierung	[F4]	{ABS}
Bewegen Bildschirm 1 Seite nach links	[Umschalt] [tab]	{SPRUNGLINKS}
Bewegen Bildschirm 1 Seite nach oben	[Bild oben]	{PGUP}
Bewegen Bildschirm 1 Seite nach rechts	[Tab]	{SPRUNGRECHTS}
Bewegen Bildschirm 1 Seite nach unten	[Bild unten]	{PGDN}
Bewegen eine Zelle nach links	[links]	{LINKS}
Bewegen eine Zelle nach oben	[oben]	{OBEN}
Bewegen eine Zelle nach rechts	[rechts]	{RECHTS}
Bewegen eine Zelle nach unten	[unten]	{UNTEN}
Bewegen zurück zu Ausgangszelle A1	[Pos1]	{HOME}
Editierung	[F2]	{EDIT}
Eingabe-Taste	[Eingabe] (return)	~
End-Taste	[Ende]	{END}
Escape-Taste	[Esc] (Eing-Lösch)	{ESC}
Fenster	[F6]	{FENSTER}
Gehe zu	[F5]	{GEHEZU}
Grafik, zeichnet zuletzt aktive Grafik	[F10]	{ZEICHNEN}
Löscht Zeichen an der Cursor-Position	[Entf] (Del)	{DEL}
Löscht Zeichen links vom Cursor	[Rücktaste]	{RÜCKTASTE}
Makro Beenden		{STOP}
Makro Eingabeanforderung (interaktiv)		{?}
Makro Einzelschrittmodus	[Alt] [F2]	
Makro Menüaufruf		{MENÜAUFRUF}
Makro Selbstausführend		\0
Makro Unterprogramm Rücksprung		{ZURÜCK}
Makro Unterprogrammaufruf		{Unterprogrammname}
Name	[F3]	{NAME}
Neukalkulation Tabelle	[F9]	{KALK}
Tabelle		{TABELLE}

4 - 2 Lotus 1-2-3: Vereinfachte Darstellung Sonderzeichen

ZEICHEN	TASTEN-KOMBINATION		ASCII CODE
{	ALT	1	123
}	ALT	2	125
~	ALT	3	126
|	ALT	4	124
\	ALT	7	92
@	ALT	0	64

4 - 3 Lotus 1-2-3: Modusanzeigen

MODUS	BESCHREIBUNG
BEREIT	Eingabe in Tabelle möglich oder nächster Befehl
EDIT	Eine Eingabe kann korrigiert werden
FEHLER	Fehleranzeige HILFE, ESC oder EINGABE betätigen
FINDEN	/Daten Abfrage Finden Operation wird ausgeführt
HILFE	Die Hilfefunktion wird ausgeführt
LABEL	Ein Label wird eingegeben
MENÜ	Menüfunktion wird ausgewählt
WARTEN	Das System arbeitet
WERT	Eine Zahl oder Formel wird eingegeben
ZEIGEN	Zeiger wird zur Auswahl der Zelle bewegt

4 - 4 Lotus 1-2-3: Statusanzeigen

STATUS	BESCHREIBUNG
Bef	Makro läuft ab ...
Cap	Umschalttaste für Großschreibung ist aktiv
End	ENDE-Taste ist eingeschaltet
Kalk	Arbeitstabelle muß neu berechnet werden, [F9]
Nu	Die NumLock Taste ist aktiv
Pause	Anzeige für Stop bei interaktivem Makro
Rol	Die Taste ScrollLock ist aktiv
Schl	Tabelle enthält eine Formel, die sich auf sich selbst bezieht
Schritt	Einzelschritt-Modus für Makro-Text ist aktiv [Alt] [F2]
Übr	Die Taste [Einfg] ist aktiv (Überschreibmodus beim Editieren)

4 - 5 Lotus 1-2-3 Ausgewählte Funktionen

FUNKTIONSNAME	BEDEUTUNG
@ANZAHL(Arg-Liste)	Anzahl von Werten in Arg-Liste
@DATUM(Jahr;Monat;Tag)	Seriennummer des Datums
@DATUMWERT(Datum-Folge)	Seriennummer des Datums
@JETZT	Seriennummer des gegenwärtigen Zeitpunkts
@MAX(Arg-Liste)	Höchstwert in Arg-Liste
@MIN(Arg-Liste)	Mindestwert in Arg-Liste
@MITTELWERT(Arg-Liste)	Mittelwert der Werte in Arg-Liste
@RUNDEN(x;y)	Rundet x auf y Stellen
@STDABW(Arg-Liste)	Standardabweichung der Werte in Arg-Liste
@SUMME(Arg-Liste)	Summe sämtlicher Werte in Arg-Liste
@VAR(Arg-Liste)	Varianz der Werte in Arg-Liste
@WURZEL(x)	Quadratwurzel von x
@ZEIT(Stunde;Minute;Sekunde)	Seriennummer der Zeit
@ZUFALLSZAHL	Zufallszahl 0-1

5 - 1 Multiplan: Ausgewählte Funktionen

FUNKTIONSNAME	BEDEUTUNG
ANZAHL(Liste)	Zählt die Zahlenwerte in der Liste
BARWERT(Z;Liste)	Berechnet den Barwert.Z ist der Zinssatz
DATUM(Jahr;Monat;Tag)	laufende Zahl des angegebenen Datums
DATWERT(Z)	Wandelt Text in laufende Datumszahl des momentanen Datums um
JAHR(N)	Wandelt N in ein Jahresdatum um
JETZT()	Liefert die laufende Zahl des momentanen Datums
MAX(Liste)	Größter Wert der Liste
MIN(Liste)	Kleinster Wert der Liste
MITTELW(Liste)	Mittelwert der Werte (= SUMME/ANZAHL)
STABW(Liste)	Standardabweichung der Werte
SUMME(Liste)	Summe der Werte
WENN(f;a;b)	Ergibt a, wenn f wahr ist, sonst b
WIEDERHOLEN(Z;N)	Der Text wird N mal wiederholt
WURZEL(N)	Quadratwurzel von N
ZEIT(Stunde;Minute;Sekunde)	Wandelt eine Zeitangabe in laufende Zahl um
ZUFALLSZAHL()	Liefert eine Zufallszahl

5 - 2 Multiplan: Funktionen und Tastenbelegungen

BESCHREIBUNG DER FUNKTION	TASTENBELEGUNG	MAKROCODIERUNG
Adressierung		'AD
Aktualisieren	<umschalt><F6>	
Bewegen Ausschnitt Letzter	<umschalt><F1>	'LA
Bewegen Ausschnitt Nächster	<F1>	'NA
Bewegen Ausschnittanfang		'AA
Bewegen Feld Erstes	<pos1>	'EF
Bewegen Feld Letztes	<end>	'LF
Bewegen Feld Nach Links	<links>	'NL
Bewegen Feld Nach Oben	<oben>	'NO
Bewegen Feld Nach Rechts	<rechts>	'NR
Bewegen Feld Nach Unten	<unten>	'NU
Bewegen Feld ungeschütztes Nächstes	<F2>	'NF
Bewegen Feld ungeschütztes Vorheriges	<umschalt><F2>	'VF
Bewegen Seite Links	<Ctrl><links>	'SL
Bewegen Seite Nach Oben	<PgUp>	'SO
Bewegen Seite Nach Unten	<PgDn>	'SU
Bewegen Seite Rechts	<Ctrl><rechts>	'SR
Bewegen Wort Links	<F7>	'WL
Bewegen Wort Rechts	<F8>	'WR
Bewegen Zeichen Links	<F9>	'ZL
Bewegen Zeichen Rechts	<F10>	'ZR
Erweiterung	<F6>	
Hilfe	<?>	'HF
Leertaste	<leertaste>	'LT
Löschen	<entf>	'LÖ
Makro Ende		'QU
Makro Einzelschritt	<umschalt><F5>	
Makro Menümakro		'MÜ
Makro Menümakro Fortsetzen		'MF
Makro Unterprogrammaufruf Sprung		'MA
Makro Unterprogrammaufruf Rücksprung		'ME
Makro Verändern	<F5>	
Makro-Recorder	<umschalt><F7>	
Makro-Sprung		'GZ
Neuberechnen	<F4>	'NB
Pos	<F3>	
Return	<return>	'RT
Rück-Tabulator		'RL
Rück-Taste	<rücktaste>	'RÜ
Tabulator	<tab>	'TB
Unterbrechen		'UN

6 - 1 dBASEIII+ Übersicht der verwendeten Befehle und Funktionen

```
=                               Wertzuweisung, z.B. X=5, NAME="Florian Bless"
? Ausdruck                      Ausgabeanweisung, z.B. ? "Text"
ACCEPT "Text" TO Variable       Programmablauf anhalten, auf Eingabe einer
                                Zeichenkette warten und diese unter einem
                                Variablennamen speichern
APPEND                          Datensätze erfassen
BROWSE [FIELDS Feld,...]        Bildschirmorientiert editieren
CHR()                           Funktion, erzeugt das der ASCII-Nummer
                                entsprechende Zeichen
CLEAR                           Bildschirm löschen
CLOSE ALTERNATE                 Protokolldatei schließen
COPY [FIELDS Feld,Feld,..]      Datensätze in eine Datei kopieren
     [FOR Bedingung] TO Datei
CREATE [Dateiname]              Struktur einer Datei festlegen
DELETE [Bereich]                Datensätze zum Löschen markieren
       [FOR Bedingung]
DIR [Dateiname]                 Dateiliste anzeigen, z.B. DIR, DIR *.*
DISPLAY [Bereich]               Datensätze anzeigen

DO CASE                         Kopf des Mehrfachauswahlblocks.
  CASE Bedingung                Falls eine der CASE-Bedingungen zutrifft,
      Anweisung(en)             werden die direkt nachfolgenden
                                Anweisungen bearbeitet,
  CASE Bedingung
      Anweisung(en)
  ...
OTHERWISE                       andernfalls werden nur die dem
                                OTHERWISE folgenden
      Anweisung(en)             Anweisungen ausgeführt.
ENDCASE                         Fuß des Mehfachauswahlblocks

DO Programmdatei                Eine Befehlsdatei ausführen

DO WHILE Bedingung              Kopf des Wiederholungsblocks.
                                Solange die Bedingung zutrifft,
    Anweisung(en)               werden die Anweisungen ausgeführt

ENDDO                           Fuß des Wiederholungsblocks
EDIT [Bereich] [FOR Bedingung]  Datensatz editieren
EOF()                           Funktion, liefert .T., wenn der Dateizeiger
                                das Dateiende erreicht hat, sonst .F.
FOUND()                         Funktion, liefert .T., wenn der durch
                                Suchbefehle, z.B. SEEK, gesuchte
                                Schlüsselbegriff gefunden wurde, sonst .F.
GO TOP/BOTTOM                   Dateizeiger auf Dateianfang/Dateiende setzen
GOTO Satznummer oder            Satzzeiger auf einen bestimmten Satz setzen
     GO Satznummer oder
     Satznummer

IF Bedingung                    Kopf des einfachen Auswahlblocks. Falls die
                                Bedingung zutrifft, werden die
                                Anweisungen ausgeführt,
    Anweisung(en)               sonst geschieht nichts.
ENDIF                           Fuß des Auswahlblocks
```

IF Bedingung	Kopf des zweifachen Auswahlblocks. Falls die Bedingung zutrifft,
Anweisung(en)	werden die direkt nachfolgenden Anweisungen bearbeitet,
ELSE	andernfalls werden die dem ELSE
Anweisung(en)	folgenden Anweisungen ausgeführt.
ENDIF	Fuß des Auswahlblocks
INDEX ON Schlüssel TO Datei	Indexdatei erzeugen
INPUT "Text" TO Variable	Programmablauf anhalten, auf Eingabe einer Zahl warten und diese unter einem Variablennamen speichern
LABEL FORM Labeldatei [SAMPLE] [FOR Bedingung] [TO PRINT]	Etiketten ausgeben
LIST [Feld],[Ausdruck],... [OFF] [Bereich] [FOR Bedingung] [TO PRINT]	Datensätze oder Auszüge aus ihnen ausgeben
LOWER(Zeichen)	Funktion, ersetzt in einer Zeichenkette große Buchstaben durch kleine
MODIFY COMMAND Programmdatei	Programmdatei erzeugen oder ändern
MODIFY LABEL Labeldatei	Etikettenformdatei erzeugen oder ändern
MODIFY REPORT [Formdatei]	Berichtsformdatei erzeugen oder ändern
MODIFY STRUCTURE	Dateistruktur ändern
PACK	Zum Löschen gekennzeichnete Datensätze physisch löschen
QUIT	dBASE beenden
RECALL [Bereich] [FOR Bedingung]	Löschmarkierung an Datensätzen entfernen
REINDEX	Aktivierte Indexdatei neu sortieren
REPLACE [Bereich] Feldname WITH Ausdruck [FOR Bedingung]	Feldinhalte durch andere Inhalte ersetzen
REPORT FORM Formdatei [FOR Bedingung] [TO PRINT]	Bericht ausgeben
SEEK Schlüssel	Schlüsselbegriff in einer indizierten Datei suchen
SET ALTERNATE ON/OFF	Protokolldatei aktivieren/deaktivieren
SET ALTERNATE TO Dateiname	Protokolldatei eröffnen
SET INDEX TO Indexdatei [,Indexdatei,..]	Indexdatei(en) zu einer geöffneten Datenbankdatei aktivieren
SET TALK OFF/ON	Systemmeldungen unterdrücken/anzeigen
SKIP [Zahl]	Satzzeiger einstellen
SORT ON Feld[,Feld,...] [FOR Bedingung] TO Zieldatei	Aus einer Datei eine zweite sortierte Datei erzeugen
TRIM(Zeichenkette)	Funktion, entfernt überflüssige Leerstellen aus einer Zeichenkette
USE [Dateiname] [INDEX Indexdatei [,Indexdatei,...]]	Datenbankdateien öffnen und schließen
WAIT ["Text"] [TO Variable]	Programmablauf anhalten, auf Eingabe eines Zeichens warten und Zeichen unter einem Variablennamen speichern